令和
5年版

図解

中小企業税制

中村慈美 監修

曙橋税法研究会 編著

一般財団法人 大蔵財務協会

は　し　が　き

　国税庁発表の会社標本調査結果（令和3年度税務統計から見た法人企業の実態）によると、我が国の法人数は284万8,518社で、資本金階級別の構成比では、資本金1,000万円以下の階級（86.8％）と資本金1,000万円超1億円以下の階級（12.4％）が全体の99.2％を占めています。

　これら中小企業については、軽減税率や各種の政策税制が適用されるほか、欠損金繰越控除の控除限度、特定同族会社の留保金課税をはじめとする多くの制度において、大企業と異なる扱いが認められているものの、中小企業の実態が大企業並みの多額の所得を得ている法人から個人事業主に近い法人まで区々あることから、近年、各種制度の趣旨や経緯を勘案した改正等がなされています。

　本書では、いわゆる中小企業に対する課税制度について、第1章で中小企業の定義と特例措置等について解説をし、続く第2章では法人税法等における6制度の中小法人の取扱いを、第3章では租税特別措置法における12制度の中小企業者の取扱いを、第4章では中小企業において適用される可能性が高い消費税の取扱いを、そして新たに第5章として地方税における取扱いを設け、より多くの方々に少しでも容易に理解いただけるように、制度ごとにその概要や実務上の留意点、事例に基づく申告書記載例について図表を交えながら解説をしています。また、これら制度に関する判決等を収録しています。

　本書は、本職が中央大学会計専門職大学院及び文京学院大学大学院において指導した修了生を中心とする「曙橋税法研究会」（代表世話人島田哲宏税理士、執筆者については巻末参照）において検討した内容等を取りまとめたものです。取り上げた各制度及びその項目によっては不十分な点があるかもしれませんが、少しでも実務に役立てばと考えております。

　　令和5年9月

税理士・文京学院大学大学院特任教授

中　村　慈　美

〔 凡 例 〕

本書の文中、文末引用条文の略称は、次のとおりです。

(1) 法令

法法……………………………法人税法

法令……………………………法人税法施行令

法規……………………………法人税法施行規則

所法……………………………所得税法

措法……………………………租税特別措置法

措令……………………………租税特別措置法施行令

措規……………………………租税特別措置法施行規則

地法……………………………地方税法

地令……………………………地方税法施行令

消法……………………………消費税法

消令……………………………消費税法施行令

消規……………………………消費税法施行規則

災害減免法…………………災害被害者に対する租税の減免、徴収猶予
　　　　　　　　　　　　　　等に関する法律

震災特例法…………………東日本大震災の被災者等に係る国税関係法
　　　　　　　　　　　　　　律の臨時特例に関する法律

(2) 通達・通知

法基通…………………………法人税基本通達

措通……………………………租税特別措置法関係通達（法人税編）

消基通…………………………消費税法基本通達

総務省取扱通知（県）………地方税法の施行に関する取扱いについて
　　　　　　　　　　　　　　（都道府県税関係）（平成22年4月1日総税
　　　　　　　　　　　　　　都第16号各都道府県知事宛総務大臣通知）

総務省取扱通知（市）………地方税法の施行に関する取扱いについて
　　　　　　　　　　　　　　（市町村税関係）（平成22年4月1日総税市
　　　　　　　　　　　　　　第16号各都道府県知事宛総務大臣通知）

＜例＞

法令 8 ①一イ……………法人税法施行令第 8 条第 1 項第 1 号イ

(注)　本書は、令和 5 年 9 月 1 日現在において施行又は公表されている法令及び通達等（第 4 章については、令和 5 年 9 月 1 日現在において公布又は公表されている法令及び通達等で令和 5 年10月 1 日時点で施行・適用されているものを含みます。）によっています。

〔目　　次〕

第1章　中小企業の定義と特例措置等

第1　中小企業の定義と特例措置……………………………………… 1

　1　税法における中小企業の取扱い…………………………………… 1

　2　中小法人を適用対象法人とする特例措置………………………… 2

　　(1)　中小法人…………………………………………………………… 2

　　(2)　対象制度…………………………………………………………… 5

　3　中小企業者を適用対象法人とする特例措置と優遇措置………… 6

　　(1)　中小企業者………………………………………………………… 6

　　(2)　みなし大企業……………………………………………………… 7

　　(3)　適用除外事業者…………………………………………………… 9

　　(4)　特例措置の対象制度……………………………………………… 11

　　(5)　優遇措置の対象制度……………………………………………… 12

　　(6)　中小企業投資促進税制における中小企業者の範囲（参考）… 12

　4　中小法人と中小企業者の相違点…………………………………… 15

　5　中小企業税制一覧…………………………………………………… 19

　6　今後の中小企業税制の改正の方向性……………………………… 21

第2　グループ通算制度における中小判定…………………………… 22

　1　グループ通算制度の概要…………………………………………… 22

　2　中小通算法人………………………………………………………… 22

　3　グループ通算制度における中小企業者…………………………… 25

　4　グループ通算制度における適用除外事業者……………………… 25

　　(1)　通算適用除外事業者……………………………………………… 25

　　(2)　通算加入適用除外事業者………………………………………… 26

　　(3)　通算加入適用除外事業者の規定が適用されない制度………… 27

第3　資本金の額の減少手続…………………………………………… 28

　1　概要…………………………………………………………………… 28

　　(1)　減資と中小企業税制……………………………………………… 28

（2）　会社法における減資‥‥‥‥‥‥‥‥‥‥‥‥‥‥‥‥‥‥‥‥‥　28

　2　株式会社の手続‥‥‥‥‥‥‥‥‥‥‥‥‥‥‥‥‥‥‥‥‥‥‥‥‥‥‥‥‥　29

　　　（1）　減資に必要な株式会社の決議‥‥‥‥‥‥‥‥‥‥‥‥‥‥‥‥　29

　　　（2）　債権者異議手続‥‥‥‥‥‥‥‥‥‥‥‥‥‥‥‥‥‥‥‥‥‥‥‥　29

　　　（3）　減資の効力発生日‥‥‥‥‥‥‥‥‥‥‥‥‥‥‥‥‥‥‥‥‥‥　31

　　　（4）　減資に伴う登記‥‥‥‥‥‥‥‥‥‥‥‥‥‥‥‥‥‥‥‥‥‥‥　32

　3　会計処理‥‥‥‥‥‥‥‥‥‥‥‥‥‥‥‥‥‥‥‥‥‥‥‥‥‥‥‥‥‥‥　32

　　　（1）　資本金の額の減少（資本準備金又はその他資本剰余金への振替）‥‥‥　32

　　　（2）　資本金の額の減少による損失のてん補を行った場合‥‥‥‥‥　32

　4　税務処理‥‥‥‥‥‥‥‥‥‥‥‥‥‥‥‥‥‥‥‥‥‥‥‥‥‥‥‥‥‥‥　32

　　　（1）　資本金の額の減少（資本準備金又はその他資本剰余金への振替）‥‥‥　32

　　　（2）　資本金の額の減少による損失のてん補を行った場合‥‥‥‥‥　33

　5　持分会社の手続‥‥‥‥‥‥‥‥‥‥‥‥‥‥‥‥‥‥‥‥‥‥‥‥‥‥‥‥　33

　　　（1）　持分会社において減資が認められる場合‥‥‥‥‥‥‥‥‥‥　33

　　　（2）　債権者異議手続‥‥‥‥‥‥‥‥‥‥‥‥‥‥‥‥‥‥‥‥‥‥‥‥　34

　　　（3）　減資の効力発生日‥‥‥‥‥‥‥‥‥‥‥‥‥‥‥‥‥‥‥‥‥‥　35

　　　（4）　減資に伴う登記‥‥‥‥‥‥‥‥‥‥‥‥‥‥‥‥‥‥‥‥‥‥‥　35

　6　事例及び法人税申告書別表記載例‥‥‥‥‥‥‥‥‥‥‥‥‥‥‥‥‥　35

　　　（1）　資本金の額の減少（その他資本剰余金への振替）‥‥‥‥‥‥‥　35

　　　（2）　資本金の額の減少による損失のてん補を行った場合‥‥‥‥　36

第2章　中小法人の取扱い

第1　貸倒引当金制度‥‥‥‥‥‥‥‥‥‥‥‥‥‥‥‥‥‥‥‥‥‥‥‥‥‥‥　39

　1　概要‥‥‥‥‥‥‥‥‥‥‥‥‥‥‥‥‥‥‥‥‥‥‥‥‥‥‥‥‥‥‥‥‥‥　39

　　　（1）　基本的な内容‥‥‥‥‥‥‥‥‥‥‥‥‥‥‥‥‥‥‥‥‥‥‥‥‥　39

　　　（2）　貸倒引当金繰入限度額及び経理処理‥‥‥‥‥‥‥‥‥‥‥‥　40

　　　（3）　申告要件‥‥‥‥‥‥‥‥‥‥‥‥‥‥‥‥‥‥‥‥‥‥‥‥‥‥‥　41

　2　個別貸倒引当金‥‥‥‥‥‥‥‥‥‥‥‥‥‥‥‥‥‥‥‥‥‥‥‥‥‥‥‥　41

　　　（1）　長期棚上げ基準‥‥‥‥‥‥‥‥‥‥‥‥‥‥‥‥‥‥‥‥‥‥‥　42

　　　（2）　実質基準‥‥‥‥‥‥‥‥‥‥‥‥‥‥‥‥‥‥‥‥‥‥‥‥‥‥‥　44

　　　（3）　形式基準‥‥‥‥‥‥‥‥‥‥‥‥‥‥‥‥‥‥‥‥‥‥‥‥‥‥‥　46

目　　　次

	(4)	書類の保存要件	49
3	一括貸倒引当金		50
	(1)	一括評価金銭債権の意義	50
	(2)	貸倒実績率による場合	52
	(3)	法定繰入率による場合	53
4	実務上の留意点		56
	(1)	個別貸倒引当金と一括貸倒引当金の区別	56
	(2)	保証金等の取扱い	56
	(3)	貸倒損失の貸倒引当金繰入額への変更	56
5	事例及び法人税申告書別表記載例		58
	(1)	個別貸倒引当金	58
	(2)	一括貸倒引当金	62

第2　欠損金の繰越し································· 67

1	概要		67
	(1)	制度の趣旨	67
	(2)	制度の概要	67
2	青色欠損金の繰越控除		68
	(1)	制度の詳細	68
	(2)	申告要件	71
3	災害損失金の繰越控除		71
	(1)	制度の詳細	71
	(2)	災害損失金額	72
	(3)	災害損失特別勘定	74
	(4)	申告要件	77
4	特定株主等によって支配された欠損等法人の欠損金の繰越しの不適用		78
	(1)	制度の詳細	78
	(2)	欠損等法人	79
	(3)	欠損金の繰越しの不適用となる一定の事由	80
	(4)	欠損等法人が特定資産を譲渡等した場合	82
5	実務上の留意点		83
	(1)	損金算入の順序	83
	(2)	控除可能な欠損金の把握	83

目　　　次

6　事例及び法人税申告書別表記載例…………………………………… 84

(1)　前提………………………………………………………………… 84

(2)　計算………………………………………………………………… 84

(3)　別表記載例………………………………………………………… 85

第3　法人税率の特例……………………………………………………… 86

1　概要……………………………………………………………………… 86

2　制度の詳細……………………………………………………………… 86

(1)　普通法人………………………………………………………… 86

(2)　協同組合等……………………………………………………… 87

(3)　公益法人等……………………………………………………… 87

(4)　人格のない社団等……………………………………………… 88

(5)　特定の医療法人………………………………………………… 89

(6)　軽減税率を含む法人税率のまとめ…………………………… 89

3　実務上の留意点………………………………………………………… 90

(1)　事業年度が1年に満たない法人に対する軽減税率の適用… 90

(2)　表面税率と実効税率…………………………………………… 90

4　事例及び法人税申告書別表記載例…………………………………… 93

(1)　前提……………………………………………………………… 93

(2)　計算……………………………………………………………… 93

(3)　別表記載例……………………………………………………… 94

第4　特定同族会社の留保金課税の不適用…………………………… 96

1　概要……………………………………………………………………… 96

2　制度の詳細……………………………………………………………… 97

(1)　適用対象法人…………………………………………………… 97

(2)　特定同族会社の意義…………………………………………… 97

(3)　被支配会社の意義……………………………………………… 97

(4)　同族会社・被支配会社・特定同族会社の関係性………… 97

(5)　特定同族会社の判定時期……………………………………… 98

(6)　特定同族会社の判定の具体例………………………………… 98

3　実務上の留意点………………………………………………………… 102

(1)　特定同族会社の判定を特に意識するべき具体例………… 102

— 4 —

目　　　次

(2) 留保金課税への対応策‥‥‥‥‥‥‥‥‥‥‥‥‥‥‥‥‥ 104

第5　交際費等の定額控除限度額制度‥‥‥‥‥‥‥‥‥‥‥‥‥ 107

　1　概要‥‥‥‥‥‥‥‥‥‥‥‥‥‥‥‥‥‥‥‥‥‥‥‥‥‥ 107
　2　制度の詳細‥‥‥‥‥‥‥‥‥‥‥‥‥‥‥‥‥‥‥‥‥‥‥ 107
　(1) 交際費等‥‥‥‥‥‥‥‥‥‥‥‥‥‥‥‥‥‥‥‥‥‥‥ 107
　(2) 交際費等の損金不算入額の計算‥‥‥‥‥‥‥‥‥‥‥‥ 111
　(3) 接待飲食費‥‥‥‥‥‥‥‥‥‥‥‥‥‥‥‥‥‥‥‥‥‥ 112
　3　実務上の留意点‥‥‥‥‥‥‥‥‥‥‥‥‥‥‥‥‥‥‥‥‥ 114
　(1) 申告要件‥‥‥‥‥‥‥‥‥‥‥‥‥‥‥‥‥‥‥‥‥‥‥ 114
　(2) 1人当たり5,000円以下の飲食費‥‥‥‥‥‥‥‥‥‥‥ 115
　4　事例及び法人税申告書別表記載例‥‥‥‥‥‥‥‥‥‥‥‥‥ 115
　(1) 前提‥‥‥‥‥‥‥‥‥‥‥‥‥‥‥‥‥‥‥‥‥‥‥‥‥ 115
　(2) 計算‥‥‥‥‥‥‥‥‥‥‥‥‥‥‥‥‥‥‥‥‥‥‥‥‥ 115
　(3) 別表記載例‥‥‥‥‥‥‥‥‥‥‥‥‥‥‥‥‥‥‥‥‥‥ 118

第6　欠損金の繰戻しによる還付‥‥‥‥‥‥‥‥‥‥‥‥‥‥‥ 121

　1　概要‥‥‥‥‥‥‥‥‥‥‥‥‥‥‥‥‥‥‥‥‥‥‥‥‥‥ 121
　(1) 制度の趣旨‥‥‥‥‥‥‥‥‥‥‥‥‥‥‥‥‥‥‥‥‥‥ 121
　(2) 制度の概要‥‥‥‥‥‥‥‥‥‥‥‥‥‥‥‥‥‥‥‥‥‥ 121
　2　青色欠損金の繰戻還付‥‥‥‥‥‥‥‥‥‥‥‥‥‥‥‥‥‥ 122
　(1) 制度の詳細‥‥‥‥‥‥‥‥‥‥‥‥‥‥‥‥‥‥‥‥‥‥ 122
　(2) 解散等があった場合‥‥‥‥‥‥‥‥‥‥‥‥‥‥‥‥‥‥ 123
　(3) 申告要件‥‥‥‥‥‥‥‥‥‥‥‥‥‥‥‥‥‥‥‥‥‥‥ 124
　3　災害損失欠損金の繰戻還付‥‥‥‥‥‥‥‥‥‥‥‥‥‥‥‥ 125
　(1) 制度の詳細‥‥‥‥‥‥‥‥‥‥‥‥‥‥‥‥‥‥‥‥‥‥ 125
　(2) 申告要件‥‥‥‥‥‥‥‥‥‥‥‥‥‥‥‥‥‥‥‥‥‥‥ 126
　4　実務上の留意点‥‥‥‥‥‥‥‥‥‥‥‥‥‥‥‥‥‥‥‥‥ 126
　(1) 欠損金の繰戻還付の選択‥‥‥‥‥‥‥‥‥‥‥‥‥‥‥‥ 126
　(2) 地方法人税の還付‥‥‥‥‥‥‥‥‥‥‥‥‥‥‥‥‥‥‥ 127
　(3) 還付された法人税及び地方法人税の取扱い‥‥‥‥‥‥‥‥ 127
　(4) 欠損金の繰戻還付制度の比較‥‥‥‥‥‥‥‥‥‥‥‥‥‥ 127
　5　事例及び法人税申告書別表記載例‥‥‥‥‥‥‥‥‥‥‥‥‥ 128

— 5 —

(1) 前提		128
(2) 計算		128
(3) 別表記載例		129

第3章　中小企業者の取扱い

第1　試験研究を行った場合の法人税額の特別控除（研究開発税制）… 135

1　概要 135
  (1)　制度の趣旨 135
  (2)　制度の概要 135
2　制度の詳細 136
  (1)　試験研究費の額 136
  (2)　中小企業技術基盤強化税制（中小企業基盤型） 141
  (3)　特別試験研究費の額に係る税額控除制度（オープンイノベーション
    型） 147
  (4)　一般試験研究費に係る税額控除制度（一般型） 153
3　実務上の留意点 159
  (1)　中小企業者であるかどうかの判定 159
  (2)　オープンイノベーション型と中小企業基盤型等の適用順序 160
  (3)　中小企業基盤型と一般型との選択 160
  (4)　試験研究費の額の対象とならない費用の額
    〜損金不算入の費用の額〜 160
  (5)　試験研究費の額の対象とならない費用の額
    〜臨時的・偶発的な除却損の額〜 160
  (6)　他の者から支払を受ける金額の範囲 161
  (7)　地方税（法人住民税）の中小企業者等に係る特例措置 161
4　事例及び法人税申告書別表記載例 163
  (1)　前提 163
  (2)　計算 164
  (3)　別表記載例 169

目　　次

第2　中小企業者等が機械等を取得した場合の特別償却又は法人税
　　　額の特別控除（中小企業投資促進税制）…………………………………… 172

　　1　概要…………………………………………………………………………… 172
　　　(1)　制度の趣旨…………………………………………………………………… 172
　　　(2)　制度の概要…………………………………………………………………… 172
　　2　制度の詳細…………………………………………………………………… 173
　　　(1)　適用対象法人………………………………………………………………… 173
　　　(2)　特定機械装置等の範囲……………………………………………………… 173
　　　(3)　指定事業…………………………………………………………………… 176
　　　(4)　特別償却…………………………………………………………………… 176
　　　(5)　法人税額の特別控除………………………………………………………… 181
　　3　実務上の留意点……………………………………………………………… 182
　　　(1)　他の特別償却制度等との重複適用の排除………………………………… 182
　　　(2)　所有権移転外リース取引の場合…………………………………………… 182
　　　(3)　事業年度の中途に中小企業者等に該当しなくなった場合……………… 182
　　　(4)　主たる事業でない場合の適用……………………………………………… 183
　　　(5)　指定事業とその他の事業とに共通して使用される特定機械装置等…… 183
　　　(6)　特定機械装置等の対価につき値引きがあった場合……………………… 183
　　　(7)　地方税（法人住民税）の取扱い…………………………………………… 183
　　4　事例及び法人税申告書別表記載例………………………………………… 184
　　　(1)　前提………………………………………………………………………… 184
　　　(2)　計算………………………………………………………………………… 184
　　　(3)　別表記載例………………………………………………………………… 186

第3　地方活力向上地域等において特定建物等を取得した場合の特
　　　別償却又は法人税額の特別控除（地方拠点強化税制）………………… 188

　　1　概要…………………………………………………………………………… 188
　　　(1)　制度の趣旨…………………………………………………………………… 188
　　　(2)　制度の概要…………………………………………………………………… 188
　　2　制度の詳細…………………………………………………………………… 189
　　　(1)　適用対象法人………………………………………………………………… 189
　　　(2)　適用対象事業………………………………………………………………… 189

— 7 —

目　　　次

　　(3)　特定建物等……………………………………………………………… 189
　　(4)　特別償却…………………………………………………………………… 190
　　(5)　法人税額の特別控除…………………………………………………… 192
　3　実務上の留意点…………………………………………………………… 193
　　(1)　圧縮記帳の適用………………………………………………………… 193
　　(2)　他の特別償却制度等との重複適用の排除………………………… 194
　　(3)　所有権移転外リース取引の場合…………………………………… 194
　　(4)　中小企業者であるかどうかの判定………………………………… 194
　　(5)　特定建物等の対価につき値引きがあった場合の税額控除限度額の計
　　　　算…………………………………………………………………………… 194
　　(6)　地方税（法人住民税）の中小企業者に係る特例措置…………… 194
　4　事例及び法人税申告書別表記載例…………………………………… 195
　　(1)　前提……………………………………………………………………… 195
　　(2)　計算……………………………………………………………………… 196
　　(3)　別表記載例……………………………………………………………… 197

第4　中小企業者等が特定経営力向上設備等を取得した場合の特別
　　　償却又は法人税額の特別控除（中小企業経営強化税制）……………… 199

　1　概要………………………………………………………………………… 199
　　(1)　制度の趣旨……………………………………………………………… 199
　　(2)　制度の概要……………………………………………………………… 199
　2　制度の詳細………………………………………………………………… 200
　　(1)　適用対象法人…………………………………………………………… 200
　　(2)　特定経営力向上設備等………………………………………………… 203
　　(3)　特別償却………………………………………………………………… 204
　　(4)　法人税額の特別控除…………………………………………………… 205
　　(5)　経営力向上設備等……………………………………………………… 207
　3　実務上の留意点…………………………………………………………… 211
　　(1)　他の特別償却制度等との重複適用の排除………………………… 211
　　(2)　修繕費の取扱い………………………………………………………… 211
　　(3)　補助金を受けて取得する設備の取扱い…………………………… 212
　　(4)　購入ではなくリースした設備の取扱い…………………………… 212
　　(5)　地方税（法人住民税）の取扱い…………………………………… 212

— 8 —

目　　　次

　　　(6)　制度の適用を受けるための手順 ……………………………………… 213

　　　(7)　経営力向上計画 ………………………………………………………… 213

　　4　事例及び法人税申告書別表記載例 ……………………………………… 214

　　　(1)　前提 ……………………………………………………………………… 214

　　　(2)　計算 ……………………………………………………………………… 214

　　　(3)　別表記載例 ……………………………………………………………… 215

第5　中小企業者等の給与等の支給額が増加した場合の法人税額の
　　特別控除（中小企業向け賃上げ促進税制）……………………………… 217

　　1　概要 ………………………………………………………………………… 217

　　2　制度の詳細 ………………………………………………………………… 219

　　　(1)　適用対象法人 …………………………………………………………… 219

　　　(2)　適用対象年度 …………………………………………………………… 219

　　　(3)　適用要件（通常の場合）……………………………………………… 219

　　　(4)　適用要件（上乗せ要件を満たす場合）……………………………… 222

　　　(5)　中小企業者等税額控除限度額 ……………………………………… 225

　　3　実務上の留意点 …………………………………………………………… 226

　　　(1)　申告要件 ………………………………………………………………… 226

　　　(2)　注意点 …………………………………………………………………… 226

　　　(3)　地方拠点強化税制における雇用促進税制との重複適用 ………… 227

　　　(4)　地方税（法人住民税）の中小企業者等に係る特例措置 ………… 227

　　4　事例及び法人税申告書別表記載例 ……………………………………… 228

　　　(1)　前提 ……………………………………………………………………… 228

　　　(2)　計算 ……………………………………………………………………… 228

　　　(3)　別表記載例 ……………………………………………………………… 231

第6　法人税の額から控除される特別控除額の特例 ……………………… 233

　　1　概要 ………………………………………………………………………… 233

　　2　制度の詳細 ………………………………………………………………… 233

　　　(1)　調整前法人税額超過額の繰越し …………………………………… 233

　　　(2)　税額控除可能額 ……………………………………………………… 233

　　　(3)　調整前法人税額 ……………………………………………………… 235

　　　(4)　控除可能期間 ………………………………………………………… 235

— 9 —

目　　　次

　　(5)　繰越税額控除限度超過額………………………………………………… 236

　　(6)　申告要件…………………………………………………………………… 236

　3　実務上の留意点……………………………………………………………… 237

　4　事例及び法人税申告書別表記載例………………………………………… 237

　　(1)　前提………………………………………………………………………… 237

　　(2)　計算………………………………………………………………………… 237

　　(3)　別表記載例………………………………………………………………… 239

第7　特定税額控除制度の不適用…………………………………………………… 240

　1　概要…………………………………………………………………………… 240

　　(1)　制度の趣旨………………………………………………………………… 240

　　(2)　制度の概要………………………………………………………………… 240

　2　試験研究を行った場合の法人税額の特別控除（研究開発税制）………… 242

　3　地域経済牽引事業の促進区域内において特定事業用機械等を取得した
　　場合の特別償却又は法人税額の特別控除（地域未来投資促進税制）……… 242

　　(1)　概要………………………………………………………………………… 242

　　(2)　適用対象資産……………………………………………………………… 243

　　(3)　特別償却…………………………………………………………………… 243

　　(4)　法人税額の特別控除……………………………………………………… 244

　4　認定特定高度情報通信技術活用設備を取得した場合の特別償却又は法
　　人税額の特別控除（5 G導入促進税制）…………………………………… 246

　　(1)　概要………………………………………………………………………… 246

　　(2)　適用対象資産……………………………………………………………… 246

　　(3)　特別償却…………………………………………………………………… 247

　　(4)　法人税額の特別控除……………………………………………………… 247

　5　事業適応設備を取得した場合等の特別償却又は法人税額の特別控除
　　（DX投資促進税制）………………………………………………………… 249

　　(1)　概要………………………………………………………………………… 249

　　(2)　適用対象資産……………………………………………………………… 250

　　(3)　特別償却…………………………………………………………………… 250

　　(4)　法人税額の特別控除……………………………………………………… 251

　6　事業適応設備を取得した場合等の特別償却又は法人税額の特別控除
　　（カーボンニュートラルに向けた投資促進税制）………………………… 253

— 10 —

目　　　次

(1)　概要	253
(2)　適用対象資産	253
(3)　特別償却	253
(4)　法人税額の特別控除	254

第8　被災代替資産等の特別償却 256

1　概要	256
(1)　制度の趣旨	256
(2)　制度の概要	256
2　制度の詳細	257
(1)　適用対象法人	257
(2)　被災代替資産等	257
(3)　特別償却	259
(4)　申告要件	261
3　実務上の留意点	261
(1)　他の特別償却制度等との重複適用の排除	261
(2)　法人税法上の圧縮記帳との併用	261
(3)　2以上の被災代替建物の取得等をした場合の床面積	262
4　事例及び法人税申告書別表記載例	262
(1)　前提	262
(2)　計算	263
(3)　別表記載例	265

第9　特定事業継続力強化設備等の特別償却（中小企業防災・減災投資促進税制） 266

1　概要	266
(1)　制度の趣旨	266
(2)　制度の概要	267
2　制度の詳細	267
(1)　適用対象法人	267
(2)　対象期間	268
(3)　特定事業継続力強化設備等	268
(4)　特別償却	269

— 11 —

目　　　次

　　3　実務上の留意点··· 271

　　　(1)　計画書の提出··· 271

　　　(2)　その他··· 271

　　4　事例及び法人税申告書別表記載例·· 272

　　　(1)　前提··· 272

　　　(2)　計算··· 272

　　　(3)　別表記載例··· 273

第10　中小企業事業再編投資損失準備金（経営資源集約化税制）········· 274

　　1　概要··· 274

　　　(1)　制度の趣旨··· 274

　　　(2)　制度の概要··· 274

　　2　制度の詳細··· 275

　　　(1)　適用対象法人··· 275

　　　(2)　中小企業事業再編投資損失準備金の積立て····························· 275

　　　(3)　積立限度額··· 276

　　　(4)　中小企業事業再編投資損失準備金の取崩し····························· 276

　　　(5)　申告要件··· 278

　　3　実務上の留意点··· 278

　　　(1)　経営力向上計画認定までの手続の流れ································· 278

　　　(2)　経理方法··· 279

　　4　事例及び法人税申告書別表記載例·· 280

　　　(1)　前提··· 280

　　　(2)　計算··· 280

　　　(3)　別表記載例··· 281

第11　特定事業活動として特別新事業開拓事業者の株式の取得をし
　　　た場合の課税の特例（オープンイノベーション促進税制）············· 282

　　1　概要··· 282

　　　(1)　制度の趣旨··· 282

　　　(2)　制度の概要··· 282

　　2　制度の詳細··· 284

　　　(1)　特別勘定の繰入れ（所得控除）······································· 284

— 12 —

目　　　次

(2)	対象法人	285
(3)	特定株式	287
(4)	特別勘定の取崩し（所得控除分の取戻し課税）	294

3　実務上の留意点 298
(1) 事前相談と証明書の交付申請等 298
(2) 経理方法 300
(3) 特別勘定の取崩しの可能性 301

4　事例及び法人税申告書別表記載例 303
(1) 前提 303
(2) 計算 304
(3) 留意点 304
(4) 別表記載例 305

第12　中小企業者等の少額減価償却資産の取得価額の損金算入の特例 309

1　概要 309
2　制度の詳細 309
(1) 適用対象法人 309
(2) 適用対象資産 309
(3) 損金算入限度額 310
(4) 取得価額の判定 311
(5) 申告要件 311
(6) 重複適用の排除 311

3　実務上の留意点 313
(1) 中小企業者等であるかどうかの判定の時期 313
(2) 一括償却資産の損金算入制度との選択適用 315
(3) 固定資産税（償却資産）の課税関係 315

4　事例及び法人税申告書別表記載例 316
(1) 前提 316
(2) 会計処理、税務処理及び申告調整 317
(3) 別表記載例 319

― 13 ―

目　　次

第4章　消費税の取扱い

第1　事業者免税点制度 325

1　制度の趣旨 325

2　小規模事業者に係る納税義務の免除 325

(1)　基本的な内容 325

(2)　基準期間 325

(3)　基準期間における課税売上高 326

3　課税事業者の選択とその選択の取止め 327

(1)　課税事業者の選択 327

(2)　課税事業者の選択の取止め 328

4　前年又は前事業年度等における課税売上高による納税義務の免除の特例 331

(1)　基本的な内容 331

(2)　特定期間 331

(3)　特定期間における課税売上高 332

(4)　特定期間における課税売上高の特例 332

5　新設法人の納税義務の免除の特例 333

(1)　基本的な内容 333

(2)　調整対象固定資産の仕入れ等があった場合の特例 333

6　実務上の留意点 335

(1)　納税義務が免除される課税期間 335

(2)　基準期間における課税売上高等に含まれる範囲 335

(3)　基準期間における課税売上高の算定単位 335

(4)　基準期間が免税事業者であった場合の課税売上高 335

(5)　消費税課税事業者選択届出書の効力 336

(6)　事業を開始した課税期間の翌課税期間からの課税事業者の選択 336

(7)　適格請求書発行事業者の場合 337

第2　簡易課税制度 338

1　制度の趣旨 338

2　適用要件 338

目　　　次

　　3　消費税簡易課税制度選択届出書を提出することができない期間············· 339

　　4　簡易課税の取止め··· 341

　　5　簡易課税による仕入れに係る消費税額の計算························· 342

　　6　みなし仕入れ率··· 342

　　　(1)　基本的な内容··· 342

　　　(2)　卸売業及び小売業の定義··· 344

　　　(3)　製造業等の範囲··· 344

　　　(4)　サービス業等の範囲··· 345

　　　(5)　不動産業の範囲··· 345

　　　(6)　2種類以上の事業を営む場合のみなし仕入れ率（原則）············· 345

　　　(7)　特定1事業に係る課税売上高が全体の75％以上の場合（特例①）······ 346

　　　(8)　特定2事業に係る課税売上高が全体の75％以上の場合（特例②）······ 346

　　　(9)　2種類以上の事業を営む場合で課税売上高の事業区分がされていな

　　　　　い場合··· 347

　　7　実務上の留意点··· 347

　　　(1)　消費税簡易課税制度選択届出書の効力····························· 347

　　　(2)　事業を開始した課税期間の翌課税期間からの簡易課税制度の選択····· 348

　　　(3)　旅館等における飲食物の提供····································· 349

　　　(4)　固定資産等の売却収入の事業区分································· 349

　　　(5)　みなし仕入れ率の計算··· 349

　　　(6)　一般課税との有利不利の判断····································· 350

　　　(7)　リバースチャージ方式の不適用··································· 350

　　　(8)　適格請求書発行事業者の場合····································· 350

　　8　事例及び申告書付表記載例··· 351

　　　(1)　前提··· 351

　　　(2)　計算··· 352

　　　(3)　申告書付表記載例··· 354

第3　インボイス制度における中小企業向けの経過措置··················· 356

　　1　免税事業者に係る適格請求書発行事業者の登録申請に係る経過措置····· 356

　　　(1)　制度の趣旨··· 356

　　　(2)　内容··· 356

　　　(3)　実務上の留意点··· 357

目　　　次

　2　適格請求書発行事業者となる小規模事業者に係る税額控除に関する経
　　過措置（2割特例）‥‥‥‥‥‥‥‥‥‥‥‥‥‥‥‥‥‥‥‥‥‥‥‥‥‥　360
　　(1)　制度の趣旨‥‥‥‥‥‥‥‥‥‥‥‥‥‥‥‥‥‥‥‥‥‥‥‥‥‥‥　360
　　(2)　内容‥‥‥‥‥‥‥‥‥‥‥‥‥‥‥‥‥‥‥‥‥‥‥‥‥‥‥‥‥‥　360
　　(3)　適用対象となる課税期間‥‥‥‥‥‥‥‥‥‥‥‥‥‥‥‥‥‥‥‥　361
　　(4)　申告要件‥‥‥‥‥‥‥‥‥‥‥‥‥‥‥‥‥‥‥‥‥‥‥‥‥‥‥‥　363
　　(5)　実務上の留意点‥‥‥‥‥‥‥‥‥‥‥‥‥‥‥‥‥‥‥‥‥‥‥‥　364
　　(6)　事例‥‥‥‥‥‥‥‥‥‥‥‥‥‥‥‥‥‥‥‥‥‥‥‥‥‥‥‥‥‥　366
　3　請求書等の保存を要しない課税仕入れに関する経過措置（少額特例）‥‥　371
　　(1)　制度の趣旨‥‥‥‥‥‥‥‥‥‥‥‥‥‥‥‥‥‥‥‥‥‥‥‥‥‥‥　371
　　(2)　内容‥‥‥‥‥‥‥‥‥‥‥‥‥‥‥‥‥‥‥‥‥‥‥‥‥‥‥‥‥‥　371
　　(3)　適用対象となる課税期間‥‥‥‥‥‥‥‥‥‥‥‥‥‥‥‥‥‥‥‥　371
　　(4)　実務上の留意点‥‥‥‥‥‥‥‥‥‥‥‥‥‥‥‥‥‥‥‥‥‥‥‥　372

第5章　地方税の取扱い

第1　法人事業税における取扱い‥‥‥‥‥‥‥‥‥‥‥‥‥‥‥‥‥‥‥‥‥　375

　1　外形標準課税の適用除外‥‥‥‥‥‥‥‥‥‥‥‥‥‥‥‥‥‥‥‥‥‥　375
　　(1)　制度の趣旨‥‥‥‥‥‥‥‥‥‥‥‥‥‥‥‥‥‥‥‥‥‥‥‥‥‥‥　375
　　(2)　制度の概要‥‥‥‥‥‥‥‥‥‥‥‥‥‥‥‥‥‥‥‥‥‥‥‥‥‥‥　377
　2　所得割の所得の計算方法（中小企業税制における法人税との相違点）‥‥　378
　　(1)　中小企業税制の適用‥‥‥‥‥‥‥‥‥‥‥‥‥‥‥‥‥‥‥‥‥‥　378
　　(2)　欠損金の繰戻しによる還付制度の不適用‥‥‥‥‥‥‥‥‥‥‥‥　378
　3　所得割の軽減税率‥‥‥‥‥‥‥‥‥‥‥‥‥‥‥‥‥‥‥‥‥‥‥‥‥　378
　　(1)　軽減税率‥‥‥‥‥‥‥‥‥‥‥‥‥‥‥‥‥‥‥‥‥‥‥‥‥‥‥‥　378
　　(2)　軽減税率適用法人の判定‥‥‥‥‥‥‥‥‥‥‥‥‥‥‥‥‥‥‥‥　379
　4　超過税率‥‥‥‥‥‥‥‥‥‥‥‥‥‥‥‥‥‥‥‥‥‥‥‥‥‥‥‥‥‥　381

第2　法人住民税における取扱い‥‥‥‥‥‥‥‥‥‥‥‥‥‥‥‥‥‥‥‥‥　383

　1　法人税割における取扱い‥‥‥‥‥‥‥‥‥‥‥‥‥‥‥‥‥‥‥‥‥‥　383
　　(1)　法人税の税額控除の適用‥‥‥‥‥‥‥‥‥‥‥‥‥‥‥‥‥‥‥‥　383
　　(2)　欠損金の繰戻しによる還付制度の不適用‥‥‥‥‥‥‥‥‥‥‥‥　383

目　　　次

　　(3)　法人税割の超過税率 ……………………………………………… 384

　2　均等割における取扱い ……………………………………………… 385

　　(1)　均等割の税率 ………………………………………………………… 385

　　(2)　資本金等の額 ………………………………………………………… 385

第3　生産性向上や賃上げに資する中小企業者の設備投資に関する
　　　固定資産税の特例 …………………………………………………… 387

　1　概要 …………………………………………………………………… 387

　　(1)　制度の趣旨 …………………………………………………………… 387

　　(2)　制度の概要 …………………………………………………………… 387

　2　制度の詳細 …………………………………………………………… 389

　　(1)　適用対象法人 ………………………………………………………… 389

　　(2)　先端設備等に該当する機械装置等の範囲 ………………………… 389

　3　実務上の留意点 ……………………………………………………… 390

　　(1)　中小企業者の判定時期 ……………………………………………… 390

　　(2)　購入ではなくリースした設備の取扱い …………………………… 390

　　(3)　他の制度との重複適用 ……………………………………………… 390

　　(4)　制度の適用を受けるための手順 …………………………………… 390

参考判決等

参考判決等 ……………………………………………………………………… 394

参考資料

付録 ……………………………………………………………………………… 403

　［付録1］
　令和5年度(2023年度)　経済産業関係　税制改正について（令和4年12
　月）（抜粋） …………………………………………………………………… 404

目　　　次

［付録 2］

令和 4 年度(2022年度)　経済産業関係　税制改正について（令和 3 年12月）
（抜粋）‥‥‥‥‥‥‥‥‥‥‥‥‥‥‥‥‥‥‥‥‥‥‥‥‥‥‥‥‥‥‥‥　417

［付録 3］

令和 3 年度（2021年度）　経済産業関係　税制改正について（令和 2 年12
月）（抜粋）‥‥‥‥‥‥‥‥‥‥‥‥‥‥‥‥‥‥‥‥‥‥‥‥‥‥‥‥‥‥　422

［付録 4］

令和 2 年度(2020年度)　中小企業・小規模事業者関係　税制改正について
（令和元年12月）（抜粋）‥‥‥‥‥‥‥‥‥‥‥‥‥‥‥‥‥‥‥‥‥‥‥‥　425

索　　　引‥‥‥‥‥‥‥‥‥‥‥‥‥‥‥‥‥‥‥‥‥‥‥‥‥‥‥‥‥‥‥‥　427

第1章　中小企業の定義と特例措置等

第1　中小企業の定義と特例措置

1　税法における中小企業の取扱い

　法人税法をはじめとする税法は、中小企業に対して、大企業と比較して経営基盤が弱く担税力が低いことなどから、軽減税率や一定の設備投資に対する税額控除等の各特例措置を定めています。

　法人税法では、原則として資本金の額若しくは出資金の額が1億円以下又は資本若しくは出資を有しない法人の「中小法人」を対象とする特例措置があり、租税特別措置法の第三章（法人税法の特例）では、原則として資本金の額若しくは出資金の額が1億円以下又は資本若しくは出資を有しない法人のうち従業員の数が1,000人以下の「中小企業者」を対象とする特例措置があります。

　消費税法では、小規模事業者の納税事務負担の配慮から、原則としてその課税期間の基準期間における課税売上高等が1,000万円以下である者の納税義務を免除しています。ただし、基準期間がない新設法人でその事業年度開始の日の資本金の額又は出資の金額が1,000万円以上である場合には、納税義務が免除されないものとされています。

　地方税法では、法人税に適用される租税特別措置法の法人税額の特別控除について、国の政策目的を地方税に自動的に影響させることが適当でないとして、原則として特別控除前の法人税額を法人住民税の課税標準としていますが、中小企業者に対しては特別控除後の法人税額を法人住民税の課税標準としています。また、中小企業の担税力への配慮から、法人事業税の外形標準課税の適用に当たって資本金1億円以下の法人を対象外とする規定や、所得割の軽減税率の適用に当たって資本金の額又は出資金の額と事務所等がある道府県の数により判定をする規定のほか、法人住民税の均等割の税率の適用に当たって資本金等の額や従業者数により判定するなどの規定があります。

― 1 ―

第1章　中小企業の定義と特例措置等

〈中小法人と中小企業者の概要〉

区分	対象法人	左記のうち対象外となる法人
中小法人	①　資本金の額又は出資金の額が1億円以下の普通法人 ②　資本又は出資を有しない普通法人	i　大法人（資本金の額又は出資金の額が5億円以上の法人等）の100％子法人 ii　100％グループ内の複数の大法人に発行済株式の全部を保有されている法人
中小企業者	①　資本金の額又は出資金の額が1億円以下の法人	i　その発行済株式又は出資の総数又は総額の2分の1以上が同一の大規模法人（資本金の額又は出資金の額が1億円を超える法人等）の所有に属している法人 ii　その発行済株式又は出資の総数又は総額の3分の2以上が大規模法人の所有に属している法人
	②　資本又は出資を有しない法人のうち常時使用する従業員の数が1,000人以下の法人	―

2　中小法人を適用対象法人とする特例措置

⑴　中小法人

　中小法人とは、普通法人のうち各事業年度終了の時における資本金の額若しくは出資金の額が1億円以下のもの又は資本若しくは出資を有しないものをいいます（法法52①一イ、57⑪一、66⑤、措法42の3の2①、57の9①他）。

　ただし、大法人の100％子会社については、親会社の信用力のもとに資金調達や事業拡大が可能なことや、大法人の分社化により上記の特例のメリットを享受できることが問題として考えられます。そこで、親会社の資本金の規模も考慮することとし、次に掲げる法人に該当するものは対象外とされます（法法66⑤二、三、法令139の6）。

　①　大法人（次に掲げる法人をいいます。）との間に大法人による完全支配関係㈲がある普通法人（大法人の100％子法人）

　　i　資本金の額又は出資金の額が5億円以上である法人

　　ii　保険業法に規定する相互会社（外国相互会社を含みます。）

　　iii　法人税法第4条の3（受託法人等に関するこの法律の適用）に規定する受託法人

　②　普通法人との間に完全支配関係がある全ての大法人が有する株式及び出資の全部をその全ての大法人のうちいずれか一の法人が有するものとみなした場合においてそのいずれか一の法人とその普通法人との間にそのいずれか一の法人

― 2 ―

による完全支配関係があることとなるときのその普通法人（100％グループ内の複数の大法人に発行済株式の全部を保有されている法人をいい、①に掲げる法人を除きます。）

〈①に該当する法人〉

大法人

100％

資本金1億円以下の法人 ← 中小法人に該当しない

100％

資本金1億円以下の法人 ← 中小法人に該当しない

〈②に該当する法人〉

資本金1億円以下の法人 ← 中小法人に該当する

100％　　100％

大法人　　大法人

（100−X）％　　X％

資本金1億円以下の法人 ← 中小法人に該当しない

(注)　完全支配関係とは、次の2つの関係をいいます（法法2十二の七の六、法令4の2②）。

① 一の者が法人の発行済株式等（発行済株式若しくは出資をいい、その法人が有する自己の株式又は出資を除きます。）の全部を直接若しくは間接に保有する関係（当事者間の完全支配の関係）

② 一の者との間に当事者間の完全支配の関係がある法人相互の関係

〈完全支配関係の例〉

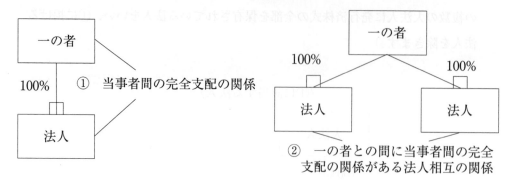

中小法人の判定方法をフローチャートにすると次のとおりです。

〈中小法人の判定フローチャート〉

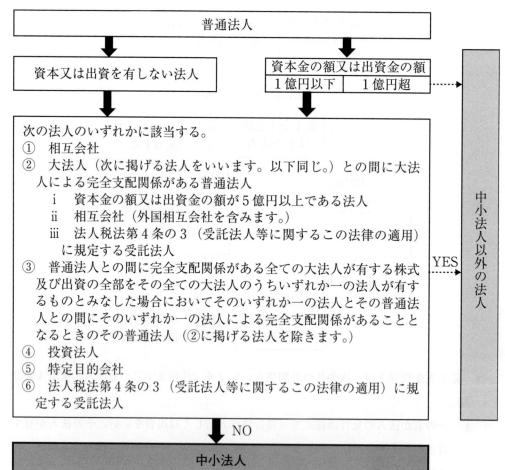

第 1　中小企業の定義と特例措置

(2)　対象制度

　中小法人に対しては、その脆弱な資金調達能力や零細な事業規模に対する政策的な配慮により次の特例措置が定められています（泉恒有他「平成22年版　改正税法のすべて」239頁）。

〈中小法人の特例措置〉

制度名	根拠条文
① 貸倒引当金制度	法法52
② 一括貸倒引当金の法定繰入率（注１）	措法57の９
③ 欠損金の繰越控除制度における控除限度額	法法57、58
④ 法人税率の特例（軽減税率）（注２）	法法66、措法42の３の２
⑤ 特定同族会社の留保金課税の不適用	法法67
⑥ 交際費等の定額控除限度額制度	措法61の４
⑦ 欠損金の繰戻しによる還付制度（注３）	法法80、措法66の12

（注）１　一括貸倒引当金の法定繰入率について、平成31年４月１日以後に開始する事業年度から適用除外事業者（下記３(3)参照）が除かれています（措法57の９①、所得税法等の一部を改正する等の法律（平成29年法律第４号）附則１六、62①）。

　　　２　軽減税率について、平成31年４月１日以後に開始する事業年度から適用除外事業者が除かれています（措法42の３の２①、所得税法等の一部を改正する法律（平成31年法律第６号）附則48）。

　　　３　欠損金の繰戻しによる還付制度について、令和２年２月１日から令和４年１月31日までの間に終了する各事業年度において生じた欠損金額については、次のiからvに掲げる大規模法人等を除き適用されていました（新型コロナウイルス感染症等の影響に対応するための国税関係法律の臨時特例に関する法律７）。

　　　　すなわち、「資本金の額又は出資金の額が１億円超10億円以下の法人」においても一時的ではありますが、本制度の適用が認められていました。

　　　i　大規模法人（次の法人をいいます。以下ii、iiiにおいて同じ。）

　　　　(i)　資本金の額又は出資金の額が10億円を超える法人

　　　　(ii)　保険業法に規定する相互会社、外国相互会社

　　　　(iii)　受託法人

　　　ii　大規模法人との間にその大規模法人による完全支配関係がある普通法人

— 5 —

ⅲ 100％グループ内の複数の大規模法人に発行済株式又は出資の全部を直接又は間接に保有されている普通法人

ⅳ 投資法人

ⅴ 特定目的会社

3 中小企業者を適用対象法人とする特例措置と優遇措置

⑴ 中小企業者

中小企業者とは、資本金の額若しくは出資金の額が1億円以下の法人のうちみなし大企業（下記⑵参照）以外の法人又は資本若しくは出資を有しない法人（人格のない社団等を含みます。）のうち常時使用する従業員の数(注)が1,000人以下の法人とされています（措法42の4⑲七、措令27の4⑰）。

この判定は、その事業年度終了の時の現況によるものとされます（措通42の4⑶―1）。

また、常時使用する従業員の数によって、中小企業者に該当するかどうかを判定するのは、資本又は出資を有しない法人のみであることから、資本金の額又は出資金の額が1億円以下の法人については、常時使用する従業員の数が1,000人を超えても中小企業者に該当します（措通42の4⑶―2）。

(注) 常時使用する従業員の数とは、常用であると日々雇い入れるものであることを問わず、事務所又は事業所に常時就労している職員、工員等（役員を除きます。）の総数によって判定されます。この場合において、酒造最盛期、野菜缶詰・瓶詰製造最盛期等に数か月程度の期間その労務に従事する者を使用するときは、その従事する者の数も含めるものとされます（措通42の4⑶―3）。

なお、出資を有しない公益法人等又は人格のない社団等について、常時使用する従業員の数が1,000人以下であるかどうかを判定する場合には、収益事業に従事する従業員数だけでなくその全部の従業員数によって行うものとされています（措通42の4⑶―4）。

平成31年4月1日以後開始事業年度からは、中小企業者のうち適用除外事業者（下記⑶参照）に該当するものが各制度の適用対象から除外されています（所得税法等の一部を改正する等の法律（平成29年法律第4号）附則62①）。

― 6 ―

(2) みなし大企業
イ　内容

資本金の額又は出資金の額が1億円以下の法人であっても大規模法人の子会社など下記①又は②に該当する場合は、みなし大企業（中小企業者以外の法人とみなされる法人）として中小企業者から除外されることとなります。

① その発行済株式又は出資の総数又は総額の2分の1以上（注）が同一の大規模法人の所有に属している法人

② 上記①に掲げるもののほか、その発行済株式又は出資の総数又は総額の3分の2以上が複数の大規模法人の所有に属している法人

（注）平成31年4月1日以後開始事業年度からその判定対象となる法人の発行済株式又は出資からその有する自己の株式又は出資を除外して計算します（租税特別措置法施行令等の一部を改正する政令（平成31年政令第102号）附則16）。

〈①に該当する法人〉

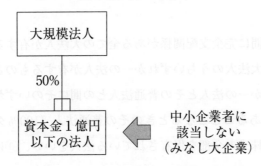

〈②に該当する法人〉

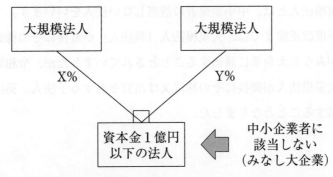

※1　X％とY％のいずれも＜50％
※2　X％＋Y％≧資本金1億円以下の法人の発行済株式総数の66.7％

ロ　大規模法人

　大規模法人とは、次の①から④のいずれかに該当する法人をいい、中小企業投資育成株式会社を除きます（措令27の4⑰一）。

　なお、平成31年4月1日前に開始する事業年度においては、次の①又は②に該当する法人をいいます。

① 資本金の額若しくは出資金の額が1億円を超える法人

② 資本若しくは出資を有しない法人のうち常時使用する従業員の数が1,000人を超える法人

③ 大法人（次に掲げる法人をいいます。以下同じ。）との間に大法人による完全支配関係がある普通法人（大法人の100％子法人）

　　ⅰ 資本金の額又は出資金の額が5億円以上である法人

　　ⅱ 保険業法に規定する相互会社及び外国相互会社のうち、常時使用する従業員の数が1,000人を超える法人

　　ⅲ 法人税法第4条の3（受託法人等に関するこの法律の適用）に規定する受託法人

④ 普通法人との間に完全支配関係がある全ての大法人が有する株式及び出資の全部をその全ての大法人のうちいずれか一の法人が有するものとみなした場合においてそのいずれか一の法人とその普通法人との間にそのいずれか一の法人による完全支配関係があることとなるときのその普通法人（100％グループ内の複数の大法人に発行済株式の全部を保有されている法人をいい、③に掲げる法人を除きます。）

　すなわち、大規模法人とは、中小企業者に該当しない法人をいいます。

　また、令和元年度改正前までは、大規模法人（親法人）が直接にその株式又は出資を有する子法人がみなし大企業に該当することとされていましたが、令和元年度改正後は次のとおり大規模法人が間接にその株式又は出資を有する子法人、孫法人等もみなし大企業に該当することとなりました。

〈大法人の100％子法人に発行済株式の総数の２分の１以上を保有されている法人〉

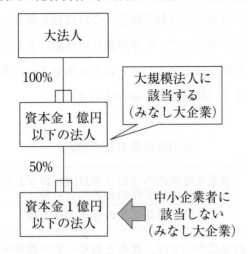

〈100％グループ内の複数の大法人に発行済株式の全部を保有されている法人に発行済株式の総数の２分の１以上を保有されている法人〉

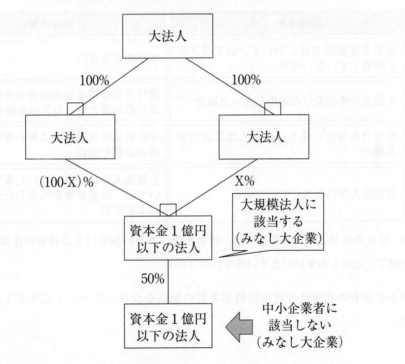

(3) 適用除外事業者

　適用除外事業者とは、事業年度開始の日前３年以内に終了した各事業年度の所得の金額の年平均額が15億円を超える法人をいいます（措法42の４⑲八、措令27の４⑱⑲）。

第 1 章　中小企業の定義と特例措置等

　年平均額は、事業年度開始の日前 3 年以内に終了した各事業年度の所得の金額の合計額をその各事業年度の月数の合計数で除し、これに12を乗じて計算します。

　適用除外事業者の判定に当たって、年平均額は正当額によるものとされ、確定申告により確定した所得の金額が修正申告や更正により変更された場合には、その判定を改めて行う必要があります（措通42の 4 ⑶— 1 の 2 ）。

〈適用除外事業者の判定〉

$$15億円 \;\; < \;\; \frac{事業年度開始の日前 3 年以内に終了した 各事業年度の所得の金額の合計額}{その各事業年度の月数の合計数} \;\; \times \;\; 12$$

　ただし、年平均額の計算については、次のとおり一定の調整を行うこととされています（措令27の 4 ⑱〜㉒）。

〈年平均額の一定の調整〉

	調整事由	調整内容
①	事業年度開始の日において、設立後 3 年を経過していない場合	年平均額は 0 円
②	欠損金の繰戻還付の適用があった場合	還付所得事業年度の所得の金額からその還付の基礎となった欠損金額を減算
③	特定合併等㊟に係る合併法人等に該当する場合	その特定合併等に係る被合併法人等の所得の金額を加算
④	公益法人等に該当していた場合	公益法人等に該当していた事業年度については、収益事業から生じた所得の金額により計算

　㊟　特定合併等とは、合併、分割、現物出資、事業の譲受け又は特別の法律に基づく承継で一定のものをいいます（措令27の 4 ⑳）。

　中小企業者の判定及び適用除外事業者の関係をフローチャートにすると次のとおりです。

第1　中小企業の定義と特例措置

〈中小企業者の判定フローチャート〉

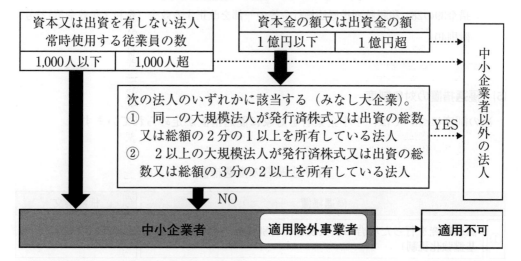

(4)　特例措置の対象制度

　中小企業者の設備投資の促進といった特定の政策目的を推進する観点から、財務状況の脆弱な中小企業者に対して支援するために次の特例措置が定められています（藤山智博他「平成29年版　改正税法のすべて」533頁）。

〈中小企業者の特例措置〉

	特例措置	根拠条文
①	中小企業者等（注1）が機械等を取得した場合の特別償却又は法人税額の特別控除（中小企業投資促進税制）	措法42の6
②	中小企業者等が特定経営力向上設備等を取得した場合の特別償却又は法人税額の特別控除（中小企業経営強化税制）	措法42の12の4
③	特定税額控除制度の不適用措置の対象外	措法42の13⑤
④	特定事業継続力強化設備等の特別償却（中小企業防災・減災投資促進税制）	措法44の2
⑤	中小企業者等（注2）の少額減価償却資産の取得価額の損金算入の特例	措法67の5

(注)1　中小企業者等とは、中小企業者又は農業協同組合等をいいます（措法42の4④、⑲九、42の6①）。
　　2　上記⑤における中小企業者等は、事務負担に配慮する必要があるものとされており、令和2年4月1日以後に取得等をする少額減価償却資産から連結法人（令和4年4月1日以後に開始する事業年度からは通算法人）及び常時使用する従業員の数が500

— 11 —

第 1 章　中小企業の定義と特例措置等

人超（令和 2 年度改正前は1,000人超）の法人が除外されています（措法67の 5 ①、
措令39の28、租税特別措置法施行令等の一部を改正する政令（令和 2 年政令第121号）
附則40）。

⑸　優遇措置の対象制度

　次の制度については、中小企業者を対象に優遇措置が定められています。

〈中小企業者の優遇措置〉

	優遇措置	根拠条文
①	試験研究を行った場合の法人税額の特別控除（中小企業技術基盤強化税制）	措法42の 4
②	地方活力向上地域等において特定建物等を取得した場合の特別償却又は法人税額の特別控除（地方拠点強化税制）	措法42の11の 3 措令27の11の 3
③	中小企業者等の給与等の支給額が増加した場合の法人税額の特別控除（中小企業向け賃上げ促進税制）	措法42の12の 5
④	被災代替資産等の特別償却	措法43の 2
⑤	中小企業事業再編投資損失準備金（経営資源集約化税制）	措法56
⑥	特定事業活動として特別新事業開拓事業者の株式の取得をした場合の課税の特例（オープンイノベーション促進税制）	措法66の13

⑹　中小企業投資促進税制における中小企業者の範囲（参考）

　中小企業者は、研究開発税制（第 3 章 第 1 参照）において規定されており、他の
制度についてもその中小企業者を適用対象としていますが、平成31年 4 月 1 日以後に
開始する事業年度から、中小企業投資促進税制（中小企業者等が機械等を取得した場
合の特別償却又は法人税額の特別控除）における中小企業者の範囲が拡充されており、
他の設備投資に係る制度についてもその中小企業者を適用対象としていました。

　ただし、中小企業投資促進税制における中小企業者の範囲の拡充の規定は、適用実
績がないことから令和 3 年 4 月 1 日以後に開始する事業年度から廃止されています。

第 1　中小企業の定義と特例措置

〈中小企業投資促進税制における中小企業者を適用対象とする制度〉

	適用対象制度	根拠条文
①	中小企業者等が機械等を取得した場合の特別償却又は法人税額の特別控除（中小企業投資促進税制）	措法42の 6
②	特定中小企業者等が経営改善設備を取得した場合の特別償却又は法人税額の特別控除（商業・サービス業・農林水産業活性化税制）	令和 3 年改正前措法42の12の 3
③	中小企業者等が特定経営力向上設備等を取得した場合の特別償却又は法人税額の特別控除（中小企業経営強化税制）	措法42の12の 4
④	被災代替資産等の特別償却	措法43の 3
⑤	特定事業継続力強化設備等の特別償却（中小企業防災・減災投資促進税制）	措法44の 2

　中小企業者の範囲の拡充の内容は、中小企業者から除外されるみなし大企業の判定において、中小企業等経営強化法の事業再編投資計画の認定に係る投資事業有限責任組合の組合財産である株式を発行した中小企業者について、上記(2)イ①②の大規模法人の有する株式又は出資から、その投資事業有限責任組合に係る組合員の出資をした独立行政法人中小企業基盤整備機構（以下、「中小機構」といいます。）の有する株式が除外されていたものです（令和 3 年改正前措法42の 6 ①、令和 3 年改正前措令27の 6 ①）。

— 13 —

〈中小機構による出資分の判定除外〉

- 将来的なM＆Aに向けた**磨き上げ支援等**を行う**事業承継ファンド**は、中小企業の事業承継を促進するに当たり有効であり、**近年その数は増加傾向**。
- 他方、事業承継ファンドを通じた**中小機構による出資割合が一定以上となる場合**、出資を受けた中小企業は「大企業」とみなされ、**設備投資に係る中小企業税制が適用されない**という**制約**があり、事業承継に向けた設備投資が滞るおそれがある。
- このため、事業承継ファンドを通じた事業承継を一層促進すべく、中小企業等経営強化法に基づく認定を受けた**事業承継ファンドを通じて中小機構から出資を受けた場合には、中小機構出資分を大企業保有分と評価しないこととする措置**を講ずる。

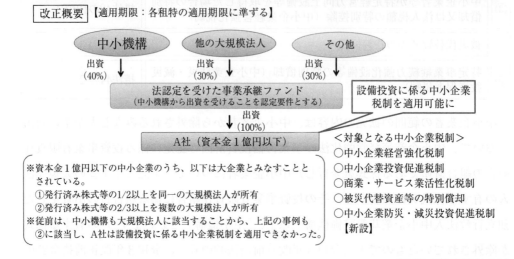

（経済産業省資料より）

4　中小法人と中小企業者の相違点

　中小法人も中小企業者も資本金の額又は出資金の額が1億円以下の法人を対象とする点は共通ですが、中小法人が大法人の100％子法人等を対象外とする一方で、中小企業者は大規模法人に発行済株式又は出資の総数又は総額の2分の1以上所有されている法人等がみなし大企業として対象外とされています。

　よって、次表のとおり中小法人に該当するものの、みなし大企業として中小企業者に該当しないため、租税特別措置法の各制度の適用を受けられない場合がありますので、注意が必要です。

　例えば、次表の⑤のように大法人の100％子法人ではない大規模法人の子会社は、大法人との完全支配関係がなく中小法人に該当するため、軽減税率や交際費等の定額控除限度額制度等の適用対象となりますが、中小企業者に該当しないため、中小企業技術基盤強化税制等の適用対象外となります。

　また、令和元年度改正前までは、大法人が間接に保有する100％子法人等のように中小法人に該当しない法人で中小企業者に該当する場合がありましたが、大法人の100％子法人等が大規模法人に含まれることとなったため、原則として中小法人に該当しない法人は中小企業者にも該当しないこととなります。

　なお、租税特別措置法第42条の3の2では「中小企業者等の法人税率の特例」、租税特別措置法第57条の9では「中小企業者等の貸倒引当金の特例」、租税特別措置法第66条の12では「中小企業者の欠損金等以外の欠損金の繰戻しによる還付の不適用」とそれぞれ規定されていますが、いずれも上記3(1)の中小企業者（措法42の4⑲七）ではなく、上記2(1)の中小法人（法法52①一イ、66⑤、措法42の3の2①、57の9①、66の12）が対象となります。

第1章　中小企業の定義と特例措置等

〈中小法人と中小企業者の相違〉

	判定法人の例	中小法人	中小企業者	（参考）令和元年度改正前の中小企業者	該当図
①	一般的な中小企業（大規模法人の子会社ではない法人）	対象	対象	対象	―
②	資本金1億円以下の法人（大法人の100％子法人ではない法人）の子会社	対象	対象	対象	イ
③	資本金1億円以下の法人（大法人の100％子法人）の子会社	対象	対象外	対象	ロ
④	資本金1億円以下の法人（大法人の100％子法人）の100％子法人	対象外	対象外	対象	ハ
⑤	大規模法人（大法人の100％子法人ではない法人）の子会社	対象	対象外	対象外	ニ
⑥	大規模法人（大法人の100％子法人）の子会社	対象	対象外	対象外	ホ
⑦	大法人の子会社（大法人との完全支配関係なし）	対象	対象外	対象外	ヘ
⑧	大法人の100％子法人	対象外	対象外	対象外	ト
⑨	資本金1億円超の法人	対象外	対象外	対象外	―
⑩	資本又は出資を有しない普通法人で従業者数が1,000人以下	対象	対象	対象	―
⑪	資本又は出資を有しない普通法人で従業者数が1,000人超	対象	対象外	対象外	―

(注)　⑨～⑪を除き、資本金の額が1億円以下の法人を前提としています。

　　　本表での大規模法人は、資本金の額が5億円以上の大法人ではないものとします。

　　　本表での子会社とは、発行済株式の50％以上が親会社の所有に属している会社をいいます。

― 16 ―

〈イ　資本金1億円以下の法人（大法人の100％子法人ではない法人）の子会社〉

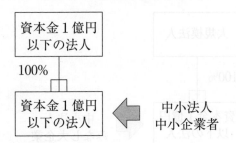

〈ロ　資本金1億円以下の法人（大法人の100％子法人）の子会社〉

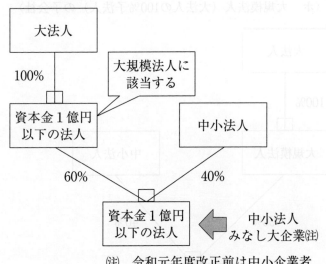

（注）　令和元年度改正前は中小企業者

〈ハ　資本金1億円以下の法人（大法人の100％子法人）の100％子法人〉

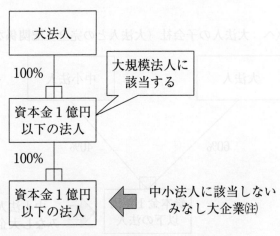

（注）　令和元年度改正前は中小企業者

〈ニ　大規模法人（大法人の100％子法人ではない法人）の子会社〉

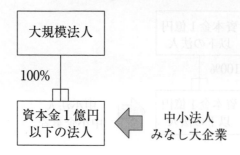

〈ホ　大規模法人（大法人の100％子法人）の子会社〉

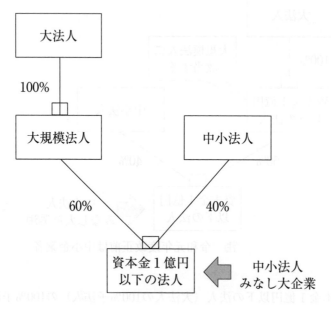

〈ヘ　大法人の子会社（大法人との完全支配関係なし）〉

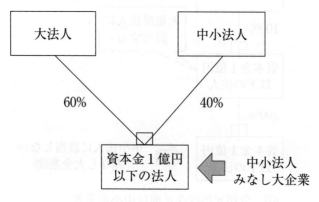

〈ト　大法人の100％子法人〉

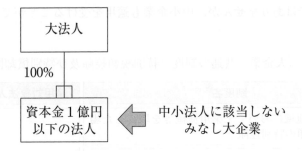

5　中小企業税制一覧

制度名	適用対象法人	適用除外事業者に対する不適用措置	根拠条文	掲載頁
貸倒引当金制度	中小法人	－	法法52	39
一括貸倒引当金の法定繰入率	中小法人	あり	措法57の9	50
欠損金の繰越控除制度における控除限度額	中小法人	－	法法57、58	67
法人税率の特例（軽減税率）	中小法人	あり	法法66 措法42の3の2	86
特定同族会社の留保金課税の不適用	中小法人	－	法法67	96
交際費等の定額控除限度額制度	中小法人	－	措法61の4	107
欠損金の繰戻しによる還付制度	中小法人	－	法法80 措法66の12	121
試験研究を行った場合の法人税額の特別控除（中小企業技術基盤強化税制）	中小企業者	あり	措法42の4	141
中小企業者等が機械等を取得した場合の特別償却又は法人税額の特別控除（中小企業投資促進税制）	中小企業者	あり	措法42の6	172
地方活力向上地域等において特定建物等を取得した場合の特別償却又は法人税額の特別控除（地方拠点強化税制）〈特定建物等の規模要件の緩和〉	中小企業者	あり	措法42の11の3	188
中小企業者等が特定経営力向上設備等を取得した場合の特別償却又は法人税額の特別控除（中小企業経営強化税制）	中小企業者	あり	措法42の12の4	199
中小企業者等の給与等の支給額が増加した場合の法人税額の特別控除（中小企業向け賃上げ促進税制）〈税額控除割合の上乗せ及び適用要件の緩和〉	中小企業者	あり	措法42の12の5	217
特定税額控除制度の不適用措置の対象外	中小企業者	あり	措法42の13⑤	240
被災代替資産等の特別償却〈償却割合の上乗せ〉	中小企業者	あり	措法43の2	256
特定事業継続力強化設備等の特別償却（中小企業防災・減災投資促進税制）	中小企業者	あり	措法44の2	266
中小企業事業再編投資損失準備金（経営資源集約化税制）	中小企業者	あり	措法56	274
特定事業活動として特別新事業開拓事業者の株式の取得をした場合の課税の特例（オープンイノベーション促進税制）〈出資最低限度額の緩和〉	中小企業者	－	措法66の13	282
中小企業者等の少額減価償却資産の取得価額の損金算入の特例	中小企業者	あり	措法67の5	309

適用対象法人の詳細は、各制度の本書掲載頁を参照してください。

また、次表の租税特別措置法の各制度については、大企業にも適用があるため、中小企業税制ではありませんが、中小企業も適用を受けることができます。

〈大企業と共通の制度（特別税額控除及び特別償却関係）〉

制度名	適用対象法人	根拠条文
沖縄の特定地域において工業用機械等を取得した場合の法人税額の特別控除	青色申告法人	措法42の9
国家戦略特別区域において機械等を取得した場合の特別償却又は法人税額の特別控除		措法42の10
国際戦略総合特別区域において機械等を取得した場合の特別償却又は法人税額の特別控除		措法42の11
地域経済牽引事業の促進区域内において特定事業用機械等を取得した場合の特別償却又は法人税額の特別控除		措法42の11の2
地方活力向上地域等において雇用者の数が増加した場合の法人税額の特別控除		措法42の12
認定地方公共団体の寄附活用事業に関連する寄附をした場合の法人税額の特別控除		措法42の12の2
認定特定高度情報通信技術活用設備を取得した場合の特別償却又は法人税額の特別控除		措法42の12の6
事業適応設備を取得した場合等の特別償却又は法人税額の特別控除		措法42の12の7
特定船舶の特別償却		措法43
関西文化学術研究都市の文化学術研究地区における文化学術研究施設の特別償却		措法44
共同利用施設の特別償却		措法44の3
環境負荷低減事業活動用資産等の特別償却		措法44の4
特定地域における工業用機械等の特別償却		措法45
医療用機器等の特別償却		措法45の2
事業再編計画の認定を受けた場合の事業再編促進機械等の割増償却		措法46
輸出事業用資産の割増償却		措法46の2
特定都市再生建築物の割増償却		措法47
倉庫用建物等の割増償却		措法48

6　今後の中小企業税制の改正の方向性

　令和5年度与党税制改正大綱においては、小規模企業等に係る税制のあり方について、働き方の多様化を踏まえ、個人事業主、同族会社、給与所得者の課税のバランス等に配慮しつつ、所得税・法人税を通じて総合的に検討することが挙げられていますので、今後の中小企業税制に影響する税制改正の方向性についても注意が必要です。

〈令和5年度与党税制改正大綱（抜粋）〉

第三　検討事項

3　小規模企業等に係る税制のあり方については、働き方の多様化を踏まえ、個人事業主、同族会社、給与所得者の課税のバランスや勤労性所得に対する課税のあり方等にも配慮しつつ、個人と法人成り企業に対する課税のバランスを図るための外国の制度も参考に、正規の簿記による青色申告の普及を含め、記帳水準の向上を図りながら、引き続き、給与所得控除などの「所得の種類に応じた控除」と「人的控除」のあり方を全体として見直すことを含め、所得税・法人税を通じて総合的に検討する。

第2 グループ通算制度における中小判定

1 グループ通算制度の概要

令和2年度税制改正により、企業グループ全体を1つの納税単位とする「連結納税制度」から各法人を納税単位として法人税額の計算及び申告を行う「グループ通算制度」に移行されました。

グループ通算制度の適用に係る国税庁長官の承認を通算承認といい、グループ通算制度の適用を受けようとする場合には、親法人とその親法人との間に完全支配関係がある他の内国法人の全て（一定の法人を除きます。）が通算承認を受けなければならないとされています（法法64の9）。

通算承認を受けた親法人を通算親法人といい、その親法人との間に完全支配関係がある他の内国法人を通算子法人といいます（法法2十二の六の七、十二の七）。また、通算親法人及び通算子法人を通算法人といいます（法法2十二の七の二）。

グループ通算制度は、令和4年4月1日以後に開始する事業年度から適用されています（所得税法等の一部を改正する法律（令和2年法律第8号）附則14）。

2 中小通算法人

中小法人を適用対象法人とする次の特例措置について、グループ通算制度においては、中小通算法人を対象にその適用が認められます。

中小通算法人とは、大通算法人以外の通算法人をいい、大通算法人とは、通算グループ内のいずれかの法人が中小法人に該当しない場合のその通算グループ内の法人をいいます（法法66⑥かっこ書）。

第2 グループ通算制度における中小判定

〈中小通算法人の特例措置〉

	制度名	根拠条文
①	貸倒引当金制度	法法52①一
②	一括貸倒引当金の法定繰入率	措法57の9①
③	欠損金の繰越控除制度における繰越控除限度額	法法57⑪一
④	法人税率の特例（軽減税率）	法法66⑥
⑤	特定同族会社の留保金課税の不適用	法法67①
⑥	欠損金の繰戻しによる還付制度	措法66の12①

　また、グループ通算制度における中小法人の交際費等の定額控除限度額制度の適用においても、通算グループ内の全ての法人が中小法人に該当する場合に適用が認められます（措法61の4②一、二）。

　グループ通算制度の適用がある場合の中小法人の交際費等の定額控除限度額制度については、第2章 第5 2⑵ハを参照してください。

　したがって、通算グループ内の全ての法人が中小法人でないと中小法人を適用対象法人とする中小企業税制の適用が受けられないこととなります。

　中小通算法人と大通算法人の判定方法をフローチャートにすると次のとおりです。

第1章　中小企業の定義と特例措置等

〈中小通算法人の判定フローチャート〉

```
┌─────────────────────────────────────┐
│         通算法人である普通法人         │
└─────────────────────────────────────┘
                  ↓
┌─────────────────────────────────────┐
│        資本金の額又は出資金の額         │
├──────────────────┬──────────────────┤
│     1億円以下     │     1億円超      │ ┈┈┈┈> 
└──────────────────┴──────────────────┘
                  ↓
```

次の法人のいずれかに該当する。
① 相互会社
② 大法人（次に掲げる法人をいいます。以下同じ。）との間に大法人による完全支配関係がある普通法人
　i 資本金の額又は出資金の額が5億円以上である法人
　ii 保険業法に規定する相互会社（外国相互会社を含みます。）
　iii 法人税法第4条の3（受託法人等に関するこの法律の適用）に規定する受託法人　　　　　　　　　　　　　　　　　　　　　　YES ┈┈┈>
③ 普通法人との間に完全支配関係がある全ての大法人が有する株式及び出資の全部をその全ての大法人のうちいずれか一の法人が有するものとみなした場合においてそのいずれか一の法人とその普通法人との間にそのいずれか一の法人による完全支配関係があることとなるときのその普通法人（②に掲げる法人を除きます。）
④ 法人税法第4条の3（受託法人等に関するこの法律の適用）に規定する受託法人

                  ↓ NO

```
┌─────────────────────────────────────┐
│      他の通算法人のうちいずれかの法人の  │
│        資本金の額又は出資金の額         │
├──────────────────┬──────────────────┤
│     1億円以下     │     1億円超      │ ┈┈┈┈>
└──────────────────┴──────────────────┘
                  ↓
```

他の通算法人のうちいずれかの法人が次の法人のいずれかに該当する。
① 相互会社
② 大法人との間に大法人による完全支配関係がある普通法人
③ 普通法人との間に完全支配関係がある全ての大法人が有する株式及び出資の全部をその全ての大法人のうちいずれか一の法人が有するものとみなした場合においてそのいずれか一の法人とその普通法人との間にそのいずれか一の法人による完全支配関係があることとなるときのその普通法人（②に掲げる法人を除きます。）　　　　　　　　　　　　　　　　　　　　　　　　　　　　YES ┈┈┈>
④ 法人税法第4条の3（受託法人等に関するこの法律の適用）に規定する受託法人

                  ↓ NO

```
┌─────────────────────────────────────┐
│              中小通算法人              │
└─────────────────────────────────────┘
```

（右側の縦長ボックス）大通算法人

（国税庁資料を一部修正）

3 グループ通算制度における中小企業者

中小企業者を適用対象法人とする特例措置及び優遇措置（上記第1 3 (4)(5)参照）について、グループ通算制度においては、通算グループ内のいずれかの法人が中小企業者に該当しない場合、通算グループ内の全ての法人が中小企業者に該当しないこととされます（措法42の4⑲七、措令27の4⑰三）。

したがって、通算グループ内の全ての法人が中小企業者でないと中小企業者を適用対象法人とする中小企業税制の適用が受けられないこととなります。

なお、中小企業者等の少額減価償却資産の取得価額の損金算入の特例においては、通算法人が適用対象法人から除かれています（措法67の5①かっこ書）。

4 グループ通算制度における適用除外事業者

(1) 通算適用除外事業者

通算法人の各事業年度終了の日において、通算グループ内のいずれかの法人が適用除外事業者に該当する場合におけるその通算法人を通算適用除外事業者といいます（措法42の4⑲八の二）。

通算適用除外事業者は、適用除外事業者とともに次の中小企業者向けの各租税特別措置の適用対象外とされます。

ただし、下記(2)の通算加入適用除外事業者は、通算適用除外事業者の判定上、適用除外事業者に該当しないものとされます（措法42の4⑲八の二かっこ書、措令27の4㉓）。

第1章　中小企業の定義と特例措置等

〈通算適用除外事業者が適用対象外とされる制度〉

	制度名	根拠条文
①	試験研究を行った場合の法人税額の特別控除（中小企業技術基盤強化税制）	措法42の4④かっこ書
②	中小企業者等が機械等を取得した場合の特別償却又は法人税額の特別控除（中小企業投資促進税制）	措法42の6①かっこ書
③	地方活力向上地域等において特定建物等を取得した場合の特別償却又は法人税額の特別控除（地方拠点強化税制）	措令27の11の3かっこ書
④	中小企業者等が特定経営力向上設備等を取得した場合の特別償却又は法人税額の特別控除（中小企業経営強化税制）	措法42の12の4①かっこ書
⑤	中小企業者等の給与等の支給額が増加した場合の法人税額の特別控除（中小企業向け賃上げ促進税制）	措法42の12の5②かっこ書
⑥	特定税額控除制度の不適用措置の対象外	措法42の13⑤かっこ書
⑦	特定事業継続力強化設備等の特別償却（中小企業防災・減災投資促進税制）	措法44の2①かっこ書
⑧	中小企業事業再編投資損失準備金（経営資源集約化税制）	措法56①かっこ書

(2)　通算加入適用除外事業者

イ　基本的な内容

　適用除外事業者に該当する法人が通算グループに加入し、その加入した日の属する通算親法人の事業年度終了の日までその通算グループ内にいる場合のその加入した法人で一定のもの（以下、「通算加入適用除外事業者」といいます。）は、通算適用除外事業者の判定上、適用除外事業者に該当しないものとされます（措法42の4⑲八の二かっこ書、措令27の4㉓）。

　したがって、他の通算法人がいずれも適用除外事業者に該当しない場合は、通算加入適用除外事業者のみが適用除外事業者に該当します。その通算加入適用除外事業者は、中小企業者向けの租税特別措置の適用がありませんが（中小企業技術基盤強化税制については下記ロ参照）、他の通算法人は、通算適用除外事業者に該当しないものとされるため、中小企業者向け租税特別措置の適用があります。

　各通算法人は、通算親法人の事業年度開始の時において適用除外事業者に該当する法人が通算グループ内にいない場合、中小企業者向けの租税特別措置の適用を前提に

— 26 —

投資等の企業行動を判断します。そのような通算グループにその事業年度の中途で適用除外事業者に該当する法人が加入した場合に、中小企業者向けの租税特別措置の効果を遡って失わせることは望ましくないと考えられるため、通算親法人の事業年度開始の時において適用除外事業者に該当する法人がいない通算グループに対しては、中小企業者向けの租税特別措置の適用可否を遡及して変更しないこととされています（内藤景一朗他「令和 2 年版　改正税法のすべて」1040、1041頁）。

ロ　中小企業技術基盤強化税制の特例

　通算加入適用除外事業者は、試験研究を行った場合の法人税額の特別控除（中小企業技術基盤強化税制）の適用においては、適用除外事業者に該当しないものとされます（措法42の 4 ④かっこ書）。

　したがって、他の通算法人がいずれも適用除外事業者に該当しない場合は、通算加入適用除外事業者及び他の通算法人の全てが適用除外事業者及び通算適用除外事業者に該当しないものとされるため、通算加入適用除外事業者及び他の通算法人のいずれも中小企業技術基盤強化税制の適用があります。

⑶　通算加入適用除外事業者の規定が適用されない制度

　次の制度については、通算グループ内のいずれかの法人が適用除外事業者に該当する場合における他の通算法人が適用対象外とされ、通算加入適用除外事業者を他の通算法人の適用除外事業者の判定上、適用除外事業者に該当しないものとする旨は規定されていません。

　したがって、通算グループ内に通算加入適用除外事業者がいる場合は、他の通算法人も適用除外事業者に該当します。

〈通算加入適用除外事業者の規定が適用されない制度〉

制度名		根拠条文
①	法人税率の特例（軽減税率）	措法42の 3 の 2 ①かっこ書
②	被災代替資産等の特別償却	措法43の 2 ②かっこ書
③	一括貸倒引当金の法定繰入率	措法57の 9 ①かっこ書

第3　資本金の額の減少手続

1　概要

(1)　減資と中小企業税制

　法人税法は、各事業年度終了の時における資本金の額又は出資金の額が1億円以下の普通法人を中小法人として取り扱っています。

　原則として、資本金の額が1億円超である法人であっても、資本金の額の減少（以下、「減資」といいます。）手続を行い、各事業年度終了の時までに資本金の額が1億円以下となっていれば、中小企業税制の適用を受けることができます。

　もっとも、資本金の額が5億円以上の大法人と完全支配関係がある法人は、その法人自体の資本金の額が1億円以下であったとしても中小企業税制の適用を受けることはできません。

　しかしながら、大法人自体が減資を行い、資本金の額が5億円未満になることで、一定の場合を除きその法人と完全支配関係がある法人も中小企業税制の適用を受けることが可能となります。

　以上のとおり、減資の手続は、法人が中小企業税制を受けることができるか否かという判断と密接に関わります。

　なお、国税局による調査対象法人となるのは、原則として資本金の額が1億円以上の法人とされています。例外として、沖縄国税事務所の管轄区域にあっては、資本金の額が5,000万円以上の法人が沖縄国税事務所による調査対象法人となります（調査査察部等の所掌事務の範囲を定める省令1）。

(2)　会社法における減資

　平成17年に会社法が制定される以前、減資とは、①資本金の額を減少させるとともに、会社財産の株主への分配を行う減資（有償減資、実質上の減資）と、②資本金の額を減少させるものの、株主への分配を行わない減資（無償減資、名目上の減資）との2種類に整理されていました。

　しかしながら、①の有償減資は、減資を行うことによって、株主に剰余金の配当を行っているに過ぎないため、会社法制定後は、減資＝無償減資と理解されることとなりました。

2 株式会社の手続

⑴ 減資に必要な株式会社の決議

イ 原則－株主総会の特別決議

　平成17年に会社法が制定され、株式会社設立に伴う最低資本金制度が廃止され、資本金が０円でも株式会社を設立することが可能となりました。

　そのため、株式会社は事後的な資本金の減少手続である減資においても、資本金を０円とする100％減資を行うことも可能です（会社法447）。

　株式会社において減資を行うためには、原則として株主総会の特別決議が必要とされています（会社法447①、309②九）。

ロ 例外①－株主総会の普通決議

　定時株主総会において、①減少する資本金の額、②減少する資本金の額の全部又は一部を準備金とするときは、その旨及び準備金とする額、③資本金の額の減少がその効力を生ずる日を定め、かつ、減少する資本金の額がこの定時株主総会の日における欠損の額として法務省令で定める方法により算定される額を越えない場合は、通常の株主総会決議で足りるものとされています（会社法309②九かっこ書、同項イ、ロ参照）。③の要件が課されているのは、会社法が資本金の額がマイナスになることを認めていないことの現れです。

ハ 例外②－取締役の決定・取締役会の決議

　減資と同時に株式会社が株式を発行する場合で、その資本金の額の減少の効力が生ずる日以後の資本金の額が、その日以前の資本金の額を下回らないときには、株主総会決議さえ不要であり、取締役の決定（取締役会設置会社においては取締役会の決議）で足りるものとされています（会社法447③）。

⑵ 債権者異議手続

イ 債権者異議手続が設けられている趣旨

　減資は、株式会社の責任財産の減少につながります。出資者たる株主が、有限責任しか負担しない株式会社において、会社債権者は会社の責任財産の価額について大きな利害関係を持っているといえます。

　無償減資の場合、減資を行ったとしても直ちに会社財産が減少するものではありません。しかしながら、株式会社が減資によって欠損金のてん補を行うことで、従来不

可能であった株主への財産分配が可能になるという意味で、会社財産の外部流出が容易になってしまうといえるため、会社債権者にとっては不利益といえます。

　以上のように、株式会社にとって、減資を行うことは、会社債権者に不利益を被らせる可能性をはらんでいることから、会社法上、会社債権者には減資に対して異議を述べる機会が保障されています（会社法449）。

ロ　公告・催告

　株式会社が減資を行う場合には、資本金の額の減少の内容（会社法449②一）、その株式会社の計算書類に関する事項として法務省令で定めるもの（会社法449②二）、債権者が1か月を下らない一定の期間内に異議を述べることができる旨（会社法449②三）を官報に公告し、かつ、知れている債権者には、格別の催告をすることが必要です（会社法449②）。

　会社法第449条第2項第1号ないし3号により求められている公告・催告事項をまとめると次図のとおりとなります。

〈資本金の額の減少をする際の公告事項及び催告事項（株式会社）〉

---

①　資本金の額の減少の内容

②－Ⅰ　最終事業年度に係る貸借対照表又はその要旨を公告（決算公告）しているときは、次に掲げるもの

　ⅰ　官報で公告しているときは、官報の日付及び公告が掲載されている頁

　ⅱ　日刊新聞紙で公告しているときは、日刊新聞紙の名称、日付及び公告が掲載されている頁

　ⅲ　電子公告によるときは、登記事項である電子公告ホームページのアドレス

②－Ⅱ　最終事業年度に係る貸借対照表をホームページ等で公開しているときは、登記事項であるアドレス

②－Ⅲ　株式会社が有価証券報告書提出会社である場合、最終事業年度に係る有価証券報告書を提出しているときはその旨

②－Ⅳ　特例有限会社であって、決算公告義務が課せられていないときはその旨

②－Ⅴ　最終事業年度がないとき（設立1期目）はその旨

②－Ⅵ　②から⑥に掲げる場合以外には、最終事業年度に係る貸借対照表の要旨の内容

③　債権者が1か月を下らない一定の期間内に異議を述べることができる旨

第3 資本金の額の減少手続

ハ 催告が必要な「知れている債権者」の意義

会社法第449条第2項の「知れている債権者」とは、会社にとって、広く自社に対して債権を保有しているという認識がある債権者を指すため、会社が正確な債権額を把握していない者をも含む概念とされており、会社と債権の有無ないし金額を争っている者（債権者か否かの判断が出ていない者）についてもこれに含まれます（大判昭和7・4・30民集11巻706頁）。

ニ 公告・催告期間内に異議を述べなかった場合

債権者が、公告・催告により会社が定めた期間内に異議を述べなかったときは、債権者は減資について承認したものとみなされます（会社法449④）。

ホ 公告・催告期間内に異議が述べられた場合

債権者が、公告・催告により会社が定めた期間内に会社が行う減資に対して異議を述べたとしても、それをもって直ちに減資の手続がとれなくなるわけではありません。

債権者から異議が述べられた場合、会社は原則として異議を述べた債権者に対して弁済等の措置をとることが必要となります（会社法449⑤）。

債権者が異議を述べたにもかかわらず、会社が弁済等の措置を講じなかったときは会社に対して過料の制裁があります（会社法976二十六）。

これらの規定によって、意に反して資本金等の減少手続を進められる会社債権者は保護されることになります。

もっとも、例外として、減資を行っても、会社債権者を害するおそれがないときには、会社は債権者に対する弁済等の措置をとる必要はありません（会社法449⑤ただし書）。

債権者を害するおそれがあるか否かの判断については、債権額や弁済期等が考慮されることになります。このただし書の規定は、減資に伴う煩雑な処理の軽減のため、すなわち会社の便宜のために設けられている規定であるため、仮に裁判でこの点が争いになった場合には、債権者を害するおそれがないことの立証責任は会社側が負担することになります。

(3) 減資の効力発生日

減資は、その効力を生ずる日（会社法447①三）にその効力が発生すると規定されています（会社法449⑥一）。ただし、後述する債権者異議手続が効力発生日までに終

— 31 —

第1章　中小企業の定義と特例措置等

了していない場合には、債権者異議手続が終了した時点が効力発生日となります（会社法449⑥ただし書）。会社は、効力発生日までの間は、効力発生日を変更することが可能です（会社法449⑦）。

⑷　減資に伴う登記

　株式会社にとって、資本金の額は必要的登記事項であるため（会社法911③五）、減資を行い、会社の資本金の額が減少した場合には、効力発生日から2週間以内にその本店の所在地において、その変更登記をする必要があります（会社法915①）。

3　会計処理

⑴　資本金の額の減少（資本準備金又はその他資本剰余金への振替）

　資本金の額を減少させて、資本準備金又はその他資本剰余金に振り替えます（会社法447、会社計算規則27①一）。その他資本剰余金に振り替えた場合の仕訳は、次のとおりです。

（借方）		（貸方）	
資本金	×××	その他資本剰余金	×××

⑵　資本金の額の減少による損失のてん補を行った場合

　資本金の額を減少させて、その他資本剰余金に振り替えた後、マイナスの繰越利益剰余金である欠損金と相殺して、損失のてん補が行われることがあります（会社法452）。その場合の会計処理は、次のとおりです。

（借方）		（貸方）	
資本金	×××	その他資本剰余金	×××
その他資本剰余金	×××	繰越利益剰余金	×××

4　税務処理

⑴　資本金の額の減少（資本準備金又はその他資本剰余金への振替）

　法人税法上の資本金等の額は、法人が株主等から出資を受けた金額として一定の金額とされており、資本金の額と資本金以外の資本金等の額で構成されます（法法2二十六、法令8）。

　資本金の額が減少した場合、減少した資本金の額に相当する資本金等の額（資本金以外の資本金等の額）が増加します（法令8①十二）。

よって、資本金等の額の総額は変動しません。

（借方）		（貸方）	
資本金	×××	資本金等の額	×××

〈資本金等の額の処理〉

資本金の額		減資後の 資本金の額	資本金等の額 （資本金の額を 含んだ総額）
	減資		
資本金以外の 資本金等の額		減資により増加した 資本金以外の 資本金等の額	

⑵　資本金の額の減少による損失のてん補を行った場合

　法人税法上は、資本金の額が減少した場合、減少した資本金の額に相当する資本金等の額（資本金以外の資本金等の額）が増加します（法令8①十二）。その後、欠損金（税務上の利益積立金額）のてん補を行ったとしても特段の規定がないため、資本金等の額、利益積立金額は変動しません。

　また、マイナスの利益積立金額である欠損金が青色欠損金等である場合、欠損金が減少するわけではないため、所得計算における青色欠損金等の控除も引き続き認められます。

　ただし、法人税法上は、資本金等の額にも利益積立金額にも影響がありませんが、地方税法上の法人住民税均等割の税率の判定に用いる資本金等の額においては、損失のてん補を行う法人の税負担の軽減の観点から、損失のてん補の額を減算するものとされています（地法23①四の二、292①四の二）。この場合は、株主総会議事録等の損失のてん補の内容を証する書類を申告書に添付する必要があります（総務省取扱通知（県）道府県民税43の3、（市）市町村民税48の3）。

　なお、損失のてん補を控除した資本金等の額が、資本金及び資本準備金の合算額に満たない場合には、資本金及び資本準備金の合算額にて法人住民税均等割の税率が判定されます（地法52④、312⑥）。

5　持分会社の手続

⑴　持分会社において減資が認められる場合

　これまで株式会社を念頭においた解説をしてきましたが、会社法上の会社には株式

— 33 —

会社の他にも合名会社、合資会社、合同会社の３種類の形態の会社が存在します（会社法２①）。

株式会社以外の３種類の会社は総称して持分会社と定義され（会社法575）、持分会社における資本金の額とは、その純資産額のうち、社員から拠出された財産の価額に相当する額の一部を表示する計数であるとされています。

会社法は、持分会社についても、損失のてん補のために減資をすることができる旨を定め（会社法620①）、特に合同会社については、損失のてん補の場合ほか、出資の払戻し又は持分の払戻しのために、減資をすることができる旨を定めています（会社法626①）。

〈資本金の額の減少事由〉

会社の種類	資本金の額の減少事由
合名会社	損失のてん補
合資会社	損失のてん補
合同会社	損失のてん補
	出資の払戻し又は持分の払戻し

⑵　債権者異議手続

イ　合同会社のみ債権者異議手続が設けられている趣旨

合同会社の資本金の減少については、株式会社同様、債権者の利害に影響するため、債権者異議手続が要求されています（会社法627）。これに対し、合名会社・合資会社では債権者異議手続は不要です。

これは、持分会社の中で、合名会社・合資会社においては、会社債権者に対して無限責任を負う社員がいる一方で、合同会社は社員の全員が株主と同じく債権者に対して間接有限責任しか負わないため（会社法576④）、減資を行うと、株式会社同様、会社債権者に重大な影響を及ぼすためです。

ロ　公告・催告

合同会社が減資を行う場合には、合同会社は、その資本金の額の減少の内容、債権者が１か月を下らない一定の期間内に異議を述べることができる旨を官報に公告し、かつ、知れている債権者に格別の催告をすることが必要です（会社法627②）。

第3　資本金の額の減少手続

　ここでの知れている債権者の意義は、会社法第449条第2項と同じです（上記2(2)
ハ参照）。

〈資本金の額の減少をする際の公告事項及び催告事項（合同会社）〉

①　資本金の額の減少の内容 ②　債権者が1か月を下らない一定の期間内に異議を述べることができる旨

ハ　公告・催告期間内に異議を述べなかった場合

　債権者が、公告・催告により会社が定めた期間内に異議を述べなかったときは、債
権者は減資について承認したものとみなされます（会社法627④）。

ニ　公告・催告期間内に異議が述べられた場合

　株式会社と同様の規定がされています（会社法627⑤）（上記2(2)ホ参照）。

(3)　減資の効力発生日

　合同会社における減資は、会社法第627条各項の手続が終了した日にその効力が生
じます（会社法627⑥）。合同会社・合資会社については明文の規定が存在しませんが、
債権者異議手続が不要とされている以上、会社法第627条の適用がないため、効力発
生日とした日に効力が発生するものと考えられます。

(4)　減資に伴う登記

　会社法は合同会社に対して資本金の額の登記を求めていますが（会社法914⑤）、合
名会社・合資会社には資本金の額の登記を求めていません（会社法912、913）。

　したがって、合同会社については、株式会社同様、効力発生日から2週間以内にそ
の本店の所在地において、その変更登記をする必要がありますが（会社法915①）、合
名会社・合資会社については、減資の登記を予定していません。

6　事例及び法人税申告書別表記載例

(1)　資本金の額の減少（その他資本剰余金への振替）

　資本金の額5億円の株式会社が4億円を減資して、資本金の額1億円とした場合の
処理は、次のとおりです。

— 35 —

第1章　中小企業の定義と特例措置等

〈会計処理〉

（借方）		（貸方）	
資本金	400,000,000	その他資本剰余金	400,000,000

〈税務処理〉

（借方）		（貸方）	
資本金	400,000,000	資本金等の額	400,000,000

〈別表5(1)の記載例〉

Ⅱ　資本金等の額の計算に関する明細書

区　　　分		期首現在資本金等の額 ①	当期の増減 減 ②	当期の増減 増 ③	差引翌期首現在資本金等の額 ①－②+③ ④
資本金又は出資金	32	500,000,000 円	400,000,000 円	円	100,000,000 円
資本準備金	33				
その他資本剰余金	34			400,000,000	400,000,000
	35				
差引合計額	36	500,000,000	400,000,000	400,000,000	500,000,000

⑵　資本金の額の減少による損失のてん補を行った場合

　資本金の額2億円の株式会社が1億円を減資して、期首繰越利益剰余金△1億円に損失のてん補を行った場合の処理は、次のとおりです。

イ　会計処理及び税務処理

〈会計処理〉

（借方）		（貸方）	
資本金	100,000,000	その他資本剰余金	100,000,000
その他資本剰余金	100,000,000	繰越利益剰余金	100,000,000

〈税務処理〉

（借方）		（貸方）	
資本金	100,000,000	資本金等の額	100,000,000

― 36 ―

第3　資本金の額の減少手続

ロ　別表記載例

| 利益積立金額及び資本金等の額の計算に関する明細書 | 事業年度 | X1・4・1 X2・3・31 | 法人名 | A社 | 別表五(一)　令五・四・一以後終了事業年度分 |

I　利益積立金額の計算に関する明細書

区　　　分		期首現在利益積立金額 ①	当期の増減 減 ②	当期の増減 増 ③	差引翌期首現在利益積立金額 ①-②+③ ④
利　益　準　備　金	1	円	円	円	円
積　立　金	2				
資　本　金　等　の　額	3			△100,000,000	△100,000,000
	4				
	5				
	6				
	7				
	8				
	9				
	10				
	11				
	12				
	13				
	14				
	15				
	16				
	17				
	18				
	19				
	20				
	21				
	22				
	23				
	24				
繰越損益金（損は赤）	25	△100,000,000	△100,000,000	×××	×××
納　税　充　当　金	26				
未納法人税等（退職年金等積立金に対するものを除く。）	未納法人税及び未納地方法人税（附帯税を除く。） 27	△	△	中間 △　確定 △	△
	未払通算税効果額（附帯税の額に係る部分の金額を除く。） 28			中間　確定	
	未納道府県民税（均等割額を含む。） 29	△	△	中間 △　確定 △	△
	未納市町村民税（均等割額を含む。） 30	△	△	中間 △　確定 △	△
差　引　合　計　額	31				

II　資本金等の額の計算に関する明細書

区　　　分		期首現在資本金等の額 ①	当期の増減 減 ②	当期の増減 増 ③	差引翌期首現在資本金等の額 ①-②+③ ④
資　本　金　又　は　出　資　金	32	200,000,000 円	100,000,000 円	円	100,000,000 円
資　本　準　備　金	33				
利　益　積　立　金　額	34			100,000,000	100,000,000
	35				
差　引　合　計　額	36	200,000,000	100,000,000	100,000,000	200,000,000

— 37 —

第2章　中小法人の取扱い

第1　貸倒引当金制度

1　概要
(1)　基本的な内容

　法人税法上の貸倒引当金制度は、貸倒れのリスクが高まっている債務者に対する金銭債権（個別評価金銭債権）ごとに繰り入れる個別評価金銭債権に係る貸倒引当金（個別貸倒引当金）と、個別の債務者ごとの区分をせずにその有する一定の金銭債権（一括評価金銭債権）について一括に繰り入れる一括評価金銭債権に対する貸倒引当金（一括貸倒引当金）の2つの制度から成ります。なお、債券に表示されるべき権利は、貸倒引当金の対象となる金銭債権には含まれません（法法52①）。

〈貸倒引当金制度の種類〉

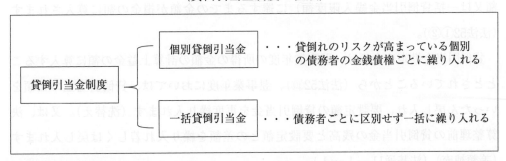

　貸倒引当金制度は、かつては全ての法人に適用が認められていましたが、平成23年度税制改正における法人税率の引下げに伴う課税ベースの拡大の一環として、基本的に銀行・保険会社等又はリース会社等の一定の業種を営む法人に限って適用が認められる制度になっており、リース会社等は、そのリース債権等に限り適用が認められています（法法52①②⑨一）。

　ただし、中小法人（第1章 第1 2 (1)参照）については、その営む業種等に関係なくその適用が認められています（法法52①一イ、52②）。

　なお、令和4年4月1日以後に開始する事業年度から、個別評価金銭債権及び一括評価金銭債権には、その法人との間に完全支配関係がある他の法人に対して有する金銭債権は含まないこととされています（法法52⑨二、所得税法等の一部を改正する法

律（令和2年法律第8号）附則14①）。

〈貸倒引当金制度の適用法人・対象債権の概要〉

	法人の種類	適用有無	対象債権
①	中小法人（注1）	適用有	全ての金銭債権（注2）が対象となります。
②	銀行・保険会社等	適用有	全ての金銭債権（注2）が対象となります。
③	リース会社等	適用有	特定の金銭債権（注2）のみが対象となります（例えばリース会社ならリース債権、クレジット会社ならクレジット債権）。
④	上記以外の法人	適用無	対象債権はありません（全額有税引当）。

(注)1　中小法人の他に公益法人等、協同組合等、人格のない社団等も含まれます。

　　2　完全支配関係がある他の法人に対する金銭債権を除きます。

(2)　貸倒引当金繰入限度額及び経理処理

　貸倒引当金は、その損失の見込額として損金経理により貸倒引当金勘定に繰り入れた金額（貸倒引当金繰入額）のうち貸倒引当金繰入限度額（個別貸倒引当金繰入限度額又は一括貸倒引当金繰入限度額）に達するまでの金額が損金の額に算入されます（法法52①②）。

　貸倒引当金勘定の金額は、翌事業年度の所得の金額の計算上益金の額に算入することとされていることから（法法52⑩）、翌事業年度においては、貸倒引当金の金額をいったん戻し入れ、要設定額の貸倒引当金を再度繰り入れます（洗替え）。又は、決算整理前の貸倒引当金の残高と要設定額との差額を繰り入れ若しくは戻し入れます（差額補充）（法基通11－1－1）。

— 40 —

第 1 　貸倒引当金制度

〈貸倒引当金勘定の経理処理例〉

① 当期の貸倒引当金の繰入れ（100を繰入れ）

　　貸倒引当金繰入100／貸倒引当金100

② 翌期の貸倒引当金の戻入れ

　　貸倒引当金100／貸倒引当金戻入益100

③ 翌期の貸倒引当金の繰入れ（120を繰入れ）

　　貸倒引当金繰入120／貸倒引当金120

　　　　　　　　　　　　　　　　　洗替え

③′ 翌期の処理を差額補充による場合

　　貸倒引当金繰入20／貸倒引当金20

⑶ **申告要件**

　この制度は、確定申告書に貸倒引当金勘定に繰り入れた金額の損金算入に関する明細の記載（具体的には、確定申告書に「個別評価金銭債権に係る貸倒引当金の損金算入に関する明細書」（別表11⑴）又は「一括評価金銭債権に係る貸倒引当金の損金算入に関する明細書」（別表11（1の2）を添付します。）がある場合に限り適用されます（法法52③）。

　ただし、その記載（明細書の添付）がない確定申告書の提出があった場合においても、その記載がなかったことについてやむを得ない事情があると税務署長が認めるときは、この制度が適用できます（法法52④）。この点については、下記4⑶を参照してください。

2 　個別貸倒引当金

　個別貸倒引当金は、貸倒れのリスクが高まっている債務者に対する金銭債権について繰り入れるものです。その個別貸倒引当金繰入限度額の計算方法は、その債務者の状況に応じて、長期棚上げ基準、実質基準、形式基準の3つの基準が定められており、その債務者の状況がこれらの基準のいずれに当てはまるかに応じて計算されます（法法52①、法令96①）。

　貸倒れのリスクが高まっている債務者は、業績悪化等により債務超過の状態が相当期間継続する状況となり、そして、法的整理開始の申立て等を経て、法的整理計画の認可の決定等が行われることが一般的な傾向であると考えた場合、下記⑵の実質基準が最も早期に適用可能となり、法的整理開始の申立て等以後に下記⑶の形式基準が適

— 41 —

用可能となり（引き続き実質基準を適用することも可能です。）、そして、法的整理計画の認可の決定等以後に下記(1)の長期棚上げ基準が適用可能となるという順番になると思われます。ちなみに本書の(1)、(2)、(3)という順番は、この制度が定められている法人税法施行令第96条第１項における順番（同項の第１号、第２号、第３号）です。

　なお、適用基準として上記の３つの基準の他に、外国の政府等に対する金銭債権に関するものがありますが、特殊な論点になりますのでその説明は割愛します。

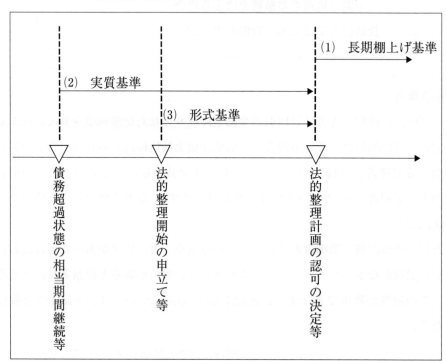

〈個別貸倒引当金の各基準の適用のタイミング〉

(1) 長期棚上げ基準

〈長期棚上げ基準の適用時期〉

| 法的整理計画の認可の決定・私的整理計画の成立による弁済猶予等がされた時 |

〈長期棚上げ基準の繰入限度額〉

| 長期棚上げ基準による個別貸倒引当金繰入限度額 | ＝ | 個別評価金銭債権の額 | － | ５年以内に弁済されることとなっている金額 | － | 担保権の実行その他による取立て等の見込額 |

第 1 貸倒引当金制度

イ 基本的な内容

その事業年度終了の時において有する金銭債権に係る債務者について生じた次に掲げる事由に基づいてその弁済を猶予され、又は賦払により弁済される場合には、その金銭債権の額のうちその事由が生じた日の属する事業年度終了の日の翌日から5年を経過する日までに弁済されることとなっている金額以外の金額（担保権の実行その他によりその取立て又は弁済（以下、「取立て等」といいます。）の見込みがあると認められる部分の金額を除きます。）が繰入限度額とされます（法令96①一、法規25の2）。なお、この適用事由は、法人税基本通達9－6－1(1)から(3)に掲げられている貸倒れの事実と共通するものです。したがって、例えば、更生計画認可の決定により、金銭債権の一部が切り捨てられて貸倒損失が生じるとともに、残りの分割弁済等となった金銭債権についてこの長期棚上げ基準による個別貸倒引当金の繰入れが行われるという状況があり得ます。

〈長期棚上げ基準の適用事由〉

①	更生計画認可の決定
②	再生計画認可の決定
③	特別清算に係る協定の認可の決定
④	法人税法施行令第24条の2第1項に規定する再生計画認可の決定があったことに準ずる事実が生じたこと。
⑤	法令の規定による整理手続によらない関係者の協議決定で次に掲げるもの（④に掲げる事由を除きます。） ⅰ　債権者集会の協議決定で合理的な基準により債務者の負債整理を定めているもの ⅱ　行政機関、金融機関その他第三者のあっせんによる当事者間の協議により締結された契約でその内容がⅰに準ずるもの

ロ 取立て等の見込額

担保権の実行により取立て等の見込みがあると認められる部分の金額とは、質権、抵当権、所有権留保、信用保険等によって担保されている部分の金額をいいます（法基通11－2－5）。なお、これには、金融機関又は保証機関による保証債務等のいわゆる人的保証の履行による回収可能額は含まれません（国税庁ホームページ質疑応答事例「保証機関による保証のある長期棚上げ債権に対する貸倒引当金の繰入れ」）。

— 43 —

第 2 章　中小法人の取扱い

(2)　実質基準

〈実質基準の適用時期〉

> 債務超過状態の相当期間（概ね 1 年以上）継続等による取立不能見込額が発生した時

〈実質基準の繰入限度額〉

実質基準による個別貸倒引当金繰入限度額	=	個別評価金銭債権の額	−	弁済見込額	−	担保物の処分による回収可能額	−	人的保証による回収可能額

イ　基本的な内容

その事業年度終了の時において有する金銭債権に係る債務者につき、債務超過の状態が相当期間継続し、かつ、その営む事業に好転の見通しがないこと、災害、経済事情の急変等により多大な損害が生じたことその他の事由により、その金銭債権の一部の金額につきその取立て等の見込みがないと認められる場合（その金銭債権につき上記(1)に掲げる事実が生じている場合を除きます。）には、その取立て等の見込みがないと認められる一部の金額に相当する金額が繰入限度額とされます（法令96①二）。

ロ　相当期間

相当期間とは、概ね 1 年以上とされ、その債務超過に至った事情と事業好転の見通しをみて、取立て等の見込みがないと認められるかどうかを判定するものとされています（法基通11 — 2 — 6 ）。

ハ　その他の事由

その金銭債権の一部の金額につきその取立て等の見込みがないと認められるその他の事由には、次に掲げる事実が含まれます。この場合において、その取立て等の見込みがないと認められる金額とは、その回収できないことが明らかになった金額又は未収利息として計上した金額をいいます（法基通11 — 2 — 8 ）。

第 1　貸倒引当金制度

〈その他の事由に含まれる事実〉

①	その金銭債権の額のうち担保物の処分によって得られると見込まれる金額以外の金額につき回収できないことが明らかになった場合において、その担保物の処分に日時を要すると認められること
②	貸付金又は有価証券（以下、「貸付金等」といいます。）に係る未収利息を資産に計上している場合において、その計上した事業年度終了の日（その貸付金等に係る未収利息を2以上の事業年度において計上しているときは、これらの事業年度のうち最終の事業年度終了の日）から2年を経過した日の前日を含む事業年度終了の日までの期間に、各種の手段を活用した支払の督促等の回収の努力をしたにもかかわらず、その期間内にその貸付金等に係る未収利息（その資産に計上している未収利息以外の利息の未収金を含みます。）につき、債務者が債務超過に陥っている等の事由からその入金が全くないこと

二　回収可能額の算定

　取立て等の見込みがないと認められる一部の金額に相当する金額とは、その金銭債権の額から担保物の処分による回収可能額及び人的保証に係る回収可能額などを控除して算定しますが、次に掲げる場合には、人的保証に係る回収可能額の算定上、回収可能額を考慮しないことができます（法基通11—2—7）。

〈人的保証を考慮しないことができる場合〉

①	保証債務の存否に争いのある場合で、そのことにつき相当の理由のあるとき
②	保証人が行方不明で、かつ、保証人の有する資産について評価額以上の質権、抵当権（以下、「質権等」といいます。）が設定されていること等によりその資産からの回収が見込まれない場合
③	保証人について下記(3)イに掲げる事由が生じている場合
④	保証人が生活保護を受けている場合（それと同程度の収入しかない場合を含みます。）で、かつ、その保証人の有する資産について評価額以上の質権等が設定されていること等によりその資産からの回収が見込まれないこと。
⑤	保証人が個人であって、次のいずれにも該当する場合 ⅰ　その保証人が有する資産について評価額以上の質権等が設定されていること等により、その資産からの回収が見込まれないこと。 ⅱ　その保証人の年収額（その事業年度終了の日の直近1年間における収入金額をいいます（注1）。）がその保証人に係る保証債務の額の合計額（注2）（その保証人の保証に係る金銭債権につき担保物がある場合にはその金銭債権の額からその担保物の価額を控除した金額をいいます。）の5％未満であること。

　　(注)1　保証人の年収額については、その算定が困難であるときは、その保証人の前年（その事業年度終了の日を含む年の前年をいいます。）分の収入金額とすることができます。

　　　　2　保証人に係る保証債務の額の合計額には、その保証人が他の債務者の金銭債権に

— 45 —

第2章　中小法人の取扱い

つき保証をしている場合には、当該他の債務者の金銭債権に係る保証債務の額の合計額を含めることができます。

(3)　形式基準

〈形式基準の適用時期〉

| 法的整理開始の申立て・手形交換所等の取引停止処分が生じた時 |

〈形式基準の繰入限度額〉

| 形式基準による個別貸倒引当金繰入限度額 | = | 個別評価金銭債権の額 | − | 実質的に債権とみられない金額 | − | 担保権の実行・金融機関又は保証機関による保証債務の履行その他による取立て等の見込額 | ×50％ |

イ　基本的な内容

　その事業年度終了の時において有する金銭債権に係る債務者につき次に掲げる事由が生じている場合（その金銭債権につき、上記(1)に掲げる事実が生じている場合及び上記(2)に掲げる事実が生じていることにより実質基準の規定の適用を受けた場合を除きます。）には、その金銭債権の額（その金銭債権の額のうち、その債務者から受け入れた金額があるため実質的に債権とみられない部分の金額及び担保権の実行、金融機関又は保証機関による保証債務の履行その他により取立て等の見込みがあると認められる部分の金額を除きます。）の50％に相当する金額が繰入限度額とされます（法令96①三、法規25の3）。なお、下記事由の⑤ⅱに該当するものの具体例として、全銀電子債権ネットワーク（でんさいネット）の取引停止処分があります（「平成25年6月27日付課法2―4ほか1課共同「法人税基本通達等の一部改正について」（法令解釈通達）の趣旨説明」）。

― 46 ―

第 1 　貸倒引当金制度

〈形式基準の適用事由〉

①	更生手続開始の申立て
②	再生手続開始の申立て
③	破産手続開始の申立て
④	特別清算開始の申立て
⑤	上記①から④までに掲げる事由に準ずるものとして次に掲げる事由 ｉ　手形交換所（手形交換所のない地域にあっては、その地域において手形交換業務を行う銀行団を含みます。）による取引停止処分 ⅱ　電子記録債権法に規定する電子債権記録機関（次に掲げる要件を満たすものに限ります。）による取引停止処分 （ｉ）　金融機関の総数の50％を超える数の金融機関に業務委託（電子記録債権法の規定による電子債権記録業の一部の委託をいいます。(ⅱ)において同じ。）をしていること。 （ⅱ）　電子記録債権法に規定する業務規程に、業務委託を受けている金融機関はその取引停止処分を受けた者に対し資金の貸付け（その金融機関の有する債権を保全するための貸付けを除きます。）をすることができない旨の定めがあること。

ロ　手形交換所の取引停止処分

　各事業年度終了の日までに債務者の振り出した手形が不渡りとなり、その事業年度分に係る確定申告書の提出期限（確定申告書の提出期限の延長の特例の規定によりその提出期限が延長されている場合には、その延長された期限とされます。）までにその債務者について手形交換所による取引停止処分が生じた場合には、その事業年度において形式基準の規定を適用することができます（法基通11―2―11前段）。これは、各事業年度終了の日までに支払期日の到来した電子記録債権法に規定する電子記録債権につき債務者から支払が行われず、その事業年度分に係る確定申告書の提出期限までにその債務者について電子債権記録機関による取引停止処分が生じた場合についても同様です（法基通11―2―11後段）。

— 47 —

〈確定申告書の提出期限までに手形交換所の取引停止処分があった場合〉

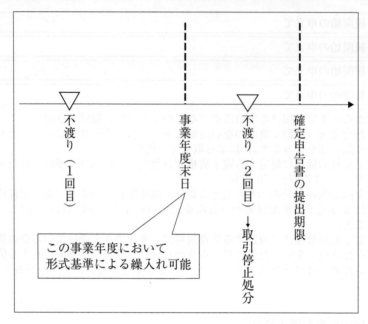

ハ　実質的に債権とみられない部分の金額

　債務者から受け入れた金額があるため実質的に債権とみられない部分の金額とは、次に掲げるような金額をいいます（法基通11―2―9）。なお、一括貸倒引当金繰入限度額の計算を法定繰入率により行う場合にも、実質的に債権とみられない金額を控除することになっていますが（下記3(3)ロ参照）、法定繰入率による場合と異なり、この場合には支払手形の金額を実質的に債権とみられない金額に含めないことになっています。

第1　貸倒引当金制度

〈実質的に債権とみられない部分の金額〉

①	同一人に対する売掛金又は受取手形と買掛金がある場合のその売掛金又は受取手形の金額のうち買掛金の金額に相当する金額
②	同一人に対する売掛金又は受取手形と買掛金がある場合において、その買掛金の支払のために他から取得した受取手形を裏書譲渡したときのその売掛金又は受取手形の金額のうちその裏書譲渡した手形（支払期日の到来していないものに限ります。）の金額に相当する金額
③	同一人に対する売掛金とその者から受け入れた営業に係る保証金がある場合のその売掛金の額のうち保証金の額に相当する金額
④	同一人に対する売掛金とその者から受け入れた借入金がある場合のその売掛金の額のうち借入金の額に相当する金額
⑤	同一人に対する完成工事の未収金とその者から受け入れた未成工事に対する受入金がある場合のその未収金の額のうち受入金の額に相当する金額
⑥	同一人に対する貸付金と買掛金がある場合のその貸付金の額のうち買掛金の額に相当する金額
⑦	使用人に対する貸付金とその使用人から受け入れた預り金がある場合のその貸付金の額のうち預り金の額に相当する金額
⑧	専ら融資を受ける手段として他から受取手形を取得し、その見合いとして借入金を計上した場合のその受取手形の金額のうち借入金の額に相当する金額
⑨	同一人に対する未収地代家賃とその者から受け入れた敷金がある場合のその未収地代家賃の額のうち敷金の額に相当する金額

ニ　取立て等の見込額

　担保権の実行による取立て等の見込額は、質権、抵当権、所有権留保、信用保険等によって担保されている部分の金額をいいます（法基通11－2－5）。ただし、上記(1)ロと異なり、金融機関又は保証機関による保証債務の履行による取立て等の見込額も含まれます（金融機関又は保証機関以外の人的保証は含まれません）。

　また、債務者から他の第三者の振り出した手形（債務者の振り出した手形で第三者の引き受けたものを含みます。）を受け取っている場合におけるその手形の金額に相当する金額は、取立て等の見込みがあると認められる部分の金額に該当します（法基通11－2－10）。

⑷　書類の保存要件

　その有する金銭債権について上記(1)から(3)に掲げる事実が生じている場合においても、次に掲げる書類の保存がされていないときは、その事実は生じていないものとみ

— 49 —

なされ、個別貸倒引当金の制度は適用されません（法令96②、法規25の４）。ただし、その書類の保存がない場合においても、その書類の保存がなかったことについてやむを得ない事情があると税務署長が認めるときは、その書類の保存がなかった金銭債権についても個別貸倒引当金の制度が適用されます（法令96③）。

〈保存書類〉

①	上記(1)から(3)に掲げる事実が生じていることを証する書類
②	担保権の実行、保証債務の履行その他により取立て又は弁済の見込みがあると認められる部分の金額がある場合には、その金額を明らかにする書類

3　一括貸倒引当金

　一括貸倒引当金は、個別の債務者に対する金銭債権ごとの区分をせずに、事業年度終了の時において有する一括評価金銭債権について繰り入れるものです。その一括貸倒引当金繰入限度額の計算方法は、原則である貸倒実績率による方法と中小法人にのみ認められる特例である法定繰入率による方法の２つがあります。したがって、中小法人は、一括貸倒引当金繰入限度額の計算について、貸倒実績率によるかそれとも法定繰入率によるか選択することができます。

　ただし、法定繰入率については、中小法人であっても適用除外事業者（第１章 第１３(3)参照）に該当するものは、適用できないことになっています（措法57の９①）。

〈一括貸倒引当金の繰入限度額の計算方法の種類〉

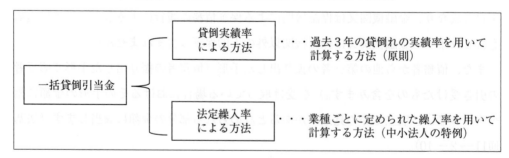

(1)　一括評価金銭債権の意義
イ　基本的な内容

　一括評価金銭債権は、売掛金、貸付金その他これらに準ずる金銭債権（以下、「売

第1　貸倒引当金制度

掛債権等」といいます。）であり、個別評価金銭債権以外のものをいいます（法法52
②）。

　また、売掛債権等について取得した受取手形につき裏書譲渡（割引を含みます。）
をした場合には、その売掛金、貸付金等の既存債権を売掛債権等に該当するものとし
て取り扱われます。したがって、裏書により取得した受取手形（一定のものを除きま
す。）で、その取得の原因が売掛金、貸付金等の既存債権と関係のないものについて
更に裏書譲渡をした場合には、その受取手形の金額は売掛債権等の額に含まれません
（法基通11―2―17）。なお、この取扱いは、その裏書譲渡された受取手形の金額が
財務諸表の注記等において確認できる場合に適用されます（法基通11―2―17(注)）。

ロ　売掛債権等に含まれる債権

　次のような債権は、売掛債権等に含まれます（法基通11―2―16、11―2―20）。
なお、法人がその有する売掛金、貸付金等の債権について取得した先日付小切手を売
掛債権等に含めることができます（法基通11―2―16(注)）。

〈売掛債権等に含まれる債権〉

①	未収の譲渡代金、未収加工料、未収請負金、未収手数料、未収保管料、未収地代家賃等又は貸付金の未収利子で、益金の額に算入されたもの
②	他人のために立替払をした場合の立替金（下記ハ④に該当するものを除きます。）
③	未収の損害賠償金で益金の額に算入されたもの
④	保証債務を履行した場合の求償権
⑤	通算税効果額に係る未収金
⑥	売買があったものとされたリース取引に係るリース料のうち、その事業年度終了の時において支払期日の到来していないリース料

ハ　売掛債権等に含まれない債権

　次のような債権は、売掛債権等に含まれません（法基通11―2―18）。なお、仮払
金等として計上されている金額については、その実質的な内容に応じて売掛債権等に
該当するかどうかを判定します（法基通11―2―18(注)）。

― 51 ―

第2章　中小法人の取扱い

〈売掛債権等に含まれない債権〉

①	預貯金及びその未収利子、公社債の未収利子、未収配当その他これらに類する債権
②	保証金、敷金（借地権、借家権等の取得等に関連して無利息又は低利率で提供した建設協力金等を含みます。）、預け金その他これらに類する債権
③	手付金、前渡金等のように資産の取得の代価又は費用の支出に充てるものとして支出した金額
④	前払給料、概算払旅費、前渡交際費等のように将来精算される費用の前払として一時的に仮払金、立替金等として経理されている金額
⑤	金融機関における他店為替貸借の決済取引に伴う未決済為替貸勘定の金額
⑥	証券会社又は証券金融会社に対し、借株の担保として差し入れた信用取引に係る株式の売却代金に相当する金額
⑦	雇用保険法等の法令の規定に基づき交付を受ける給付金等の未収金
⑧	仕入割戻しの未収金
⑨	保険会社における代理店貸勘定（外国代理店貸勘定を含みます。）の金額
⑩	未決済デリバティブ取引に係る差金勘定等の金額
⑪	法人がいわゆる特定目的会社（SPC）を用いて売掛債権等の証券化を行った場合において、その特定目的会社の発行する証券等のうちその法人が保有することとなったもの

⑵　貸倒実績率による場合

　貸倒実績率による一括貸倒引当金繰入限度額は、その事業年度終了の時における一括評価金銭債権の帳簿価額の合計額に貸倒実績率を乗じて計算した金額であり、貸倒実績率の計算は、次の計算式により行います（法令96⑥）。

第 1 　貸倒引当金制度

〈貸倒実績率の計算〉

$$
貸倒実績率 = \cfrac{\left(\begin{array}{c}前3年内事業年度\\（注1）の売掛債権等\\の貸倒損失、個別貸\\倒引当金繰入額の合\\計額\end{array}\right) - \left(\begin{array}{c}前3年内事業年度の個\\別貸倒引当金戻入額の\\うち、その各事業年度\\に生じた貸倒損失又は\\個別貸倒引当金の対象\\となった金額（注2）\end{array}\right) \times \cfrac{12}{\begin{array}{c}前3年内事\\業年度の月\\数の合計\end{array}}}{\begin{array}{c}前3年内事業年度終了の\\時における一括評価金銭\\債権の帳簿価額の合計額\end{array} \div 前3年内事業年度の数} \quad （注3）
$$

注1　その事業年度開始の日前3年以内に開始した各事業年度をいいます。

　2　売掛債権等に係る金額に限ります。

　3　小数点以下4位未満の端数は切り上げられます。

〈貸倒実績率による一括貸倒引当金繰入限度額〉

$$
\begin{array}{c}一括貸倒引当\\金繰入限度額\end{array} = \begin{array}{c}その事業年度終了の時における一括\\評価金銭債権の帳簿価額の合計額\end{array} \times 貸倒実績率
$$

(3)　法定繰入率による場合

イ　基本的な内容

　法定繰入率による一括貸倒引当金繰入限度額は、その事業年度終了の時における一括評価金銭債権の帳簿価額（その債務者から受け入れた金額があるためその全部又は一部が実質的に債権とみられない金銭債権のその債権とみられない部分の金額に相当する金額を控除した残額となります。）の合計額に法定繰入率を乗じて計算した金額となります（措法57の9①、措令33の7②）。

〈法定繰入率による一括貸倒引当金繰入限度額〉

$$
\begin{array}{c}一括貸倒引\\当金繰入限\\度額\end{array} = \left(\begin{array}{c}その事業年度終了\\の時における一括\\評価金銭債権の帳\\簿価額の合計額\end{array} - \begin{array}{c}実質的に債権と\\みられない金額\end{array}\right) \times 法定繰入率
$$

ロ **実質的に債権とみられない金額（原則法）**

　その債務者から受け入れた金額があるためその全部又は一部が実質的に債権とみられない金額には、債務者から受け入れた金額がその債務者に対し有する金銭債権と相殺適状にあるものだけでなく、金銭債権と相殺的な性格をもつもの及びその債務者と相互に融資しているもの等である場合のその債務者から受け入れた金額に相当する金銭債権も含まれます。したがって、次に掲げるような金額はこれに該当します（措通57の9―1）。

　なお、個別貸倒引当金繰入限度額の計算を形式基準により行う場合にも、実質的に債権とみられない金額を控除することになっていますが（上記2⑶ハ参照）、形式基準による場合と異なり、この場合には、支払手形の金額を実質的に債権とみられない金額に含めることになっています。

〈実質的に債権とみられない金額〉

①	同一人に対する売掛金又は受取手形と買掛金又は支払手形がある場合のその売掛金又は受取手形の金額のうち買掛金又は支払手形の金額に相当する金額
②	同一人に対する売掛金又は受取手形と買掛金がある場合において、その買掛金の支払のために他から取得した受取手形を裏書譲渡したときのその売掛金又は受取手形の金額のうちその裏書譲渡した手形（支払期日の到来していないものに限ります。）の金額に相当する金額
③	同一人に対する売掛金とその者から受け入れた営業に係る保証金がある場合のその売掛金の額のうち保証金の額に相当する金額
④	同一人に対する売掛金とその者から受け入れた借入金がある場合のその売掛金の額のうち借入金の額に相当する金額
⑤	同一人に対する完成工事の未収金とその者から受け入れた未成工事に対する受入金がある場合のその未収金の額のうち受入金の額に相当する金額
⑥	同一人に対する貸付金と買掛金がある場合のその貸付金の額のうち買掛金の額に相当する金額
⑦	使用人に対する貸付金とその使用人から受け入れた預り金がある場合のその貸付金の額のうち預り金の額に相当する金額
⑧	専ら融資を受ける手段として他から受取手形を取得し、その見合いとして借入金を計上した場合又は支払手形を振り出した場合のその受取手形の金額のうち借入金又は支払手形の金額に相当する金額
⑨	同一人に対する未収地代家賃とその者から受け入れた敷金がある場合のその未収地代家賃の額のうち敷金の額に相当する金額

第 1 　貸倒引当金制度

ハ　実質的に債権とみられない金額（簡便法）

　平成27年４月１日に存する法人（同日後に行われる適格合併に係る合併法人にあっては、その法人及びその適格合併に係る被合併法人の全て（その適格合併が法人を設立する合併である場合にあっては、その適格合併に係る被合併法人の全て）が同日に存していた合併法人に限ります。）は、実質的に債権とみられない金額を次の計算式により計算した金額とすることができます（措令33の７③）。したがって、平成27年４月１日に存する中小法人が法定繰入率により一括貸倒引当金繰入限度額を計算する場合には、その実質的に債権とみられない金額については、上記ロの原則法によるかそれともこの簡便法によるか選択することができます。

〈簡便法による実質的に債権とみられない金額〉

$$
\begin{aligned}
&\text{実質的に} \\
&\text{債権とみ} \\
&\text{られない} \\
&\text{金額}
\end{aligned}
=
\begin{aligned}
&\text{その事業年度終} \\
&\text{了の時における} \\
&\text{一括評価金銭債} \\
&\text{権の帳簿価額の} \\
&\text{合計額}
\end{aligned}
\times
\frac{
\begin{aligned}
&\text{平成27年４月１日から平成29年３} \\
&\text{月31日までの期間内に開始した各} \\
&\text{事業年度終了の時における原則法} \\
&\text{の実質的に債権とみられない金額} \\
&\text{の合計額}
\end{aligned}
}{
\begin{aligned}
&\text{平成27年４月１日から平成29年３} \\
&\text{月31日までの期間内に開始した各} \\
&\text{事業年度終了の時における一括評} \\
&\text{価金銭債権の額の合計額（注２）}
\end{aligned}
}
\quad \text{（注１）}
$$

　(注)1　小数点以下３位未満の端数は切り捨てられます。

　　2　平成27年４月１日後に行われる適格合併に係る合併法人については、その各事業年度終了の時においてその合併法人及びその適格合併に係る被合併法人がそれぞれ有していた一括評価金銭債権の額の合計額となります。

ニ　法定繰入率

　法定繰入率は、営む主たる事業の内容に応じて、次のように規定されています（措令33の７④）。法人の営む事業がいずれの事業に該当するかは、原則として、概ね日本標準産業分類の分類を基準として判定します（措通57の９－３）。なお、２以上の事業を兼営している場合であっても主たる事業について定められている法定繰入率により計算し、それぞれの事業ごとに区分して計算はしません。この場合において、いずれの事業が主たる事業であるかは、それぞれの事業に属する収入金額又は所得金額

— 55 —

の状況、使用人の数等事業の規模を表す事実、経常的な金銭債権の多寡等を総合的に勘案して判定します（措通57の9―4）。

〈事業の業種ごとの法定繰入率〉

業　種		法定繰入率
①	卸売及び小売業（飲食店業及び料理店業を含むものとし、④に掲げる割賦販売小売業を除きます。）	1.0%
②	製造業（電気業、ガス業、熱供給業、水道業及び修理業を含みます。）	0.8%
③	金融及び保険業	0.3%
④	割賦販売小売業並びに包括信用購入あっせん業及び個別信用購入あっせん業	0.7%
⑤	上記①から④に掲げる事業以外の事業	0.6%

4　実務上の留意点

⑴　個別貸倒引当金と一括貸倒引当金の区別

個別貸倒引当金繰入限度額の計算と一括貸倒引当金繰入限度額の計算は、それぞれ別に計算することとされているため、例えば、個別貸倒引当金繰入額に繰入限度超過額があり、他方、一括貸倒引当金繰入額が繰入限度額に達していない場合であっても、その繰入限度超過額をその一括貸倒引当金繰入額として取り扱うことはできません（法基通11―2―1の2）。

⑵　保証金等の取扱い

取引の相手方に対する保証金や前渡金等は、売掛債権等には該当しないため（法基通11―2―18）、保証金や前渡金等について一括貸倒引当金を繰り入れることはできません。

ただし、保証金や前渡金等について返還請求を行った場合において、その返還請求債権について回収不能が見込まれるとき、すなわち、個別貸倒引当金の適用事由が生じているときには、個別貸倒引当金を繰り入れることができます（法基通11―2―3）。

⑶　貸倒損失の貸倒引当金繰入額への変更

貸倒引当金繰入額の損金算入は、確定申告書に「個別評価金銭債権に係る貸倒引当金の損金算入に関する明細書」（別表11⑴）又は「一括評価金銭債権に係る貸倒引当

金の損金算入に関する明細書」（別表11（1の2））の添付がある場合に限り適用されます（法法52③）。そのため、貸倒引当金繰入額を損金経理している場合であっても、これらの明細書の添付がない場合には、損金算入は認められないことになります。

ただし、その明細書の添付がない確定申告書の提出があった場合においても、その添付がなかったことについてやむを得ない事情があると税務署長が認めるときは、この制度が適用できます（法法52④）。例えば、確定申告書に「個別評価金銭債権に係る貸倒引当金の損金算入に関する明細書」（別表11(1)）が添付されていない場合であっても、それが貸倒損失を計上したことに基因するものであり、かつ、その確定申告書の提出後にその明細書が提出されたときは、やむを得ない事情に該当するものとして、その貸倒損失の額をその債務者についての個別評価金銭債権に係る貸倒引当金繰入額として取り扱うことができるものとされています（法基通11―2―2）。これは、貸倒損失（基本的に法人税基本通達9―6―2の全額回収不能の場合の貸倒損失を想定しています。）と個別貸倒引当金の繰入れは、二者択一の性質であり（ある金銭債権について貸倒損失を計上しつつ、その金銭債権についてさらに貸倒引当金の繰入れを行うことはできません。）、さらに貸倒損失を計上する際の全額回収不能か否かの判断は事実認定の問題であってその判断が困難な場合が多く、その判断を誤ったことでその貸倒損失の金額の全額に対して追徴課税を行うことは納税者にとって酷なものになりかねないと考えられていることによります。

したがって、過去の事業年度に全額回収不能と判断して貸倒損失として損金経理をした金銭債権について法人税基本通達9―6―2の規定を適用して損金算入していた場合において、その後に行われた税務調査によりその一部の回収が可能であったものと認定されたときには、全額回収不能とは認められないため貸倒損失として損金算入することは否認されることになりますが、事後的に過去の事業年度分の「個別評価金銭債権に係る貸倒引当金の損金算入に関する明細書」（別表11(1)）を提出することにより、その貸倒損失の損金経理額は、貸倒引当金の繰入額として取り扱われることになり、結果として回収不能と見込まれる部分について貸倒引当金の繰入額として損金算入されることになります。

〈貸倒損失から貸倒引当金繰入額への事後的な変更〉

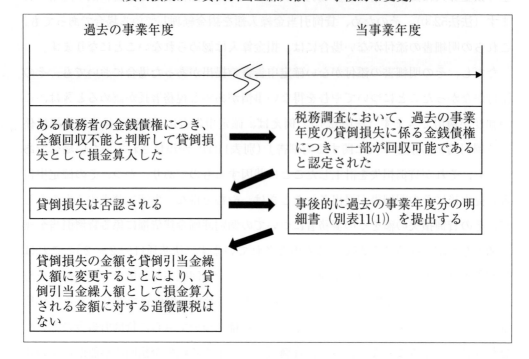

5 事例及び法人税申告書別表記載例

(1) 個別貸倒引当金

イ 前提

　中小法人であるA社（3月決算法人）は、当期（自×1年4月1日至×2年3月31日）の決算において、下記の金銭債権について個別貸倒引当金を繰入限度額まで繰り入れることを検討しています。

金銭債権の種類	状況
① 甲社に対する売掛金450万円	前期の×1年1月20日に再生計画認可の決定により一部が切り捨てられており、切捨て後の残額の500万円については10年間で均等に弁済されることになっています（弁済期日は毎年6月30日であり初回は×1年6月30日。当期末の残高450万円）。甲社に対する担保物はありません。前期は個別貸倒引当金を250万円繰り入れています。
② 乙社に対する貸付金200万円	乙社は業績が悪化し、2年前から債務超過の状態が続いており事業が好転する見込みはなく、当期末の時点において担保物の処分見込額50万円以外の取立て等の見込みがありません。
③ 丙社に対する貸付金500万円	丙社は当期の×2年3月10日に手形交換所の取引停止処分となっています。なお、A社には丙社に対する買掛金が300万円有り、また、貸付金に対しては丙社代表者の個人保証を徴しています。

ロ　計算

① 甲社に対する売掛金450万円

甲社に対する売掛金については、債務者である甲社について再生計画認可の決定が生じ、それにより賦払により弁済されることになっていますので長期棚上げ基準が適用できます。具体的な計算は以下のようになります。なお、当期の繰入額250万円が損金算入されますが、前期に繰り入れた個別貸倒引当金250万円が戻し入れられて益金算入されます。

4,500,000円 − 2,000,000円(注) = 2,500,000円
∴繰入限度額2,500,000円
(注) 5,000,000円 ÷ 10回 × 4回 = 2,000,000円

当期末（×2年3月31日）の残高450万円のうち、再生計画認可の決定が生じた日（×1年1月20日）の属する事業年度（前期）の終了の日の翌日（×1年4月1日）から5年（×6年3月31日）以内に弁済されることとなっている金額（×2年6月30日の第2回弁済分から×5年6月30日の第5回弁済分までの合計200万円）

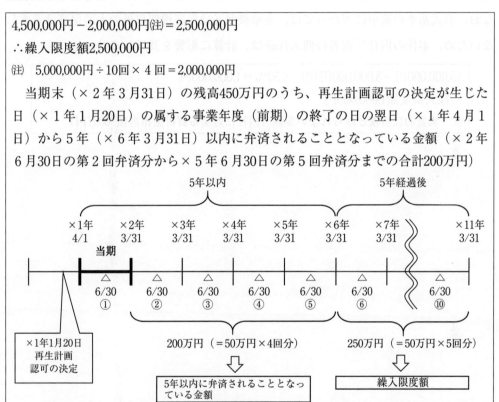

② 乙社に対する貸付金200万円

乙社に対する貸付金については、債務者乙社につき、債務超過の状態が相当期間（概ね1年以上）継続し、かつ、事業に好転の見通しがなく一部の金額につき取立不能と見込まれるため、実質基準が適用されます。具体的な計算は以下のようになります。

$$2,000,000円 － 500,000円㊟ ＝ 1,500,000円$$

∴繰入限度額1,500,000円

㊟　担保物の処分見込額

③　丙社に対する貸付金500万円

　丙社に対する貸付金については、債務者丙社につき、手形交換所の取引停止処分が生じているため、形式基準が適用できます。具体的な計算は以下のようになります。なお、形式基準の適用に当たっては、金融機関又は保証機関以外の人的保証は考慮しないため、本件の丙社代表者の個人保証は、計算に影響を及ぼしません。

$$（5,000,000円 － 3,000,000円㊟）×50％ ＝ 1,000,000円$$

∴繰入限度額1,000,000円

㊟　実質的に債権とみられない金額（丙社に対する買掛金相当額300万円）

第1　貸倒引当金制度

ハ　別表記載例

個別評価金銭債権に係る貸倒引当金の損金算入に関する明細書

事業年度　X1・4・1　～　X2・3・31　　法人名　A社　　別表十一(一)　令五・四・一以後終了事業年度分

債務者	住　所　又　は　所　在　地	1	○○○	○○○	○○○		計
	氏　名　又　は　名　称 (外国政府等の別)	2	甲社 ( )	乙社 ( )	丙社 ( )	( )	
	個　別　評　価　の　事　由	3	令第96条第1項第1号ロ該当	令第96条第1項第2号該当	令第96条第1項第3号ホ該当	令第96条第1項第号該当	
	同　上　の　発　生　時　期	4	X1・1・20	X2・3・31	X2・3・10	・・	
当　期　繰　入　額		5	円 2,500,000	円 1,500,000	円 1,000,000	円	円 5,000,000
繰入限度額の計算	個　別　評　価　金　銭　債　権　の　額	6	4,500,000	2,000,000	5,000,000		11,500,000
	(6)のうち5年以内に弁済される金額 (令第96条第1項第1号に該当する場合)	7	2,000,000				
	(6)のうち取立て等の見込額 担保権の実行による取立て等の見込額	8		500,000			
	他の者の保証による取立て等の見込額	9					
	その他による取立て等の見込額	10					
	(8)＋(9)＋(10)	11					
	(6)のうち実質的に債権とみられない部分の金額	12			3,000,000		
	(6)－(7)－(11)－(12)	13	2,500,000	1,500,000	2,000,000		
	繰入限度額 令第96条第1項第1号該当 (13)	14	2,500,000				円 2,500,000
	令第96条第1項第2号該当 (13)	15		1,500,000			1,500,000
	令第96条第1項第3号該当 (13)×50％	16			1,000,000		1,000,000
	令第96条第1項第4号該当 (13)×50％	17					
繰　入　限　度　超　過　額 (5)－((14)、(15)、(16)又は(17))		18	0	0	0		0
貸倒実績率の計算の基礎となる金額の明細	貸倒れによる損失の額等の合計額に加える金額 ((6)の個別評価金銭債権が売掛債権等である場合の(5)と((14)、(15)、(16)又は(17))のうち少ない金額)	19	2,500,000	1,500,000	1,000,000		5,000,000
	貸倒れ等による損失の額から控除する金額 前期の個別評価金銭債権の額 (前期の(6))	20	5,000,000				5,000,000
	(20)の個別評価金銭債権が売掛債権等である場合の当該個別評価金銭債権に係る損金算入額 (前期の(19))	21	2,500,000				2,500,000
	(21)に係る売掛債権等が当期において貸倒れとなった場合のその貸倒れとなった金額	22					
	(21)に係る売掛債権等が当期においても個別評価の対象となった場合のその対象となった金額	23	4,500,000				4,500,000
	(22)又は(23)に金額の記載がある場合の(21)の金額	24	2,500,000				2,500,000

— 61 —

第2章　中小法人の取扱い

　19欄から24欄は、個別貸倒引当金の繰入限度額の計算自体には使用しませんが、別表11（1の2）の一括貸倒引当金の貸倒実績率の計算に使用します。具体的には、19欄に当期の個別貸倒引当金に関する事項を、20欄から24欄に前期の個別貸倒引当金に関する事項を記載し、19欄「計」と24欄「計」の各金額の過去3期分の合計額を別表11（1の2）の12欄、13欄にそれぞれ記載します。本件の場合、甲社に対する個別評価金銭債権について前期において残高500万円に対して250万円の繰入れを行っているため、当期の繰入れに関して19欄に記載を要する他に、20、21、23、24欄にそれぞれ記載を要します。

　なお、本件の場合、繰入限度額相当額を損金経理により繰り入れることを前提としているため、繰入額と繰入限度額とが一致していますが、繰入額が繰入限度額を超過する場合には、18欄に超過額を記載したうえでその「計」の金額を別表4の加算区分の任意の欄に「個別貸倒引当金繰入限度超過額」等の適切な名称を付したうえで記載します（加算・留保）。

(2)　一括貸倒引当金

イ　前提

　卸売業を営む中小法人であるB社（3月決算法人であり、適用除外事業者には該当しません。）が当期（自×1年4月1日至×2年3月31日）の期末において有する金銭債権及びその金銭債権に係る債務者に対する買掛金等の債務は、次のとおりです。

単位：万円

債務者	売掛金	受取手形	貸付金	前渡金	買掛金	支払手形	借入金
甲社			1,300			300	
乙社	1,000						500
丙社				400			
丁社		1,200			600		
戊社			1,000				
合計	1,000	1,200	2,300	400	600	300	500

　上記の金銭債権のうち、丙社に対する前渡金は、丙社から今後購入する商品の購入代金の前渡分であり、戊社に対する貸付金は、個別評価金銭債権として個別貸倒引当金を繰り入れています。

　また、B社の過去3事業年度（いずれも期間は1年間です。）の一括評価金銭債権の額と売掛債権等に係る貸倒損失の額、個別貸倒引当金繰入額等は次のとおりです。

— 62 —

第 1　貸倒引当金制度

単位：万円

事業年度	①　一括評価金銭債権の額	②　貸倒損失の額	③　個別貸倒引当金繰入額	④　個別貸倒引当金戻入額	⑤　④に係る個別評価金銭債権について生じた②又は③の金額
3 期前	3,000	0	200	150	150
2 期前	3,500	50	250	200	200
1 期前	3,000	100	200	250	250
合計	9,500	150	650	600	600

　当期の決算において、一括評価金銭債権につき一括貸倒引当金を繰入限度額まで繰り入れることを検討しています。なお、貸倒実績率と法定繰入率のいずれを選択するかについては、繰入限度額の多い方とし、法定繰入率の実質的に債権とみられない金額の計算については、原則法のみを適用することとします。

ロ　計算

　B社は、適用除外事業者には該当しないことから、一括貸倒引当金の適用に当たっては、原則の貸倒実績率、特例の法定繰入率のいずれによることも可能です。

　貸倒実績率による場合の繰入限度額は、以下のようになります。なお、丙社に対する前渡金は、商品の取得の代価に充てられるものであり売掛債権等に該当しないため一括評価金銭債権には含められません。また、戊社に対する貸付金は、個別評価金銭債権に該当するため一括評価金銭債権には含められません。

$$\begin{aligned}一括評価金銭債権の額 &= \underset{(甲社宛貸付金)}{13,000,000円} + \underset{(乙社宛売掛金)}{10,000,000円} + \underset{(丁社宛受取手形)}{12,000,000円}\\ &= 35,000,000円\end{aligned}$$

$$\begin{aligned}貸倒実績率 &= \frac{(1,500,000円 + 6,500,000円 - 6,000,000円)\times 12/36}{95,000,000円 \div 3}\\ &= 0.02105\cdots \rightarrow 0.0211(注)\end{aligned}$$

一括貸倒引当金繰入限度額 = 35,000,000円 × 0.0211 = 738,500円

(注)　小数点以下 4 位未満の端数は切り上げられます。

— 63 —

第2章　中小法人の取扱い

　一方、法定繰入率による場合の繰入限度額は、以下のようになります。なお、支払手形相当額は、個別貸倒引当金の形式基準の場合とは異なり、実質的に債権とみられない金額に含められます。

一括評価金銭債権の額＝35,000,000円

実質的に
債権とみ　＝
られない
金額

3,000,000円
（甲社宛売掛債
権等のうち支払
手形相当額）

＋

5,000,000円
（乙社宛売掛債
権等のうち借入
金相当額）

＋

6,000,000円
（丁社宛売掛債
権等のうち買掛
金相当額）

　　＝　14,000,000円

法定繰入率＝0.01（卸売業）

一括貸倒引当金繰入限度額＝　（35,000,000円－14,000,000円）×0.01＝210,000円

　以上の結果により、繰入限度額が多い貸倒実績率による計算を行います。

― 64 ―

第 1　貸倒引当金制度

ハ　別表記載例

一括評価金銭債権に係る貸倒引当金の損金算入に関する明細書

| 事業年度 | X1・4・1 〜 X2・3・31 | 法人名 | B 社 |

別表十一(一の二)　令五・四・一以後終了事業年度分

当　期　繰　入　額	1	738,500 円	前3年内事業年度(設立事業年度である場合には当該事業年度)の(2)の合計額	9	95,000,000 円
期末一括評価金銭債権の帳簿価額の合計額(23の計)	2	35,000,000	(9) / 前3年内事業年度における事業年度の数	10	31,666,666
貸倒実績率(16)	3	0.0211	売掛債権等の貸倒れによる損失の額の合計額	11	1,500,000
実質的に債権とみられないものの額を控除した期末一括評価金銭債権の帳簿価額の合計額(25の計)	4	21,000,000 円	別表十一(一)「19の計」の合計額	12	6,500,000
法定の繰入率	5	10 / 1,000	別表十一(一)「24の計」の合計額	13	6,000,000
繰入限度額((2)×(3))又は((4)×(5))	6	738,500 円	貸倒れによる損失の額等の合計額(11)+(12)-(13)	14	2,000,000
公益法人等・協同組合等の繰入限度額(6)×102/100	7		(14)× 12 / 前3年内事業年度における事業年度の月数の合計	15	666,666
繰入限度超過額(1)-((6)又は(7))	8	0	貸倒実績率 (15)/(10) (小数点以下4位未満切上げ)	16	0.0211

（左側：繰入限度額の計算　／　右側：貸倒実績率の計算）

一　括　評　価　金　銭　債　権　の　明　細

勘定科目 / 期末残高	売掛債権等とみなされる額及び貸倒否認額	(17)のうち税務上貸倒れがあったものとみなされる額及び売掛債権等に該当しないものの額	個別評価の対象となった売掛債権等の額及び非適格合併等により移転する売掛債権等の額	法第52条第1項第3号に当する法人令第96条第9項各号の金銭債権以外の金銭債権等の額	完全支配関係がある他の法人に対する売掛債権等の額	期末一括評価金銭債権の額 (17)+(18)-(19)-(20)-(21)-(22)	実質的に債権とみられないものの額	差引期末一括評価金銭債権の額 (23)-(24)
17	18	19	20	21	22	23	24	25
売掛金 10,000,000 円	円	円	円	円	円	10,000,000	5,000,000	5,000,000
受取手形 12,000,000						12,000,000	6,000,000	6,000,000
貸付金 23,000,000			10,000,000			13,000,000	3,000,000	10,000,000
計 45,000,000			10,000,000			35,000,000	14,000,000	21,000,000

基準年度の実績により実質的に債権とみられないものの額を計算する場合の明細

平成27年4月1日から平成29年3月31日までの間に開始した各事業年度末の一括評価金銭債権の額の合計額	26	円	債権からの控除割合 (27)/(26) (小数点以下3位未満切捨て)	28	
同上の各事業年度末の実質的に債権とみられないものの額の合計額	27		実質的に債権とみられないものの額 (23の計)×(28)	29	円

— 65 —

本件の場合、金銭債権の中に前渡金400万円がありますが、これは売掛債権等に該当しないため、「一括評価金銭債権の明細」には記載しません。また、個別貸倒引当金の対象となった貸付金1,000万円については、17欄の残高に含めたうえで20欄に記載して控除します。

なお、本件の場合、繰入限度額相当額を損金経理により繰り入れることを前提としているため、繰入額と繰入限度額とが一致していますが、繰入額が繰入限度額を超過する場合には、8欄に超過額を記載したうえでその金額を別表4の加算区分の任意の欄に「一括貸倒引当金繰入限度超過額」等の適切な名称を付したうえで記載します（加算・留保）。

第2　欠損金の繰越し

1　概要

(1)　制度の趣旨

　欠損金額とは、各事業年度の所得の金額の計算上その事業年度の損金の額がその事業年度の益金の額を超える場合におけるその超える部分の金額をいいます（法法２十九）。法人税の課税は事業年度ごとに行われるため、一定の要件を設けたうえで所得金額が生じた事業年度において過去の事業年度に生じた欠損金額を繰り越し、この繰り越した欠損金額を損金の額に算入することが認められています。これを欠損金の繰越控除といいます。

(2)　制度の概要

　この制度は、青色申告書を提出した事業年度において生じた欠損金額について、その繰り越した欠損金が損金の額に算入される、いわゆる青色欠損金の繰越控除と、青色申告書を提出していなかった場合においても一定の資産に係る災害損失金が損金の額に算入される、いわゆる災害損失金の繰越控除の２つの制度です（法法57、58）。

　その一方で、子会社化した欠損金を有する法人に収益力のある事業を移転し欠損金を利用させるといった租税回避行為を防止するため、一定の事由に該当する場合には青色欠損金の繰越しを制限する規定も設けられています（法法57の２）。

〈欠損金の繰越しに関する制度〉

①	青色欠損金の繰越控除
②	災害損失金の繰越控除
③	欠損等法人の欠損金の繰越しの不適用

　欠損金の繰越期間は、平成30年４月１日以後に開始する事業年度において生じた欠損金については10年間（平成30年４月１日前に開始する事業年度において生じた欠損金については９年間）とされています。

　また、欠損金の控除限度額は、中小法人（第１章　第１　2(1)参照）にあっては、その繰り越した欠損金の全額を控除前所得金額まで損金の額に算入できるのに対し、中

— 67 —

小法人以外の法人にあっては、平成30年4月1日以後に開始する事業年度以降は、控除前所得金額の50％相当額までとされています。

〈欠損金の繰越期間と控除限度額〉

区　　分	控除限度額	繰越期間
中小法人	控除前所得金額	10年 （平成30年4月1日以後開始事業年度以後に生じた欠損金）
中小法人以外の法人	控除前所得金額の50％	

　なお、令和2年度税制改正により令和4年4月1日以後に開始する事業年度から、法人税法第58条では青色申告書を提出しなかった事業年度において生じた欠損金額のうち災害損失金額を超える部分の欠損金額はないものとし（法法58、所得税法等の一部を改正する法律（令和2年法律第8号）附則22）、災害損失金の繰越控除も法人税法第57条を根拠に損金の額に算入されます。同改正により法人税法第57条では青色申告要件がなくなりましたが、法人税法第58条では青色申告書を提出しなかった場合の欠損金の利用が制限されていることから、実質的には従前と同様の青色申告要件があるものと解されます。

2　青色欠損金の繰越控除

⑴　制度の詳細

　この制度では、内国法人の各事業年度開始の日前10年（平成30年4月1日前に開始する事業年度において生じた欠損金額については9年）以内に開始した事業年度において生じた欠損金額をその生じた事業年度から繰り越し、その翌事業年度以降の所得の金額の計算上、損金の額に算入できます（法法57①）。

　この欠損金額は、この制度の適用により既に損金の額に算入された部分の金額を除き、さらに、欠損金の繰戻還付（法法80）の適用を受けた部分の金額を除いた金額が対象となります。これを「控除未済欠損金額」といいます。

　なお、その欠損金額に相当する金額が控除前所得金額を超える場合は、その超える部分の金額については損金の額に算入されません（法法57①ただし書）。

第2 欠損金の繰越し

〈控除前所得金額〉

この制度を適用せず、かつ、法人税法第59条第3項及び第4項（注1）並びに第62条の5第5項（注2）の規定を適用しないものとして計算した場合における各事業年度の所得の金額（注3）（損金算入限度額）	−	その欠損金額の生じた事業年度前の事業年度において生じた欠損金額に相当する金額で、この制度により各事業年度の所得の金額の計算上損金の額に算入される金額

(注)1　再生手続において評価換えの規定の適用を受けない場合及び解散をした場合において、いわゆる期限切れ欠損金の控除よりも、青色欠損金の繰越控除を優先して控除する制度のため、法人税法第59条第3項及び第4項の適用前の所得の金額を算出します。

　　2　残余財産確定事業年度に係る事業税及び特別法人事業税は、同事業年度の損金の額に算入されるため、法人税法第62条の5第5項の適用前の所得の金額を算出します。

　　3　中小法人の場合は、所得の金額（法法57⑪一）とし、中小法人以外の法人の場合は、その100分の50に相当する金額となります（法法57①かっこ書）。

イ　中小法人

　中小法人(注)における欠損金の控除限度額は、その事業年度の控除前所得金額とされ（法法57⑪一）、欠損金額が控除前所得金額の範囲内であれば損金算入額に制限はありません。

　(注)　中小法人の他に公益法人等、協同組合等、人格のない社団等も含まれます。以下同じ。

ロ　中小法人以外の法人

　中小法人以外の法人における控除限度額は、再建中の法人（法法57⑪二）や新設法人（法法57⑪三）を除き、控除前所得金額の50％相当額まで、とされています（法法57①ただし書）。

ハ　再建中の法人及び新設法人

　再建中の法人及び新設法人における控除限度額は、その事業年度の控除前所得金額とされています（法法57⑪二、三）。

　再建中の法人とは、次図に掲げる事実に応じそれぞれに定める事業年度に該当する内国法人が該当します（法法57⑪二）。

第2章　中小法人の取扱い

<再建中の法人に該当する事業年度>

	事　　実	対象事業年度㊟	備　　考
①	更生手続開始の決定があったこと	更生手続開始の決定の日から更生手続開始の決定に係る更生計画認可の決定の日以後7年を経過する日までの期間内の日の属する事業年度	更生手続開始の決定を取り消す決定の確定その他の一定の事実（法令113の2②）が生じた場合には、その事実が生じた日までの期間内の日の属する事業年度が対象となります。
②	再生手続開始の決定があったこと	再生手続開始の決定の日から再生手続開始の決定に係る再生計画認可の決定の日以後7年を経過する日までの期間内の日の属する事業年度	再生手続開始の決定を取り消す決定の確定その他の一定の事実（法令113の2③）が生じた場合には、その事実が生じた日までの期間内の日の属する事業年度が対象となります。
③	法人税法第59条第2項に規定する一定の事実（②の事実を除きます。）	その事実が生じた日から同日の翌日以後7年を経過する日までの期間内の日の属する事業年度	一定の事実とは、再生計画認可の決定があったことに準ずる事実などをいいます。
④	①から③までに掲げる事実に準ずる一定の事実（法令113の2④）	その事実が生じた日から同日の翌日以後7年を経過する日までの期間内の日の属する事業年度	一定の事実とは、再生手続開始の決定に準ずる事実等（法令117の3一、二、四）及び法令の規定による整理手続によらない負債の整理に関する計画決定等で第三者が関与する協議によるものとして一定のもの（法規26の4③）をいいます。

㊟　上記の事実が生じた日以後にその内国法人の発行する株式が金融商品取引所に上場されたことその他の事業の再生が図られたと認められる一定の事由が生じた場合には、その上場された日その他の事由が生じた日として一定の日のうち最も早い日以後に終了する事業年度は除かれます（法令113の2①）。

　また、新設法人とは、新設された普通法人で次図に定める事業年度に該当する内国法人が該当します（法法57⑪三）。

<新設法人に該当する事業年度>

対象事業年度㊟	備　　考
設立の日から同日以後7年を経過する日までの期間内の日の属する各事業年度	中小法人又は大法人の100％子法人若しくは100％グループ内の複数の大法人に発行済株式の全部を保有されている法人及び株式移転完全親法人を除きます。

（注） その内国法人の発行する株式が金融商品取引所等に上場又は店頭売買有価証券登録原簿に登録された場合には、その事由が生じた日のうち最も早い日以後に終了する事業年度は除かれます（法令113の2⑦）。

(2) **申告要件**

　この制度は、次の全ての要件を満たす場合に限り、適用されます（法法57⑩）。

〈欠損金の繰越控除の申告要件〉

①	欠損金額の生じた事業年度について確定申告書（青色申告書）を提出していること
②	上記①の後連続して確定申告書を提出していること
③	欠損金額の生じた事業年度の帳簿書類の整理及び10年間（注）の保存（法規26の3①）

（注） 平成30年4月1日前に開始する事業年度において生じた欠損金額については9年間

3　災害損失金の繰越控除

(1) **制度の詳細**

　この制度では、内国法人の各事業年度開始の日前10年（平成30年4月1日前に開始する事業年度において生じた欠損金額については9年）以内に開始した事業年度のうち青色申告書を提出する事業年度でない事業年度において生じた欠損金額に係る法人税法第57条第1項（欠損金の繰越し）の規定の適用については、その欠損金額のうち、棚卸資産、固定資産又は一定の繰延資産（法令114）について震災、風水害、火災その他一定の災害（法令115）により生じた災害損失金額（法令116）を超える部分の金額は、ないものとされます（法法58①）。

　すなわち、白色申告の場合、欠損金額のうち災害損失金額相当額までが欠損金の繰越しとして損金の額に算入され（法法57①）、災害損失金額を超える部分の欠損金額は損金の額に算入されません。

— 71 —

〈災害損失金のイメージ〉

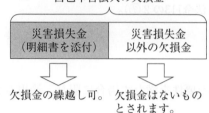

なお、欠損金額のうち、災害損失金額に達するまでの金額については、欠損等法人の欠損金の繰越しの不適用（下記4参照）の規定は適用されず（法法58②）、欠損金の繰越しは制限されません。

ただし、欠損金額の生じた事業年度の確定申告書、修正申告書又は更正請求書に災害損失金額の計算に関する明細を記載した書類の添付がない場合には、その事業年度の災害損失金額はないものとされるため（法法58③）、留意する必要があります。

(2) 災害損失金額

災害損失金額とは、欠損金額のうち、災害（注1）により生じた損失に係るもので、棚卸資産、固定資産又は一定の繰延資産（注2）について生じた次の①～③に掲げる損失の額（保険金、損害賠償金その他これらに類するものにより補填されるものを除きます。）の合計額に達するまでの金額とされています（法令116）。

(注)1 災害とは、震災、風水害、火災の他、冷害、雪害、干害、落雷、噴火その他の自然現象の異変による災害及び鉱害、火薬類の爆発その他の人為による異常な災害並びに害虫、害獣その他の生物による異常な災害が該当します（法令115）。

2 対象となる繰延資産は、いわゆる税法上の繰延資産（法令14①六）のうち他の者の有する固定資産を利用するために支出されたもの、具体的には次に掲げるような繰延資産が該当します（法令114、法基通12−2−2）。

i 自己が便益を受ける公共的施設又は共同的施設の設置又は改良のために支出した費用

ii 固定資産を賃借し又は使用するために支出した権利金、立退料その他の費用

iii 広告宣伝の用に供する固定資産を贈与したことにより生じた費用

第2　欠損金の繰越し

〈災害損失金額の範囲〉

①	災害により資産が滅失し、若しくは損壊したこと又は災害による価値の減少に伴い、その資産の帳簿価額を減額したことにより生じた損失の額（その滅失、損壊又は価値の減少による資産の取壊し又は除去の費用その他の付随費用に係る損失の額を含みます。以下、「災害損失の額」といいます。）
②	災害により資産が損壊し、又はその価値が減少した場合や災害により資産を事業の用に供することが困難となった場合において、その災害のやんだ日の翌日から1年を経過した日（大規模な災害の場合その他やむを得ない事情がある場合には、3年を経過した日）の前日までに支出する次に掲げる費用その他これらに類する費用に係る損失の額 　ⅰ　災害により生じた土砂などの障害物を除去するための費用 　ⅱ　資産の原状回復のための修繕費 　ⅲ　資産の損壊又はその価値の減少を防止するための費用
③	災害により資産につき現に被害が生じ、又はまさに被害が生ずるおそれがあると見込まれる場合において、その資産に係る被害の拡大又は発生を防止するため緊急に必要な措置を講ずるための費用に係る損失の額

　上記表①における「災害損失の額」は、棚卸資産、固定資産又は固定資産に準ずる繰延資産について、災害のあった日の属する事業年度（以下、「被災事業年度」といいます。）又は災害のやんだ日の属する事業年度において損金経理をした金額に限られますが（法基通12－2－1）、次のとおり災害損失の額の範囲が定められています。

— 73 —

第2章　中小法人の取扱い

〈災害損失の額の範囲〉

	区分	内容	根拠
①	災害損失の額に含まれるもの	滅失、損壊又は価値の減少による資産の取壊し又は除却の費用について、災害のやんだ日の翌日から1年を経過した日の前日までに支出したものを、その支出の日の属する事業年度において損金経理をしたときのその金額	法基通12—2—1ただし書
		繰延資産を計上している法人がその繰延資産の対象となった固定資産の損壊等により復旧に要する費用を支出した場合に、その復旧に要する費用が支出時の損金として認められるときのその支出した費用の額	法基通12—2—2注書
		被災事業年度において災害損失特別勘定に繰り入れた金額	法基通12—2—5
		被災事業年度後の事業年度において修繕費用等として損金の額に算入した金額（保険金等により補填された金額を控除した残額とし、災害損失の額に該当する部分）の合計額からその事業年度開始の日における災害損失特別勘定の金額を控除した残額	法基通12—2—15
		被災事業年度において、法人が、災害により著しく損傷した棚卸資産又は固定資産を譲渡したことにより生じた損失の額のうち、被害を受けたことに基因する金額を災害損失の額に含めた場合のその金額	法基通12—2—3
②	災害損失の額に含まれないもの	棚卸資産又は固定資産の譲渡による損失の額	
		けが人への見舞金、被災者への弔慰金等のように滅失又は損壊した資産に直接関連しない費用	法基通12—2—4

⑶　災害損失特別勘定

イ　災害損失特別勘定の損金算入

　法人が被災資産の修繕等のために要する費用を見積もった場合には、被災事業年度において次の繰入限度額以下の金額を損金経理により災害損失特別勘定に繰り入れることができます（法基通12—2—6）。

　なお、繰延資産（法令114）の基因となった他の者の有する固定資産に損壊等の被害があった場合についても準用して適用できます（法基通12—2—14）。

— 74 —

第 2　欠損金の繰越し

（算式）災害損失特別勘定の繰入限度額（法基通12―2―7）

=	次の①又は②に掲げる金額のうちいずれか多い金額の合計額	―	被災資産に係る保険金、損害賠償金、補助金その他これらに類するもの（保険金等）により補填された金額

①	被災資産（資産の評価損の損金算入（法法33②）の規定の適用を受けたものを除きます。）の被災事業年度終了の日における価額がその帳簿価額に満たない場合のその差額に相当する金額
②	被災資産について、災害のあった日から1年を経過する日（注1）までに支出すると見込まれる修繕費用等の見積額（被災事業年度終了の日の翌日以後に支出すると見込まれるものに限ります。）（注2）

(注)1　「災害のあった日から1年を経過する日」は、法令の規定、地方公共団体の定めた

復興計画等により、一定期間修繕等の工事に着手できないこととされている場合には、

「修繕等の工事に着手できることとなる日から1年を経過する日」と読み替えること

ができます（法基通12―2―7注書）。

　　　2　修繕費用等の見積額は、その修繕等を行うことが確実な被災資産につき、例えば

次の金額によるなど合理的に見積もるものとされています（法基通12―2―8）。

　　　　①　建設業者、製造業者等によるその被災資産に係る修繕費用等の見積額

　　　　②　相当部分が損壊等をした被災資産につき、次の算式による金額

再取得価額又は国土交通省建築物着工統計の工事費予定額から算定した建築価額等を基礎として、その取得の時から被災事業年度終了の日まで償却を行ったものとした場合に計算される未償却残額	―	被災事業年度終了の日における価額

被災資産とは、次に掲げる資産をいいます（法基通12―2―6注書）。

〈被災資産の範囲〉

①	法人の有する棚卸資産及び固定資産（法人が賃貸をしている資産で、契約により賃借人が修繕等を行うこととされているものを除きます。）	災害により被害を受けたもの
②	法人が賃借をしている資産又は販売等をした資産で、契約によりその法人が修繕等を行うこととされているもの	
③	繰延資産（法令114）で、その基因となった他の者の有する固定資産に損壊等の被害があったもの	

　また、修繕費用等は、次に掲げる費用その他これらに類する費用をいいます（法基

通12―2―7(2)）。

― 75 ―

第2章　中小法人の取扱い

〈修繕費用等の範囲〉

①	被災資産の滅失、損壊又は価値の減少による被災資産の取壊し又は除去の費用その他の付随費用
②	土砂その他の障害物を除去するための費用
③	被災資産の原状回復のための修繕費（被災資産の被災前の効用を維持するために行う補強工事、排水又は土砂崩れの防止等のために支出する費用を含みます。）
④	被災資産の損壊又はその価値の減少を防止するための費用
⑤	被災資産に係る被害の拡大を防止するため緊急に必要な措置を講ずるための費用（災害により棚卸資産及び固定資産にまさに被害が生ずるおそれがあると見込まれる場合のこれらの資産に係る被害の発生を防止するため緊急に必要な措置を講ずるための費用を含みます。）

なお、次の点に留意する必要があります（法基通12―2―7注書）。

i　有姿除却（法基通7―7―2）の適用を受けた資産については、上記表①、②及び⑤に掲げる費用に限り災害損失特別勘定への繰入れの対象とすることができます。

ii　資産の評価損の損金算入制度（法法33②）により評価損を計上した資産については、上記表②、④及び⑤に掲げる費用に限り災害損失特別勘定への繰入れの対象とすることができます。

ロ　災害損失特別勘定の損金算入に関する明細書の添付

災害損失特別勘定への繰入れを行う場合には、その繰入れを行う被災事業年度の確定申告書（又は被災中間期間に係る仮決算の中間申告書）に「災害損失特別勘定の損金算入に関する明細書」を添付する必要があります（法基通12―2―9）。

ハ　災害損失特別勘定の益金算入

損金の額に算入された災害損失特別勘定の金額は、次に掲げる事業年度の区分に応じ、それぞれ次に掲げる金額がその事業年度の益金の額に算入されます（法基通12―2―10）。

— 76 —

第 2　欠損金の繰越し

〈災害損失特別勘定の益金算入額〉

	益金算入の対象となる事業年度	益金算入額
①	災害のあった日から1年を経過する日の属する事業年度（1年経過事業年度）	1年経過事業年度㊟終了の日における災害損失特別勘定の金額
②	1年経過事業年度前の各事業年度（被災事業年度後の事業年度に限ります。）	その事業年度において被災資産に係る修繕費用等として損金の額に算入した金額の合計額（保険金等により補填された金額がある場合には、これを控除した残額）

㊟　被災資産に係る修繕等がやむを得ない事情により1年経過事業年度終了の日までに完了せず、災害損失特別勘定の残額（災害損失特別勘定に繰り入れた金額から修繕済額を控除した金額）を有している場合で、1年経過事業年度終了の日までに「災害損失特別勘定の益金算入時期の延長確認申請書」（法基通12－2－13）を所轄税務署長に提出し、確認を受けたときは、修繕等が完了すると見込まれる日の属する事業年度（修繕完了事業年度）をもって「1年経過事業年度」とすることができます（法基通12－2－12）。この場合、当初の1年経過事業年度が、上記②の「1年経過事業年度前の各事業年度」に該当することになります。

ニ　災害損失特別勘定の益金算入に関する明細書の添付

　上記ハにおいて益金の額に算入する場合には、その事業年度の確定申告書に「災害損失特別勘定の益金算入に関する明細書」を添付します（法基通12－2－11）。

⑷　申告要件

　この制度は、次の全ての要件を満たす場合に限り、適用されます（法法57⑩、58③）。

〈災害損失金の繰越控除の申告要件〉

①	欠損金額の生じた事業年度について確定申告書を提出していること
②	上記①の後連続して確定申告書を提出していること
③	災害損失金額の生じた事業年度の帳簿書類の整理及び10年間㊟の保存（法規26の3①）
④	災害損失金額の生じた事業年度の確定申告書、修正申告書又は更正請求書にその損失の額の計算に関する明細を記載した書類を添付していること

㊟　平成30年4月1日前に開始する事業年度において生じた欠損金額については9年間

— 77 —

第2章　中小法人の取扱い

4　特定株主等によって支配された欠損等法人の欠損金の繰越しの不適用

　欠損金又は評価損資産を有する法人（欠損等法人）が特定の株主等によって50％超の株式を保有された場合において、一定の事由に該当するときは、青色欠損金の損金算入に制限が生じるため留意する必要があります。

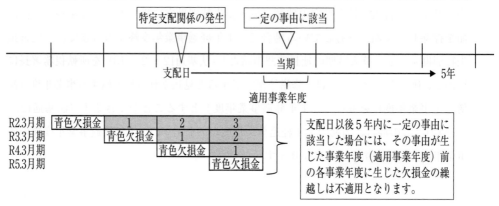

〈欠損等法人の欠損金の繰越し不適用のイメージ〉

(1)　制度の詳細

　欠損等法人（下記(2)参照）が、他の者との間に当該他の者による特定支配関係（下記(2)イ参照）が生じた日（支配日）以後5年を経過した日の前日まで（注1）に、一定の事由（下記(3)参照）に該当する場合には、その該当することとなった日（注2）（該当日）の属する事業年度（以下、「適用事業年度」といいます。）以後の各事業年度においては、その適用事業年度前の各事業年度において生じた青色欠損金については、欠損金の繰越し（法法57①）の規定は、適用しないものとされます（法法57の2①、58②）。

　　(注)1　次の事実が生じた場合には、欠損金の利用制限をする必要がないため、その事実が生じた日まで、となります（法法57の2①かっこ書）。
　　　　(イ)　当該他の者が有する欠損等法人の株式が譲渡されたことその他の事由により当該他の者による特定支配関係を有しなくなったこと（法令113の3⑦）
　　　　(ロ)　欠損等法人の債務につき一定の債務免除等があったこと（法令113の3⑧）
　　　　(ハ)　欠損等法人について更生手続開始の決定等及び一定の解散（解散後の継続等の見込みがないものに限り、支配日前の解散及び合併による解散を除きます。）があ

ったこと（法令113の3⑨）
2　該当日は、下記(3)④に掲げる事由（適格合併に係る部分に限ります。）に該当する場合にあっては、その適格合併の日の前日となります（法法57の2①かっこ書）。

(2)　欠損等法人

　欠損等法人とは、内国法人で他の者との間に当該他の者による特定支配関係を有することとなったもののうち、その特定支配関係を有することとなった日（支配日）の属する事業年度（以下、「特定支配事業年度」といいます。）においてその特定支配事業年度前の各事業年度において生じた欠損金額（法人税法第57条第1項の規定の適用があるものに限ります。以下同じ。）又は評価損資産を有するものをいいます（法法57の2①）。

イ　特定支配関係

　特定支配関係とは、当該他の者がその内国法人の発行済株式又は出資（自己が有する自己の株式又は出資を除きます。）の総数又は総額の50％を超える数又は金額の株式又は出資を、他の者（その者の組合関連者を含みます。）とその内国法人との間の当該他の者による支配関係をいい、当該他の者とその内国法人との間に同一者支配関係(注)がある場合におけるその支配関係を除きます（法令113の3①）。なお、適格合併などの一定の事由（法令113の3⑤）によって生じたものを除きます。

(注)　同一者支配関係とは、当該他の者（法人に限ります。）とその法人との間に同一の者による支配関係がある場合におけるその支配関係をいいます（法令113の3②）。

〈特定支配関係に該当する場合〉

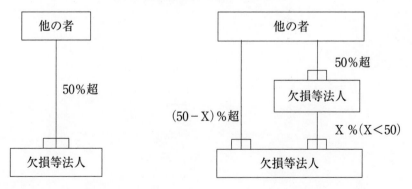

〈特定支配関係に該当しない場合〉

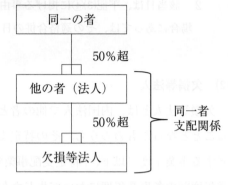

※S1社はS2社（欠損金を有しています。）の株式を有していないため、両社の間にS1社による特定支配関係はありません。

※同一の者と他の者（法人）及び同一の者と欠損等法人の間には、特定支配関係がありますが、他の者（法人）と欠損等法人の関係は、同一者支配関係であるため、特定支配関係から除かれます。

ロ　評価損資産

　評価損資産とは、その内国法人が特定支配事業年度開始の日において有する固定資産、棚卸資産である土地等、一定の有価証券、金銭債権及び繰延資産等のうち同日における価額がその帳簿価額に満たないもの（その満たない金額がその法人の資本金等の額の2分の1に相当する金額と1,000万円とのいずれか少ない金額に満たないものを除きます。）をいいます（法令113の3⑥）。

(3)　欠損金の繰越しの不適用となる一定の事由

　欠損金の繰越しの不適用となる一定の事由は、次表のとおりです。

第 2　欠損金の繰越し

〈欠損等法人に係る一定の事由〉

	一定の事由
①	欠損等法人が支配日の直前において事業を営んでいない場合（清算中の場合を含みます。）において、その支配日以後に事業を開始すること（清算中の欠損等法人が継続することを含みます。）（法法57の2①一）
②	欠損等法人が支配日の直前において営む旧事業の全てをその支配日以後に廃止し、又は廃止することが見込まれている場合において、旧事業の支配日直前における事業規模（売上金額、収入金額その他の事業の種類に応じた一定のもの。以下同じ。）のおおむね5倍を超える資金の借入れ又は出資による金銭その他の資産の受入れ（資金借入れ等）を行うこと（法法57の2①二、法令113の3⑩～⑭）
③	当該他の者又は関連者（注1）が、当該他の者及び関連者以外の者から欠損等法人に対する特定債権（注2）を取得している場合（注3）において、欠損等法人が旧事業の支配日の直前における事業規模のおおむね5倍を超える資金借入れ等を行うこと（法法57の2①三）
④	上記①若しくは②に該当する場合又は上記③の特定債権が取得されている場合において、その欠損等法人が自己を被合併法人とする適格合併を行い、又はその欠損等法人（他の内国法人との間に当該他の内国法人による完全支配関係があるものに限ります。）の残余財産が確定すること（法法57の2①四）
⑤	欠損等法人が特定支配関係を有することとなったことに基因して、欠損等法人のその支配日の直前の役員（注4）の全てが退任（業務を執行しないものとなることを含みます。）をし、かつ、その支配日の直前において欠損等法人の業務に従事する使用人（旧使用人）の総数のおおむね20%以上に相当する数の者がその欠損等法人の使用人でなくなった場合において、欠損等法人の非従事事業（旧使用人がその支配日以後その業務に実質的に従事しない事業をいいます。）の事業規模が旧事業の当該支配日の直前における事業規模のおおむね5倍を超えることとなること（一定の場合（注5）を除きます。）（法法57の2①五）

　㊟1　関連者とは、当該他の者との間に当該他の者による特定支配関係（欠損等法人との間の当該他の者による特定支配関係を除きます。）がある者をいいます（法令113の3⑮）。

　　2　特定債権とは、欠損等法人に対する債権でその取得の対価の額がその債権の額の50%に相当する金額に満たない場合で、かつ、その債権の額（欠損等法人の債権で同号の他の者又は関連者が既に取得しているものの額を含みます。）のその取得の時における欠損等法人の債務の総額のうちに占める割合が50%を超える場合におけるその債権をいいます（法令113の3⑯）。

　　3　支配日前に特定債権を取得している場合を含むものとし、特定債権につき支配日以後に債務免除等を行うことが見込まれている場合を除きます（法法57の2①三かっこ書、法令113の3⑰）。

　　4　役員の範囲は、社長の他、副社長、代表取締役、代表執行役、専務取締役若しくは常務取締役又はこれらに準ずる者で法人の経営に従事している者に限ります（法

— 81 —

令113の3⑱)。

5　一定の場合とは、欠損等法人の事業規模算定期間における非従事事業の事業規模（事業規模算定期間において欠損等法人を合併法人等とする一定の合併等を行っている場合には、その合併等により移転を受けた事業に係る部分を除きます。）が、事業規模算定期間の直前の事業規模算定期間における非従事事業の事業規模のおおむね5倍を超えない場合とされています（法令113の3⑲)。

(4) 欠損等法人が特定資産を譲渡等した場合

イ　欠損等法人の譲渡等損失額の損金不算入

　欠損等法人の適用事業年度開始の日から同日以後3年を経過する日（その経過する日が支配日以後5年を経過する日後となる場合にあっては、同日）までの一定の期間（以下、「適用期間」といいます。）において生ずる特定資産の譲渡、評価換え、貸倒れ、除却その他の事由による譲渡等損失額（その事由が生じた日の属する事業年度の適用期間において生ずる特定資産の譲渡、評価換えその他の事由による利益の額がある場合には、これを控除した金額）は、その欠損等法人の各事業年度の所得の金額の計算上、損金の額に算入しないこととされています（法法60の3①、法令118の3②）。

〈欠損等法人の譲渡等損失額の損金不算入のイメージ〉

（例）欠損等法人が、適用期間内において特定資産の譲渡等により損失が生ずる場合

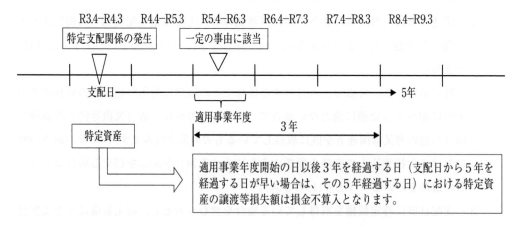

ロ　特定資産

　特定資産とは、欠損等法人が支配日の属する事業年度開始の日（支配事業年度開始日）において有し、又は一定の適格分割等により移転を受けた固定資産、棚卸資産で

ある土地等、一定の有価証券、金銭債権及び繰延資産等（これらの資産のうち、支配事業年度開始日又は適格分割等の日における価額とその帳簿価額との差額が、その支配事業年度開始日又は適格分割等の日における欠損等法人の資本金等の額の2分の1に相当する金額と1,000万円とのいずれか少ない金額に満たないものを除きます。）をいいます（法法60の3①かっこ書、法令118の3①）。

5　実務上の留意点

(1)　損金算入の順序

　控除未済欠損金額が2以上の事業年度において生じたものからなる場合は、最も古い事業年度において生じた欠損金額に相当する金額から順次損金の額に算入されます（法基通12－1－1）。欠損金と災害損失金の両方がある場合においても、最も古い事業年度において生じたものから適用されます。

(2)　控除可能な欠損金の把握

　実務上どの事業年度分の欠損金を当期の損金算入できるかどうかは、直前期の別表7(1)を確認します。別表7(1)には事業年度ごとに控除未済欠損金額が記載されていますが、10年（9年）間の繰越期間が経過する等の場合や事業年度の変更があった場合などでは、事業年度の記載行が誤っている可能性もあるため、「その事業年度開始の日前10年（9年）以内に開始した事業年度以降の欠損金」を確実に把握しておく必要があります。

　例えば、3月決算法人では、当事業年度が令和5年4月1日から令和6年3月31日の場合、その事業年度開始の日前9年(注)以内に開始した事業年以降の欠損金は、平成26年4月1日開始事業年度以降の欠損金が対象となります。次図のとおり、欠損金の繰越期間は、平成26年4月1日開始事業年度から平成29年4月1日開始事業年度までの事業年度（平成27年3月期から平成30年3月期）分は9年間、平成30年4月1日開始事業年度から令和4年4月1日開始事業年度までの事業年度（平成31年3月期から令和5年3月期）分は10年間となります。

　(注)　10年で判定するのは、その対象となる期間が、平成30年4月1日開始事業年度以降の期間となります。

〈3月決算法人の欠損金の繰越しイメージ〉

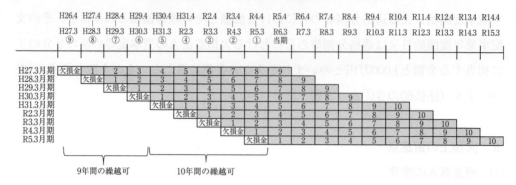

6 事例及び法人税申告書別表記載例

(1) 前提

　青色申告書を提出する中小法人であるA社の令和6年3月期（自令和5年4月1日至令和6年3月31日）の青色欠損金控除前の所得金額は、1,000万円です。設立1期目である令和3年3月期は300万円の欠損金額及び令和4年3月期は1,500万円の欠損金額（このうち災害損失欠損金額1,200万円）でしたが、令和5年3月期は100万円の所得金額が生じ、青色欠損金の繰越控除を適用しています。

(2) 計算

① 所得金額控除限度額：控除前所得金額10,000,000円 × $\frac{100}{100}$（中小法人に該当）

② 控除未済欠損金額： ⅰ　令和3年3月期分　2,000,000円（＝3,000,000円 − 1,000,000円）

　　　　　　　　　　　ⅱ　令和4年3月期分　15,000,000円

　　　　　　　　　　　合計　ⅰ＋ⅱ ＝17,000,000円

③ 青色欠損金の繰越控除額：　①＜②　∴10,000,000円

④ 青色欠損金の翌期繰越額：7,000,000円（＝17,000,000円 − 10,000,000円）

　令和6年3月期における青色欠損金の繰越控除額は、10,000,000円となります。なお、青色欠損金の翌期繰越額は7,000,000円です。

　本事例は青色申告を行う法人のため、災害損失欠損金額については考慮する必要がありません（別表7(1)への記載不要）。

第 2　欠損金の繰越し

(3)　別表記載例

欠損金の損金算入等に関する明細書	事業年度	5・4・1〜6・3・31	法人名	A 社	別表七㈠ 令五・四・一以後終了事業年度分

控除前所得金額 (別表四「43の①」)	1	円 10,000,000	損金算入限度額 (1) × 50又は100／100	2	円 10,000,000

事業年度	区　分	控除未済欠損金額 3	当期控除額 (当該事業年度の(3)と((2)−当該事業年度前の(4)の合計額)のうち少ない金額) 4	翌期繰越額 ((3)−(4))又は(別表七(四)「15」) 5
・　・ ・　・	青色欠損・連結みなし欠損・災害損失	円	円	
・　・ ・　・	青色欠損・連結みなし欠損・災害損失			
・　・ ・　・	青色欠損・連結みなし欠損・災害損失			
・　・ ・　・	青色欠損・連結みなし欠損・災害損失			
・　・ ・　・	青色欠損・連結みなし欠損・災害損失			
・　・ ・　・	青色欠損・連結みなし欠損・災害損失			
・　・ ・　・	青色欠損・連結みなし欠損・災害損失			
2・4・1 3・3・31	青色欠損・連結みなし欠損・災害損失	2,000,000	2,000,000	0
3・4・1 4・3・31	青色欠損・連結みなし欠損・災害損失	15,000,000	8,000,000	7,000,000
4・4・1 5・3・31	青色欠損・連結みなし欠損・災害損失			
計		17,000,000	10,000,000	7,000,000

当期分	欠損金額 (別表四「52の①」)		欠損金の繰戻し額	
	同上のうち	青色欠損金額		
		災害損失欠損金額	(16の③)	
	合　計			7,000,000

災害により生じた損失の額がある場合の繰越控除の対象となる欠損金額等の計算

災害の種類			災害のやんだ日又はやむを得ない事情のやんだ日	・　・
災害を受けた資産の別		棚卸資産 ①	固定資産 (固定資産に準ずる繰延資産を含む。) ②	計 ①+② ③
当期の欠損金額 (別表四「52の①」)	6			円
資産の滅失等により生じた損失の額	7	円	円	
被害資産の原状回復のための費用等に係る損失の額	8			
被害の拡大又は発生の防止のための費用に係る損失の額	9			
計 (7)+(8)+(9)	10			
保険金又は損害賠償金等の額	11			
差引災害により生じた損失の額 (10)−(11)	12			
同上のうち所得税額の還付又は欠損金の繰戻しの対象となる災害損失金額	13			
中間申告における災害損失欠損金の繰戻し額	14			
繰戻しの対象となる災害損失欠損金額 ((6の③)と((13の③)−(14の③))のうち少ない金額)	15			
繰越控除の対象となる欠損金額 ((6の③)と((12の③)−(14の③))のうち少ない金額)	16			

— 85 —

第3　法人税率の特例

1　概要

　中小法人に対しては、その所得の金額のうち年800万円以下の金額について、税負担を軽減するため、法人税率の特例（以下、「軽減税率」といいます。）が適用されています。

　特に、平成23年12月の税制改正において、厳しい経済状況の中、地域経済の柱となり、雇用の大半を担っている中小企業を支えることが重要な政策課題の一つとの観点から、中小法人の軽減税率について、一般の税率とのバランスや個人事業主の所得税負担水準とのバランス等を勘案して、15％まで引き下げられました（吉沢浩二郎他「平成24年版改正税法のすべて」107頁）。

　以後、租税特別措置法の改正により現在もその適用が延長されています。

2　制度の詳細

⑴　普通法人

イ　原則

　平成30年4月1日以後に開始する事業年度において、普通法人に対して課される各事業年度の所得に対する法人税の税率は、23.2％とされています（法法66①、所得税法等の一部を改正する法律（平成28年法律第15号）附則26）。

　ただし、中小法人（第1章 第1 2 ⑴参照）に該当する普通法人の所得の金額のうち年800万円以下の金額については、軽減税率として、19％の税率が適用されます（法法66②）。

ロ　時限措置による軽減税率

　令和7年3月31日までの間に開始する各事業年度において、中小法人に該当する普通法人の所得の金額のうち、年800万円以下の金額については、上記イの19％にかかわらず、時限措置による軽減税率として、15％の税率が適用されます（措法42の3の2①）。

　ただし、平成31年4月1日以後に開始する事業年度において適用除外事業者（第1章 第1 3 ⑶参照）に該当する法人の年800万円以下の部分については、19％の税率

第 3 　法人税率の特例

が適用されます（措法42の 3 の 2 ①、所得税法等の一部を改正する法律（平成31年法律第 6 号）附則48）。

⑵　協同組合等

イ　原則

平成24年 4 月 1 日以後に開始する事業年度において、協同組合等㈺に対して課される各事業年度の所得に対する法人税の税率は、19％とされています（法法66③、経済社会の構造の変化に対応した税制の構築を図るための所得税法等の一部を改正する法律（平成23年法律第114号）附則10）。

ただし、協同組合等で、その事業年度における物品供給事業のうち店舗において行われるものに係る収入金額の年平均額が1,000億円以上であるなどの一定の要件を満たすものの年10億円超の部分については、22％の税率が適用されます（措法68）。

㈺　協同組合等とは、農業協同組合、漁業協同組合など法人税法別表第三に掲げる各種法人をいいます（法法 2 七、別表三）。

ロ　時限措置による軽減税率

令和 7 年 3 月31日までの間に開始する各事業年度において、協同組合等の所得の金額のうち、年800万円以下の金額については、時限措置による軽減税率として、15％の税率が適用されます（措法42の 3 の 2 ①②）。

⑶　公益法人等

イ　原則

平成24年 4 月 1 日以後に開始する事業年度において、公益法人等（注 1 ）に対して課される各事業年度の所得に対する法人税の税率は、19％とされています（法法66①③、経済社会の構造の変化に対応した税制の構築を図るための所得税法等の一部を改正する法律（平成23年法律第114号）附則10）。

ただし、一般社団法人等（注 2 ）及び公益法人等とみなされているもの（注 3 ）については、23.2％の税率が適用されます（法法66①②）。

㈺ 1 　公益法人等とは、公益社団法人、非営利型法人に該当する一般社団法人など法人税法別表第二に掲げる各種法人をいいます（法法 2 六、別表二）。

また、非営利型法人とは、次のいずれかの法人をいいます（法法 2 九の二）。

① 　その行う事業により利益を得ること又はその得た利益を分配することを目

— 87 —

第2章　中小法人の取扱い

的としない法人であってその事業を運営するための組織が適正であるものと
して一定の要件に該当するもの

②　その会員から受け入れる会費によりその会員に共通する利益を図るための
事業を行う法人であってその事業を運営するための組織が適正であるものと
して一定の要件に該当するもの

なお、一般社団法人・一般財団法人のうち、非営利型法人に該当する法人以外
の法人は普通法人とされます（法法2九）。

2　一般社団法人等とは、法人税法別表第二に掲げる公益法人等のうち、一般社団
法人、一般財団法人、公益社団法人、公益財団法人をいいます（法法66①、別表
二）。

3　公益法人等とみなされているものとは、認可地縁団体、管理組合法人及び団地
管理組合法人、法人である政党等、防災街区整備事業組合、特定非営利活動法人
並びにマンション建替組合、マンション敷地売却組合及び敷地分割組合をいいま
す（措令27の3の2）。

ロ　時限措置による軽減税率

令和7年3月31日までの間に開始する各事業年度において、公益法人等の所得の金
額のうち、年800万円以下の金額については、時限措置による軽減税率として、15％
の税率が適用されます（措法42の3の2①）。

⑷　人格のない社団等

イ　原則

平成30年4月1日以後に開始する事業年度において、人格のない社団等(注)に対して
課される各事業年度の所得に対する法人税の税率は、23.2％（年800万円以下の所得
の金額については19％）とされています（法法66①②、所得税法等の一部を改正する
法律（平成28年法律第15号）附則26）。

(注)　人格のない社団等とは、法人でない社団又は財団で代表者又は管理人の定めがある
ものをいいます（法法2八）。人格のない社団等の例としては、PTA、同窓会、同業者
団体などがあります。

ロ　時限措置による軽減税率

令和7年3月31日までの間に開始する各事業年度において、人格のない社団等の所
得の金額のうち年800万円以下の金額については、時限措置による軽減税率として、

— 88 —

15％の税率が適用されます（措法42の３の２①）。

⑸　特定の医療法人

イ　原則

平成24年４月１日以後に開始する事業年度において、特定の医療法人㊟に対して課される各事業年度の所得に対する法人税の税率は、19％とされています（措法67の２①、経済社会の構造の変化に対応した税制の構築を図るための所得税法等の一部を改正する法律（平成23年法律第114号）附則51）。

㊟　特定の医療法人とは、財団たる医療法人又は社団たる医療法人で持分の定めがないもの（清算中のものを除きます。）のうち、その事業が医療の普及及び向上、社会福祉への貢献その他公益の増進に著しく寄与し、かつ、公的に運営されていることにつき一定の要件を満たすものとして、国税庁長官の承認を受けたもの（医療法第42条の２第１項に規定する社会医療法人を除きます。）をいいます（措法67の２①、措令39の25）。

ロ　時限措置による軽減税率

令和７年３月31日までの間に開始する各事業年度において、特定の医療法人の所得の金額のうち年800万円以下の金額については、時限措置による軽減税率として、15％の税率が適用されます（措法42の３の２①）。

ただし、平成31年４月１日以後に開始する事業年度において適用除外事業者に該当する法人の年800万円以下の部分については、19％の税率が適用されます（措法42の３の２①、所得税法等の一部を改正する法律（平成31年法律第６号）附則48）。

⑹　軽減税率を含む法人税率のまとめ

上記⑴から⑸より、令和７年３月31日までの間に開始する各事業年度において、各事業年度の所得に対する法人税の税率は、次のとおりとなります。

第2章　中小法人の取扱い

〈軽減税率を含む法人税率のまとめ〉

区　　　　分				税率	本文該当箇所
普通法人	中小法人	年800万円以下の部分	下記以外の法人	15%	2(1)ロ
			適用除外事業者	19%	2(1)ロ
		年800万円超の部分		23.2%	2(1)イ
	上記以外の普通法人	全て		23.2%	2(1)イ
協同組合等		年800万円以下の部分		15%	2(2)ロ
		年800万円超の部分		19%	2(2)イ
公益法人等	公益社団法人、公益財団法人、非営利型法人に該当する一般社団法人及び一般財団法人	収益事業から生じた所得	年800万円以下の部分	15%	2(3)ロ
			年800万円超の部分	23.2%	2(3)イ
	公益法人等とみなされているもの		年800万円以下の部分	15%	2(3)ロ
			年800万円超の部分	23.2%	2(3)イ
	上記以外の公益法人等		年800万円以下の部分	15%	2(3)ロ
			年800万円超の部分	19%	2(3)イ
人格のない社団等			年800万円以下の部分	15%	2(4)ロ
			年800万円超の部分	23.2%	2(4)イ
特定の医療法人		年800万円以下の部分	下記以外の法人	15%	2(5)ロ
			適用除外事業者	19%	2(5)ロ
		年800万円超の部分		19%	2(5)イ

（国税庁資料を一部修正）

3　実務上の留意点

(1)　事業年度が1年に満たない法人に対する軽減税率の適用

　事業年度が1年に満たない法人に対する軽減税率の適用については、800万円を12で除して、これにその事業年度の月数を乗じて計算した金額とされています（法法66④、措法42の3の2④）。

　なお、1か月に満たない端数が生じたときは、これを1か月として計算します（法法66⑫、措法42の3の2⑤）。

(2)　表面税率と実効税率

　表面税率とは、法人税、地方法人税、住民税、事業税、特別法人事業税を単純に合

— 90 —

算した税率で、税務申告や納税の際に使用します。

　一方で、実効税率とは、法人税、地方法人税、住民税、事業税、特別法人事業税のうち、事業税及び特別法人事業税のみが損金の額に算入されることから、実質的に負担する税率として、事業税のその損金算入分を反映するように計算された税率のことを意味します。

　表面税率と実効税率の計算方法は、それぞれ次のとおりとなります。

〈表面税率と実効税率の各々の計算方法〉

表面税率	法人税率＋法人税率×地方法人税率＋法人税率×住民税率＋事業税率＋事業税標準税率×特別法人事業税率 ＝法人税率×（１＋地方法人税率＋住民税率）＋事業税率＋事業税標準税率×特別法人事業税率
実効税率	表面税率÷（１＋事業税率＋事業税標準税率×特別法人事業税率）

　東京都23区に事業所を有する中小法人に該当する普通法人の令和５年４月１日に開始する事業年度を例に計算すると、次のとおりとなります。

① 法人税率
　　ⅰ　年800万円以下の部分：15%
　　ⅱ　年800万円超の部分　：23.2%
② 地方法人税率
　　10.3%：法人税率に乗じる
③ 法人住民税法人税割の税率
　　標準税率と仮定すると、7.0%
④ 法人事業税所得割の税率
　　標準税率の軽減税率適用法人(注)と仮定すると、
　　ⅰ　年400万円以下の部分　：3.5%
　　ⅱ　年400万円超800万円以下の部分：5.3%
　　ⅲ　年800万円超の部分　　：7.0%
⑤ 特別法人事業税率
　　標準税率で計算した法人事業税所得割に対して、37%
⑥ 表面税率
　　ⅰ　年400万円以下の部分
　　　　15%＋15%×10.3%＋15%×7.0%＋3.5%＋3.5%×37%＝22.39%

— 91 —

ii　年400万円超800万円以下の部分

　　　　　　$15\% + 15\% \times 10.3\% + 15\% \times 7.0\% + 5.3\% + 5.3\% \times 37\% = 24.85\%$

　　　iii　年800万円超の部分

　　　　　　$23.2\% + 23.2\% \times 10.3\% + 23.2\% \times 7.0\% + 7.0\% + 7.0\% \times 37\% = 36.80\%$

⑦　実効税率

　　　i　年400万円以下の部分

　　　　　　$22.39\% \div (1 + 3.5\% + 3.5\% \times 37\%) = 21.36\%$

　　　ii　年400万円超800万円以下の部分

　　　　　　$24.85\% \div (1 + 5.3\% + 5.3\% \times 37\%) = 23.17\%$

　　　iii　年800万円超の部分

　　　　　　$36.80\% \div (1 + 7.0\% + 7.0\% \times 37\%) = 33.58\%$

㊟　法人事業税所得割の税率について、標準税率の軽減税率不適用法人と仮定すると、
　　表面税率と実効税率は、それぞれ次のとおりとなります。

---

①　法人税率

　　　i　年800万円以下の部分：15%

　　　ii　年800万円超の部分　：23.2%

②　地方法人税率

　　　10.3%：法人税率に乗じる

③　法人住民税法人税割の税率

　　　標準税率と仮定すると、7.0%

④　法人事業税所得割の税率

　　　標準税率の軽減税率不適用法人と仮定すると、7.0%

⑤　特別法人事業税率

　　　標準税率で計算した法人事業税所得割に対して、37%

⑥　表面税率

　　　i　年800万円以下の部分

　　　　　　$15\% + 15\% \times 10.3\% + 15\% \times 7.0\% + 7.0\% + 7.0\% \times 37\% = 27.18\%$

　　　ii　年800万円超の部分

　　　　　　$23.2\% + 23.2\% \times 10.3\% + 23.2\% \times 7.0\% + 7.0\% + 7.0\% \times 37\% = 36.80\%$

⑦　実効税率

　　　i　年800万円以下の部分

　　　　　　$27.18\% \div (1 + 7.0\% + 7.0\% \times 37\%) = 24.80\%$

　　　ii　年800万円超の部分

　　　　　　$36.80\% \div (1 + 7.0\% + 7.0\% \times 37\%) = 33.58\%$

第 3　法人税率の特例

4　事例及び法人税申告書別表記載例

⑴　前提

　A社（3月決算法人）は、普通法人である中小法人に該当し、当期（自令和5年4月1日至令和6年3月31日）の課税所得は3億円と計算されました。なお、A社は適用除外事業者には該当しないものとします。

⑵　計算

　まず、別表1次葉において、法人税率の軽減税率15%が適用される年800万円以下の部分と通常の法人税率23.2%が適用される年800万円超の部分とに分けて計算されます。地方法人税については、法人税率の軽減税率15%と通常の法人税率23.2%の法人税合計に対して、地方法人税率10.3%を乗じて計算されます。

　次に、別表1次葉において計算された年800万円以下の部分と年800万円超の部分のそれぞれの税額の合計が別表1に転記されます。地方法人税についても同様に、別表1次葉において計算された税額が別表1に転記されます。

> ①　法人税
>> ⅰ　年800万円以下の部分
>>> 8,000,000円×15%＝1,200,000円
>> ⅱ　年800万円超の部分
>>> （300,000,000円－8,000,000円）×23.2%＝67,744,000円
>> ⅲ　ⅰ＋ⅱ＝68,944,000円
> ②　地方法人税
>> 68,944,000円×10.3%＝7,101,232円

第2章　中小法人の取扱い

(3) 別表記載例

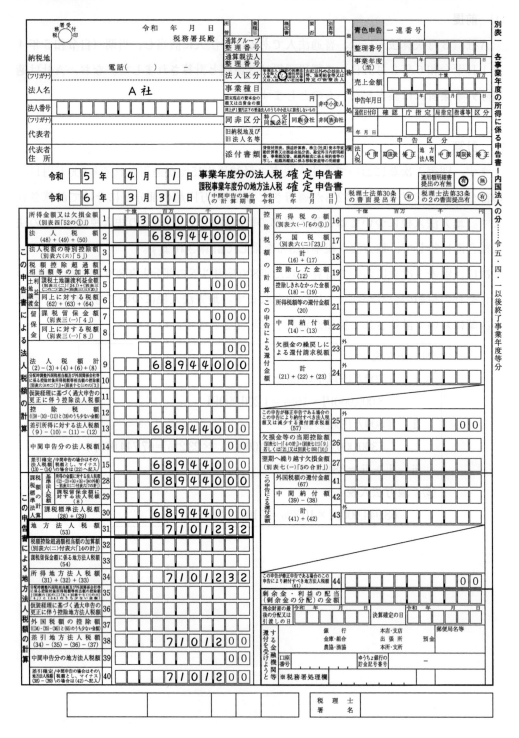

<u>第3 法人税率の特例</u>

事業年度等	5・4・1 6・3・31	法人名	A社

別表一次葉　令五・四・一以後終了事業年度等分

法 人 税 額 の 計 算					
(1)のうち中小法人等の年800万円相当額以下の金額 （(1)と800万円× 12/12 のうち少ない金額)又は(別表一付表「5」)	45	8,000,000	(45)の15%~~又は19%~~相当額	48	1,200,000
(1)のうち特例税率の適用がある協同組合等の年10億円相当額を超える金額 (1)-10億円× 12	46	000	(46)の 22 % 相 当 額	49	
そ の 他 の 所 得 金 額 (1)-(45)-(46)	47	292,000,000	(47)の~~19%又は~~23.2%相当額	50	67,744,000

地 方 法 人 税 額 の 計 算					
所得の金額に対する法人税額 (28)	51	68,944,000	(51)の 10.3 % 相 当 額	53	7,101,232
課税留保金額に対する法人税額 (29)	52	000	(52)の 10.3 % 相 当 額	54	

こ の 申 告 が 修 正 申 告 で あ る 場 合 の 計 算							
この申告前の法人税額の計算	法 人 税 額	55		地方法人税額の計算	この申告前の	確 定 地 方 法 人 税 額	58	
	還 付 金 額	56	外			還 付 金 額	59	
						欠損金の繰戻しによる 還 付 金 額	60	
	この申告により納付すべき法人税額又は減少する還付請求税額 ((15)-(55))若しくは((15)+(56))又は((56)-(24))	57	外 00		この申告により納付すべき地方法人税額 ((40)-(58))若しくは((40)+(59)+(60))又は(((59)-(43))+((60)-(43の外書)))	61	00

土 地 譲 渡 税 額 の 内 訳					
土 地 譲 渡 税 額 (別表三(二)「25」)	62	0	土 地 譲 渡 税 額 (別表三(三)「21」)	64	00
同 (別表三(二の二)「26」)	63	0			

地 方 法 人 税 額 に 係 る 外 国 税 額 の 控 除 額 の 計 算					
外 国 税 額 (別表六(二)「56」)	65		控除しきれなかった金額 (65)-(66)	67	
控 除 し た 金 額 (37)	66				

— 95 —

第4　特定同族会社の留保金課税の不適用

1　概要

　特定同族会社の留保金課税（以下、「留保金課税」といいます。）とは、法人が利益を過剰に内部留保して株主に配当しない場合に株主に所得税が課されないため、一定の場合に、その法人の利益の内部留保に対して通常の法人税とは別に特別の法人税を課す制度をいいます（法法67①）。

　留保金課税の適用対象は、資本金が1億円超の法人等の特定同族会社（下記2(2)参照）とされるため（法法67①）、中小法人（中小法人の意義については第1章　第1　2(1)参照）に該当する場合には、留保金課税の適用対象外となります。

　しかし、増資等により資本金1億円超となる場合又は大法人による完全支配関係がある場合等の一定の場合には、中小法人に該当しないこととなり、その場合において、特定同族会社に該当するときには、留保金課税が適用されるため留意が必要です。

　留保金課税が適用される法人については、各事業年度の留保金額が留保控除額を超える場合には、その特定同族会社に対して課される法人税の額は、通常の法人税の額に、その留保控除額を超える部分の留保金額（以下、「課税留保金額」といいます。）を3つに区分して、それぞれの区分に対応する税率を乗じて計算した金額の合計額を加算した金額とされます（法法67他）。

〈留保金課税の基本的な計算構造〉

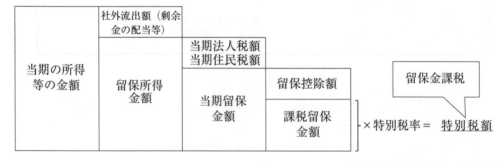

（中小企業庁資料を一部修正）

　なお、一部の新聞報道によると、会計検査院の指摘を契機とする留保金課税の強化の流れが見受けられるため、中小法人においてもこの制度は注目するべきであると考えられます。

2 制度の詳細

(1) 適用対象法人

留保金課税は、各事業年度の留保金額が留保控除額を超える場合の特定同族会社（下記(2)参照）が適用対象法人となります（法法67①）。

中小法人は特定同族会社とならないため、留保金課税の適用はありません。しかし、増資等により資本金1億円超となる場合又は大法人による完全支配関係がある場合等の一定の場合には、中小法人に該当しないこととなり、その場合において、特定同族会社に該当するときには、留保金課税の適用対象となります。

(2) 特定同族会社の意義

特定同族会社とは、被支配会社で、被支配会社であることについての判定の基礎となった株主等のうちに被支配会社でない法人がある場合には、その法人をその判定の基礎となる株主等から除外して判定するものとした場合においても被支配会社となる法人とされています（法法67①、66⑤二～五）。ただし、次に該当する法人を除きます。

〈特定同族会社から除かれる法人〉

①	清算中の法人
②	中小法人

(3) 被支配会社の意義

被支配会社とは、会社の株主等（その会社が自己株式等を有する場合のその会社を除きます。）の1人並びにこれと特殊の関係のある個人及び法人が次の場合におけるその会社をいいます（法法67②、法令139の7）。

① その会社の発行済株式等（自己株式等を除きます。）の50％超を有する場合

② その会社の議決権の50％超を有する場合

③ 合名会社等の社員の過半数を占める場合

(4) 同族会社・被支配会社・特定同族会社の関係性

ここで、同族会社・被支配会社・特定同族会社の関係性について整理します。

同族会社とは、会社の株主等（その会社が自己株式等を有する場合のその会社を除

きます。）の３人以下並びにこれと特殊の関係のある個人及び法人が次の場合におけるその会社をいいます（法法２十、法令４）。

① その会社の発行済株式等（自己株式等を除きます。）の50％超を有する場合

② その会社の議決権の50％超を有する場合

③ 合名会社等の社員の過半数を占める場合

そのため、同族会社・被支配会社・特定同族会社の関係性のイメージは、次の図のとおりとなります。

〈同族会社・被支配会社・特定同族会社の関係性のイメージ〉

＜同族会社＞
3株主グループが50％超を有する会社等

＜被支配会社＞
1株主グループが50％超を有する会社等

＜特定同族会社＞
1株主グループ（被支配会社に該当しない法人
株主を除きます。）が50％超を有する会社等

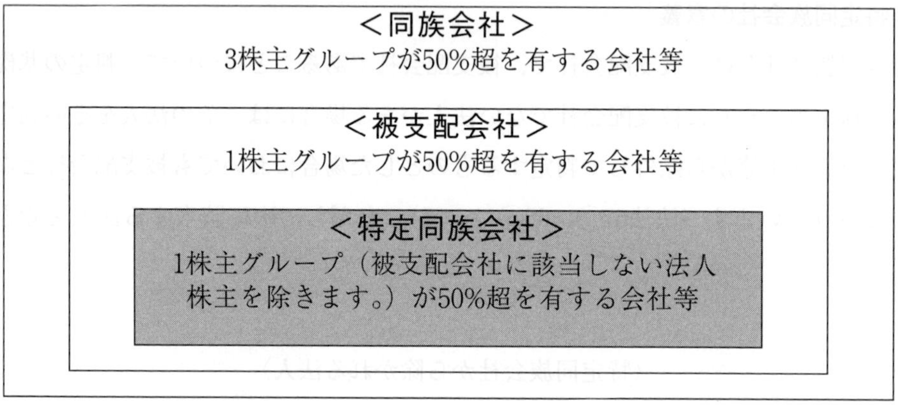

⑸ **特定同族会社の判定時期**

会社が特定同族会社に該当するかどうかの判定は、その会社のその事業年度終了の時の現況によります（法法67⑧）。

⑹ **特定同族会社の判定の具体例**

特定同族会社の判定の具体例は次のとおりです。

イ 判定会社の資本金が期中増資により1億円を超えている場合

〈具体例〉

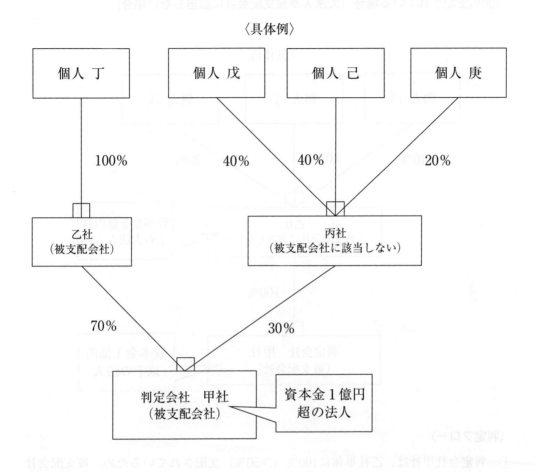

〈判定フロー〉

① 判定会社甲社は、乙社単体に70％（＞50％）支配されているため、被支配会社に該当します。

② 乙社は、個人丁単体に100％（＞50％）支配されているため、被支配会社に該当します。

③ 個人戊、己、庚がいずれも親族関係にない場合、丙社は個人戊、己、庚のいずれからも単体で50％を超えて支配されていないため、被支配会社に該当しません。

④ 判定会社甲社は、株主等のうち、被支配会社でない会社（＝丙社）を除いて判定した場合も、乙社単体で70％（＞50％）を支配しているため、特定同族会社に該当します。

ロ 判定会社の期末資本金は1億円以下であるが、資本金5億円以上の大法人により100％支配されている場合（大法人が被支配会社に該当しない場合）

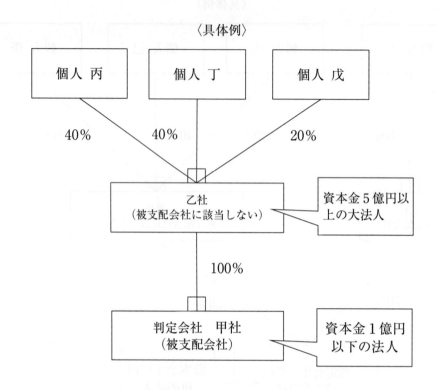

〈判定フロー〉

① 判定会社甲社は、乙社単体に100％（＞50％）支配されているため、被支配会社に該当します。

② 個人丙、丁、戊がいずれも親族関係にない場合、乙社は、個人丙、丁、戊のいずれからも、単体で50％を超えて支配されていないため、被支配会社に該当しません。

③ 判定会社甲社は、株主等のうち、被支配会社でない会社（＝乙社）を除いて判定した場合は、支配されている持分は0％となり、50％を超えないため、特定同族会社に該当しません。

ハ　判定会社の期末資本金は1億円以下であるが、資本金5億円以上の大法人により100％支配されている場合（大法人が被支配会社に該当する場合）

〈具体例〉

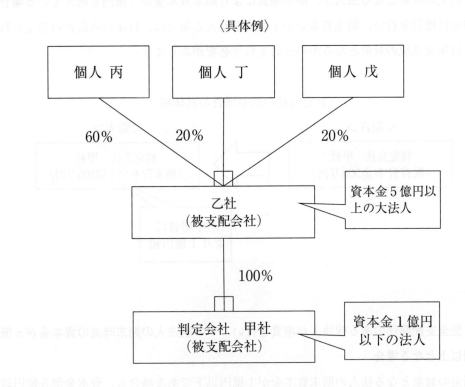

〈判定フロー〉

① 判定会社甲社は、乙社単体に100％（＞50％）支配されているため、被支配会社に該当します。

② 個人丙、丁、戊がいずれも親族関係にない場合、乙社は、個人丙単体に60％（＞50％）支配されているため、被支配会社に該当します。

③ 判定会社甲社は、株主等のうち、被支配会社でない会社は存在しないため、被支配会社でない会社を除いて判定した場合も乙社単体で100％（＞50％）を支配されているため、特定同族会社に該当します。

3　実務上の留意点

(1) 特定同族会社の判定を特に意識するべき具体例

イ　判定の対象となる法人が、期中増資により期末資本金が1億円を超えている場合

　期中に増資を行い、期末資本金が1億円を超える場合は、特定同族会社の判定を行い、留保金課税の対象となるかの検討を行う必要があります。

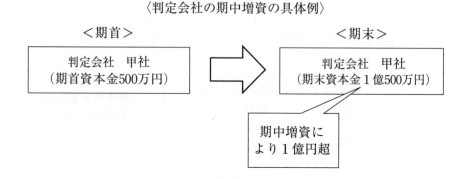

〈判定会社の期中増資の具体例〉

ロ　完全支配関係のある親法人が増資を行い、その親法人の期末時点の資本金が5億円以上となる場合

　判定の対象となる法人の期末資本金が1億円以下である場合も、資本金が5億円以上である大法人との間に期末時点で完全支配関係を有する場合には、特定同族会社に該当する可能性があるため留意する必要があります。また、期末時点の現況で判定されるため、期首時点では、親法人の資本金が5億円未満であっても、期末時点で再度、親法人の資本金の状況について確認を行う必要があります。

　次の具体例では、上記2⑹ハと同様の理由から判定会社甲社は、特定同族会社に該当します。

〈判定会社の親法人の期中増資の具体例〉

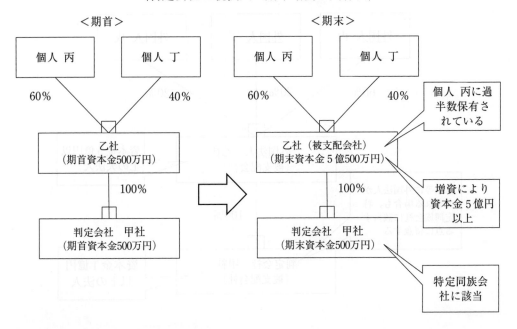

ハ　株主に外国法人が含まれる場合

　特定同族会社の判定対象とされる会社は、内国法人となりますが、特定同族会社の判定の基礎となる株主等については、外国法人も含めて検討を行うため、判定会社の株主等の中に外国法人が含まれる場合は、その外国法人の株主構成についても把握した上で、特定同族会社の判定を行う必要があります。

　外国法人の株主は、外国人又は外国法人である場合が多いと考えられるため、株主情報や株主構成の変化を把握することは難しいかもしれませんが、特定同族会社の判定は毎期行う必要がありますので、判定会社の株主等に外国法人が含まれる場合は、その外国法人の株主情報を期末ごとに入手するよう留意が必要です。

〈株主に外国法人が含まれる場合の具体例〉

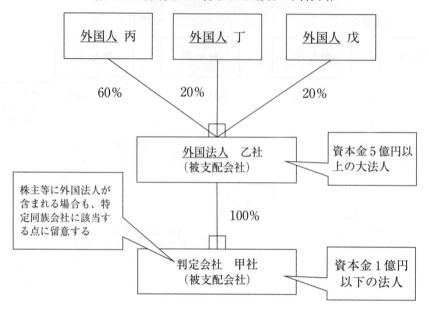

(2) 留保金課税への対応策

イ　事業年度終了時までに資本金の額の減少手続を行う方法

　特定同族会社の判定は、各事業年度終了の時点で行われるため、期中に資本金の額の増加手続を行い、資本金が1億円を超えた場合も、期末までに資本金の額の減少手続を行い、事業年度終了時点の資本金が1億円以下に減額することで留保金課税が回避できると考えられます（大法人による完全支配関係がある場合等の一定の場合を除きます（法法67①、66⑤二〜五）。）。そのため、対応策として事業年度終了時までに資本金の額の減少手続を行う方法が考えられます。

ロ　合同会社を活用する方法

　株式会社は、株主となる者が払込み又は給付をした金額の最低2分の1を資本金の額として計上する規定（以下、「資本金2分の1計上規定」といいます。）があります（会社法445②）。

　つまり、資本金2分の1計上規定が強制適用される株式会社では、株主となる者が払込み又は給付をした金額を、資本金及び資本剰余金それぞれに任意の金額で計上することはできないため、設立時や追加の出資を受ける場合に、その金額によっては、資本金の額が1億円を超えて特定同族会社に該当する事態が生じます。資本金の額を1億円以下にするためには、資本金の減少手続を行う必要があります（第1章　第3

第4　特定同族会社の留保金課税の不適用

参照)。

　一方で、合同会社は、社員となる者が出資金の払込み又は給付を行う場合に、任意の額を資本金の額として計上することが可能です（会社計算規則30①）。

　つまり、資本金2分の1計上規定が強制適用される株式会社とは異なり、合同会社は、社員となる者が出資金の払込み又は給付を行う金額を、資本金及び資本剰余金それぞれに任意の金額で計上することができるため、設立時や追加の出資を受ける場合に、その金額に関係なく、資本金の額を1億円以下に設定することが可能です。

　そのため、株式会社ではなく、合同会社を活用することで、設立時や追加の出資を受ける場合に、「資本金2分の1計上規定が強制的に適用される」→「資本金の額が1億円を超えてしまう」→「特定同族会社に該当」→「留保金課税が適用される」という流れにより課税を受ける可能性を低減することができると考えられます。

　次の図は、設立後、2億円の追加の出資を受けた場合に、株式会社と合同会社の資本金の取扱いを示した例です。

〈追加の出資時における株式会社と合同会社の資本金の取扱い〉

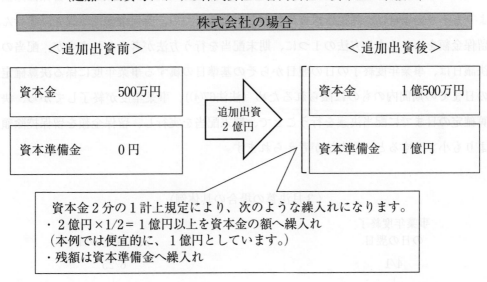

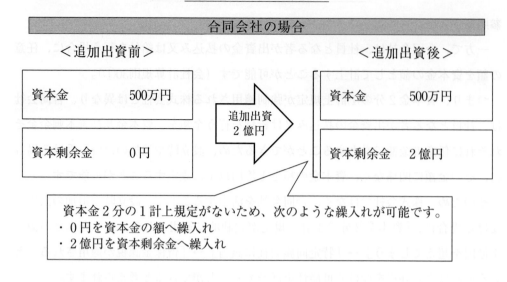

ハ 期末配当を行う方法

　留保金課税は、法人が所得等の金額のうち留保した金額から、その事業年度の法人税の額、地方税の額並びに住民税の額の合計額を控除した留保金額から留保控除額を差し引いた課税留保金額を基礎として税額の計算を行います。留保金額が留保控除額よりも小さい場合は、課税留保控除額がゼロとなるため、留保金課税は課されません。留保金額を小さくする方法の１つに、期末配当を行う方法が考えられますが、配当の決議日は、事業年度終了の日の翌日からその基準日の属する事業年度に係る決算確定の日までの期間内のものに限られるため（法法67④）、事業年度が終了してから、決算確定の日までに配当決議を行うことで、期末配当を実行し、留保金額を留保控除額よりも小さくするという方法が考えられます。

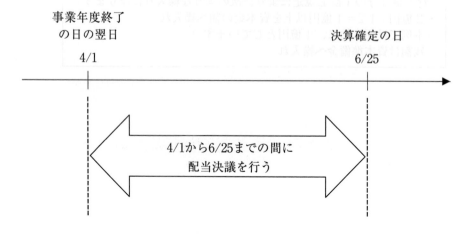

第5 交際費等の定額控除限度額制度

1 概要

　法人が平成26年4月1日から令和6年3月31日までの間に開始する事業年度において支出する交際費等の額（期末資本金又は出資金が100億円以下である法人については、交際費等の額のうち接待飲食費の額の50％相当額を超える部分の金額）は、損金の額に算入されません（措法61の4①）。

　ただし、中小法人（中小法人の意義については第1章 第1 2(1)を参照してください。）のほか、公益法人等、人格のない社団等、外国法人で一定のものについては、交際費等の額のうち年間800万円まで損金算入が認められる定額控除限度額制度が認められており、接待飲食費の額の50％相当額を超える部分の金額と、その支出する交際費等の額が800万円（定額控除限度額）を超える部分の金額とのいずれかを、損金不算入額として選択適用できることになっています（措法61の4②、措令37の4）。

2 制度の詳細

(1) 交際費等

イ 交際費等の意義

　「交際費等」とは、交際費、接待費、機密費その他の費用で、法人がその得意先、仕入先その他事業に関係のある者等に対する、接待、供応、慰安、贈答その他これらに類する行為のため支出するものをいいます（措法61の4⑥）。ここで「事業に関係のある者等」には、直接その法人の営む事業に取引関係のある者だけでなく、間接にその法人の利害に関係のある者及びその法人の役員、従業員、株主等も含まれます（措通61の4(1)—22）。

ロ 交際費等の具体例

　税務上の交際費等は、社会通念上の交際費よりも幅広くとらえられており、会社が会計上交際費等の科目で経理していなくても税務上は交際費等とされる場合があります。

　次のような費用は、原則として交際費等の金額に含まれます（措通61の4(1)—15）。

第 2 章　中小法人の取扱い

〈交際費等の具体例〉

具　体　例	根拠条文等
① 会社の何周年記念又は社屋新築記念における宴会費、交通費及び記念品代並びに新船建造又は土木建築等における進水式、起工式、落成式等におけるこれらの費用（これらの費用が主として福利厚生費に該当するものである場合の費用を除きます。） (注) 進水式、起工式、落成式等の式典の祭事のために通常要する費用は、交際費等に該当しません。	措通61の4(1)—15(1) 措通61の4(1)—10(1)
② 下請工場、特約店、代理店等となるため、又はするための運動費等の費用 (注) これらの取引関係を結ぶために相手方である事業者に対して金銭又は事業用資産を交付する場合のその費用は、交際費等に該当しません。	措通61の4(1)—15(2)
③ 得意先、仕入先等社外の者の慶弔、禍福に際し支出する金品等の費用（災害見舞金等一定のものを除きます。）	措通61の4(1)—15(3)
④ 得意先、仕入先その他事業に関係のある者（製造業者又はその卸売業者と直接関係のないその製造業者の製品又はその卸売業者の扱う商品を取り扱う販売業者を含みます。）等を旅行、観劇等に招待する費用（卸売業者が製造業者又は他の卸売業者から受け入れる下記⑤の負担額に相当する金額を除きます。）	措通61の4(1)—15(4)
⑤ 製造業者又は卸売業者がその製品又は商品の卸売業者に対し、その卸売業者が小売業者等を旅行、観劇等に招待する費用の全部又は一部を負担した場合のその負担額	措通61の4(1)—15(5)
⑥ いわゆる総会対策等のために支出する費用で総会屋等に対して会費、賛助金、寄附金、広告料、購読料等の名目で支出する金品に係るもの	措通61の4(1)—15(6)
⑦ 建設業者等が高層ビル、マンション等の建設に当たり、周辺の住民の同意を得るために、住民又はその関係者を旅行、観劇等に招待し、又はこれらの者に酒食を提供した場合におけるこれらの行為のために要した費用 (注) 周辺の住民が受ける日照妨害、風害、電波障害等による損害を補償するために住民に交付する金品は、交際費等に該当しません。	措通61の4(1)—15(7)
⑧ スーパーマーケット業、百貨店業等を営む法人が既存の商店街等に進出するに当たり、周辺の商店等の同意を得るために支出する運動費等（営業補償等の名目で支出するものを含みます。）の費用 (注) その進出に関連して支出するものであっても、主として地方公共団体等に対する寄附金の性質を有するもの及び自己が便益を受ける公共的施設又は共同的施設の設置又は改良のために支出する費用の性質を有するものは、交際費等に該当しません。	措通61の4(1)—15(8)

第 5   交際費等の定額控除限度額制度

	具　体　例	根拠条文等
⑨	得意先、仕入先等の従業員等に対して取引の謝礼等として支出する金品の費用（特約店等の従業員等を対象として支出する報奨金品に該当する費用を除きます。）	措通61の4(1)—15(9)
⑩	建設業者等が工事の入札等に際して支出するいわゆる談合金その他これに類する費用	措通61の4(1)—15(10)
⑪	①から⑩までに掲げるもののほか、得意先、仕入先等社外の者に対する接待、供応に要した費用（寄附金、値引き及び割戻し、広告宣伝費、福利厚生費、給与等に該当するものは除きます。）	措通61の4(1)—15(11)

ハ　交際費等から除かれる費用

　得意先等に対する接待、供応等の支出であっても、次のようなものは交際費等から除くこととされています（措法61の4⑥、措令37の5）。

〈交際費等から除かれる費用〉

	費用の細目	根拠条文等
①	専ら従業員の慰安のために行われる運動会、演芸会、旅行等のために通常要する費用	措法61の4⑥一
②	1人当たりの金額が5,000円以下の飲食費（飲食費については後述(3)以下を参照） ただし、交際費等から除かれる飲食費については、一定事項を記載した書類の保存が必要です。	措法61の4⑥二、措令37の5①、措法61の4⑧、措規21の18の4
③	カレンダー、手帳、扇子、うちわ、手拭いその他これらに類する物品を贈与するために通常要する費用	措法61の4⑥三、措令37の5②一
④	会議に関連して、茶菓、弁当その他これらに類する飲食物を供与するために通常要する費用	措法61の4⑥三、措令37の5②二
⑤	新聞、雑誌等の出版物又は放送番組を編集するために行われる座談会その他記事の収集のために、又は放送のための取材に通常要する費用	措法61の4⑥三、措令37の5②三

　また、主として次のような性質を有する費用は交際費等には含まれないこととされています（措通61の4(1)—1）。

— 109 —

第 2 章　中小法人の取扱い

〈性質上交際費等に含まれない費用〉

費　目		具体例	根拠条文等
①	寄附金	事業に直接関係のない者に対して金銭、物品等の贈与をした場合において、それが寄附金であるか交際費等であるかは個々の実態により判定しますが、金銭でした贈与は原則として寄附金とされ、次のようなものは交際費等に該当しません。 (1)　社会事業団体、政治団体に対する拠金 (2)　神社の祭礼等の寄贈金	措通61の4(1)—2
②	値引き及び割戻し	法人がその得意先である事業者に対し、売上高若しくは売掛金の回収高に比例して、又は売上高の一定額ごとに金銭で支出する売上割戻しの費用及びこれらの基準のほかに得意先の営業地域の特殊事情、協力度合い等を勘案して金銭で支出する費用は、交際費等に該当しません。 (注)1　「得意先である事業者に対し金銭を支出する」とは、得意先である企業自体に対して金銭を支出することをいい、その金額はその事業者の収益に計上されます。 　2　得意先である事業者において棚卸資産若しくは固定資産として販売し若しくは使用することが明らかな物品（「事業用資産」といいます。）又はその購入単価が少額（おおむね3,000円以下）である物品（「少額物品」といいます。）を交付する場合（その交付の基準が上記の売上割戻し等の算定基準と同一である場合に限ります。）に要する費用についても同様です。	措通61の4(1)—3
③	広告宣伝費	不特定多数の者に対する宣伝的効果を意図するものは広告宣伝費の性質を有するものとされ、次のようなものは交際費等に該当しません。 (1)　製造業者又は卸売業者が、抽選により、一般消費者に対し金品を交付するために要する費用又は一般消費者を旅行、観劇等に招待するために要する費用 (2)　製造業者又は卸売業者が、金品引換券付販売に伴い、一般消費者に対し金品を交付するために要する費用 (3)　製造業者又は販売業者が、一定の商品等を購入する一般消費者を旅行、観劇等に招待することをあらかじめ広告宣伝し、その購入した者を旅行、観劇等に招待する場合のその招待のために要する費用 (4)　小売業者が商品の購入をした一般消費者に対し景品を交付するために要する費用 (5)　一般の工場見学者等に製品の試飲、試食をさせる費用（これらの者に対する通常の茶菓等の接待に要する費用を含みます。） (6)　得意先等に対する見本品、試用品の供与に通常要する費用	措通61の4(1)—9

— 110 —

費　目	具体例	根拠条文等
	(7)　製造業者又は卸売業者が、自己の製品又はその取扱商品に関し、これらの者の依頼に基づき、継続的に試用を行った一般消費者又は消費動向調査に協力した一般消費者に対しその謝礼として金品を交付するために通常要する費用	
④　福利厚生費	社内の行事に際して支出される金額等で次のようなものは交際費等に該当しません。 (1)　創立記念日、国民祝日、新社屋落成式等に際し従業員等におおむね一律に社内において供与される通常の飲食に要する費用 (2)　従業員等（従業員等であった者を含みます。）又はその親族等の慶弔、禍福に際し一定の基準に従って支給される金品に要する費用	措通61の4(1)—10
⑤　給与等	従業員等に対して支給する次のようなものは、給与の性質を有するものとして交際費等に該当しません。 (1)　常時給与される昼食等の費用 (2)　自社の製品、商品等を原価以下で従業員等に販売した場合の原価に達するまでの費用 (3)　機密費、接待費、交際費、旅費等の名義で支給したもののうち、その法人の業務のために使用したことが明らかでないもの	措通61の4(1)—12

(2)　交際費等の損金不算入額の計算

イ　原則

　法人が平成26年4月1日から令和6年3月31日までの間に開始する事業年度において支出する交際費等の額（期末資本金又は出資金が100億円以下である法人については、交際費等の額のうち接待飲食費の額の50％相当額を超える部分の金額）は、損金の額に算入されません（措法61の4①）。

ロ　中小法人の交際費等の定額控除限度額制度

　中小法人（注）については、交際費等の額のうち年間800万円まで損金算入が認められる定額控除限度額制度が設けられており、損金不算入額として、次表の①と②の有利な方を選択することが可能となっています（措法61の4②、措令37の4）。

　（注）　中小法人のほか、公益法人等、人格のない社団等、外国法人で一定のものも含まれます。

— 111 —

第2章　中小法人の取扱い

〈中小法人の交際費等の損金不算入額〉

中小法人の交際費等の損金不算入額　＝　次の①と②のいずれかの金額

① 交際費等の額－定額控除限度額（800万円× $\dfrac{事業年度の月数(注)}{12}$ ）

② 交際費等の額－接待飲食費の額×50%

(注)　月数は暦に従って計算し、1か月に満たない端数が生じたときは1か月とします（措法61の4④）。

ハ　グループ通算制度の適用がある場合

　通算グループ内の全ての通算法人(注)の資本金又は出資金が100億円以下である場合に、接待飲食費の50%相当額について損金算入が認められます（措法61の4①かっこ書）。

　また、通算グループ内の全ての通算法人が上記ロの中小法人に該当する場合に、グループ全体で年間800万円の定額控除限度額が認められます（措法61の4②一、二）。この場合800万円をグループ内の各通算法人で按分します（通算定額控除限度分配額といいます。措法61の4③二）。

〈通算子法人(注)に対する通算定額控除限度分配額〉

800万円 × $\dfrac{通算親法人(注)の事業年度の月数}{12}$ × $\dfrac{その通算法人が支出する交際費等の額}{通算グループ内の各通算法人が支出する交際費等の額の合計額}$

(注)　通算法人、通算子法人、通算親法人の意義については、第1章第2を参照してください。

(3)　接待飲食費
イ　接待飲食費の意義

　交際費等の損金不算入額を算出する際の「接待飲食費」とは、交際費等のうち飲食その他これに類する行為のために要する費用（その法人の役員若しくは従業員又はこれらの親族に対する接待等のために支出するものを除きます。以下「飲食費」といいます。）であって、帳簿書類に次の事項を記載することにより飲食費であることが明らかにされているものをいいます（措法61の4⑥、措規21の18の4）。

— 112 —

第5　交際費等の定額控除限度額制度

〈接待飲食費の帳簿記載事項〉

①	その飲食等のあった年月日
②	その飲食等に参加した得意先、仕入先その他事業に関係のある者等の氏名又は名称及びその関係
③	その飲食等に参加した者の数
④	その費用の金額並びにその飲食店、料理店等の名称（店舗を有しないことその他の理由によりその名称が明らかでないときは、領収書等に記載された支払先の氏名又は名称）及びその所在地（店舗を有しないことその他の理由によりその所在地が明らかでないときは、領収書等に記載された支払先の住所若しくは居所又は本店若しくは主たる事務所の所在地）
⑤	その他飲食費であることを明らかにするために必要な事項

〈接待飲食費フローチャート〉

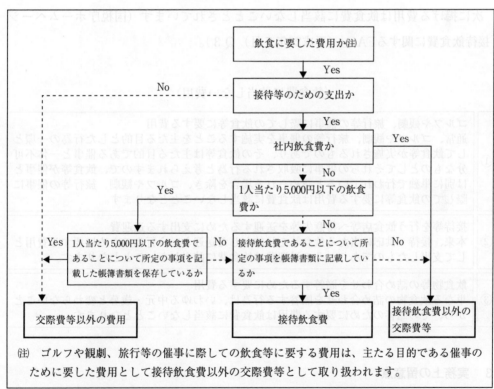

(注) ゴルフや観劇、旅行等の催事に際しての飲食等に要する費用は、主たる目的である催事のために要した費用として接待飲食費以外の交際費等として取り扱われます。

（「令和4年版 法人税決算と申告の実務」（大蔵財務協会発行）214頁を一部修正）

ロ　飲食費の具体例

次のような費用については、社内飲食費（役員若しくは従業員又はこれらの親族に対する接待等のために支出するもの）に該当するものを除き、飲食費に該当します

第2章　中小法人の取扱い

（国税庁ホームページ「接待飲食費に関するFAQ」（平成26年7月）Q2）。

〈飲食費の具体例〉

①	自己の従業員等が得意先等を接待して飲食するための「飲食代」
②	飲食等のために支払うテーブルチャージ料やサービス料等
③	飲食等のために支払う会場費
④	得意先等の業務の遂行や行事の開催に際して、弁当の差入れを行うための「弁当代」
⑤	飲食店等での飲食後、その飲食店等で提供されている飲食物の持ち帰りに要する「お土産代」

ハ　飲食費に該当しない費用

　次に掲げる費用は飲食費に該当しないこととされています（国税庁ホームページ「接待飲食費に関するFAQ」（平成26年7月）Q3）。

〈飲食費に該当しない費用〉

①	ゴルフや観劇、旅行等の催事に際しての飲食等に要する費用 通常、ゴルフや観劇、旅行等の催事を実施することを主たる目的とした行為の一環として飲食等が実施されるものであり、その飲食等は主たる目的である催事と一体不可分なものとしてそれらの催事に吸収される行為と考えられますので、飲食等が催事とは別に単独で行われていると認められる場合を除き、ゴルフや観劇、旅行等の催事に際しての飲食等に要する費用は飲食費に該当しないこととなります。
②	接待等を行う飲食店等へ得意先等を送迎するために支出する送迎費 本来、接待・供応に当たる飲食等を目的とした送迎という行為のために要する費用として支出したものであり、その送迎費は飲食費に該当しないこととなります。
③	飲食物等の詰め合わせを贈答するために要する費用 単なる飲食物の詰め合わせを贈答する行為は、いわゆる中元・歳暮と変わらないことから、その贈答のために要する費用は飲食費に該当しないこととなります。

3　実務上の留意点

(1)　申告要件

　交際費等の定額控除限度額制度は、確定申告書等（確定申告書及び仮決算の場合の中間申告書をいいます（措法2②二十七）。）、修正申告書又は更正請求書に定額控除額の計算に関する明細書の添付がある場合に限り適用が認められます（措法61の4⑦）。

— 114 —

第 5　交際費等の定額控除限度額制度

(2)　1人当たり5,000円以下の飲食費

　1人当たりの金額が5,000円以下の飲食費は交際費等の範囲から除かれます（上記2(1)ハ②参照、措法61の4⑥二、措令37の5①）が、上記2(3)イ〈接待飲食費の帳簿記載事項〉に掲げる書類を保存することが条件とされています（措法61の4⑧、措規21の18の4）。

4　事例及び法人税申告書別表記載例

(1)　前提

　中小法人であるA社（3月決算法人、グループ通算制度の適用はありません。）は、当期（自令和5年4月1日至令和6年3月31日）において、交際費等を支出しました。法人税の申告に当たり、中小法人の交際費等の損金不算入額として、下記①と②のいずれを選択するのが有利か検討しています。

①	交際費等の額－定額控除限度額(注)
②	交際費等の額－接待飲食費の額×50％

　(注)　A社の当期の定額控除限度額制度：800万円×$\dfrac{12か月}{12}$＝800万円

(2)　計算

イ　交際費等の額が年間800万円以下の場合

　上記①（交際費等の額－定額控除限度額）を選択することにより、損金不算入額はゼロとなり、交際費等の額全額を損金算入できます。

　例えば、交際費等の額が年間500万円の場合、上記①を選択することにより500万円全額を損金算入できます。

〈交際費等の額500万円の場合〉

定額控除限度額800万円

①定額控除 　限度額	交際費等の額500万円 （全額損金算入）	

— 115 —

ロ　交際費等の額が年間800万円超、接待飲食費の額が年間1,600万円以下の場合

定額控除限度額の800万円が接待飲食費の額の50％を超えることになるため、上記①（交際費等の額－定額控除限度額）を選択した方が有利となります。

例えば、交際費等の額が年間1,000万円で、そのうち接待飲食費の額が600万円の場合、上記①を選択すると、損金不算入額は1,000万円－800万円＝200万円となり、交際費等の額1,000万円のうち800万円を損金算入できることになります。

一方、上記②（交際費等の額－接待飲食費の額×50％）を選択すると、損金不算入額は1,000万円－（600万円×50％）＝700万円となり、交際費等の額1,000万円のうち損金算入額は300万円となりますから、上記①を選択した方が有利となります。

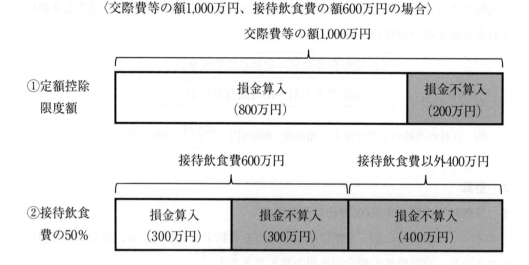

〈交際費等の額1,000万円、接待飲食費の額600万円の場合〉

ハ　接待飲食費の額が年間1,600万円を超える場合

接待飲食費の額の50％が定額控除限度額の800万円を超えることになるため、上記②（交際費等の額－接待飲食費の額×50％）を選択した方が損金不算入額は少なくなり有利となります。

例えば、交際費等の額が年間2,000万円で、そのうち接待飲食費の額が1,800万円の場合、上記①（交際費等の額－定額控除限度額）を選択すると損金不算入額は1,200万円となり、交際費等の額2,000万円のうち800万円を損金算入できます。

一方、上記②を選択すると損金不算入額は2,000万円－（1,800万円×50％）＝1,100万円となり、交際費等の額2,000万円のうち900万円を損金算入できることになります。

第 5 交際費等の定額控除限度額制度

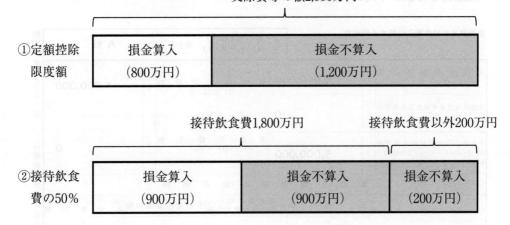

第 2 章 中小法人の取扱い

(3) 別表記載例

イ 交際費等の額が年間800万円以下の場合

交際費等の損金算入に関する明細書

			事業年度	5・4・1 6・3・31	法人名		A 社		別表十五

支 出 交 際 費 等 の 額 （8 の 計）	1	円 5,000,000	損 金 算 入 限 度 額 (2) 又 は (3)	4	円 5,000,000
支出接待飲食費損金算入基準額 （9の計）× $\frac{50}{100}$	2	0			
中小法人等の定額控除限度額 ((1) と ((800万円× $\frac{12}{12}$) 又は(別表 十五付表「5」))のうち少ない金額)	3	5,000,000	損 金 不 算 入 額 (1) － (4)	5	0

支 出 交 際 費 等 の 額 の 明 細

科　　　　目	支　　出　　額	交際費等の額から 控除される費用の額	差引交際費等の額	(8) の う ち 接 待 飲 食 費 の 額
	6	7	8	9
	円	円	円	円
交　　際　　費	5,000,000	0	5,000,000	0
計	5,000,000	0	5,000,000	0

令五・四・一以後終了事業年度分

— 118 —

第 5　交際費等の定額控除限度額制度

ロ　交際費等の額が年間800万円超、接待飲食費の額が年間1,600万円以下の場合

交際費等の損金算入に関する明細書		事 業 年 度	5・4・1 6・3・31	法人名	A 社	別表十五

支 出 交 際 費 等 の 額 (8 の 計)	1	円 10,000,000	損 金 算 入 限 度 額 (2) 又 は (3)	4	円 8,000,000
支出接待飲食費損金算入基準額 (9の計)×$\frac{50}{100}$	2	3,000,000			
中小法人等の定額控除限度額 ((1)と((800万円×$\frac{ }{12}$)又は(別表十 五付表「5」))のうち少ない金額)	3	8,000,000	損 金 不 算 入 額 (1) － (4)	5	2,000,000

支 出 交 際 費 等 の 額 の 明 細

科　　　　　目	支 出 額	交際費等の額から 控除される費用の額	差引交際費等の額	(8) の う ち 接 待 飲 食 費 の 額
	6	7	8	9
	円	円	円	円
交　　　　際　　　　費	10,000,000	0	10,000,000	6,000,000
計	10,000,000	0	10,000,000	6,000,000

— 119 —

第2章　中小法人の取扱い

ハ　接待飲食費の額が年間1,600万円を超える場合

交際費等の損金算入に関する明細書		事業年度	5・4・1 6・3・31	法人名	Ａ社

支出交際費等の額 (8 の 計)	1	円 20,000,000	損金算入限度額 (2) 又は (3)	4	円 9,000,000
支出接待飲食費損金算入基準額 (9の計)× $\frac{50}{100}$	2	9,000,000	損金不算入額 (1) − (4)	5	11,000,000
中小法人等の定額控除限度額 ((1)と((800万円× $\frac{12}{12}$)又は(別表十 五付表「5」))のうち少ない金額)	3	8,000,000			

支 出 交 際 費 等 の 額 の 明 細

科　　　　目	支 出 額	交際費等の額から 控除される費用の額	差引交際費等の額	(8) の う ち 接 待 飲 食 費 の 額
	6	7	8	9
交　　際　　費	円 20,000,000	円 0	円 20,000,000	円 18,000,000
計	20,000,000	0	20,000,000	18,000,000

別表十五　令五・四・一以後終了事業年度分

— 120 —

第6　欠損金の繰戻しによる還付

1　概要

(1)　制度の趣旨

　法人税の課税は事業年度ごとに行われていることから、その事業年度に欠損金額が生じた場合に、欠損金の繰越し（法法57）の適用だけでなく、その事業年度に生じた欠損金額を一定の要件を設けて過去の所得金額が生じた事業年度（原則1年）に繰り戻して法人税額の還付を受けることが認められています。これを欠損金の繰戻還付といいます。

　また、これまで災害が発生した際には、国税通則法や災害減免法に加え、特別立法等によって税制上の対応が行われてきましたが、「近年災害が頻発していることを踏まえ、被災者や被災事業者の不安を早期に解消するとともに、復旧や復興の動きに遅れることなく税制上の対応を手当てする観点」（藤山智博他「平成29年版　改正税法のすべて」354頁）から、法人税法においては平成29年度税制改正により災害損失欠損金の繰戻還付制度（法法80⑤）が常設化されました。

(2)　制度の概要

　欠損金の繰戻還付制度は、青色欠損金が生じた事業年度（以下「欠損事業年度」といいます。）において、これを過年度（還付所得事業年度（下記2(1)参照）に該当する部分に限ります。）に繰り戻すことにより還付所得事業年度の所得金額と相殺し、所轄税務署長に対して還付請求を行うことにより、還付所得事業年度の法人税の還付を受けることができる制度です（法法80）。さらに、地方法人税も併せて還付されます。

　ただし、中小法人（第1章　第1　2(1)参照）以外の法人においては、解散等による場合を除き、その適用が停止されています（措法66の12①）。

　なお、この制度の適用を受けた欠損金額は、翌期に繰り越すことができず、欠損金の繰越し（法法57①）の対象となりません。

― 121 ―

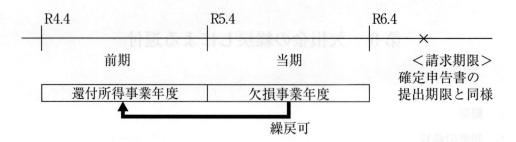

　次に、災害損失欠損金の繰戻還付制度は、災害により、内国法人のその災害のあった日から同日以後1年を経過する日までの間に終了する各事業年度において生じた欠損金額のうち災害損失欠損金額がある場合には、その事業年度開始の日前2年（白色申告である場合は1年）以内に開始した事業年度の法人税額のうち、その災害損失欠損金額に対応する部分の金額の還付を受けることができる制度です（法法80⑤）。

　この制度では、仮決算の中間申告を行う場合にも還付請求が認められています。さらに、欠損金の繰戻しによる還付が不適用とされている法人（措法66の12①ただし書）においても災害損失欠損金額の繰戻しによる還付を受けることができます。

2　青色欠損金の繰戻還付

(1)　制度の詳細

　内国法人の青色申告書である確定申告書を提出する事業年度において生じた欠損金額がある場合（下記(2)に該当する場合を除きます。）には、その内国法人は、確定申告書の提出と同時に、納税地の所轄税務署長に対し、次の算式により計算した金額に相当する法人税の還付を請求することができます（法法80①）。

〈欠損金の繰戻しにより還付される法人税額〉

| 還付所得事業年度（注1）の所得に対する法人税額（注2） | × | 欠損事業年度の欠損金額（注3）（分母の金額を限度）/ 還付所得事業年度の所得の金額 |

(注)1　還付所得事業年度は、その欠損金額に係る事業年度（欠損事業年度）開始の日前1年以内に開始したいずれかの事業年度をいいます（法法80①）。なお、決算期変更等により、還付所得事業年度が2以上ある場合、欠損金額をいずれの還付所得事業年度に配分するかは法人の計算によります（法基通17－2－4）。

　　2　法人税の額は、附帯税の額を除くものとし、所得税額控除（法法68）、外国税額控除（法法69①～③、⑰）又は仮装経理に基づく過大申告の場合の更正に伴う法人税

額の控除（法法70）の規定により控除された金額がある場合には、その金額を加算した金額とします（下記3の算式において同じ。）。

3　欠損事業年度の欠損金額は、下記3の制度により還付所得事業年度の所得に対する法人税の額につき還付を受ける金額の計算の基礎とするもの及びこの制度により他の還付所得事業年度の所得に対する法人税の額につき還付を受ける金額の計算の基礎とするものを除きます。

　ただし、この制度は、中小法人㈲以外の法人の平成4年4月1日から令和6年3月31日までの間に終了する各事業年度において生じた欠損金額については、清算中に終了する事業年度及び解散等（下記⑵参照）があった場合の事業年度において生じた欠損金額を除き、適用しないものとされています（措法66の12①）。

㈲　中小法人の他に、公益法人又は協同組合等、法人税法以外の法律によって公益法人等とみなされているもの、人格のない社団等が含まれます。（措法66の12①、措令39の24①②）。以下同じです。

⑵　解散等があった場合

　上記⑴の適用がない内国法人に次の①から④の事実が生じた場合において、その事実が生じた日前1年以内に終了したいずれかの事業年度又は同日の属する事業年度において生じた欠損金額（欠損金の繰越しの適用により損金の額に算入されたもの等を除きます。）があるときは、その内国法人はその事実が生じた日以後1年以内に、上記⑴の算式による法人税の還付を請求することができます（法法80④）。ただし、還付所得事業年度から欠損事業年度までの各事業年度について連続して青色申告書である確定申告書を提出している場合に限ります（法法80④ただし書）。

〈繰戻還付の対象となる解散等の事実〉

①	解散（適格合併による解散を除きます。）
②	事業の全部の譲渡
③	更生手続の開始の申立てがあったこと（法基通17—2—5）
④	①～③に準ずる事実で次のもの（法令156①） 　i　事業の全部の相当期間の休止又は重要部分の譲渡で、これらの事実が生じたことにより欠損金額につき欠損金の繰越し（法法57①）の適用を受けることが困難となると認められるもの 　ii　再生手続開始の決定

具体的には内国法人が解散した場合を例にすると、解散の日前1年以内に終了したいずれかの事業年度又は解散した日の属する事業年度（解散事業年度）に欠損金額が生じているかどうかを確認し、併せて還付所得事業年度に該当するかを確認する必要があります。

(ⅰ) 解散の日前1年以内に終了した事業年度に欠損金額が生じている場合

(ⅱ) 解散事業年度に欠損金額が生じている場合

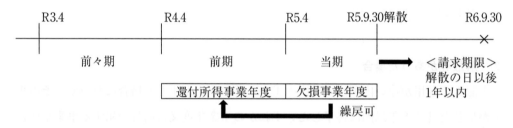

(3) 申告要件

この制度は、次の全ての要件を満たす場合に限り、適用されます（法法80③⑨、法規38）。

〈欠損金の繰戻還付の申告要件〉

①	還付所得事業年度から欠損事業年度の前事業年度までの各事業年度について連続して青色申告書である確定申告書を提出していること
②	欠損事業年度の青色申告書である確定申告書（期限後申告書を除きます。）をその提出期限までに提出していること（注1）
③	上記②の確定申告書と同時に、その還付を受けようとする法人税の額、その計算の基礎その他一定の事項を記載した還付請求書（注2）を納税地の所轄税務署長（注3）に提出していること

(注)1　税務署長においてやむを得ない事情があると認める場合には、欠損事業年度の青色申告書である確定申告書をその提出期限後に提出した場合を含みます（法法80③かっこ書）。また、確定申告書を期限内に提出し、還付請求書を期限後に提出した場

合において、その期限後の提出が錯誤に基づくものである等、期限後の提出について税務署長が真にやむを得ない理由があると認めるときは、上記(1)の規定を適用することができるものとされています（法基通17—2—3）。

2 還付請求について還付すべき金額は、その金額の算定を行う時において確定している還付所得事業年度の所得の金額及び法人税の額並びに欠損事業年度の欠損金額（その欠損金額が還付請求書に記載した欠損金額を超える場合には、その記載した金額）を基礎として計算した金額となります（法基通17—2—2）。

3 税務署長は、還付請求書の提出があった場合には、その請求の基礎となった欠損金額その他必要な事項について調査し、その調査したところにより、その請求をした内国法人に対し、その請求に係る金額を限度として法人税を還付し、又は請求の理由がない旨を書面により通知します（法法80⑩）。

3 災害損失欠損金の繰戻還付

(1) 制度の詳細

上記2の制度は、災害（注1）により、内国法人の災害のあった日から同日以後1年を経過する日までの間に終了する各事業年度又は災害のあった日から同日以後6月を経過する日までの間に終了する中間期間（注2）において生じた災害損失欠損金額（注3）がある場合について準用されます（法法80⑤）。

注1 災害とは、震災、風水害、火災の他、冷害、雪害、干害、落雷、噴火その他の自然現象の異変による災害及び鉱害、火薬類の爆発その他の人為による異常な災害並びに害虫、害獣その他の生物による異常な災害が該当します（法令156②）。

2 中間期間とは、「仮決算の中間申告書」を提出する場合におけるその6月の期間をいいます（法法80⑤かっこ書）。

3 災害損失欠損金額は、事業年度又は中間期間において生じた欠損金額のうち、災害により棚卸資産、固定資産又は他の者の有する固定資産を利用するために支出された繰延資産について生じた損失の額（保険金、損害賠償金その他これらに類するものにより補填されるものを除きます。）の合計額（仮決算の中間申告書の提出により既に還付を受けるべき金額の計算の基礎となった金額がある場合には、この金額を控除した金額）に達するまでの金額をいいます（法法80⑤かっこ書、法令156③④）。

災害損失欠損金額が生じた場合、内国法人は、確定申告書又は仮決算の中間申告書の提出と同時に、納税地の所轄税務署長に対し、次の算式により計算した金額に相当する法人税の還付を請求することができます（法法80⑤後段）。

第 2 章　中小法人の取扱い

〈災害損失欠損金の繰戻しにより還付される法人税額〉

還付所得事業年度(注)の所得に対する法人税額	×	欠損事業年度の災害損失欠損金額（分母の金額を限度）／還付所得事業年度の所得の金額

(注)　還付所得事業年度は、その災害損失欠損金額に係る事業年度又は中間期間（欠損事業年度）開始の日前 1 年（欠損事業年度に係る確定申告書又は仮決算の中間申告書が青色申告書である場合には、前 2 年）以内に開始したいずれかの事業年度をいいます。還付所得事業年度が 2 以上ある場合、災害損失欠損金額をいずれの還付所得事業年度に配分するかは法人の計算によります（法基通17― 2 ― 4 ）。

(2)　**申告要件**

　この制度は、次の全ての要件を満たす場合に限り、適用されます（法法80⑤⑨、法規38）。

〈災害損失欠損金の繰戻還付の申告要件〉

①	還付所得事業年度から欠損事業年度の前事業年度までの各事業年度について連続して確定申告書を提出していること
②	欠損事業年度の確定申告書を提出していること（中間期間において生じた災害損失欠損金額についてこの規定の適用を受ける場合には、仮決算の中間申告書を提出していること）
③	上記②の確定申告書（又は仮決算の中間申告書）と同時に、その還付請求書を納税地の所轄税務署長に提出していること

4　実務上の留意点

(1)　欠損金の繰戻還付の選択

　欠損金額が生じることとなった場合、その欠損金額を繰り越して翌事業年度以降において欠損金の繰越し（法法57①）の適用をするか、又は、その欠損金額が生じた事業年度において欠損金の繰戻還付（法法80①）を適用するか、法人はいずれかを選択します。

　なお、欠損金の繰戻還付によって還付されるのは国税（法人税及び地方法人税）に限られ、法人住民税（法人税割）及び法人事業税については還付される仕組みとなっていないため、地方税の申告においては欠損金額を繰り越すことになり、法人税法上の欠損金額と差異が生ずることになります。

第 6　欠損金の繰戻しによる還付

⑵　地方法人税の還付

　地方法人税については、法人税の繰戻還付に併せて、次の算式により計算した金額の還付を受けることができます（地方法人税法23①）。なお、法人税における「欠損金の繰戻しによる還付請求書」には地方法人税の記載欄はないため、法人税申告書別表 1 『43欄』の外書に記載します（別表記載例を参照）。

〈欠損金の繰戻しにより還付される地方法人税額〉

欠損金の繰戻しによる法人税の還付金の額×10.3％

⑶　還付された法人税及び地方法人税の取扱い

　欠損金の繰戻しにより還付された金額は、益金不算入（法法26①四）となるため、還付された事業年度の法人税申告書別表 4 『19欄』（所得税額等及び欠損金の繰戻しによる還付金額等）において、減算（※社外流出）調整します。

⑷　欠損金の繰戻還付制度の比較

　青色欠損金の繰戻還付と災害損失欠損金の繰戻還付の比較は次のとおりです。

〈欠損金の繰戻還付制度の比較〉

	青色欠損金（法法80①）	災害損失欠損金（法法80⑤）
①対象法人	青色申告法人である中小法人（中小法人以外は解散等の事実が生じた場合などに限定）	制限なし
②繰戻還付額	還付所得事業年度の法人税 ×	$\dfrac{\text{下記③の欠損金額（分母を限度）}}{\text{還付所得事業年度の所得金額}}$
③還付対象欠損金	欠損事業年度の青色欠損金額	欠損事業年度の災害損失欠損金額
④欠損金の繰戻年数	1 年	2 年（白色申告法人は 1 年）
⑤欠損金の見積り	適用なし	
⑥申告要件	青色申告書である確定申告書及び還付請求書を期限内に提出していること（やむを得ない事情が認められる場合は期限後申告も可）（法法80③⑨、法規38）	確定申告書及び還付請求書を提出していること（仮決算の中間申告は期限内申告のみ可）（法法80③⑤⑨、法規38）

— 127 —

第2章　中小法人の取扱い

5　事例及び法人税申告書別表記載例

⑴　前提

青色申告書を提出する中小法人であるA社の令和6年3月期（自令和5年4月1日至令和6年3月31日）は、1,000万円の欠損金額となりました（配当に係る所得税1万円が源泉徴収されています。）。

なお、当期は仮決算による中間申告を行い、中間法人税額を0円としています。

〈前期（令和5年3月期）の所得金額等〉

所得金額	8,000,000円
確定法人税額	法人税額1,200,000円－控除税額50,000円＝1,150,000円
確定地方法人税額	123,600円

⑵　計算

①　還付所得事業年度の法人税額：1,200,000円（＝納付確定した法人税額1,150,000円＋控除税額50,000円）

②　還付所得事業年度の所得金額：8,000,000円

③　欠損事業年度の欠損金額：当期の欠損金額10,000,000円＞上記②8,000,000円

∴少ない金額8,000,000円

④　法人税の還付金額：①1,200,000円×$\dfrac{③8,000,000円}{②8,000,000円}$＝1,200,000円（注1）

⑤　地方法人税の還付金額：④1,200,000円×10.3%＝123,600円（注2）

令和6年3月期における欠損金の繰戻しによる還付請求額は、1,200,000円となります。この還付請求が認められた場合、地方法人税の還付額は、123,600円となります。

注1　法人税申告書別表1『23欄』及び『24欄』の外書に記載します。なお、翌期へ繰り越す青色欠損金は、2,000,000円（＝10,000,000円－8,000,000円）となり、同『27欄』及び別表7⑴翌期繰越額に記載します。

2　地方法人税の還付金額は、法人税申告書別表1『43欄』の外書に記載します。

また、地方税申告書においては、第6号様式別表9は当期分の欠損金額10,000,000円がそのまま翌期繰越額となります。さらに、第6号様式別表2の5において、欠損金の繰戻しによる法人税の還付金額1,200,000円を、当期分の控除対象還付法人税額欄に記載し、同額が翌期繰越額となります。

— 128 —

第 6　欠損金の繰戻しによる還付

(3)　別表記載例

欠損金の繰戻しによる還付請求書

※整理番号	
※通算グループ整理番号	

税務署受付月

令和　年　月　日

税務署長殿

納　税　地	〒　　　　電話（　　　）　　－
（フリガナ）法　人　名　等	A 社
法　人　番　号	｜　｜　｜　｜　｜　｜　｜
（フリガナ）代　表　者　氏　名	
代　表　者　住　所	〒
事　業　種　目	業

法人税法第80条の規定に基づき下記のとおり欠損金の繰戻しによる法人税額の還付を請求します。

記

欠損事業年度	自　令和 5 年 4 月 1 日至　令和 6 年 3 月 31 日		還付所得事業年度	自　令和 4 年 4 月 1 日至　令和 5 年 3 月 31 日

区　　分			請　求　金　額	※　　金　　額
欠損事業年度の欠損金額	欠　　損　　金　　額	(1)	10,000,000 円	円
	同上のうち還付所得事業年度に繰り戻す欠損金額	(2)	8,000,000	
還付所得事業年度の所得金額	所　　得　　金　　額	(3)	8,000,000	
	既に欠損金の繰戻しを行った金額	(4)	0	
	差引所得金額（（3）－（4））	(5)	8,000,000	
還付所得事業年度の法人税額	納付の確定した法人税額	(6)	1,150,000	
	仮装経理に基づく過大申告の更正に伴う控除法人税額	(7)	0	
	控　　除　　税　　額	(8)	50,000	
	使途秘匿金額に対する税額	(9)	00	
	課税土地譲渡利益金額に対する税額	(10)	0	
	税額控除超過額相当額等の加算額	(11)	0	
	法人税額（（6）＋（7）＋（8）－（9）－（10）－（11））	(12)	1,200,000	
	既に欠損金の繰戻しにより還付を受けた法人税額	(13)	0	
	差引法人税額（（12）－（13））	(14)	1,200,000	
還付金額（（14）×（2）／（5））		(15)	1,200,000	

請求期限	令和 6 年 5 月 31 日	確定申告書提出年月日	令和 6 年 5 月 31 日

還付を受けようとする金融機関等	1　銀行等の預金口座に振込みを希望する場合〇〇　銀行・金庫・組合・漁協・農協　本店・支店・出張所・本所・支所〇〇普通　預金　口座番号　××××××	2　ゆうちょ銀行の貯金口座に振込みを希望する場合貯金口座の記号番号　　－3　郵便局等の窓口での受け取りを希望する場合郵便局名等

この請求が次の場合に該当するときは、次のものを添付してください。
1　期限後提出の場合、確定申告書をその提出期限までに提出することができなかった事情の詳細を記載した書類
2　法人税法第80条第4項の規定に基づくものである場合には、解散、事業の全部の譲渡等の事実発生年月日及びその事実の詳細を記載した書類
3　特定設備廃棄等欠損金額に係る請求である場合には、農業競争力強化支援法施行規則第20条第1項の証明に係る同条第2項の申請書の写し及び当該証明に係る証明書の写し

（規格 A 4）

税　理　士　署　名	

※税務署処理欄	部門	決算期	業種番号	番号	整理簿	備考	通信日付印	年　月　日	確認

（令和4年4月1日以後開始事業年度分）

— 129 —

第2章 中小法人の取扱い

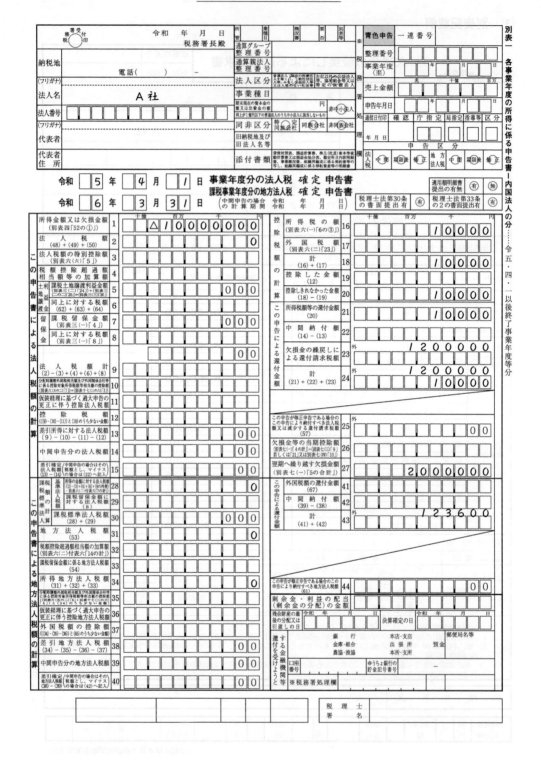

第 6 欠損金の繰戻しによる還付

欠損金の損金算入等に関する明細書

事 業 年 度	5・4・1 6・3・31	法人名	A 社

別表七(一) 令五・四・一以後終了事業年度分

控 除 前 所 得 金 額 (別表四「43の①」)	1	円	損 金 算 入 限 度 額 (1)× 50又は100 / 100	2	円

事業年度	区 分	控 除 未 済 欠 損 金 額 3	当 期 控 除 額 (当該事業年度の(3)と((2)−当該事業年度前の (4)の合計額)のうち少ない金額) 4	翌 期 繰 越 額 ((3)−(4))又は(別表七(四)「15」) 5
・ ・	青色欠損・連結みなし欠損・災害損失	円	円	
・ ・	青色欠損・連結みなし欠損・災害損失			円
・ ・	青色欠損・連結みなし欠損・災害損失			
・ ・	青色欠損・連結みなし欠損・災害損失			
・ ・	青色欠損・連結みなし欠損・災害損失			
・ ・	青色欠損・連結みなし欠損・災害損失			
・ ・	青色欠損・連結みなし欠損・災害損失			
・ ・	青色欠損・連結みなし欠損・災害損失			
・ ・	青色欠損・連結みなし欠損・災害損失			
・ ・	青色欠損・連結みなし欠損・災害損失			
	計			

当期分	欠 損 金 額 (別表四「52の①」)	10,000,000	欠 損 金 の 繰 戻 し 額	
	同上のうち 青 色 欠 損 金 額			
	同上のうち 災 害 損 失 欠 損 金 額	(16の③) 10,000,000	8,000,000	2,000,000
	合 計			2,000,000

災害により生じた損失の額がある場合の繰越控除の対象となる欠損金額等の計算

災 害 の 種 類		災害のやんだ日又はやむ を得ない事情のやんだ日	・ ・	

災 害 を 受 け た 資 産 の 別		棚 卸 資 産 ①	固 定 資 産 (固定資産に準ずる繰延資産を含む。) ②	計 ①+② ③
当 期 の 欠 損 金 額 (別表四「52の①」)	6			円
災害により生じた損失の額 / 資産の滅失等により生じた損失の額	7	円	円	
被害資産の原状回復のための 費用等に係る損失の額	8			
被害の拡大又は発生の防止 のための費用に係る損失の額	9			
計 (7)+(8)+(9)	10			
保 険 金 又 は 損 害 賠 償 金 等 の 額	11			
差引災害により生じた損失の額 (10)−(11)	12			
同上のうち所得税額の還付又は欠損金の 繰戻しの対象となる災害損失金額	13			
中間申告における災害損失欠損金の繰戻し額	14			
繰戻しの対象となる災害損失欠損金額 ((6の③)と((13の③)−(14の③))のうち少ない金額)	15			
繰越控除の対象となる欠損金額 ((6の③)と((12の③)−(14の③))のうち少ない金額)	16			

第 2 章　中小法人の取扱い

控除対象還付法人税額又は控除対象
個別帰属還付税額の控除明細書

事業年度又は連結事業年度		法人名	
5・4・1 6・3・31			A 社

第六号様式別表二の五（提出用）（令和四年改正）

事業年度又は 連結事業年度	控除対象還付法人税額又は控除対象個別帰属還付税額 ①	既に控除を 受けた額 ②	控除未済額 ①-② ③	当期控除額 ④	翌期繰越額 ⑤
・　・	円	円	円	円	
・　・					円
・　・					
・　・					
・　・					
・　・					
・　・					
・　・					
・　・					
・　・					
当　期　分	1,200,000		1,200,000		1,200,000
計	1,200,000	円	1,200,000	円	1,200,000

— 132 —

第6　欠損金の繰戻しによる還付

欠損金額等及び災害損失金の控除明細書（法第72条の2第1項第1号第3号に掲げる事業）	事業年度	5・4・1 6・3・31	法人名	Ａ社

第六号様式別表九（提出用）（令和四年改正）

控除前所得金額 第6号様式⑱ー（別表10⑨又は㉑）	①	円	損金算入限度額 ①× 50又は100 / 100	②	円

事　業　年　度	区　　分	控除未済欠損金額等又は控除未済災害損失金③	当期控除額④ (当該事業年度の③と(②ー当該事業年度前の④の合計額)のうち少ない金額)	翌期繰越額⑤ ((③ー④)又は別表11⑰)
・　　・	欠損金額等・災害損失金	円	円	円
・　　・	欠損金額等・災害損失金			円
・　　・	欠損金額等・災害損失金			
・　　・	欠損金額等・災害損失金			
・　　・	欠損金額等・災害損失金			
・　　・	欠損金額等・災害損失金			
・　　・	欠損金額等・災害損失金			
・　　・	欠損金額等・災害損失金			
・　　・	欠損金額等・災害損失金			
・　　・	欠損金額等・災害損失金			
計				
当期分	欠損金額等・災害損失金	10,000,000		
当期分 同上のうち	災　害　損　失　金			円
当期分 同上のうち	青　色　欠　損　金	10,000,000		10,000,000
合　　計				10,000,000

災　害　に　よ　り　生　じ　た　損　失　の　額　の　計　算

災　害　の　種　類		災害のやんだ日又はやむを得ない事情のやんだ日	・　・
当期の欠損金額 ⑥	円	差引災害により生じた損失の額（⑦ー⑧）⑨	円
災害により生じた損失の額 ⑦		繰越控除の対象となる損失の額（⑥と⑨のうち少ない金額）⑩	
保険金又は損害賠償金等の額 ⑧			

— 133 —

第3章 中小企業者の取扱い

第1 試験研究を行った場合の法人税額の特別控除（研究開発税制）

1 概要

(1) 制度の趣旨

　この制度は、法人が研究開発を行っている場合に、試験研究費の額に一定の割合を乗じた金額をその事業年度の法人税額から控除することを認めるものです。

　企業の研究開発投資を維持・拡大させることにより、イノベーション創出に繋がる中長期・革新的な研究開発等を促し、我が国の成長力・国際競争力を強化することを目的として、この税制上の措置が設けられています（経済産業省産業技術環境局「研究開発税制の概要と令和3年度税制改正について」3頁）。

　この制度は、大企業にも適用されるものですが、中小企業者に対しては、中小企業技術基盤強化税制として法人税額の特別控除の割合を上乗せする優遇措置が定められています。

(2) 制度の概要

　この制度は、次のとおり、「中小企業技術基盤強化税制（以下、「中小企業基盤型」といいます。）」並びに「一般試験研究費に係る税額控除制度（以下、「一般型」といいます。）」及び「特別試験研究費の額に係る税額控除制度（以下、「オープンイノベーション型」といいます。）」の3つの制度によって構成されており、中小企業者は一般型と中小企業基盤型のいずれも選択可能ですが、大法人は一般型しか選択ができません。また、中小企業基盤型は、一般型に比べて、試験研究費の額に乗じる一定の割合が高く設計されています。

　なお、オープンイノベーション型は、一般型又は中小企業基盤型と併用することができます。

第3章　中小企業者の取扱い

〈研究開発税制の全体像〉

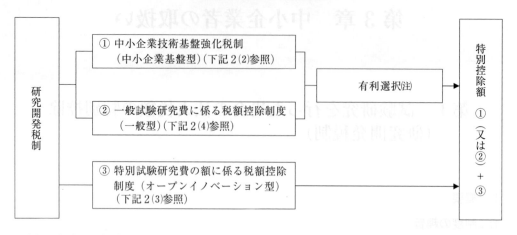

(注)　大法人の場合には、一般型のみ選択可能

2　制度の詳細
(1)　試験研究費の額
イ　意義

　研究開発税制の対象となる試験研究費の額とは、次に掲げる金額の合計額（その金額に係る費用に充てるため他の者から支払を受ける金額がある場合には、その金額を控除した金額）をいいます（措法42の4⑲一）。

<試験研究費の額>

①	次に掲げる費用の額（売上原価、完成工事原価その他これらに準ずる原価の額に該当するものを除きます。）で各事業年度の所得の金額の計算上損金の額に算入されるもの 　i　製品の製造又は技術の改良、考案若しくは発明（以下、「製品の製造等」といいます。）に係る試験研究（新たな知見を得るため又は利用可能な知見の新たな応用を考案するために行うものに限ります。）のために要する費用(注)で一定のもの（下記ロ参照） 　ii　対価を得て提供する新たな役務の開発（以下、「サービス開発」といいます。）に係る試験研究（一定のものに限ります。）のために要する費用で一定のもの（下記ハ参照）
②	①i又はiiに掲げる費用の額で各事業年度において研究開発費として損金経理をした金額のうち、棚卸資産若しくは固定資産（事業の用に供する時において①i又はiiに掲げる試験研究の用に供する固定資産を除きます。）の取得に要した金額とされるべき費用の額又は繰延資産（①i又はiiに掲げる試験研究のために支出した費用に係る繰延資産を除きます。）となる費用の額

(注)　この費用には、その試験研究の用に供する固定資産に係る減価償却費及び試験研究の継続過程において通常行われる取替更新に基づく除却損又は譲渡損が含まれます（ii

— 136 —

において同じです。）（措通42の4(2)―4、42の4(2)―5）。ただし、研究開発費として損金経理をした金額のうち、②に掲げる固定資産の取得に要した金額とされるべき費用の額又は②に掲げる繰延資産となる費用の額がある場合におけるその固定資産又は繰延資産の償却費、除却損及び譲渡損を除きます（ⅱにおいて同じです。）（措法42の4⑲―イ(1)かっこ書）。

なお、上記の「研究開発費として損金経理をした金額」には、研究開発費の科目をもって経理を行っていない金額であっても、法人の財務諸表の注記において研究開発費の総額に含まれていることが明らかなものが含まれることとされています（措通42の4(1)―3）。

また、上記表のとおり、研究開発税制の対象となる試験研究費は、次に掲げる2つの類型に分かれています。

〈研究開発税制の対象となる試験研究費の類型〉

| ① | 製品の製造等に係る試験研究費（下記ロ参照） |
| ② | サービス開発に係る試験研究費（下記ハ参照） |

ロ　製品の製造等に係る試験研究費の範囲

製品の製造等に係る試験研究のために要する費用で一定のものとは、次に掲げる費用をいいます（措令27の4⑤）。

〈製品の製造等に係る試験研究費の範囲〉

①	その試験研究を行うために要する原材料費、人件費（専門的知識をもってその試験研究の業務に専ら従事する者に係るものに限ります（下記ニ参照）。）及び経費
②	他の者に委託をして試験研究を行う法人のその試験研究のためにその委託を受けた者に対して支払う費用
③	技術研究組合法第9条第1項の規定により賦課される費用

なお、この試験研究とは、事物、機能、現象などについて新たな知見を得るため又は利用可能な知見の新たな応用を考案するために行う創造的で体系的な調査、収集、分析その他の活動のうち自然科学に係るものをいい、新製品の製造又は新技術の改良、考案若しくは発明に係るものに限らず、現に生産中の製品の製造又は既存の技術の改良、考案若しくは発明に係るものも含まれることとされています（措通42の4(1)―1）。

ただし、例えば、次に掲げる活動は、この試験研究に含まれないこととされています（措通42の4(1)—2）。

〈製品の製造等に係る試験研究に含まれないもの〉

①	人文科学及び社会科学に係る活動
②	リバースエンジニアリング（既に実用化されている製品又は技術の構造や仕組み等に係る情報を自社の製品又は技術にそのまま活用することのみを目的として、その情報を解析することをいいます。）その他の単なる模倣を目的とする活動
③	事務員による事務処理手順の変更若しくは簡素化又は部署編成の変更
④	既存のマーケティング手法若しくは販売手法の導入等の販売技術若しくは販売方法の改良又は販路の開拓
⑤	性能向上を目的としないことが明らかな開発業務の一部として行うデザインの考案
⑥	上記⑤により考案されたデザインに基づき行う設計又は試作
⑦	製品に特定の表示をするための許可申請のために行うデータ集積等の臨床実験
⑧	完成品の販売のために行うマーケティング調査又は消費者アンケートの収集
⑨	既存の財務分析又は在庫管理の方法の導入
⑩	既存製品の品質管理、完成品の製品検査、環境管理
⑪	生産調整のために行う機械設備の移転又は製造ラインの配置転換
⑫	生産方法、量産方法が技術的に確立している製品を量産化するための試作
⑬	特許の出願及び訴訟に関する事務手続
⑭	地質、海洋又は天体等の調査又は探査に係る一般的な情報の収集
⑮	製品マスター完成後の市場販売目的のソフトウエアに係るプログラムの機能上の障害の除去等の機能維持に係る活動
⑯	ソフトウエア開発に係るシステム運用管理、ユーザードキュメントの作成、ユーザーサポート及びソフトウエアと明確に区分されるコンテンツの制作

ハ　サービス開発に係る試験研究費の範囲

　サービス開発に係る試験研究のために要する費用で一定のものとは、次に掲げる費用をいいます（措令27の4⑦）。

第 1　試験研究を行った場合の法人税額の特別控除

〈サービス開発に関する試験研究費の範囲〉

①	その試験研究を行うために要する原材料費、人件費（注１）及び経費（注２）
②	他の者に委託をして試験研究を行うその法人のその試験研究のためにその委託を受けた者に対して支払う費用（①の原材料費、人件費及び経費に相当する部分に限ります。）

　(注)1　人件費は、情報解析専門家（情報の解析に必要な確率論及び統計学に関する知識並びに情報処理に関して必要な知識を有すると認められる者をいいます。）でその専門的な知識をもってその試験研究の業務に専ら従事する者に係るものに限ります（下記ニ参照）（措令27の４⑦一かっこ書、措規20①②）。なお、情報処理とは、電子計算機を使用して、情報につき計算、検索その他これらに類する処理を行うことをいいます（情報処理の促進に関する法律２①）。

　　　2　外注費にあっては、これらの原材料費及び人件費に相当する部分並びにその試験研究を行うために要する経費に相当する部分（外注費に相当する部分を除きます。）に限ります（措令27の４⑦一かっこ書）。

　また、サービス開発に係る試験研究とは、サービス開発を目的として次に掲げるものの全てが行われる場合の各項目に掲げるもの（その役務の開発を目的として、次の①ⅰの方法によって情報を収集し、又はその情報を取得する場合には、その収集又は取得を含みます。）に限られています（措令27の４⑥、措規20①）。

〈サービス開発に係る試験研究〉

①	次に掲げる情報について、一定の法則を発見するために情報解析専門家により情報の解析を行う専用のソフトウエア（情報の解析を行う機能を有するソフトウエアで、その専用のソフトウエアに準ずるものを含みます。）を用いて行われる分析 　ⅰ　大量の情報を収集する機能を有し、その機能の全部又は主要な部分が自動化されている機器又は技術を用いる方法によって収集された情報 　ⅱ　上記ⅰに掲げるもののほか、その法人が有する情報で、その法則の発見が十分見込まれる量のもの
②	上記①の分析により発見された法則を利用したサービスの設計
③	上記②の設計に係る法則が予測と結果の一致することの蓋然性が高いものであることその他妥当であると認められるものであること及びその法則を利用したサービスがその目的に照らして適当であると認められるものであることの確認

　具体的には、次に掲げる所定のプロセスが必要とされています（経済産業省産業技術環境局「研究開発税制の概要と令和３年度税制改正について」22頁）。

— 139 —

〈サービス開発として必要となるプロセス〉

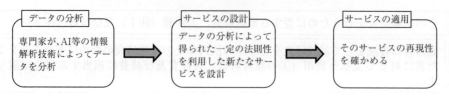

（経済産業省資料を一部修正）

　なお、サービス開発の事例としては、以下のようなものが想定されています（経済産業省産業技術環境局「研究開発税制の概要と令和3年度税制改正について」23頁）。

〈サービス開発の事例〉

	サービス例	詳細
①	地域を自然災害から守るサービス	ドローンを活用して収集した画像データや気象データ等を組み合わせて分析することで、より精緻でリアルタイムな自然災害予測を通知するサービスを提供
②	農家を支援するサービス	センサーによって収集した、農作物や土壌に関するデータや気象データ等を組み合わせ分析し、農家が最適な農作業をできるような農業支援情報を配信するサービスを提供
③	各個人に応じたヘルスケアサービス	各個人の運動や睡眠状況、食事、体重、心拍等の健康データを分析することで、各個人に最適なフィットネスプランや食生活の推奨や、病院受診勧奨を行うサービス
④	観光サービス	ドローンや人工衛星等を活用して収集した画像データや気象データ、生態系のデータ等を組み合わせて分析することで、高付加価値の観光資源だが発生頻度の低い自然現象等の発生を精緻に予測するサービスを提供

ニ　人件費の「専ら」要件

　製品の製造等に係る試験研究費及びサービス開発に係る試験研究費のうち、人件費については、「専門的知識をもって試験研究の業務に専ら従事する者」に係るものに限ると規定（以下、「「専ら」要件」といいます。）されていることから、たとえ研究所等に専属する者に係るものであっても、例えば事務職員、守衛、運転手等のように試験研究に直接従事していない者に係るものは、これに含まれないこととされています（措令27の4⑤一⑦一、措規20②、措通42の4⑵─3）。

　なお、「専ら」要件の判定に当たっては、試験研究部門に属している者や、研究者としての肩書のある者等に限られるのではないかという認識が実務界にあることから、

第1　試験研究を行った場合の法人税額の特別控除

実態としてこの規定の適用を見送る場合があり、また、特に、中小企業は人的な余裕がなく、限られた経営資源の中で試験研究に取り組まざるを得ないため、試験研究以外の業務と兼務するケースが多く見られることから、次の①から③に掲げる者のほか、④に掲げる者についても、「専ら」要件の適用があり得ることが明らかにされています（国税庁ホームページ「試験研究費税額控除制度における人件費に係る「専ら」要件の税務上の取扱いについて（平成15年12月19日付中庁第1号による照会に対する回答）」）。

〈「専ら」要件を満たす者〉

①	試験研究部門に属している者
②	研究者としての肩書を有する者等の試験研究を専属業務とする者
③	研究プロジェクトの全期間中従事する者
④	次の各事項の全てを満たす者 ⅰ　試験研究のために組織されたプロジェクトチームに参加する者が、研究プロジェクトの全期間にわたり研究プロジェクトの業務に従事するわけではないが、研究プロジェクト計画における設計、試作、開発、評価、分析、データ収集等の業務（フェーズ）のうち、その者が専門的知識をもって担当する業務（以下、「担当業務」といいます。）に、その担当業務が行われる期間、専属的に従事する場合であること ⅱ　担当業務が試験研究のプロセスの中で欠かせないものであり、かつ、その者の専門的知識がその担当業務に不可欠であること ⅲ　その従事する実態が、概ね研究プロジェクト計画に沿って行われるものであり、従事期間がトータルとして相当期間（概ね1か月（実働20日程度）以上）あること（この際、連続した期間従事する場合のみでなく、担当業務の特殊性等から、その者の担当業務が期間内に間隔を置きながら行われる場合についても、その担当業務が行われる時期においてその者が専属的に従事しているときは、該当するものとし、それらの期間をトータルします。） ⅳ　その者の担当業務への従事状況が明確に区分され、その担当業務に係る人件費が適正に計算されていること

(2)　中小企業技術基盤強化税制（中小企業基盤型）

イ　基本的な内容

　この制度は、青色申告書を提出する中小企業者（適用除外事業者(注)を除きます。中小企業者及び適用除外事業者の意義については第1章　第1　3　(1)及び(3)を参照してください。）又は農業協同組合等の各事業年度において、試験研究費の額がある場合に、その試験研究費の額に一定割合を乗じて計算した金額をその事業年度の法人税額から控除することを認めるものです。

　なお、この制度は、一般型（下記(4)参照）との併用は認められていません（措法42

の4①④）。

(注)　適用除外事業者のうち、グループ通算制度へ加入をした一定の法人を除きます（措法42の4④かっこ書）。詳細は、第1章 第2 4 (2)イ及びロを参照してください。

ロ　適用対象法人

　この制度の適用対象法人は、青色申告書を提出する中小企業者又は農業協同組合等（以下、「中小企業者等」といいます。）となります（措法42の4④）。

ハ　適用対象年度

　この制度は、次に掲げる事業年度以外の事業年度が適用対象年度となります（措法42の4④）。

〈中小企業基盤型の適用対象年度から除かれる事業年度〉

①	一般型の適用を受ける事業年度
②	解散（合併による解散を除きます。）の日を含む事業年度
③	清算中の各事業年度

ニ　法人税額の特別控除

(イ)　原則

　中小企業者等のその事業年度の試験研究費の額に12％を乗じて計算した金額（以下、「中小企業者等税額控除限度額」といいます。）を調整前法人税額（注1）から控除します（措法42の4④）。

　この場合において、中小企業者等税額控除限度額が調整前法人税額の25％に相当する金額（注2）を超えるときは、その25％に相当する金額が限度となります（措法42の4④）。

(注)1　調整前法人税額とは、租税特別措置法の各税額控除や所得税額控除（法法68）等の規定を適用しないで計算した法人税額をいいます（措法42の4⑲二）。具体的には法人税申告書別表1「2　法人税額」であり、「3　法人税額の特別控除額」を控除する前の法人税額をいいます。

　　　2　特別控除額の限度となる、調整前法人税額に一定の割合を乗じて計算した金額を以下では、「当期税額基準額」といいます。

— 142 —

第 1 試験研究を行った場合の法人税額の特別控除

〈中小企業基盤型の特別控除額（原則）〉

| ① 中小企業者等税額控除限度額 |
| 当期の試験研究費の額×12% |
| ② 当期税額基準額 |
| 調整前法人税額×25% |
| ③ 特別控除額 |
| ①と②のいずれか少ない方 |

㈣ 増減試験研究費割合が12%超の場合の上乗せ措置

　令和5年4月1日から令和8年3月31日までの間に開始する各事業年度（設立事業年度、比較試験研究費の額（注1）が0である事業年度及び試験研究費割合（注2）が10%を超える事業年度を除きます。）において、増減試験研究費割合（注3）が12%を超える場合には、中小企業者等税額控除限度額は、その事業年度の試験研究費の額に、増減試験研究費割合から12%を控除した割合に0.375を乗じて計算した割合を12%に加算した割合（小数点以下3位未満切捨て、17%を超える場合には17%）（注4）を乗じて計算した金額となります（措法42の4⑤一、所得税法等の一部を改正する法律（令和5年法律第3号）附則38）。

　また、当期税額基準額は、調整前法人税額の35%に相当する金額となります（措法42の4⑥一、所得税法等の一部を改正する法律（令和5年法律第3号）附則38）。

㈪1　比較試験研究費の額とは、その事業年度開始の日前3年以内に開始した各事業年度の試験研究費の額の合計額をその3年以内に開始した各事業年度の数で除した金額（過去3年間の試験研究費の額の平均額）をいいます（措法42の4⑲五）。

　2　試験研究費割合の意義は、下記㈦（注1）を参照してください。

　3　増減試験研究費割合とは、増減試験研究費の額（その事業年度の試験研究費の額から比較試験研究費の額を減算した金額をいいます。）のその比較試験研究費の額に対する割合をいいます（措法42の4⑲三）。

$$増減試験研究費割合 = \frac{当期の試験研究費の額 - 比較試験研究費の額}{比較試験研究費の額}$$

　4　中小企業者等税額控除限度額等の限度額の計算における試験研究費の額に乗ずる一定の割合を以下では、「控除割合」といいます。

— 143 —

第3章　中小企業者の取扱い

〈増減試験研究費割合が12%超の場合の上乗せ措置における特別控除額〉

①　中小企業者等税額控除限度額 　　当期の試験研究費の額×{12%＋（増減試験研究費割合－12%）×0.375}(注) 　　（12%≦控除割合≦17%） ②　当期税額基準額 　　調整前法人税額×35% ③　特別控除額 　　①と②のいずれか少ない方

(注)　控除割合は、小数点以下3位未満切捨てとなります。

(ハ)　試験研究費割合が10%超の場合の上乗せ措置

　　令和5年4月1日から令和8年3月31日までの間に開始する各事業年度（設立事業年度及び比較試験研究費の額が0の事業年度以外の事業年度で、増減試験研究費割合が12%を超える事業年度を除きます。）において、試験研究費割合（注1）が10%を超える場合には、中小企業者等税額控除限度額は、その事業年度の試験研究費の額に、12%に控除割増率（注2）を乗じて計算した割合を12%に加算した割合（小数点以下3位未満切捨て）を乗じて計算した金額となります（措法42の4⑤二、所得税法等の一部を改正する法律（令和5年法律第3号）附則38）。

　　また、当期税額基準額は、調整前法人税額の25%に相当する金額に、その調整前法人税額に試験研究費割合から10%を控除した割合に2を乗じて計算した割合（小数点以下3位未満切捨て、10%を超える場合には10%）（注3）を乗じて計算した金額を加算した金額となります（措法42の4⑥二、所得税法等の一部を改正する法律（令和5年法律第3号）附則38）。

(注)1　試験研究費割合とは、その事業年度の試験研究費の額の平均売上金額（その事業年度及びその事業年度開始の日前3年以内に開始した各事業年度の売上金額の平均額をいいます。）に対する割合をいいます（措法42の4⑲六、十三）。

$$試験研究費割合 ＝ \frac{当期の試験研究費の額}{平均売上金額}$$

　　　なお、売上金額とは、棚卸資産の販売その他事業として継続して行われる資産の譲渡及び貸付け並びに役務の提供に係る収益の額（営業外の収益の額とされるべきものを除きます。）として、所得の金額の計算上、益金の額に算入される金額をいいます（措令27の4㉖）。

　　2　控除割増率とは、試験研究費割合から10%を控除した割合に0.5を乗じて計算した

－ 144 －

第1　試験研究を行った場合の法人税額の特別控除

割合（10％を超える場合には10％）をいいます（措法42の4⑤二）。

$$控除割増率 = （試験研究割合 - 10％） \times 0.5$$

3　当期税額基準額の計算における調整前法人税額に乗ずる一定の割合を以下では、「控除上限割合」といいます。

〈試験研究費割合が10％超の場合の上乗せ措置における特別控除額〉

①　中小企業者等税額控除限度額
　　当期の試験研究費の額×｛12％×（1＋控除割増率)｝（注1）
　　（12％≦控除割合≦13.2％）
②　当期税額基準額
　　調整前法人税額×｛25％＋（試験研究費割合－10％）×2｝（注2）
③　特別控除額
　　①と②のいずれか少ない方

(注)1　控除割合は、小数点以下3位未満切捨てとなります。
　　2　控除上限割合は、小数点以下3位未満切捨てとなり、当期税額基準額は、調整前法人税額の35％が上限となります。

〈試験研究費割合が10％超の場合の上乗せ措置における当期税額基準額のイメージ〉

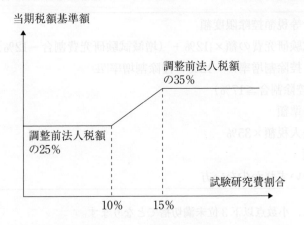

（経済産業省資料を一部修正）

― 145 ―

㈡　増減試験研究費割合が12％超及び試験研究費割合が10％超の場合の上乗せ措置

　　令和５年４月１日から令和８年３月31日までの間に開始する各事業年度（設立事業年度及び比較試験研究費の額が０である事業年度を除きます。）において、増減試験研究費割合が12％を超え、かつ、試験研究費割合が10％を超える場合には、中小企業者等税額控除限度額は、その事業年度の試験研究費の額に、次に掲げる割合を合計した割合（小数点以下３位未満切捨て、17％を超える場合には17％）を乗じて計算した金額となります（措法42の４⑤三、所得税法等の一部を改正する法律（令和５年法律第３号）附則38）。

①	増減試験研究費割合から12％を控除した割合に0.375を乗じて計算した割合
②	①の割合に控除割増率を乗じて計算した割合
③	12％に控除割増率を乗じて計算した割合
④	12％

　　また、当期税額基準額は、調整前法人税額の35％に相当する金額とされています（措法42の４⑥一、所得税法等の一部を改正する法律（令和５年法律第３号）附則38）。

〈増減試験研究費割合が12％超及び試験研究費割合が

10％超の場合の上乗せ措置における特別控除額〉

| ①　中小企業者等税額控除限度額
　　　当期の試験研究費の額×{12％＋（増減試験研究費割合－12％）×0.375
　　　×（１＋控除割増率）＋12％×控除割増率}(注)
　　　（12％≦控除割合≦17％）
②　当期税額基準額
　　　調整前法人税額×35％
③　特別控除額
　　　①と②のいずれか少ない方 |

(注)　控除割合は、小数点以下３位未満切捨てとなります。

ホ　申告要件

　この制度は、確定申告書等（確定申告書及び仮決算の場合の中間申告書をいいます（措法２②二十八）。以下同じ。）に控除の対象となる試験研究費の額、控除額及びそ

第 1 試験研究を行った場合の法人税額の特別控除

の計算の明細を記載した書類の添付がある場合に限り適用され、控除額の計算の基礎
となる試験研究費の額等は、確定申告書等に添付された書類に記載された試験研究費
の額等が限度とされます（措法42の4㉑）。

⑶ **特別試験研究費の額に係る税額控除制度（オープンイノベーション型）**

イ 基本的な内容

　この制度は、青色申告書を提出する法人の各事業年度において、特別試験研究費の
額がある場合に、その特別試験研究費の額に一定割合を乗じて計算した金額をその事
業年度の法人税額から控除することを認めるもので、一般型又は中小企業基盤型と併
用することができるものです。

　なお、オープンイノベーション型の対象となる特別試験研究費の額は、一般型又は
中小企業基盤型の計算の基礎に含めることはできません（措法42の4⑦）。

ロ 特別試験研究費の額

　⑴ **意義**

　　この制度の対象となる特別試験研究費の額とは、次に掲げる試験研究（以下、
「特別試験研究」といいます。）に係る試験研究費の額で、一定の証明がされたもの
等をいいます（措法42の4⑲十、措令27の4㉔㉕）。

— 147 —

第3章　中小企業者の取扱い

〈特別試験研究の種類〉

対象となる試験研究	根拠条文等
① 特別研究機関等（注1）との共同試験研究	措令27の4㉔一
② 大学等（注2）との共同試験研究	措令27の4㉔二
③ 特定新事業開拓事業者（注3）との共同試験研究	措令27の4㉔三
④ 成果活用促進事業者（注4）との共同試験研究	措令27の4㉔四
⑤ 他の者（民間企業・民間研究所・公設試験研究機関等（注5））との共同試験研究	措令27の4㉔五、特別試験研究費税額控除制度ガイドライン（令和3年度版）
⑥ 技術研究組合の組合員が行う協同試験研究	措令27の4㉔六
⑦ 特別研究機関等への委託試験研究	措令27の4㉔七
⑧ 大学等への委託試験研究	措令27の4㉔八
⑨ 特定中小企業者等（注6）への委託試験研究	措令27の4㉔九
⑩ 特定新事業開拓事業者への委託試験研究	措令27の4㉔十
⑪ 成果活用促進事業者への委託試験研究	措令27の4㉔十一
⑫ 他の者（民間企業・民間研究所・公設試験研究機関等（注5））への委託試験研究	措令27の4㉔十二
⑬ 特定中小企業者等（中小事業者等に限ります。）から知的財産権の設定又は許諾を受けて行う試験研究	措令27の4㉔十三
⑭ その用途に係る対象者が少数である医薬品（注7）に関する試験研究	措令27の4㉔十四
⑮ 高度専門知識等（注8）を有する者に対して人件費を支出して行う試験研究（下記(ロ)参照）	措令27の4㉔十五

(注)1　特別研究機関等とは、「科学技術・イノベーション創出の活性化に関する法律」第2条第8項に規定する試験研究機関等、国立研究開発法人及び福島国際研究教育機構をいいます（措令27の4㉔一）。

　　2　大学等とは、学校教育法の大学若しくは高等専門学校又は国立大学法人法の大学共同利用機関をいい、この大学又は高等専門学校からは、構造改革特別区域法の学校設置会社が設置するものを除くこととされています（措令27の4㉔二）。

　　3　特定新事業開拓事業者とは、新事業開拓事業者（新商品の開発又は生産、新たな役務の開発又は提供、商品の新たな生産又は販売の方式の導入、役務の新たな提供の方式の導入その他の新たな事業活動を行うことにより、新たな事業の開拓を行う

— 148 —

第 1 　試験研究を行った場合の法人税額の特別控除

事業者であって、その事業の将来における成長発展を図るために外部からの投資を受けることが特に必要なものその他一定のものをいいます（産業競争力強化法 2 ⑥）。）のうち、「経済産業省関係産業競争力強化法施行規則」第 2 条第 3 号に掲げるものをいい、次に掲げるものを除きます（措令27の 4 ㉔三、措規20⑦）。

① 　特別研究機関等

② 　大学等

③ 　次に掲げるもの

　i 　その法人がその発行済株式又は出資（その有する自己の株式又は出資を除きます。）（以下、「発行済株式等」といいます。）の総数又は総額の25％以上を有している他の法人

　ii 　その法人の発行済株式等の総数又は総額の25％以上を有している他の者

　iii 　その法人との間に支配関係がある他の者

4 　成果活用促進事業者とは、「科学技術・イノベーション創出の活性化に関する法律」第34条の 6 第 1 項の規定により出資を受ける同項第 3 号に掲げる者その他これに準ずる者で一定のものをいい、上記（注 3 ）①から③に掲げるもの及び特定新事業開拓事業者を除きます（措令27の 4 ㉔四）。

5 　他の者からは、特定新事業開拓事業者、成果活用促進事業者及び上記（注 3 ）①から③に掲げるものを除きます（措令27の 4 ㉔五）。

6 　特定中小企業者等とは、中小事業者（常時使用する従業員の数が1,000人以下の個人をいいます。）又は中小企業者で青色申告書を提出するもの（以下、「中小事業者等」といいます。）、公益法人その他試験研究を行う機関として一定のものをいい、上記（注 3 ）①から③に掲げるもの及びその法人が外国法人である場合の一定の本店等を除きます（措法10⑧六、措令 5 の 3 ⑨、27の 4 ㉔九）。

7 　「医薬品、医療機器等の品質、有効性及び安全性の確保等に関する法律」第 2 条第16項に規定する希少疾病用医薬品、希少疾病用医療機器若しくは希少疾病用再生医療等製品又は同法第77条の 4 に規定する特定用途医薬品、特定用途医療機器若しくは特定用途再生医療等製品をいいます（措令27の 4 ㉔十四）。

8 　高度専門知識等とは、専門的な知識、技術又は経験であって高度のものをいいます（措法42の 4 ⑲十）。

㈥ 　高度専門知識等を有する者に対して人件費を支出して行う試験研究の範囲

　上記㈤⑮に掲げる高度専門知識等を有する者に対して人件費を支出して行う試験研究とは、次に掲げる要件の全てを満たす試験研究をいいます（措令27の 4 ㉔十イ・十五、措規20⑲）。

― 149 ―

〈高度専門知識等を有する者に対して人件費を支出して行う試験研究の範囲〉

①	その法人の役員又は使用人である次に掲げる者（以下、「新規高度研究業務従事者」といいます。）に対して人件費を支出して行う試験研究であること ⅰ　博士の学位（注１）を授与された者（外国においてこれに相当する学位を授与された者を含みます。）で、その授与された日から５年を経過していないもの ⅱ　他の者（上記(イ)（注３）③に掲げるものを除きます。）の役員又は使用人として10年以上専ら研究業務に従事していた者で、その法人（上記(イ)（注３）③に掲げるものを含みます。）の役員又は使用人となった日から５年を経過していないもの
②	その法人のその事業年度の新規高度人件費割合（注２）をその事業年度の前事業年度の新規高度人件費割合で除して計算した割合が1.03以上である場合又はその法人のその事業年度の前事業年度の新規高度人件費割合が０である場合（その事業年度又はその前事業年度の試験研究費の額のうち、その法人の役員又は使用人である者に対する人件費の額が０である場合を除きます。）にその事業年度において行う試験研究（棚卸資産の取得価額に算入することになる一定の試験研究費の額に係るものを除きます。）であること
③	次に掲げる要件のいずれかに該当する試験研究であること ⅰ　その内容に関する提案が広く一般に又は広くその法人の使用人に募集されたこと ⅱ　その内容がその試験研究に従事する新規高度研究業務従事者から提案されたものであること ⅲ　その試験研究に従事する者が広く一般に又は広くその法人の使用人に若しくは広くその法人の役員及び使用人に募集され、その試験研究に従事する新規高度研究業務従事者がその募集に応じた者であること

(注)１　学位は、その学位を授与された者が、その学位を得るための研究活動の過程で習得した専門的知識をもって上記③の試験研究に従事する場合におけるその学位をいいます（措通42の４(4)―３の２）。

２　新規高度人件費割合とは、試験研究費の額（棚卸資産の取得価額に算入することになる一定のものを除きます。）のうち新規高度研究業務従事者に対する人件費の額が、試験研究費の額のうちその法人の役員又は使用人である者に対する人件費の額のうちに占める割合をいいます（措令27の４㉔十イ・十五ロ、措規20⑲）。

$$新規高度人件費割合 = \frac{試験研究費の額（棚卸資産の取得価額に算入することになる一定のものを除く。）のうち新規高度研究業務従事者に対する人件費の額}{試験研究費の額のうちその法人の役員又は使用人である者に対する人件費の額}$$

ハ　適用対象法人

　この制度の適用対象法人は、青色申告書を提出する法人（人格のない社団等を含みます。）となります（措法42の４⑦）。

第 1 　試験研究を行った場合の法人税額の特別控除

ニ　適用対象年度

　この制度は、次に掲げる事業年度以外の事業年度が適用対象年度となります（措法42の 4 ⑦）。

〈オープンイノベーション型の適用対象年度から除かれる事業年度〉

①	解散（合併による解散を除きます。）の日を含む事業年度
②	清算中の各事業年度

ホ　法人税額の特別控除

　法人のその事業年度における次の① i から ⅲ に掲げる金額の合計額（以下、「特別研究税額控除限度額」といいます。）を調整前法人税額から控除します（措法42の 4 ⑦）。

　この場合において、特別研究税額控除限度額が調整前法人税額の10％に相当する金額を超えるときは、その10％に相当する金額が限度となります（措法42の 4 ⑦）。

〈オープンイノベーション型の特別控除額〉

①　特別研究税額控除限度額
i ＋ ii ＋ ⅲ
i 　次の(i)又は(ii)に係る特別試験研究費の額×30％
(i)　特別試験研究機関等（注 1 ）との共同試験研究
(ii)　特別試験研究機関等への委託試験研究
ii 　次の(i)又は(ii)に係る特別試験研究費の額×25％
(i)　他の者との共同試験研究であって、特定のもの（注 2 ）
(ii)　他の者への委託試験研究であって、特定のもの（注 2 ）
ⅲ 　 i 及び ii 以外の特別試験研究費の額×20％
②　当期税額基準額
調整前法人税額×10％
③　特別控除額
①と②のいずれか少ない方

　　㊟ 1 　特別試験研究機関等とは、国の試験研究機関、大学その他これらに準ずる者をいいます（措法42の 4 ⑦一）。

　　　 2 　特定のものとは、革新的なもの又は国立研究開発法人その他これに準ずる者における研究開発の成果を実用化するために行うものをいいます（措法42

— 151 —

第 3 章　中小企業者の取扱い

の4⑦二)。

　なお、特別研究税額控除限度額を算定するために特別試験研究費の額に乗じる割合
（以下、「控除割合」といいます。）は、上記ロ(イ)の特別試験研究の種類ごとに、それ
ぞれ次のとおりとなります（措令27の4③)。

〈特別試験研究の種類ごとの控除割合〉

	特別試験研究の種類	控除割合
①	特別研究機関等との共同試験研究	30%
②	大学等との共同試験研究	30%
③	特定新事業開拓事業者との共同試験研究	25%
④	成果活用促進事業者との共同試験研究	25%
⑤	他の者（民間企業・民間研究所・公設試験研究機関等）との共同試験研究	20%
⑥	技術研究組合の組合員が行う協同試験研究	20%
⑦	特別研究機関等への委託試験研究	30%
⑧	大学等への委託試験研究	30%
⑨	特定中小企業者等への委託試験研究	20%
⑩	特定新事業開拓事業者への委託試験研究	25%
⑪	成果活用促進事業者への委託試験研究	25%
⑫	他の者（民間企業・民間研究所・公設試験研究機関等）への委託試験研究	20%
⑬	特定中小企業者等（中小事業者等に限ります。）から知的財産権の設定又は許諾を受けて行う試験研究	20%
⑭	その用途に係る対象者が少数である医薬品に関する試験研究	20%
⑮	高度専門知識等を有する者に対して人件費を支出して行う試験研究	20%

ヘ　制度適用のための手続及び申告要件

　この制度は、基本的に契約書等に一定の事項を記載すること及び共同試験研究又は
委託試験研究については、相手方による認定・確認等の手続が必要となります（措令
27の4㉔一他)。

　一定のものについては、特別試験研究費の額について税理士等の専門家による監査
を受ける必要があり（措規20㉖㉗)、この監査に関する確認書等の写しを確定申告書

— 152 —

第1　試験研究を行った場合の法人税額の特別控除

等に添付する必要があります（措規20㉖㉗）。

　また、この制度は、確定申告書等に控除の対象となる特別試験研究費の額、控除額及びその計算の明細を記載した書類の添付がある場合に限り適用され、控除額の計算の基礎となる特別試験研究費の額は、確定申告書等に添付された書類に記載された特別試験研究費の額が限度とされます（措法42の4㉑）。

⑷　一般試験研究費に係る税額控除制度（一般型）

イ　基本的な内容

　この制度は、青色申告書を提出する法人の各事業年度において、試験研究費の額がある場合に、その試験研究費の額に一定割合を乗じて計算した金額をその事業年度の法人税額から控除することを認めるものです。

　なお、この制度は、中小企業基盤型との併用は認められていません（措法42の4①④）。

　また、中小企業者等税額控除限度額又は税額控除限度額（下記ニ⑷a参照）の計算の基となる控除割合は、一般型よりも中小企業基盤型の方が高い割合となっているため、中小企業者等は、基本的に中小企業基盤型を選択する方が有利となりますが、一方で、当期税額基準額の計算の基となる控除上限割合は、一般型においては、一定額を上乗せできる中小企業基盤型にはない措置（下記ニ⑻a及び⑴）があるため、一般型を選択した方が有利となることがあります。そのため、一般型についても本項で記載しています。

ロ　適用対象法人

　この制度の適用対象法人は、青色申告書を提出する法人（人格のない社団等を含みます。）となります（措法42の4①）。

ハ　適用対象年度

　この制度は、次に掲げる事業年度以外の事業年度が適用対象年度となります（措法42の4①④）。

— 153 —

第3章　中小企業者の取扱い

〈一般型の適用対象年度から除かれる事業年度〉

①	中小企業基盤型の適用を受ける事業年度
②	解散（合併による解散を除きます。）の日を含む事業年度
③	清算中の各事業年度

二　法人税額の特別控除

(イ)　原則

a　令和5年4月1日から令和8年3月31日までの間に開始する各事業年度の場合

法人の令和5年4月1日から令和8年3月31日までの間に開始する各事業年度については、次に掲げる①から③の区分に応じ、それぞれの区分のⅰに掲げる金額（以下、「税額控除限度額」といいます。）を調整前法人税額から控除します（措法42の4②、所得税法等の一部を改正する法律（令和5年法律第3号）附則38）。

この場合において、税額控除限度額が調整前法人税額の25％に相当する金額を超えるときは、その25％に相当する金額が限度となります（措法42の4①）。

〈一般型の特別控除額（原則）（令和5年4月1日から令和8年3月31日まで）〉

①　設立事業年度又は比較試験研究費の額が0である場合
　ⅰ　税額控除限度額
　　　当期の試験研究費の額×8.5％
　ⅱ　当期税額基準額
　　　調整前法人税額×25％
　ⅲ　特別控除額
　　　ⅰとⅱのいずれか少ない方
②　増減試験研究費割合≦12％である場合（①に掲げる場合を除きます。）
　ⅰ　税額控除限度額
　　　当期の試験研究費の額×|11.5％－（12％－増減試験研究費割合）
　　　×0.25|(注)
　　　（1％≦控除割合≦11.5％）
　ⅱ　当期税額基準額
　　　調整前法人税額×25％
　ⅲ　特別控除額

— 154 —

　　　　ⅰとⅱのいずれか少ない方
③　増減試験研究費割合＞12％である場合（①に掲げる場合を除きます。）
　ⅰ　税額控除限度額
　　　　当期の試験研究費の額×｛11.5％＋（増減試験研究費割合－12％）
　　　　×0.375｝(注)
　　　　（11.5％≦控除割合≦14％）
　ⅱ　当期税額基準額
　　　　調整前法人税額×25％
　ⅲ　特別控除額
　　　　ⅰとⅱのいずれか少ない方

(注)　控除割合は、小数点以下3位未満切捨てとなります。

　b　令和8年4月1日以後に開始する各事業年度の場合
　　法人の令和8年4月1日以後に開始する各事業年度については、次に掲げる①及び②の区分に応じた税額控除限度額を調整前法人税額から控除します（措法42の4①②、所得税法等の一部を改正する法律（令和5年法律第3号）附則38）。
　　この場合において、税額控除限度額が調整前法人税額の25％に相当する金額を超えるときは、その25％に相当する金額が限度となります（措法42の4①）。

〈一般型の特別控除額（原則）（令和8年4月1日以後）〉

① 設立事業年度又は比較試験研究費の額が0である場合
　ⅰ　税額控除限度額
　　　　当期の試験研究費の額×8.5％
　ⅱ　当期税額基準額
　　　　調整前法人税額×25％
　ⅲ　特別控除額
　　　　ⅰとⅱのいずれか少ない方
② 上記①に掲げる場合以外の場合
　ⅰ　税額控除限度額
　　　　当期の試験研究費の額×｛11.5％－（12％－増減試験研究費割合）
　　　　×0.25｝(注)
　　　　（1％≦控除割合≦10％）
　ⅱ　当期税額基準額

　　　　調整前法人税額×25%

　ⅲ　特別控除額

　　　　ⅰとⅱのいずれか少ない方

⑵　控除割合は、小数点以下３位未満切捨てとなります。

　㈹　試験研究費割合が10%超の場合の上乗せ措置

　令和５年４月１日から令和８年３月31日までの間に開始する各事業年度において、試験研究費割合が10%を超える場合には、税額控除限度額は、その事業年度の試験研究費の額に、上記㈩ａの控除割合に控除割増率（上記⑵ニ㈵（注２）参照）を乗じて計算した割合をその控除割合に加算した割合（小数点以下３位未満切捨て、14%を超える場合には14%）を乗じて計算した金額となります（措法42の４②二、所得税法等の一部を改正する法律（令和５年法律第３号）附則38）。

　また、当期税額基準額は、調整前法人税額の25%（注１）に相当する金額に、その調整前法人税額に試験研究費割合から10%を控除した割合に２を乗じて計算した割合（小数点以下３位未満切捨て、10%を超える場合には10%）を乗じて計算した金額を加算した金額となります（注２）（措法42の４③二ハ）。

⑵１　下記㈡の措置の適用がある場合には、40%となります。（措法42の４③一）。

　　２　その事業年度（設立事業年度及び比較試験研究費の額が０である事業年度を除きます。）の増減試験研究費割合が４%を超える場合には、当期税額控除額は、本措置と下記㈵ａの措置のいずれか高いものが適用されます（措法42の４③二かっこ書）。

〈試験研究費割合が10%超の場合の上乗せ措置における特別控除額〉

①　設立事業年度又は比較試験研究費の額が０である場合

　ⅰ　税額控除限度額

　　　　当期の試験研究費の額×{8.5%×（１＋控除割増率）}（注１）

　　　　（8.5%≦控除割合≦9.3%）

　ⅱ　当期税額基準額

　　　　調整前法人税額×{25%（注２）＋（試験研究費割合－10%）×２}（注３）

　ⅲ　特別控除額

　　　　ⅰとⅱのいずれか少ない方

②　増減試験研究費割合≦12%である場合（①に掲げる場合を除きます。）

ⅰ　税額控除限度額

当期の試験研究費の額×〔{11.5％－（12％－増減試験研究費割合）×0.25}×（１＋控除割増率）〕（注１）

（１％≦控除割合≦12.6％）

ⅱ　当期税額基準額

調整前法人税額×{25％（注２）＋（試験研究費割合－10％）×２}（注３、４）

ⅲ　特別控除額

ⅰとⅱのいずれか少ない方

③　増減試験研究費割合＞12％である場合（①に掲げる場合を除きます。）

ⅰ　税額控除限度額

当期の試験研究費の額×〔{11.5％＋（増減試験研究費割合－12％）×0.375}×（１＋控除割増率）〕（注１）

（11.5％≦控除割合≦14％）

ⅱ　当期税額基準額

調整前法人税額×{25％（注２）＋（試験研究費割合－10％）×２}（注３、５）

ⅲ　特別控除額

ⅰとⅱのいずれか少ない方

㈲１　控除割合は、小数点以下３位未満切捨てとなります。

２　下記㈡の措置の適用がある場合には、40％となります。

３　控除上限割合は、小数点以下３位未満切捨てとなり、当期税額基準額は、調整前法人税額の35％（下記㈡の措置の適用がある場合には、50％）が上限となります。

４　その事業年度の増減試験研究費割合が４％を超える場合には、当期税額控除額は、本措置と下記㈧ａの措置のいずれか高いものが適用されます。

５　当期税額控除額は、本措置と下記㈧ａの措置のいずれか高いものが適用されます。

㈧　増減試験研究費割合が４％超又はマイナス４％未満の場合の変動措置

ａ　増減試験研究費割合が４％超の場合の変動措置

令和５年４月１日から令和８年３月31日までの間に開始する各事業年度（設立事業年度及び比較試験研究費の額が０である事業年度を除きます。）において、増減試験研究費割合が４％を超える場合には、当期税額基準額は、調整前法人税額の25％（注１）に相当する金額に、その調整前法人税額に増減試験研究費割合から４％を控除した割合に0.625を乗じて計算した割合（小数点以下３位未満切捨て、５％を超える場合には５％）を乗じて計算した金額を加算した金額となり

ます（注２）（措法42の４③二イ）。

㈱１　下記㈡の措置の適用がある場合には、40％となります（措法42の４③一）。

２　その事業年度の試験研究費割合が10％を超える場合には、当期税額控除額は、本措置と上記㈺の措置のいずれか高いものが適用されます（措法42の４③二かっこ書）。

〈増減試験研究費割合が４％超の場合の変動措置における当期税額基準額〉

調整前法人税額× ｛25％（注１）＋（増減試験研究費割合－４％）×0.625｝（注２）

㈱１　下記㈡の措置の適用がある場合には、40％となります。

２　控除上限割合は、小数点以下３位未満切捨てとなり、当期税額基準額は、調整前法人税額の30％（下記㈡の措置の適用がある場合には、45％）が上限となります。また、その事業年度の試験研究費割合が10％を超える場合には、当期税額基準額は、本措置と上記㈺の措置のいずれか高いものが適用されます。

b　増減試験研究費割合がマイナス４％未満の場合の変動措置

令和５年４月１日から令和８年３月31日までの間に開始する各事業年度（設立事業年度、比較試験研究費の額が０である事業年度及び試験研究費割合が10％を超える事業年度を除きます。）において、増減試験研究費割合が０に満たない場合のその満たない部分の割合が４％を超える場合には、当期税額基準額は、調整前法人税額の25％㈱に相当する金額から、その調整前法人税額にその満たない部分の割合から４％を控除した割合に0.625を乗じて計算した割合（小数点以下３位未満切捨て、５％を超える場合には５％）を乗じて計算した金額を減算した金額となります（措法42の４③二ロ）。

㈱　下記㈡の措置の適用がある場合には、40％となります（措法42の４③一）。

〈増減試験研究費割合がマイナス４％未満の場合の変動措置における当期税額基準額〉

調整前法人税額×｛25％（注１）＋（増減試験研究費割合＋４％（注２））×0.625｝（注３）

㈱１　下記㈡の措置の適用がある場合には、40％となります。

２　増減試験研究費割合は、マイナス４％未満であるため、「増減試験研究費＋４％」は、マイナス（負）の数となります。

３　控除上限割合は、小数点以下３位未満切捨てとなり、当期税額基準額は、調整前法人税額の20％（下記㈡の措置の適用がある場合には、35％）が下限となります。

第 1 試験研究を行った場合の法人税額の特別控除

㈡ 研究開発を行う一定のベンチャー企業に該当する場合の措置

その事業年度が次の要件を満たす事業年度である場合には、当期税額基準額は、調整前法人税額の40％に相当する金額となります(注)（措法42の4③一）。

① その事業年度がその法人の設立の日以後10年を経過する日までの期間内の日を含む事業年度に該当すること

② その法人がその事業年度終了の時において大法人の100％子法人（第1章第1 2(1)中小法人の説明箇所を参照してください。）及び株式移転完全親法人（法法2十二の六の六）のいずれにも該当しないこと

③ その事業年度終了の時において翌期繰越欠損金額があること

(注) 上記(ロ)又は(ハ)の措置の適用がある場合における当期税額基準額は、上記(ロ)又は(ハ)を参照してください。

〈研究開発を行う一定のベンチャー企業に該当する場合の措置における当期税額基準額〉

調整前法人税額×40％

ホ　申告要件

この制度は、確定申告書等に控除の対象となる試験研究費の額、控除額及びその計算の明細を記載した書類の添付がある場合に限り適用され、控除額の計算の基礎となる試験研究費の額等は、確定申告書等に添付された書類に記載された試験研究費の額等が限度とされます（措法42の4㉑）。

3　実務上の留意点

(1)　中小企業者であるかどうかの判定

中小企業基盤型の適用対象法人である中小企業者に該当するかどうかの判定は、その事業年度終了の時の現況によるものとされています（措通42の4(3)—1(1)イ）。

したがって、事業年度の中途において中小企業者に該当することになった場合にあっては、中小企業基盤型を適用することができますが、事業年度の中途において中小企業者に該当しなくなった場合にあっては、中小企業基盤型を適用することができないことになります。

— 159 —

第3章　中小企業者の取扱い

(2)　オープンイノベーション型と中小企業基盤型等の適用順序

　オープンイノベーション型の対象となった特別試験研究費は、一般型及び中小企業基盤型の計算から除かれるため（措法42の4⑦）、実務においては、オープンイノベーション型を適用する場合には、特別試験研究費を一般型及び中小企業基盤型の試験研究費とは区別して集計し、一般型又は中小企業基盤型の計算に優先して適用する必要があります。

(3)　中小企業基盤型と一般型との選択

　中小企業基盤型と一般型とは併用ができないため、中小企業者等は、いずれかを選択する必要があるところ、中小企業者等税額控除限度額又は税額控除限度額の計算の基となる控除割合は、一般型よりも中小企業基盤型の方が高い割合となっていますので、中小企業者等は、基本的に中小企業基盤型を選択する方が有利となります。

　一方で、当期税額基準額の計算の基となる控除上限割合は、一般型においては、一定額を上乗せできる中小企業基盤型にはない措置（上記2⑷ニ㈐a及び㈡）があるため、中小企業者等税額控除限度額が当期税額基準額よりも大きく、当期税額基準額が特別控除額となるときにおいて、一般型であれば、それらの措置の適用がある場合には、一般型を選択することで、当期税額基準額及び特別控除額が中小企業基盤型よりも増額できることがあります。この場合には、法人税（注1）においては、中小企業基盤型よりも一般型の方が有利となります（注2）。

　㈲1　地方税（法人住民税）の取扱いについては、下記⑺を参照してください。
　　　2　上記2⑷ニ㈐a及び㈡の措置の適用がある場合であっても、特別控除額が一般型よりも中小企業基盤型の方が大きくなることもあるため、有利な方を選択したい場合には、いずれの計算も行って比較することが必要になります。

(4)　試験研究費の額の対象とならない費用の額〜損金不算入の費用の額〜

　試験研究費の額は、上記2⑴イ②を除き、各事業年度の所得の計算上、損金の額に算入されるものに限られるため（措法42の4⑲一イ）、債務の確定していない費用や減価償却超過額など損金不算入のものは対象となりません。

(5)　試験研究費の額の対象とならない費用の額〜臨時的・偶発的な除却損の額〜

　試験研究用固定資産の除却損又は譲渡損の額のうち、災害、研究項目の廃止等に基づき臨時的・偶発的に発生するものは試験研究費の額に含まれませんが、試験研究の

— 160 —

第1 試験研究を行った場合の法人税額の特別控除

継続過程において通常行われる取替更新に基づくもの（上記2(1)イ②の対象となる固定資産の除却損又は譲渡損の額を除きます。）は試験研究費の額に含まれます（措法42の4⑲一イ、措通42の4(2)―5）。

(6) 他の者から支払を受ける金額の範囲

　試験研究費の額の計算上、控除される他の者から支払を受ける金額は、次に掲げる金額を含むものとされています（措通42の4(2)―1）。

〈他の者から支払を受ける金額の範囲〉

①	国等からその試験研究費の額に係る費用に充てるため交付を受けた補助金（法人税法第42条第1項に規定する国庫補助金等を含みます。）の額
②	国立研究開発法人科学技術振興機構と締結した新技術開発委託契約に定めるところにより、同機構から返済義務の免除を受けた開発費の額（その免除とともに金銭の支払をした場合には支払った金銭を控除した額）から引渡した物件の帳簿価額を控除した金額
③	委託研究費の額

(7) 地方税（法人住民税）の中小企業者等に係る特例措置

　法人住民税の課税標準となる法人税額は、原則として税額控除前の法人税額を用いることとされていますが、中小企業者等が研究開発税制を適用する場合の法人住民税の課税標準となる法人税額は、税額控除後の法人税額を用いることとされています（地法23①四、292①四、地法附則8①②、総務省取扱通知（県）道府県民税50(5)、（市）市町村民税45(5)）。

〈中小企業者等以外の法人と中小企業者等の法人住民税課税標準の違い〉

① 中小企業者等以外の法人が試験研究を行う場合の法人住民税の課税標準（灰色部分）

法人住民税の課税標準

研究開発税制（国税）における控除額を含む

② 中小企業者等が試験研究を行う場合の法人住民税の課税標準（灰色部分）

法人住民税の課税標準

研究開発税制（国税）における控除額は含まない

（経済産業省資料を一部修正）

　以下では、中小企業者等以外の法人と中小企業者等がそれぞれ試験研究費の税額控

除を適用した場合の申告書の影響の違いを記載しています。なお、課税所得は3億円として、試験研究費の税額控除は中小企業者等以外の法人では一般型を適用し、中小企業者等では中小企業基盤型を適用しているものとします。

中小企業者等以外の法人では、法人税における試験研究費の税額控除の額が住民税申告書第6号様式「②欄」に転記されることにより、その税額控除を適用する前の法人税額が法人住民税の課税標準となります（住民税申告書第6号様式「⑤欄」）。

〈中小企業者等以外の法人が試験研究を行う場合の申告書記載例〉

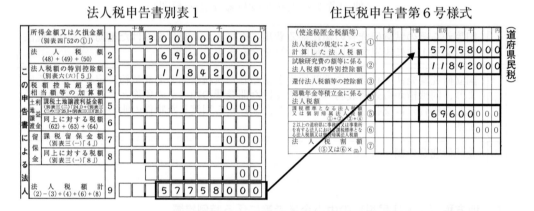

そのため、中小企業者等以外の法人では、法人税の税額控除の効果が法人住民税に反映されません。

一方で、中小企業者等では、法人税における試験研究費の税額控除の額が住民税申告書第6号様式「②欄」に転記されず空欄になることにより、その税額控除を適用した後の法人税額が法人住民税の課税標準となります。

〈中小企業者等が試験研究を行う場合の申告書記載例〉

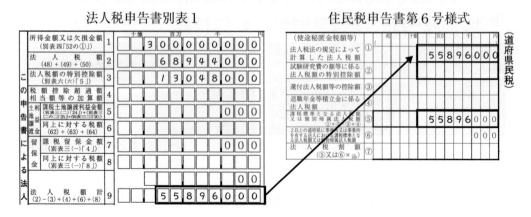

第 1　試験研究を行った場合の法人税額の特別控除

　そのため、中小企業者等では、法人税の税額控除の効果が法人住民税にも反映されることになります。

4　事例及び法人税申告書別表記載例

(1)　前提

　青色申告書を提出する中小企業者（適用除外事業者には該当しません。）であるＡ社（３月決算法人）の当期の試験研究費の額等は、次のとおりです。

> ### Ａ社の概要
>
> 当期：令和 5 年 4 月 1 日〜令和 6 年 3 月31日
>
> 会計上の試験研究費の額：8,000万円（内訳は次の表のとおりです。）
>
> 所得金額：3 億円
>
> 法人税額（調整前法人税額）：68,944,000円

〈当期の試験研究費の額の内訳〉

	内訳	試験研究費の額
①	試験研究のために生じた原材料費	20,000,000円
②	専門的知識を有し、試験研究の設計、試作、開発、分析、データ収集等の各研究段階の業務に専ら従事する者の人件費	30,000,000円
③	上記研究段階の全ての段階でデータ集計などを補助している事務アルバイトの人件費	2,000,000円
④	試験研究のために生じた経費	10,000,000円
⑤	当初からの試験研究用固定資産の減価償却費（460万円のうち、損金不算入の金額100万円）	4,600,000円（1,000,000円）
⑥	当初からの試験研究用固定資産の一部を除却したことによる臨時的・偶発的に発生した除却損	400,000円
⑦	国立研究開発法人甲社と行う共同研究のための試験研究費（特別研究機関等との共同試験研究（措令27の 4 ㉔一）に該当します。）	6,000,000円
⑧	研究開発型ベンチャー企業乙社に委託する試験研究費（特定新事業開拓事業者への委託試験研究（措令27の 4 ㉔十）に該当します。）	4,000,000円
⑨	民間企業丙社と行う共同研究のための試験研究費（その他の者との共同試験研究（措令27の 4 ㉔五）に該当します。）	3,000,000円
⑩	合計	80,000,000円

また、当期及び前期以前3年間の試験研究費の額等は、次のとおりです。なお、当期の営業外収益の中には、国等から受け入れた上記⑦から⑨以外の試験研究のための補助金330万円が含まれています。

〈当期及び前期以前3年間の試験研究費の額等〉

事業年度	試験研究費の額(注)	売上金額	営業外収益
令和3年3月期	50,000,000円	400,000,000円	10,000,000円
令和4年3月期	60,000,000円	550,000,000円	15,000,000円
令和5年3月期	70,000,000円	600,000,000円	10,000,000円
令和6年3月期	80,000,000円	650,000,000円	20,000,000円

(注) 令和3年3月期から令和5年3月期の試験研究費の額は、税務上の金額となり、令和6年3月期の試験研究費の額は、会計上の金額となります。

(2) 計算

イ 概要

A社は、青色申告書を提出する中小企業者に該当するため、中小企業基盤型、一般型及びオープンイノベーション型の適用を検討します。

その際、まず、当期の試験研究費の額のうち、研究開発税制の適用ができるものの検討をし、次にオープンイノベーション型の適用を検討して、最後にオープンイノベーション型で使用した試験研究費以外の試験研究費の額について、中小企業基盤型又は一般型の適用を検討します。

また、中小企業基盤型と一般型とは、併用が認められていないため、有利となる方を選択します。

具体的な検討は、次のとおりです。

第 1　試験研究を行った場合の法人税額の特別控除

ロ　当期の試験研究費の額

当期の試験研究費の額の内訳のうち、③は人件費の「専ら」要件を満たさないこと、⑤のかっこ書は損金算入されないこと、⑥は臨時・偶発的な除却損であること、「国等から受け入れた試験研究のための補助金」は試験研究費の額から控除する必要があることから、次の金額が研究開発税制の適用ができる当期の試験研究費の額となります。

$$
\overset{⑩}{80{,}000{,}000円} - \overset{③}{2{,}000{,}000円} - \overset{⑤}{1{,}000{,}000円} - \overset{⑥}{400{,}000円} - \overset{（補助金）}{3{,}300{,}000円} = 73{,}300{,}000円
$$

ハ　オープンイノベーション型

㈠　当期の特別試験研究費の額

上記ロの当期の試験研究費の額のうち、オープンイノベーション型の対象となる試験研究費の額は、試験研究費の額の内訳の⑦⑧⑨であるため、次の金額が当期の特別試験研究費の額となります。

$$
\overset{⑦}{6{,}000{,}000円} + \overset{⑧}{4{,}000{,}000円} + \overset{⑨}{3{,}000{,}000円} = 13{,}000{,}000円
$$

㈡　特別研究税額控除限度額

試験研究費の額の内訳の⑦⑧⑨は、控除割合がそれぞれ異なるため、次の金額が特別研究税額控除限度額となります。

ⅰ	国立研究開発法人と行う共同試験研究：6,000,000円×30％＝1,800,000円
ⅱ	研究開発型ベンチャー企業への委託試験研究：4,000,000円×25％＝1,000,000円
ⅲ	民間企業と行う共同試験研究：3,000,000円×20％＝600,000円
ⅳ	ⅰ＋ⅱ＋ⅲ＝3,400,000円

㈢　特別控除額

特別控除額は、調整前法人税額を基に算出した当期税額基準額と比較して、いずれか小さい方となるため、次のとおりとなります。

3,400,000円＜6,894,400円(注)　∴3,400,000円
(注)　調整前法人税額68,944,000円×10％＝6,894,400円

— 165 —

二 中小企業基盤型

(イ) 中小企業基盤型の対象となる試験研究費の額

オープンイノベーション型の対象となった試験研究費は、中小企業基盤型の計算から除かれるため（措法42の4⑦）、上記ロで算出した当期の試験研究費の額から、オープンイノベーション型の適用を受けた特別試験研究費の額を控除する必要があります。

73,300,000円 − 13,000,000円(注) = 60,300,000円

(注) 上記ハ(イ)特別試験研究費の額

(ロ) 増減試験研究費割合

増減試験研究費割合は、その事業年度の試験研究費の額から比較試験研究費の額を減算した金額のその比較試験研究費の額に対する割合をいうため、次のとおりとなります。

$$\frac{73,300,000円 − 60,000,000円(注)}{60,000,000円※} = 0.22166\cdots > 12\%$$

∴増減試験研究費割合が12%超の場合の上乗せ措置の適用あり

(注) 比較試験研究費の額

（50,000,000円 + 60,000,000円 + 70,000,000円）÷ 3 = 60,000,000円

(ハ) 試験研究費割合

試験研究費割合は、次のとおりとなります。なお、分母で使用する平均売上金額を算出する際は、基本的に営業外収益や特別利益は含みません。

73,300,000円 ÷ 550,000,000円(注) = 0.13327272\cdots > 10\%

∴試験研究費割合が10%超の場合の上乗せ措置の適用あり

(注) 平均売上金額

（400,000,000円 + 550,000,000円 + 600,000,000円 + 650,000,000円）÷ 4

= 550,000,000円

㈡　控除割合

増減試験研究費割合が12％超及び試験研究費割合が10％超の場合の上乗せ措置の適用があるため、中小企業基盤型の控除割合は次のとおりとなります。

①　下記②以外の控除割合
12％＋（22.16％(注)－12％）×0.375 ＝0.1581…
②　試験研究費割合が10％超の場合の上乗せ分
（13.32％(注)－10％）×0.5＝0.01663…
③　①×（１＋②）＝0.1581…×（１＋0.01663…）＝0.1607… →0.160＝16.0％
（小数点以下３位未満切捨て）
(注)　増減試験研究費割合及び試験研究費割合は、端数を切り捨てずに計算しますが、別表記載例の表示と合わせるため、このような表示にしています。

㈭　中小企業者等税額控除限度額

中小企業者等税額控除限度額は、当期の試験研究費の額から、オープンイノベーション型の適用を受けた特別試験研究費の額を控除した試験研究費の額に控除割合を乗じた金額となるため、次のとおりとなります。

60,300,000円(注)×16.0％＝9,648,000円
(注)　中小企業基盤型の税額控除の対象となる試験研究費の額

㈬　特別控除額

特別控除額は、調整前法人税額を基に算出した当期税額基準額と比較して、いずれか小さい方となるため、次のとおりとなります。

9,648,000円＜24,130,400円(注)　∴9,648,000円
(注)　調整前法人税額68,944,000円×35％＝24,130,400円

ホ　一般型

　次のとおり、中小企業税額控除限度額が当期税額基準額に満たないことから、当期税額基準の計算の基となる控除上限割合を上乗せする措置（上記2⑷ニ㈵a及び㈥）の適用がある場合であっても、特別控除額が増加することがないため、一般型の方が有利になることがないことになります。したがって、中小企業基盤型を選択します。

中小企業税額控除限度額9,648,000円＜当期税額基準額24,130,400円
∴　当期税額基準額が増加しても特別控除額が増加しないため、一般型の方が有利となることがないことから、中小企業基盤型を選択する

ヘ　当期の特別控除額

　上記ロからホまでの検討の結果、この事例における当期の特別控除額は、オープンイノベーション型と中小企業基盤型の特別控除額を合計した金額となるため、次のとおりとなります。

3,400,000円（上記ハ㈵）＋9,648,000円（上記ニ㈥）＝13,048,000円

第 1　試験研究を行った場合の法人税額の特別控除

⑶　別表記載例

イ　オープンイノベーション型

特別試験研究費の額に係る法人税額の特別控除に関する明細書	事業年度	5・4・1 6・3・31	法人名	A社	別表六(十四) 令五・四・一以後終了事業年度分

特　定　税　額　控　除　規　定　の　適　用　可　否			可

特 別 試 験 研 究 費 の 額 (14の計)	1	13,000,000 円	調 整 前 法 人 税 額 (別表一「2」又は別表一の二「2」若しくは「13」)	7	68,944,000 円
控 除 対 象 済 特 別 試 験 研 究 費 の 額 (別表六(九)「3」)又は(別表六(十)「3」)	2		当 期 税 額 基 準 額 $((7)+(別表六(十五)「18」))\times\frac{10}{100}$	8	6,894,400
差 引 対 象 特 別 試 験 研 究 費 の 額 (1)－(2)	3	13,000,000	当 期 税 額 控 除 可 能 額 ((6)と(8)のうち少ない金額)~~又は(別表六(十四)付表三「13」、「16」又は「18」)~~	9	3,400,000
同上のうち税額控除割合が30%である試験研究に係る特別試験研究費の額 ((3)と(15)のうち少ない金額)	4	6,000,000			
(3)のうち税額控除割合が25%である試験研究に係る特別試験研究費の額 (((3)－(4))と(16)のうち少ない金額)	5	4,000,000	調 整 前 法 人 税 額 超 過 構 成 額 (別表六(六)「8の③」)	10	
特 別 研 究 税 額 控 除 限 度 額 $(4)\times\frac{30}{100}+(5)\times\frac{25}{100}+((3)-(4)-(5))\times\frac{20}{100}$	6	3,400,000	法 人 税 額 の 特 別 控 除 額 (9)－(10)	11	3,400,000

特　別　試　験　研　究　費　の　額　の　明　細		
措法第42条の4第7項各号の該当号	特 別 試 験 研 究 の 内 容	特別試験研究費の額
12	13	14
⦅第 1 号⦆ ・ 第 2 号 ・ 第 3 号	国立研究開発法人甲社と行う共同研究のための試験研究費	6,000,000 円
第 1 号 ・ ⦅第 2 号⦆ ・ 第 3 号	研究開発型ベンチャー企業乙社に委託する試験研究費	4,000,000
第 1 号 ・ 第 2 号 ・ ⦅第 3 号⦆	民間企業丙社と行う共同研究のための試験研究費	3,000,000
第 1 号 ・ 第 2 号 ・ 第 3 号		
第 1 号 ・ 第 2 号 ・ 第 3 号		
計		13,000,000
(14 の 計) の う ち (12) が 第 1 号 で あ る 試 験 研 究 に 係 る 特 別 試 験 研 究 費 の 額	15	6,000,000
(14 の 計) の う ち (12) が 第 2 号 で あ る 試 験 研 究 に 係 る 特 別 試 験 研 究 費 の 額	16	4,000,000

— 169 —

第 3 章　中小企業者の取扱い

ロ　中小企業基盤型

中小企業者等の試験研究費の額に係る法人税額の特別控除に関する明細書

事業年度　5・4・1／6・3・31　　法人名　A社　　別表六(十)　令五・四・一以後終了事業年度分

項目	No.	金額	項目	No.	金額
試験研究費の額	1	73,300,000 円	中小企業者等税額控除限度額 (4)×((12)又は0.12)	13	9,648,000 円
控除対象試験研究費の額の計算：同上のうち特別試験研究費以外の額	2	60,300,000	調整前法人税額 (別表一「2」又は別表一の二「2」若しくは「13」)	14	68,944,000
(1)のうち中小企業者等の試験研究費の額に係る税額控除の対象とする特別試験研究費の額	3		当期税額基準額の計算（令和8年3月31日以前に開始する事業年度の場合）：~~(7)>9.4%又は~~(7)>12%の場合	15	0.35
控除対象試験研究費の額 (2)+(3)	4	60,300,000	(9)>10%の場合の特例加算割合 ((9)−10/100)×2 (小数点以下3位未満切捨て)(0.1を超える場合は0.1)	16	
増減試験研究費割合の計算：比較試験研究費の額 (別表六(十一)「5」)	5	60,000,000	基準年度比売上金額減少割合≧2%かつ令和5年3月31日以前に開始した事業年度の場合の特例加算割合 (別表六(十二)「11」)	17	
増減試験研究費の額 (1)−(5)	6	13,300,000	当期税額基準額 ((14)+(別表六(十五)「9」))×(((15)、(0.25+(16))又は0.25)+(17))	18	24,130,400 円
増減試験研究費割合 (6)/(5)	7	0.2216	当期税額控除可能額 ((13)と(18)のうち少ない金額)又は(別表六(十)付表「24」、「27」又は「29」)	19	9,648,000
試験研究費割合の計算：平均売上金額 (別表六(十一)「10」)	8	550,000,000 円			
試験研究費割合 (1)/(8)	9	0.1332	調整前法人税額超過構成額 (別表六(六)「8の②」)	20	
税額控除割合の計算：割増前税額控除割合 12/100+((7)−9.4×12/100)×(0.35又は0.375) (0.12未満の場合、設立事業年度の場合又は(5)=0の場合は0.12)	10	0.1581			
(9)>10%の場合の控除割増率 ((9)−10/100)×0.5 (0.1を超える場合は0.1)	11	0.0166	法人税額の特別控除額 (19)−(20)	21	9,648,000
税額控除割合 (10)+(10)×(11) (小数点以下3位未満切捨て)(0.17を超える場合は0.17)	12	0.160			

— 170 —

第 1　試験研究を行った場合の法人税額の特別控除

ハ　比較試験研究費及び平均売上金額

試験研究を行った場合の法人税額の特別控除における比較試験研究費の額及び平均売上金額の計算に関する明細書

| 事業年度 | 5 ・4 ・1　6 ・3 ・31 | 法人名 | A社 |

別表六（十一）　令五・四・一以後終了事業年度分

比較試験研究費の額の計算

	事 業 年 度	試験研究費の額	当期の月数／(1)の事業年度の月数	改定試験研究費の額 (2)×(3)
	1	2	3	4
調整対象年度	・　・ ・　・	円	───────	円
	・　・ ・　・		───────	
	・　・ ・　・		───────	
	令2・4・1 令3・3・31	50,000,000	12／12	50,000,000
	令3・4・1 令4・3・31	60,000,000	12／12	60,000,000
	令4・4・1 令5・3・31	70,000,000	12／12	70,000,000
	計			180,000,000
比較試験研究費の額 (4の計)÷(調整対象年度数)		5		60,000,000 円

平均売上金額の計算

	事 業 年 度	売 上 金 額	当期の月数／(6)の事業年度の月数	改定売上金額 (7)×(8)
	6	7	8	9
売上調整年度	・　・ ・　・	円	───────	円
	・　・ ・　・		───────	
	・　・ ・　・		───────	
	令2・4・1 令3・3・31	400,000,000	12／12	400,000,000
	令3・4・1 令4・3・31	550,000,000	12／12	550,000,000
	令4・4・1 令5・3・31	600,000,000	12／12	600,000,000
当期				650,000,000
	計			2,200,000,000
平均売上金額 (9の計)÷(1＋売上調整年度数)		10		550,000,000 円

— 171 —

第2　中小企業者等が機械等を取得した場合の特別償却又は法人税額の特別控除（中小企業投資促進税制）

1　概要

(1)　制度の趣旨

　この制度は、平成10年4月24日に経済対策閣僚会議において決定された「総合経済対策」において、民間投資を促進するための税制上の措置として創設されたものです。

　当初は、1年間の時限措置として創設されましたが、その後延長や拡充が繰り返されています。令和5年税制改正においても、対象資産から一定のコインランドリー業の用に供する機械装置が除外され、総トン数500トン以上の船舶については、環境への負荷の低減に資する設備の設置状況等を国土交通大臣に届け出た船舶に限定された上で、適用期限が令和7年3月31日まで2年間延長されました。

(2)　制度の概要

　この制度は、中小企業者等が平成10年6月1日から令和7年3月31日までの期間（以下、「指定期間」といいます。）内に新品の特定機械装置等を取得し、又は製作して、製造業や建設業などの指定事業の用に供した場合に、その指定事業の用に供した日を含む事業年度（以下、「供用年度」といいます。）において、特別償却と税額控除の選択適用を認めるものです（措法42の6）。

　ただし、税額控除を選択できるのは、中小企業者等のうち資本金の額若しくは出資金の額が3,000万円以下の法人又は農業協同組合等若しくは商店街振興組合となります（措法42の6②、措令27の6⑧）。

〈特別償却と税額控除の関係〉

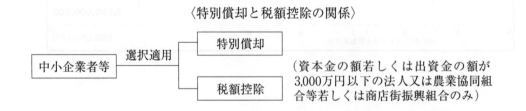

2　制度の詳細

(1)　適用対象法人

　この制度の適用対象法人は、青色申告書を提出する中小企業者（適用除外事業者を除きます。中小企業者及び適用除外事業者の意義については、第1章　第1　3　(1)及び(3)を参照してください。）又は農業協同組合等若しくは商店街振興組合（以下、「中小企業者等」といいます。）とされています（措法42の6①）。

(2)　特定機械装置等の範囲

　この制度の適用を受けることができる特定機械装置等の範囲は、次のとおりです。

　なお、匿名組合契約その他これに類する一定の契約の目的である事業の用に供するものは、この制度の適用対象となりません（措法42の6①、措令27の6⑤）。

〈特定機械装置等〉

資産の種類	対象資産	規模要件	根拠条文
機械及び装置	機械及び装置（その管理のおおむね全部を他の者に委託するものであることその他の一定の要件（注1）に該当するものを除きます。）	1台又は1基（注2）の取得価額が160万円以上のもの（注3）	措法42の6①一、措令27の6④一
工具	製品の品質管理の向上等に資する測定工具及び検査工具	1台又は1基（注2）の取得価額が120万円以上のもの（その事業年度において、取得又は製作をして国内にあるその中小企業者等の営む指定事業の用に供した工具（1台又は1基の取得価額が30万円以上のものに限ります。）の取得価額の合計額が120万円以上である場合のその工具を含みます。）（注3）	措法42の6①二、措令27の6④二、措規20の3③
ソフトウエア	ソフトウエア（これに関連するシステム仕様書その他の書類を含み、複写して販売するための原本、開発研究の用に供されるものその他一定のものを除きます。）	一のソフトウエアの取得価額が70万円以上のもの（その事業年度において、取得又は製作をして国内にあるその中小企業者等の営む指定事業の用に供したソフトウエアの取得価額の合計額が70万円以上である場合のそのソフトウエアを含みます。）	措法42の6①三、措令27の6②、④三、措規20の3④
車両及び運搬具	貨物の運送の用に供される車両総重量3.5トン以上の普通自動車	規模要件なし	措法42の6①四、措規20の3⑥
船舶	内航海運業の用に供される船舶（輸送の効率化等に資する船舶（注4）にあっては、環境への負荷の状況が明らかにされた船舶として一定のもの（注5）に限ります。）	規模要件なし	措法42の6①五、措令27の6③

注1　一定の要件とは、次に掲げる要件のいずれにも該当することをいいます（措令27の6①）。

①その管理のおおむね全部を他の者に委託するものであること

②要する人件費が少額な一定のサービス業の用に供するものであること

　要する人件費が少額な一定のサービス業は、洗濯機、乾燥機その他の洗濯に必要

第2　中小企業者等が機械等を取得した場合の特別償却又は法人税額の特別控除

な設備（共同洗濯設備として病院、寄宿舎その他の施設内に設置されているものを除きます。）を設け、これを公衆に利用させる事業とされています（措規20の3①）。すなわち、コインランドリー業のことです（財務省「令和5年度　税制改正の解説」332頁）。

　ただし、要する人件費が少額な一定のサービス業からは、中小企業者等の主要な事業が除かれており、次の事業は、その主要な事業に該当するものとされています（措規20の3②）。

ⅰ　継続的に中小企業者等の経営資源（事業の用に供される不動産、事業に関する従業者の有する技能又は知識（租税に関するものを除きます。）その他これらに準ずるものをいいます。）を活用して行い、又は行うことが見込まれる事業

ⅱ　中小企業者等が行う主要な事業に付随して行う事業

2　通常一組又は一式をもって取引単位とされるものにあっては、一組又は一式となります（措令27の6④一）。

3　機械及び装置又は工具の1台又は1基の取得価額が160万円以上又は120万円以上であるかどうかについては、通常一単位として取引される単位ごとに判定しますが、個々の機械及び装置の本体と同時に設置する自動調整装置又は原動機のような附属機器で本体と一体になって使用するものがある場合には、これらの附属機器を含めたところによりその判定を行うことができます。なお、工具の取得価額の合計額が120万円以上であるかどうかについては、測定工具及び検査工具の取得価額の合計額により判定します（措通42の6－2）。

4　輸送の効率化に資する船舶とは、総トン数が500トン以上の船舶をいいます（措令27の6③）。

5　環境への負荷の状況が明らかにされた船舶として一定のものとは、その船舶に用いられた指定装置等（環境への負荷の低減に資するものとして国土交通大臣が指定する装置をいいます。）の内容その他一定の事項を国土交通大臣に届け出たものであることが明らかにされた船舶とされています（措令27の6③）。

　一定の事項とは、次に掲げる事項とされています（措規20の3⑦）。

①その船舶に用いられた指定装置等の内容

②指定装置等のうちその船舶に用いられていないものがある場合には、その理由及びその指定装置等に代わり用いられた装置の内容

　国土交通大臣に届け出たものであることが明らかにされた船舶とは、この制度の適用を受けようとする事業年度の確定申告書等に国土交通大臣のこれらの事項の届出があった旨を証する書類の写しを添付することにより明らかにされた船舶とされています。

— 175 —

(3) **指定事業**

指定事業とは、次に掲げる事業（内航運送の用に供される船舶の貸渡しをする事業を営む法人以外の法人の貸付けの用を除きます。）をいいます（措法42の6①、措令27の6⑥、措規20の3⑧）。

〈指定事業〉

> 製造業、建設業、農業、林業、漁業、水産養殖業、鉱業、卸売業、道路貨物運送業、倉庫業、港湾運送業、ガス業、小売業、料理店業その他の飲食店業（料亭、バー、キャバレー、ナイトクラブその他これらに類する事業にあっては、生活衛生同業組合の組合員が行うものに限ります。）、一般旅客自動車運送業、海洋運輸業及び沿海運輸業、内航船舶貸渡業、旅行業、こん包業、郵便業、通信業、損害保険代理業、不動産業、サービス業（映画業以外の娯楽業を除きます。）

小売業からサービス業までについては、風俗営業等の規制及び業務の適正化等に関する法律に規定する性風俗関連特殊営業に該当するものは指定事業から除かれます。

なお、料亭、バー、キャバレー、ナイトクラブに類する事業には、例えば大衆酒場及びビヤホールのように一般大衆が日常利用する飲食店は含まれません（措通42の6―6）。

また、法人の営む事業が指定事業に該当するかどうかは、概ね日本標準産業分類（総務省）の分類を基準として判定することとされています（措通42の6―5）。

(4) **特別償却**

イ　**特別償却限度額**

中小企業者等が指定期間内に特定機械装置等でその製作の後事業の用に供されたことのないものを取得し、又は特定機械装置等を製作して、これを国内にあるその中小企業者等の営む指定事業の用に供した場合には、その供用年度のその特定機械装置等の償却限度額は、その普通償却限度額と特別償却限度額（その特定機械装置等の基準取得価額(注)の30％相当額をいいます。）との合計額とされます（措法42の6①）。

〈特別償却限度額〉

> 特定機械装置等の基準取得価額　×　30％

(注)　基準取得価額は、資産の種類に応じて、次のとおり定められています（措法42の6①、

措令27の6⑦)。

〈基準取得価額〉

資産の種類	基準取得価額
機械及び装置、工具、ソフトウエア、車両及び運搬具	取得価額
船舶	取得価額×75%

ロ　特別償却不足額がある場合の償却限度額の計算の特例

　法人が各事業年度終了の時において有する減価償却資産で、この制度に係る特別償却不足額がある場合には、その事業年度開始の日前1年以内に開始した各事業年度において、1年間の繰越しができることとされています（措法52の2①）。この特別償却不足額とは、特別償却対象資産の償却費として損金の額に算入された金額がこの特別償却に関する規定により計算される償却限度額に満たない場合のその差額のうち、特別償却限度額に達するまでの金額で、前事業年度までに損金の額に算入された金額以外の金額をいいます（措法52の2②）。

〈特別償却不足額がある場合の特別償却不足額の繰越し〉

(1)　前提
　①　X1年度：特別償却の適用対象となる資産を2,000万円で取得
　②　償却限度額
　　X1年度　普通償却限度額　400万円、特別償却限度額　600万円
　　X2年度　普通償却限度額　400万円

普通償却限度額	特別償却限度額
400万円	600万円

— 177 —

(2)　例1

X1年度（償却費250万円を損金算入）

普通償却額		（特別償却不足額）
250万円	（切捨て）	600万円

普通償却不足額150万円は切捨て　　X2年度へ繰越し

X2年度（償却費1,000万円を損金算入）

普通償却限度額	繰越特別償却不足額
400万円	600万円

(3)　例2

X1年度（償却費800万円を損金算入）

普通償却限度額	特別償却額	（不足額）
400万円	400万円	（200万円）

X2年度（償却費600万円を損金算入）

普通償却限度額	繰越額	
400万円	200万円	特別償却不足額を X2年度へ繰越し

ハ　準備金方式による特別償却（特別償却準備金）

　この制度の適用を受けることができる法人は、特別償却に関する規定の適用を受けることに代えて、特別償却限度額以下の金額を損金経理又は剰余金の処分の方法により特別償却準備金として積み立てたときは、その積み立てた金額をその事業年度の損金の額に算入することができます（措法52の3①）。

　また、上記ロ同様、特別償却準備金の積立不足額については、1年間の繰越しができます（措法52の3②）。

〈剰余金処分方式による特別償却準備金の積立て〉

（単位：万円）

(1)　前提

　①　特別償却の適用対象となる機械装置を2,000万円で取得

　　償却限度額1,000万円の内訳

普通償却限度額	特別償却限度額
400万円	600万円

② 償却費計上前の税引前当期純利益は600万円

(2) 特別償却準備金として積立てた場合

① **会計処理**

（借方）		（貸方）	
減価償却費	400	減価償却累計額	400
繰越利益剰余金	600	特別償却準備金	600

貸借対照表

資産の部		負債の部	
現金預金	4,900	負債の部合計	5,000
売掛金	1,000	純資産の部	
機械装置	2,000	資本金	1,000
減価償却累計額	△400	特別償却準備金	600
		繰越利益剰余金	900
		純資産の部合計	2,500
資産の部合計	7,500	負債純資産合計	7,500

損益計算書

償却費計上前利益	600
減価償却費	400
税引前当期純利益	200

② **法人税申告書別表調整**

別表4

税引前当期純利益	200
特別償却準備金認定損（減算・留保）	600
所得金額又は欠損金額	△400

別表5(1)

特別償却準備金	（増）	600
特別償却準備金認定損	（増）	△600

　翌事業年度以降、毎期一定額の特別償却準備金を取り崩し、別表4で加算調整を行い益金の額に算入していく必要があります。

— 179 —

(3) 償却限度額全額を損金経理した場合

① **会計処理**

（借方）		（貸方）	
減価償却費	1,000	減価償却累計額	1,000

貸借対照表

資産の部		負債の部	
現金預金	4,900	負債の部合計	5,000
売掛金	1,000	純資産の部	
機械装置	2,000	資本金	1,000
減価償却累計額	△1,000	繰越利益剰余金	900
		純資産の部合計	1,900
資産の部合計	6,900	負債純資産合計	6,900

損益計算書

償却費計上前利益	600
減価償却費	1,000
税引前当期純利益	△400

② **法人税申告書別表調整**

別表調整なしのため別表4の所得金額は△400万円

　特別償却の適用対象となる固定資産を取得し、剰余金処分方式により特別償却準備金を積み立てた場合においては、損金経理した場合と比べ、貸借対照表の純資産の部及び損益計算書の当期純利益の額が特別償却相当額だけ大きくなります。

　このため、特別償却額を損金経理により処理することで、自己資本比率の低下を招いたり、決算がマイナスとなってしまう場合などは特別償却準備金として剰余金処分方式の選択が考えられます。

　なお、どちらの会計処理を選択したとしても、固定資産取得事業年度において、法人税申告書の所得金額は同額となるため、法人税等の負担額は変わりません。

第 2　中小企業者等が機械等を取得した場合の特別償却又は法人税額の特別控除

ニ　申告要件

　この制度は、確定申告書等（確定申告書及び仮決算の場合の中間申告書をいいます（措法2②二十八）。以下同じ。）に特定機械装置等の償却限度額の計算に関する明細書の添付がある場合に限り、適用されます（措法42の6⑥）。

⑸　法人税額の特別控除
イ　内容

　特定中小企業者等（中小企業者等のうち資本金の額若しくは出資金の額が3,000万円以下の法人又は農業協同組合等若しくは商店街振興組合をいいます。）が、指定期間内に特定機械装置等でその製作の後事業の用に供されたことのないものを取得し、又は特定機械装置等を製作して、これを国内にあるその特定中小企業者等の営む指定事業の用に供した場合において、その特定機械装置等につき特別償却の規定の適用を受けないときは、調整前法人税額（注1）からその特定機械装置等の基準取得価額の7％に相当する金額（以下、「税額控除限度額」といいます。）を控除します。

　この場合において、税額控除限度額が調整前法人税額の20％に相当する金額（注2）を超えるときは、その20％に相当する金額が限度となります（措法42の6②）。

(注)1　調整前法人税額とは、租税特別措置法の各税額控除の規定や所得税額控除（法法68）等の規定を適用しないで計算した法人税額をいいます（措法42の4⑲二）。

　　　　具体的には法人税申告書別表1「2　法人税額」であり、「3　法人税額の特別控除額」を控除する前の法人税額をいいます。

　　2　税額控除を受ける金額は、「中小企業者等が特定経営力向上設備等を取得した場合の法人税額の特別控除」（第3章　第4参照）の規定と合わせて調整前法人税額の20％相当額が限度となります。

〈特定中小企業者等が機械等を取得した場合の特別控除額〉

```
①　税額控除限度額
　　　特定機械装置等の基準取得価額×7％
②　当期税額基準額
　　　調整前法人税額×20％
③　特別控除額
　　　①と②のいずれか少ない方
```

— 181 —

ロ　繰越税額控除限度超過額の繰越し

繰越税額控除限度超過額㊟については、1年間の繰越しが認められます（措法42の6③④）。

㊟　その法人のその事業年度開始の日前1年以内に開始した各事業年度（その事業年度まで連続して青色申告書の提出をしている場合の各事業年度に限ります。）における税額控除限度額のうち、控除をしてもなお控除しきれない金額（既にこの制度によりその各事業年度において調整前法人税額から控除された金額がある場合には、その控除済みの金額を控除した残額）の合計額をいいます（措法42の6④）。

ハ　申告要件

この制度は、確定申告書等（この制度により控除を受ける金額を増加させる修正申告書又は更正請求書を提出する場合には、修正申告書又は更正請求書を含みます。）に控除の対象となる特定機械装置等の取得価額、控除を受ける金額及びその金額の計算に関する明細を記載した書類の添付がある場合に限り、適用されます（措法42の6⑦）。

3　実務上の留意点

(1)　他の特別償却制度等との重複適用の排除

この制度は、租税特別措置法におけるこの制度以外の特別償却や税額控除制度の適用を受ける特定機械装置等については、重複して適用できません（措法53）。

また、同一の特定機械装置等について、特別償却と税額控除の規定を同時に適用することはできません（措法42の6②）。

(2)　所有権移転外リース取引の場合

所有権移転外リース取引により取得した特定機械装置等については、特別償却の規定は適用されません（措法42の6⑤）が、税額控除の規定は適用されます。

なお、税額控除額は毎年のリース料の7％ではなく、そのリース資産の取得価額の7％となります。

(3)　事業年度の中途に中小企業者等に該当しなくなった場合

法人が各事業年度の中途において中小企業者等に該当しないこととなった場合においても、その該当しないこととなった日前に取得又は製作をして指定事業の用に供し

た特定機械装置等については、この制度による特別償却の適用を受けることができます。また、法人が各事業年度の中途において特定中小企業者等に該当しないこととなった場合におけるこの制度による特別控除の適用も同様となります（措通42の6―1）。

(4) 主たる事業でない場合の適用

法人の営む事業が指定事業に該当するかどうかは、その法人が主たる事業としてその事業を営んでいるかどうかを問わないこととなります（措通42の6―4）。

(5) 指定事業とその他の事業とに共通して使用される特定機械装置等

指定事業とその他の事業とを営む法人が、その取得又は製作をした特定機械装置等をそれぞれの事業に共通して使用している場合には、その全部を指定事業の用に供したものとしてこの制度が適用されます（措通42の6―7）。

(6) 特定機械装置等の対価につき値引きがあった場合

法人が特定機械装置等を指定事業の用に供した日を含む事業年度後の事業年度において、その特定機械装置等の対価の額につき値引きがあった場合には、供用年度に遡ってその値引きのあった特定機械装置等に係る税額控除限度額の修正を行うこととなります（措通42の6―10）。

(7) 地方税（法人住民税）の取扱い

法人住民税の課税標準となる法人税額は、税額控除後の法人税額を用いることとされています（地法23①四、292①四）。

税額控除額が70万円である場合の法人税申告書別表1と住民税申告書第6号様式の関係は次のとおりになります。法人税申告書別表1「9」の法人税額を住民税申告書第6号様式の①に転記し、法人住民税の方での調整は不要となります。

〈法人税申告書別表１〉　〈住民税申告書第６号様式〉

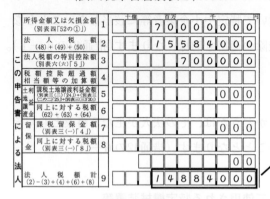
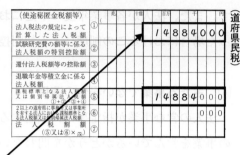

4　事例及び法人税申告書別表記載例

(1)　前提

　青色申告書を提出する特定中小企業者等であるＡ社が、特定機械装置等に該当する機械装置（溶接機）で、製作後事業の用に供されたことのないものをＢ社から1,000万円で取得し、国内にある指定事業の用に供した場合の計算例及び別表記載例を示します。

　機械装置の取得日及び事業供用日は令和５年７月１日とし、耐用年数は10年、定率法での償却、調整前法人税額は1,500万円です。

　なお、租税特別措置法第42条の12の４（中小企業者等が特定経営力向上設備等を取得した場合の法人税額の特別控除）の規定の適用はありません。

　　　Ａ社の概要

　　適用事業年度：令和５年４月１日～令和６年３月31日

　　業種：金属製品製造業

　　資本金：1,000万円（発行済株式数50,000株）、株主は全員、個人株主

　　常時使用する従業員の数：10人

---

(2)　計算

イ　特別償却

　①　普通償却額

　　　10,000,000円（取得価額）×0.200×9/12＝1,500,000円

　②　特別償却額

10,000,000円（取得価額）×30％＝3,000,000円

（特別償却は月数按分を行いません。）

③　償却額

①＋②＝4,500,000円

ロ　税額控除

特定中小企業者等が特別償却の適用を受けない場合には、次の税額控除の適用を受けることが可能です。

① 　税額控除限度額

10,000,000円（取得価額）× 7 ％＝700,000円

② 　当期税額基準額

15,000,000円（調整前法人税額）×20％＝3,000,000円

③ 　税額控除額

①＜②　 ∴700,000円

第3章 中小企業者の取扱い

(3) 別表記載例

イ 特別償却

特別償却等の償却限度額の計算に関する付表

事業年度 又は連結 事業年度	5 ・ 4 ・ 1 〜 6 ・ 3 ・31	法人名	A社

（特別償却又は割増償却の名称） 該　当　条　項	1	（中小企業者等が取得した機械等の特別償却） （　）措置法・震災特例法 （42）条（の　6）第（1）項（1）号（　）	（　　　　　　　　　　　　） （　　　　　）措置法・震災特例法 （　）条（の　）第（　）項（　）号（　）
事　業　の　種　類	2	金属製品製造業	
（機械・装置の耐用年数表等の番号） 資　産　の　種　類	3	（　　　16　　　） 機械及び装置	（　　　　　　　　　　）
構造、用途、設備の種類又は区分	4	金属製品製造業用設備	
細　　　　　　　　　目	5	溶接機（その他の設備）	
取　得　等　年　月　日	6	5 ・ 7 ・ 1	・　　・
事業の用に供した年月日 又は支出年月日	7	5 ・ 7 ・ 1	・　　・
取得価額又は支出金額	8	10,000,000　円	円
対象となる取得価額又は支出金額	9	10,000,000　円	円
普　通　償　却　限　度　額	10	円	円
特別償却率又は割増償却率	11	$\frac{30}{100}$	$\frac{}{100}$
特別償却限度額又は割増償却限度額 （（9）−（10））、（（9）×（11））又は（（10）×（11））	12	3,000,000　円	円
償却・準備金方式の区分	13	（償却）・準備金	償却・準備金

適 用 要 件 等	資産の取得価額等の合計額	14	円	円
	区　域　の　名　称　等	15		
	認　定　等　年　月　日	16	・　　・　　（　　　） ・　　・　　（　　　）	・　　・　　（　　　） ・　　・　　（　　　）
	その他参考となる事項	17		

中小企業者又は中小連結法人の判定

発行済株式又は出資の 総　数　又　は　総　額	18	50,000	大 規 模 法 人 の 株 式 数 等 の 保 有 す る 明 細	順位	大 規 模 法 人		株式数又は 出資金の額
（18）のうちその有する自己の株式 又は出資の総数又は総額	19	0		1		26	
差　引（18）−（19）	20	50,000				27	
常時使用する従業員の数	21	10　人				28	
大規模法人の株式等の保有割合	第1順位の株式数又は 出資金の額　（26）	22	0			29	
	保　有　割　合 $\frac{(22)}{(20)}$	23	0 ％			30	
	大規模法人の保有する 株式数等の計　（32）	24	0			31	
	保　有　割　合 $\frac{(24)}{(20)}$	25	0 ％		計 （26）＋（27）＋（28）＋（29）＋（30）＋（31）	32	

— 186 —

第 2　中小企業者等が機械等を取得した場合の特別償却又は法人税額の特別控除

ロ　税額控除

中小企業者等が機械等を取得した場合の法人税額の
特別控除に関する明細書

事業年度	5・4・1 6・3・31	法人名	A社

別表六（十七）　令五・四・一以後終了事業年度分

事	事　業　種　目	1	金属製品製造業				
資産区分	種　　　　　類	2	機械及び装置				
	設備の種類又は区分	3	金属製品製造業用設備				
	細　　　　　目	4	溶接機 （その他の設備）				
	取　得　年　月　日	5	5・7・1	・　・	・　・	・　・	・　・
	指定事業の用に供した年月日	6	5・7・1	・　・	・　・	・　・	・　・
取得価額	取 得 価 額 又 は 製 作 価 額	7	円 10,000,000	円	円	円	円
	法人税法上の圧縮記帳による 積　立　金　計　上　額	8	0				
	差 引 改 定 取 得 価 額 $((7)-(8))$又は$(((7)-(8))×\frac{75}{100})$	9	10,000,000				

法 人 税 額 の 特 別 控 除 額 の 計 算

当期分	取 得 価 額 の 合 計 （（9）の合計）	10	円 10,000,000	前期繰越分	差 引 当 期 税 額 基 準 額 残 額 $(13)-(14)-$別表六（二十五）「15」	17	円
	税 額 控 除 限 度 額 $(10)×\frac{7}{100}$	11	700,000		繰 越 税 額 控 除 限 度 超 過 額 （23の計）	18	
	調 整 前 法 人 税 額 （別表一「2」又は別表一の二「2」若しくは「13」）	12	15,000,000		同上のうち当期繰越税額控除可能額 （（17）と（18）のうち少ない金額）	19	
	当 期 税 額 基 準 額 $(12)×\frac{20}{100}$	13	3,000,000		調 整 前 法 人 税 額 超 過 構 成 額 （別表六（六）「8の④」）	20	
	当 期 税 額 控 除 可 能 額 （（11）と（13）のうち少ない金額）	14	700,000		当 期 繰 越 税 額 控 除 額 $(19)-(20)$	21	
	調 整 前 法 人 税 額 超 過 構 成 額 （別表六（六）「8の⑤」）	15	0		法 人 税 額 の 特 別 控 除 額 $(16)+(21)$	22	700,000
	当 期 税 額 控 除 額 $(14)-(15)$	16	700,000				

翌 期 繰 越 税 額 控 除 限 度 超 過 額 の 計 算

事 業 年 度	前 期 繰 越 額 又 は 当 期 税 額 控 除 限 度 額 23	当 期 控 除 可 能 額 24	翌 期 繰 越 額 $(23)-(24)$ 25
・　・	円	円	
・　・			外 円
計		（19）	
当 期 分	（11） 700,000	（14） 700,000	外 0
合 計			0

機 械 装 置 等 の 概 要

— 187 —

第3 地方活力向上地域等において特定建物等を取得した場合の特別償却又は法人税額の特別控除（地方拠点強化税制）

1 概要

(1) 制度の趣旨

　我が国における急速な少子高齢化の進展に対応し、人口の減少に歯止めをかけるとともに東京圏への人口の過度の集中を是正し、それぞれの地域で住みよい環境を確保して活力のある社会を維持していくためには、豊かな生活を安心して営むことができる地域社会の形成、地域社会を担う多様な人材の確保及び地域における多様な就業の機会の創出が重要とされています。そこで、「地域再生法」の改正により地方公共団体が作成する地域再生計画に企業等の地方拠点強化に係る事業を新たに位置づけるとともに、事務所、研修施設等の本社機能の移転・新増設を行う事業者に対して、支援措置を講じるものとしています（関禎一郎他「平成27年版改正税法のすべて」413頁）。

　その支援措置の一環として、地方活力向上地域等内において特定建物等を取得した場合の特別償却又は法人税額の特別控除制度が設けられています。

(2) 制度の概要

　この制度は、青色申告書を提出する法人で「地域再生法の一部を改正する法律」の施行の日（平成27年8月10日）から令和6年3月31日までの期間（以下、「指定期間」といいます。）内に地方活力向上地域等特定業務施設整備計画（地域再生法17の2①）について都道府県知事の認定を受けたものが、その認定の日から設定の日の翌日以後3年以内に、同法に規定する地方活力向上地域又は準地方活力向上地域内において、特定建物等を取得し、又は建設して、その法人の事業の用に供した場合に、その事業の用に供した日を含む事業年度（以下、「供用年度」といいます。）において、特別償却と税額控除の選択適用を認めるものです（措法42の11の3①②）。

第3 地方活力向上地域等において特定建物等を取得した場合の特別償却又は法人税額の特別控除

〈特別償却と税額控除の関係〉

2 制度の詳細

(1) 適用対象法人

　この制度の適用対象法人は、青色申告書を提出する法人で指定期間内に地方活力向上地域等特定業務施設整備計画（地域再生法17の2①）について都道府県知事の認定を受けたものとされています（措法42の11の3①②）。

　中小企業者においては、下記(3)の特定建物等の規模要件が緩和されています。

(2) 適用対象事業

　適用対象事業について、特に業種は限定されていませんが、事業の用に供した場合から貸付けの用に供した場合が除かれているため、貸付けに係る事業は適用対象となりません（措法42の11の3①）。

(3) 特定建物等

イ 規模要件

　特定建物等とは、その認定を受けた地方活力向上地域等特定業務施設整備計画に記載された特定業務施設に該当する建物及びその附属設備（注1）並びに構築物で、一定の規模以上のものとされています（措法42の11の3①）。

　一定の規模とは、一の建物及びその附属設備並びに構築物の取得価額の合計額が2,500万円（注2）以上のものとされ、中小企業者（適用除外事業者を除きます。中小企業者及び適用除外事業者の意義については、第1章 第1 3 (1)及び(3)を参照してください。）においては、1,000万円以上のものとされています（措法42の11の3①、措令27の11の3）。

〈特定建物等の規模要件〉

法人の区分	特定建物等の取得価額の合計額
中小企業者	1,000万円以上
上記以外の法人	2,500万円以上（注2）

(注)1　附属設備は、その建物とともに取得又は建設をする場合における建物附属設備に限られています（措通42の11の3－1）。

　　2　令和4年3月31日以前に取得又は建設をした特定建物等については、2,000万円以上となります（租税特別措置法施行令等の一部を改正する政令（令和4年政令第148号）附則14）。

ロ　特定業務施設

　特定業務施設とは、その事業者の本店又は主たる事務所その他の地域における就業の機会の創出又は経済基盤の強化に資するものをいいます。具体的には、次の業務施設をいい、工場を除くものとされています（地域再生法5④五、地域再生法施行規則8）。

〈特定業務施設〉

施設の種類	部門又は役割
事務所	調査及び企画部門
	情報処理部門
	研究開発部門
	国際事業部門
	情報サービス事業部門
	その他管理業務部門
研究所	研究開発において重要な役割を担うもの
研修所	人材育成において重要な役割を担うもの

(4)　特別償却

イ　特別償却限度額

　適用対象法人が特定建物等でその建設後事業の用に供されたことのないものを取得

第3　地方活力向上地域等において特定建物等を取得した場合の特別償却又は法人税額の特別控除

し、又は特定建物等を建設して、これをその法人の事業の用に供した場合には、その供用年度のその特定建物等の償却限度額は、その普通償却限度額と特別償却限度額の合計額とされます（措法42の11の3①）。

特別償却限度額は、地方活力向上地域等特定業務施設整備計画の区分に応じて次のとおり定められています（措法42の11の3①、地域再生法17の2①）。

〈特別償却限度額〉

計画の区分	特別償却限度額
移転型計画	特定建物等の取得価額 ×25%
拡充型計画	特定建物等の取得価額 ×15%

ロ　特別償却不足額がある場合の償却限度額の計算の特例

法人が各事業年度終了の時において有する減価償却資産で、この制度に係る特別償却不足額がある場合には、1年間の繰越しができることとされています（措法52の2①）。この特別償却不足額とは、その事業年度開始の日前1年以内に開始した各事業年度において特別償却対象資産の償却費として損金の額に算入された金額がこの特別償却に関する規定により計算される償却限度額に満たない場合のその差額のうち、特別償却限度額に達するまでの金額で、前事業年度までに損金の額に算入された金額以外の金額をいいます（措法52の2②）。

特別償却不足額の例示は、第3章　第2　2 (4)ロを参照してください。

ハ　準備金方式による特別償却（特別償却準備金）

この制度の適用を受けることができる法人は、特別償却に関する規定の適用を受けることに代えて、特別償却限度額以下の金額を損金経理又は剰余金の処分の方法により特別償却準備金として積み立てたときは、その積み立てた金額をその事業年度の損金の額に算入することができます（措法52の3①）。

また、上記ロ同様、特別償却準備金の積立不足額については、1年間の繰越しができます（措法52の3②）。

剰余金処分方式による特別償却準備金の積立ての例示は、第3章　第2　2 (4)ハを参照してください。

ニ　申告要件

　この制度は、確定申告書等（確定申告書及び仮決算の場合の中間申告書をいいます（措法2②二十八）。以下同じ。）に特定建物等の償却限度額の計算に関する明細書の添付がある場合に限り適用されます（措法42の11の3④）。

⑸　法人税額の特別控除

イ　内容

　適用対象法人が特定建物等でその建設後事業の用に供されたことのないものを取得し、又は特定建物等を建設して、これをその法人の事業の用に供した場合において、その特定建物等につき特別償却の規定の適用を受けないときは、調整前法人税額(注)から税額控除限度額を控除します。

> (注)　調整前法人税額とは、租税特別措置法の各税額控除や所得税額控除（法法68）等の規定を適用しないで計算した法人税額をいいます（措法42の4⑲二）。
>
> 　具体的には法人税申告書別表1「2　法人税額」であり、「3　法人税額の特別控除額」を控除する前の法人税額をいいます。

　税額控除限度額は、地方活力向上地域等特定業務施設整備計画の区分に応じて、次のとおり定められています（措法42の11の3②、地域再生法17の2①）。

〈税額控除限度額〉

計画の区分	税額控除限度額
移転型計画	特定建物等の取得価額 ×7％
拡充型計画	特定建物等の取得価額 ×4％

　この場合において、税額控除限度額が調整前法人税額の20％に相当する金額を超えるときは、その20％に相当する金額が限度となります（措法42の11の3②）。

第 3 　地方活力向上地域等において特定建物等を取得した場合の特別償却又は法人税額の特別控除

〈特定建物等を取得した場合の特別控除額〉

① 税額控除限度額
ⅰ 　移転型計画　特定建物等の取得価額×７％
ⅱ 　拡充型計画　特定建物等の取得価額×４％
② 当期税額基準額
調整前法人税額×20％
③ 特別控除額
①と②のいずれか少ない方

ロ 　申告要件

　この制度は、確定申告書等に控除の対象となる特定建物等の取得価額、控除を受ける金額及びその金額の計算に関する明細を記載した書類の添付がある場合に限り適用されます（措法42の11の３⑤）。

3 　実務上の留意点

⑴ 　圧縮記帳の適用

　取得価額の合計額について、特定建物等が圧縮記帳の適用を受けたものである場合は、その圧縮記帳後の金額に基づいて規模要件の判定を行うものとされています（措通42の11の３─３）。

　また、特定建物等の供用年度後の事業年度において、国庫補助金等で取得した固定資産等の圧縮額の損金算入（法法42）又は特別勘定を設けた場合の国庫補助金等で取得した固定資産等の圧縮額の損金算入（法法44）の規定の適用を受けることが予定されている場合は、その取得価額から国庫補助金等の交付予定金額(注)を控除した金額に基づいて規模要件の判定を行うものとされています（措通42の11の３─４⑵）。

　なお、特定建物等の供用年度において、当該特定建物等を対象とした国庫補助金等の交付を受けていない場合（その国庫補助金等の返還を要しないことが確定していない場合を含みます。）で、本制度の税額控除限度額の計算の基礎となる取得価額について、国庫補助金等の交付予定金額を控除することなく申告をしたときは、供用年度後の事業年度において国庫補助金等で取得した固定資産等の圧縮額の損金算入（法法42）又は特別勘定を設けた場合の国庫補助金等で取得した固定資産等の圧縮額の損金算入（法法44）の規定の適用がないことに留意する必要があります（措通42の11の３─４（注２））。

（注） 交付予定金額は、供用年度終了の日において見込まれる金額によります（措通42の11の3－4（注1））。

(2) 他の特別償却制度等との重複適用の排除

この制度は、租税特別措置法における本制度以外の特別償却や税額控除制度の適用を受ける特定建物等については、重複して適用できません（措法53①）。

また、同一の特定建物等について、特別償却と税額控除の規定を同時に適用することはできません（措法42の11の3②）。

(3) 所有権移転外リース取引の場合

所有権移転外リース取引により取得した特定建物等については、特別償却の規定は適用されません（措法42の11の3③）が、税額控除の規定は適用されます。

なお、税額控除額は毎年のリース料の7％又は4％ではなく、そのリース資産の取得価額の7％又は4％となります。

(4) 中小企業者であるかどうかの判定

法人が中小企業者に該当するかどうかの判定は、特定建物等の取得又は建設をした日及び事業の用に供した日の現況によります（措通42の11の3－2）。

(5) 特定建物等の対価につき値引きがあった場合の税額控除限度額の計算

特定建物等の供用年度後の事業年度において、その特定建物等の対価の額につき値引きがあった場合には、供用年度に遡って税額控除限度額の修正を行う必要があります（措通42の11の3－5）。

(6) 地方税（法人住民税）の中小企業者に係る特例措置

法人住民税の課税標準となる法人税額は、原則として税額控除前の法人税額を用いることとされていますが、中小企業者が特定建物等を取得した場合の税額控除を適用する法人住民税の課税標準となる法人税額は、税額控除後の法人税額を用いることとされています（地法23①四、292①四、地法附則8⑥）。

第3　地方活力向上地域等において特定建物等を取得した場合の特別償却又は法人税額の特別控除

〈中小企業者以外の法人と中小企業者の法人住民税課税標準の違い〉

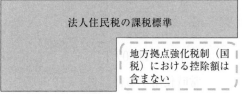

（経済産業省資料を一部修正）

〈中小企業者以外の申告書記載例〉

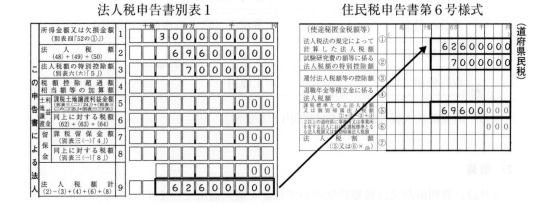

〈中小企業者の申告書記載例〉

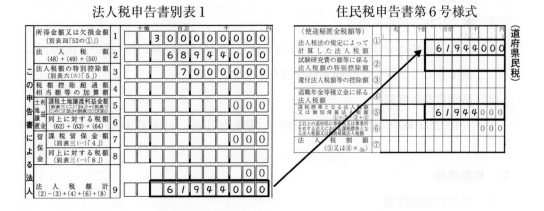

4　事例及び法人税申告書別表記載例

(1)　前提

　青色申告書を提出する中小企業者であるA社が、令和3年5月1日に地方活力向上地域等特定業務施設整備計画（移転型計画）について認定を受け、次の特定業務施設

に該当する建物を取得して○○地域に移転した場合の計算例及び別表記載例を示します。

A社の概要

適用事業年度：令和5年4月1日～令和6年3月31日

資本金：1,000万円（発行済株式数200株）、株主は全員、個人株主

常時使用する従業員の数：50人

〈A社が取得した特定建物等〉

特定建物等の種類等	建物（鉄筋コンクリート造）
施設の種類	事務所（特定業務施設に該当）
取得年月日	令和5年4月1日
取得価額	1億円

なお、調整前法人税額は、68,944,000円とします。

(2) **計算**

A社は、特別償却又は税額控除のいずれかを選択適用できます。

イ **特別償却**

① 特定建物等の規模要件

A社は中小企業者のため、特定業務施設の取得価額の合計額が1,000万円以上であることから、規模要件を満たします。

② 特別償却限度額

100,000,000円（取得価額）×25％（移転型計画）＝25,000,000円

ロ **税額控除**

① 税額控除限度額

100,000,000円（取得価額）×7％（移転型計画）＝7,000,000円

② 当期税額基準額

68,944,000円（調整前法人税額）×20％＝13,788,800円

③ 特別控除額

①と②のいずれか少ない方 ∴7,000,000円

第 3　　地方活力向上地域等において特定建物等を取得した場合の特別償却又は法人税額の特別控除

(3)　別表記載例

イ　特別償却

特別償却等の償却限度額の計算に関する付表

事業年度 又は連結 事業年度	5 ・ 4 ・ 1 6 ・ 3 ・ 31	法人名	A社
		(	)

（特別償却又は割増償却の名称） 該 当 条 項	1	（地方活力向上地域等における特定建物等の特別償却） （　　　　　　　　） （ 措置法 ）・震災特例法 （42）条（の11の3）第（1）項（ ）号（ ）	（　　　　　　　　　　）措置法・震災特例法 （ ）条（の ）第（ ）項（ ）号（ ）
事 業 の 種 類	2		
（機械・装置の耐用年数表等の番号） 資 産 の 種 類	3	（ ） 建物	（ ）
構造、用途、設備の種類又は区分	4	鉄筋コンクリート造	
細 目	5	事務所用	
取 得 等 年 月 日	6	5 ・ 4 ・ 1	・ ・
事 業 の 用 に 供 し た 年 月 日 又 は 支 出 年 月 日	7	5 ・ 4 ・ 1	・ ・
取 得 価 額 又 は 支 出 金 額	8	100,000,000 円	円
対象となる取得価額又は支出金額	9	100,000,000 円	円
普 通 償 却 限 度 額	10	円	円
特 別 償 却 率 又 は 割 増 償 却 率	11	$\frac{25}{100}$	$\frac{}{100}$
特別償却限度額又は割増償却限度額 （(9)−(10)）、（(9)×(11)）又は（(10)×(11)）	12	25,000,000 円	円
償却・準備金方式の区分	13	償却 ・ 準備金	償却 ・ 準備金
適 用 要 件 等	資産の取得価額等の合計額	14	円	円
	区 域 の 名 称 等	15	○○地域	
	認 定 等 年 月 日	16	3 ・ 5 ・ 1 （ 認定 ） ・ ・ （ ）	・ ・ （ ） ・ ・ （ ）
	その他参考となる事項	17	移転型計画	

中 小 企 業 者 又 は 中 小 連 結 法 人 の 判 定

発 行 済 株 式 又 は 出 資 の 総 数 又 は 総 額	18	200	大 規 模 法 人 の 保 有 す る	株 式 数 等 の 明 細	順位	大 規 模 法 人		株 式 数 又 は 出 資 金 の 額
(18)のうちその有する自己の株式 又は出資の総数又は総額	19	0			1		26	
差 引 (18) − (19)	20	200					27	
常 時 使 用 す る 従 業 員 の 数	21	50 人					28	
大規模法人の株式の保有割合	第1順位の株式数又は 出資金の額　(26)	22	0				29	
	保 有 割 合 $\frac{(22)}{(20)}$	23	0 %				30	
	大規模法人の保有する 株式数等の計　(32)	24	0				31	
	保 有 割 合 $\frac{(24)}{(20)}$	25	0 %		計 (26)+(27)+(28)+(29)+(30)+(31)	32	0

― 197 ―

第3章　中小企業者の取扱い

ロ　税額控除

地方活力向上地域等において特定建物等を取得した場合の法人税額の特別控除に関する明細書		事業年度	5・4・1 6・3・31	法人名		A社		別表六(二十二)　令五・四・一以後終了事業年度分

地方活力向上地域等特定業務施設整備計画の認定を受けた日	1	3・5・1	・・	・・	・・	・・	
計画の区分及び事業実施地域	2	拡充型・⦿移転型 ○○地域	拡充型・移転型	拡充型・移転型	拡充型・移転型	拡充型・移転型	
資産区分 種　類	3	建物					
構造、用途又は区分	4	鉄筋コンクリート造					
細　目	5	事務所用					
取得年月日	6	5・4・1	・・	・・	・・	・・	
事業の用に供した年月日	7	5・4・1	・・	・・	・・	・・	
取得価額 取得価額	8	円 100,000,000	円	円	円	円	
法人税法上の圧縮記帳による積立金計上額	9	0					
差引改定取得価額 (8)-(9)	10	100,000,000					

法人税額の特別控除額の計算

取得価額の合計額 ((10)の合計)	11	円 100,000,000	当期税額基準額 $(14) \times \dfrac{20}{100}$	15	円 13,788,800
同上のうち移転型計画に係る額	12	100,000,000	当期税額控除可能額 ((13)と(15)のうち少ない金額)	16	7,000,000
税額控除限度額 $((11)-(12)) \times \dfrac{4}{100} + (12) \times \dfrac{7}{100}$	13	7,000,000	調整前法人税額超過構成額 (別表六(六)「8の⑪」)	17	0
調整前法人税額 (別表一「2」又は別表一の二「2」)	14	68,944,000	法人税額の特別控除額 (16)-(17)	18	7,000,000

建物等の概要

— 198 —

第4　中小企業者等が特定経営力向上設備等を取得した場合の特別償却又は法人税額の特別控除（中小企業経営強化税制）

1　概要

(1)　制度の趣旨

　この制度は、中小企業等経営強化法に基づく事業計画（以下、「経営力向上計画」といいます。）を作成した中小企業等の設備投資について、特別償却及び税額控除の適用を認めることで、中小企業等の生産性向上に向けた設備投資を後押しし、中小企業等の稼ぐ力を向上させる取組を支援することをその趣旨としています。

　中小企業等経営力強化法は、労働力人口の減少、企業間の国際的な競争の活発化等の経済社会情勢の変化に対応し、中小企業等の経営強化を図るため、平成28年7月1日に施行されました。同法では事業所管大臣が事業分野ごとに指針を策定するとともに、人材育成、コスト管理のマネジメントの向上や設備投資等、事業者の経営力を向上させるための取組内容などを記載した経営力向上計画を作成した中小企業等を支援するために、この制度の他にも、低利融資や債務保証等の金融支援措置等を講じています。

(2)　制度の概要

　この制度は、中小企業等経営強化法による認定を受けた経営力向上計画に基づく設備投資について、特別償却と税額控除の選択適用を認めるものです。

〈特別償却と税額控除の関係〉

　設備投資額は最も少額なもので取得価額が30万円以上であれば適用対象となり、効率性の上昇が見込まれる設備投資であれば、比較的幅広い設備投資が適用対象になると考えられます。また、経営力向上計画は令和5年6月30日現在で159,136件が認定を受けていますが、製造業及び建設業で60％強を占める（中小企業庁の公表資料　中

第3章　中小企業者の取扱い

小企業等経営強化法の認定について（認定状況）（令和5年6月30日現在）参照）ことから、製造業及び建設業で利用がし易い制度であるとも考えられます。

　経営力向上計画の策定は負担となりますが、認定経営革新等支援機関（主に税理士や金融機関等）による策定支援を受けることができます。

　なお、経営力向上計画の認定申請時において設備投資に関する工業会証明書や経済産業局確認書が必要となり、これらを揃えるのに一定の時間を要するため、設備投資を計画する際には、その初期段階でこの税制の適用可否を検討することが望ましいと考えられます。適用までの流れは、次図のとおりです。

〈適用を受けるまでの流れ〉

step1	step2	step3	step4
(A類型) 工業会証明書 (B類型) 経産局確認書 (C類型) 経産局確認書 (D類型) 経産局確認書	経営力向上計画	設備等取得	税務申告

申請　　　　取得　申請　　　　認定　取得　　　　事業供用　　　　決算日　申告

2　制度の詳細

⑴　適用対象法人

　この制度の適用対象法人は、青色申告書を提出する中小企業者（適用除外事業者を除きます。中小企業者及び適用除外事業者の意義については、第1章 第1 3 ⑴及び⑶を参照してください。）又は農業協同組合等若しくは商店街振興組合のうち、中小企業等経営強化法第17条第1項の認定を受けた同法第2条第6項に規定する特定事業者等（注1）及び産業競争力強化法等の一部を改正する等の法律附則第9条第2項に規定する中小企業者等で特定事業者等とみなされるもの（注2）（以下、「中小企業者等」といいます。）とされています（措法42の12の4①）。

　なお、中小企業者等であるかどうかの判定は、特定経営力向上設備等（下記⑵参照）の取得等をした日及び事業の用に供した日の現況によります（措通42の12の4―1）。

（注）1 〈中小企業等経営強化法第2条第6項に規定する特定事業者等〉

	業種等	常時使用する従業員の数
①	製造業、建設業、運輸業その他の業種（②から⑤までに掲げる業種を除きます。）に属する事業を主たる事業として営むもの	500人以下
②	卸売業（⑤に掲げる業種を除きます。）に属する事業を主たる事業として営むもの	400人以下
③	サービス業（⑤に掲げる業種を除きます。）に属する事業を主たる事業として営むもの	300人以下
④	小売業（⑤に掲げる業種を除きます。）に属する事業を主たる事業として営むもの	300人以下
⑤	ソフトウエア業、情報処理サービス業及び旅館業	500人以下
⑥	企業組合、協業組合、事業協同組合、事業協同小組合、商工組合、協同組合連合会、水産加工業協同組合、水産加工業協同組合連合会、商工組合連合会、商店街振興組合及び商店街振興組合連合会	―
⑦	生活衛生同業組合、生活衛生同業小組合、生活衛生同業組合連合会、酒造組合、酒造組合連合会、酒造組合中央会、内航海運組合、内航海運組合連合会及び技術研究組合で一定のもの	―
⑧	一般社団法人であってその直接又は間接の構成員の2／3以上が①から⑦までに掲げる者であるもの	―
⑨	①から⑧までに掲げる者以外の会社	2,000人以下
⑩	医業又は歯科医業を主たる事業とする法人、社会福祉法人及び特定非営利活動法人（①から⑧までに掲げる者を除きます。）	―

第3章　中小企業者の取扱い

㈲2　〈産業競争力強化法等の一部を改正する等の法律附則第9条第2項に規定する中小企業者等で特定事業者等とみなされるもの〉

業種等	資本金の額又は出資の総額	常時使用する従業員の数
① 製造業、建設業、運輸業その他の業種（②から⑦までに掲げる業種を除きます。）に属する事業を主たる事業として営むもの	3億円以下	300人以下
② 卸売業（⑤から⑦までに掲げる業種を除きます。）に属する事業を主たる事業として営むもの	1億円以下	100人以下
③ サービス業（⑤から⑦までに掲げる業種を除きます。）に属する事業を主たる事業として営むもの	5,000万円以下	100人以下
④ 小売業（⑤から⑦までに掲げる業種を除きます。）に属する事業を主たる事業として営むもの	5,000万円以下	50人以下
⑤ ゴム製品製造業（自動車又は航空機用タイヤ及びチューブ製造業並びに工業用ベルト製造業を除きます。）	3億円以下	900人以下
⑥ ソフトウエア業又は情報処理サービス業	3億円以下	300人以下
⑦ 旅館業	5,000万円以下	200人以下
⑧ 企業組合、協業組合、事業協同組合、事業協同小組合、商工組合、協同組合連合会、水産加工業協同組合、水産加工業協同組合連合会、商工組合連合会、商店街振興組合及び商店街振興組合連合会	―	―
⑨ 生活衛生同業組合、生活衛生同業小組合、生活衛生同業組合連合会、酒造組合、酒造組合連合会、酒造組合中央会、内航海運組合、内航海運組合連合会及び技術研究組合で一定のもの	―	―
⑩ 一般社団法人であってその直接又は間接の構成員の2/3以上が①から⑨までに掲げる者であるもの	―	―
⑪ ①から⑨までに掲げる者以外の会社及び医業又は歯科医業を主たる事業とする法人	10億円以下	―
⑫ ①から⑪までに掲げる者以外の会社並びに医業又は歯科医業を主たる事業とする法人、社会福祉法人、特定非営利活動法人	―	2,000人以下

　中小企業等経営強化法に規定される特定事業者等及び特定事業者等とみなされるものは上記の表のとおりですが、このうち資本金の額又は出資の総額が1億円を超える法人は、租税特別措置法の規定により適用対象から除かれます。

(2) 特定経営力向上設備等

特定経営力向上設備等とは次のイ及びロに該当する設備等をいい、特定経営力向上設備等でハ及びニに該当するものが適用の対象となります（措法42の12の4①）。ただし、所有権移転外リース取引により取得した設備等については、特別償却の対象となりません（措法42の12の4⑤）。

イ　設備等の内容

生産等設備（注1）を構成する機械及び装置、工具、器具及び備品、建物附属設備並びに一定のソフトウエア（注2）で、中小企業等経営強化法第17条第3項に規定する経営力向上設備等（下記(5)参照）に該当するもので、その製作若しくは建設の後事業の用に供されたことのないものであること。

　　(注)1　例えば、製造業を営む法人の工場、小売業を営む法人の店舗又は自動車整備業を営む法人の作業場のように、その法人が行う生産活動、販売活動、役務提供活動その他収益を稼得するために行う活動の用に直接供される減価償却資産で構成されるものをいいます（「中小企業経営強化税制Q＆A集」（ABCD類型共通）共―2）。したがって、例えば、本店、寄宿舎等の建物、事務用器具備品、乗用自動車、福利厚生施設のようなものは、該当しません（措通42の12の4―2）。

　　　　2　中小企業投資促進税制に規定されているソフトウエア（第3章　第2　2(2)参照）と同様とされています（措令27の12の4①）。

ロ　設備等の規模

種類	金額
機械及び装置	1台又は1基の取得価額が160万円以上
工具、器具及び備品	1台又は1基の取得価額が30万円以上
建物附属設備	一の取得価額が60万円以上
ソフトウエア	一の取得価額が70万円以上

ハ　取得等及び事業供用する期間

平成29年4月1日から令和7年3月31日までの期間（以下、「指定期間」といいます。）内に特定経営力向上設備等でその製作若しくは建設の後事業の用に供されたことのないものを取得し、又は特定経営力向上設備等を製作し、若しくは建設して、事

— 203 —

業の用に供すること。

ニ　用途

　国内にある指定事業（第3章　第2　2（3)参照）の用に供すること。

(3)　特別償却

イ　内容

　中小企業者等が指定期間内に特定経営力向上設備等の取得等をして、これを国内に
あるその中小企業者等の営む指定事業の用に供した場合には、その指定事業の用に供
した日を含む事業年度（以下、「供用年度」といいます。）のその特定経営力向上設備
等の償却限度額は、その普通償却限度額と特別償却限度額との合計額とされます。

　特別償却限度額は、次のとおりです（措法42の12の4①）。

〈特別償却限度額〉

特定経営力向上設備等の取得価額　　　－　　　普通償却限度額

ロ　特別償却不足額がある場合の償却限度額の計算の特例

　法人が各事業年度終了の時において有する減価償却資産で、この制度に係る特別償
却不足額がある場合には、1年間の繰越しができることとされています（措法52の2
①）。この特別償却不足額とは、その事業年度開始の日前1年以内に開始した各事業
年度において、特別償却対象資産の償却費として損金の額に算入された金額がこの特
別償却に関する規定により計算される償却限度額に満たない場合のその差額のうち、
特別償却限度額に達するまでの金額で、前事業年度までに損金の額に算入された金額
以外の金額をいいます（措法52の2②）。

　特別償却不足額の例示は、第3章　第2　2　(4)ロを参照してください。

ハ　準備金方式による特別償却（特別償却準備金）

　この制度の適用を受けることができる法人は、特別償却に関する規定の適用を受け
ることに代えて、特別償却限度額以下の金額を損金経理又は剰余金の処分の方法によ
り特別償却準備金として積み立てたときは、その積み立てた金額をその事業年度の損
金の額に算入することができます（措法52の3①）。

— 204 —

第4　中小企業者等が特定経営力向上設備等を取得した場合の特別償却又は法人税額の特別控除

　また、上記ロ同様、特別償却準備金の積立不足額については、1年間の繰越しができます（措法52の3②）。

　剰余金処分方式による特別償却準備金の積立ての例示は、第3章　第2　2⑷ハを参照してください。

ニ　申告要件

　この制度は、確定申告書等（確定申告書及び仮決算の場合の中間申告書をいいます（措法2②二十八）。以下同じ。）に特定経営力向上設備等の償却限度額の計算に関する明細書の添付があり、かつ、経営力向上計画に係る認定申請書の写し及びその認定申請書に係る認定書の写しの添付がある場合に限り、適用されます（措法42の12の4⑥、措令27の12の4④、措規20の9②）。

⑷　法人税額の特別控除

イ　内容

　中小企業者等が指定期間内に特定経営力向上設備等の取得等をして、これを国内にあるその中小企業者等の営む指定事業の用に供した場合において、その特定経営力向上設備等につき特別償却の規定の適用を受けないときは、調整前法人税額（注1）からその特定経営力向上設備等の取得価額の7％又は10％に相当する金額（以下、「税額控除限度額」といいます。）を控除します。

　この場合において、税額控除限度額が調整前法人税額の20％に相当する金額（注2）を超えるときは、その20％に相当する金額が限度となります（措法42の12の4②）。

　（注）1　調整前法人税額とは、租税特別措置法の各税額控除や所得税額控除（法法68）等
　　　　　の規定を適用しないで計算した法人税額をいいます（措法42の4⑲二）。

　　　　　　具体的には法人税申告書別表1「2　法人税額」であり、「3　法人税額の特別控
　　　　　除額」を控除する前の法人税額をいいます。

　　　　2　税額控除を受ける金額は、中小企業者等が機械等を取得した場合の法人税額の特
　　　　　別控除（第3章　第2参照）の規定と合わせて調整前法人税額の20％相当額が限度と
　　　　　なります。

— 205 —

〈特定経営力向上設備等の特別控除額〉

① 税額控除限度額

特定経営力向上設備等の取得価額×7％（中小企業者等のうち資本金の額又は出資金の額が3,000万円超の法人（農業協同組合等及び商店街振興組合を除きます。）以外の法人である場合には、10％）

② 当期税額基準額

調整前法人税額×20％

③ 特別控除額

①と②のいずれか少ない方

ロ　繰越税額控除限度超過額の繰越し

繰越税額控除限度超過額（注）については、1年間の繰越しが認められます（措法42の12の4③④）。

(注)　その法人のその事業年度開始の日前1年以内に開始した各事業年度（その事業年度まで連続して青色申告書の提出をしている場合の各事業年度に限ります。）における税額控除限度額のうち、控除をしてもなお控除しきれない金額（既にこの制度によりその各事業年度において調整前法人税額から控除された金額がある場合には、その控除済みの金額を控除した残額）の合計額をいいます（措法42の12の4④）。

ハ　申告要件

この制度は、確定申告書等（この制度により控除を受ける金額を増加させる修正申告書又は更正請求書を提出する場合には、修正申告書又は更正請求書を含みます。）に、この制度による控除の対象となる特定経営力向上設備等の取得価額、控除を受ける金額及びその金額の計算に関する明細を記載した書類の添付があり、かつ、経営力向上計画の写し及び経営力向上計画に係る認定書の写しの添付がある場合に限り、適用されます。この場合において、この制度により控除される金額の計算の基礎となる特定経営力向上設備等の取得価額は、確定申告書等に添付された書類に記載された特定経営力向上設備等の取得価額が限度となります（措法42の12の4⑦、措令27の12の4④、措規20の9②）。

また、上記ロの繰越税額控除限度超過額の繰越しの適用を受ける場合の明細書の添付要件は、次のとおりです（措法42の12の4⑧）。

第 4　中小企業者等が特定経営力向上設備等を取得した場合の特別償却又は法人税額の特別控除

〈繰越税額控除限度超過額の繰越しの適用を受ける場合の明細書の添付要件〉

確定申告書等の種類	添付を要する明細書
指定事業の用に供した日の属する事業年度以後の各事業年度の確定申告書	繰越税額控除限度超過額の明細書の添付が必要
その適用を受けようとする事業年度の確定申告書等（この制度により控除を受ける金額を増加させる修正申告書又は更正請求書を提出する場合には、修正申告書又は更正請求書を含みます。）	繰越税額控除限度超過額、控除を受ける金額及びその金額の計算に関する明細を記載した書類の添付が必要

(5)　経営力向上設備等

　経営力向上設備等とは、中小企業等経営強化法施行規則第16条第2項に規定する経営力向上に著しく資する次のイ、ロ、ハ及びニに掲げる設備等（注）で、その中小企業者等が受けた中小企業等経営強化法第17条第1項の認定に係る経営力向上計画に記載されたものをいいます（措法42の12の4①、措規20の9①）。なお、この制度の適用対象となる「特定」経営力向上設備等は、経営力向上設備等のうち上記(2)イ及びロに該当する設備等であり、経営力向上設備等の全てがこの制度の適用対象ではないことにご留意ください。

　（注）　コインランドリー業又は暗号資産マイニング業（主要な事業であるものを除きます。）の用に供する設備等でその管理のおおむね全部を他の者に委託するものを除きます。

　　　なお、コインランドリー業とは、洗濯機、乾燥機その他の洗濯に必要な設備（共同洗濯設備として病院、寄宿舎その他の施設内に設置されているものを除きます。）を設け、これを公衆に利用させる事業とされています。

— 207 —

イ　生産性向上設備（A類型）

種類	用途又は細目	販売開始時期
機械及び装置 （注1）（注2）	発電の用に供する設備にあっては、主として電気の販売を行うために取得等をするものとして経済産業大臣が定めるものを除きます。ロ、ハ及びニにおいて同じです。	10年以内
器具及び備品 （注1）（注2）	医療機器にあっては医療保険業を行う事業者が取得等をするものを除きます。ロ、ハ及びニにおいて同じです。	6年以内
工具 （注1）（注2）	測定工具及び検査工具（電気又は電子を利用するものを含みます。）	5年以内
建物附属設備 （注1）（注2）	医療保険業を行う事業者が取得等をするものを除き、発電の用に供する設備にあっては、主として電気の販売を行うために取得等をするものとして経済産業大臣が定めるものを除きます。ロ、ハ及びニにおいて同じです。	14年以内
ソフトウエア （注2）	設備の稼働状況等に係る情報収集機能及び分析・指示機能を有するものに限ります。	5年以内

(注)1　旧モデルが販売されている場合には、旧モデル比で生産効率、エネルギー効率、精度その他の経営力の向上に資するものの指標が年平均1％以上向上しているもの。

2　中小企業等経営強化法に基づく経営力向上計画の申請に当たり、それぞれの設備取得の前に、設備メーカーに証明書発行を依頼し、設備メーカーを通じて工業会等から生産性向上要件を満たす設備であることの証明書を取得する必要があります。なお、証明書は申請してから発行されるまで数日～2か月程度かかるため、事前に工業会等に確認する必要があります。

ロ　収益力強化設備（B類型）

種類	要件
機械及び装置	事業者が策定した投資計画（その投資計画における年平均の投資利益率（注1）が5％以上となることが見込まれるものであることにつき経済産業大臣の確認（注2）を受けたものに限ります。）に記載された投資の目的を達成するために必要不可欠な設備であること。
器具及び備品	
工具	
建物附属設備	
ソフトウエア	

(注)1　下記の算式により計算されます。

各年度において増加する営業利益と減価償却費の合計額（設備の取得等をする年度の翌年度以降3か年度におけるものに限ります。）を平均した額÷設備の取得等を

第4　中小企業者等が特定経営力向上設備等を取得した場合の特別償却又は法人税額の特別控除

する年度におけるその取得等をする設備の取得価額の合計額

2　中小企業等経営強化法に基づく経営力向上計画の申請に当たり、それぞれの設備取得の前に、投資計画についての経済産業局の確認書を取得する必要があります。なお、確認書は申請してから原則1か月以内に発行されます（「中小企業経営強化税制Q＆A集」（B類型）B—1）。

ハ　デジタル化設備（C類型）

種類	要件
機械及び装置	事業者が策定した投資計画（次の投資計画の要件の表の①から③のいずれかの要件に該当することにつき経済産業大臣の確認㊟を受けたものに限ります。）に記載された投資の目的を達成するために必要不可欠な設備であること。
器具及び備品	
工具	
建物附属設備	
ソフトウエア	

㊟　中小企業等経営強化法に基づく経営力向上計画の申請に当たり、それぞれの設備取得の前に、その投資計画について、認定経営革新等支援機関による事前確認を経た上で、経済産業局の確認書を取得する必要があります。なお、確認書は、申請してから原則1か月以内に発行されます（「中小企業等経営強化法の経営力向上設備等のうちデジタル化設備（C類型）に係る経産局確認の取得に関する手引き」）。

— 209 —

第 3 章　中小企業者の取扱い

〈投資計画の要件〉

投資計画の要件の種類	具体例
①　遠隔操作 　情報処理技術を用いた遠隔操作を通じて、事業を対面以外の方法により行うこと又は事業に従事する者が現に常時労務を提供している場所以外の場所において常時労務を提供することができるようにすること。	顧客と対面しない方法で行う遠隔医療相談サービスや遠隔教育、工場・店舗等で勤務している従業員が行う商品の在庫管理等のためのテレワーク等が該当します（「中小企業経営強化税制Q＆A集」（C類型）遠―1）。
②　可視化 　現に実施している事業に関するデータの集約及び分析を情報処理技術を用いて行うことにより、その事業の工程に関する最新の状況の把握及び経営資源等の最適化を行うことができるようにすること。	サプライチェーンにおけるその工程に関する情報の適時適切な把握及びその把握した情報に基づく適正な人員配置、生産量調整、温度等のプロセス管理、輸送量調整、投資判断等が広く該当します（「中小企業経営強化税制Q＆A集」（C類型）可―1）。
③　自動制御化 　情報処理技術を用いて、現に実施している事業の工程に関する経営資源等の最適化のための指令を状況に応じて自動的に行うことができるようにすること。	デジタル技術が用いられた設備等を活用した工場の製造工程の自動制御化等が該当します（「中小企業経営強化税制Q＆A集」（C類型）自―1）。

二　経営資源集約化設備（D類型）

種類	要件
機械及び装置	事業者が策定した投資計画（次の投資計画の要件の表の①又は②のいずれかの要件に該当することが見込まれるものであることにつき経済産業大臣の確認㊟を受けたものに限ります。）に記載された投資の目的を達成するために必要不可欠な設備であること（中小企業等経営強化法第17条第4項第2号の事業承継等事前調査の記載がある認定経営力向上計画に記載された設備であって、その認定経営力向上計画に従って事業承継等を行った後に取得又は製作若しくは建設するものに限ります。）。
器具及び備品	
工具	
建物	
建物附属設備	
ソフトウエア	

㊟　中小企業等経営強化法に基づく経営力向上計画の申請に当たり、それぞれの設備取得の前に、その投資計画について、公認会計士又は税理士の事前確認を経た上で、経済産業局の確認書を取得する必要があります。なお、確認書は、申請してから原則1か月以内に発行されます（「中小企業等経営強化法の経営力向上設備等のうち経営資源集約化に資する設備（D類型）に係る経産局確認の取得に関する手引き」）。

— 210 —

第 4　中小企業者等が特定経営力向上設備等を取得した場合の特別償却又は法人税額の特別控除

<投資計画の要件>

---

① 修正ROAの上昇
　認定経営力向上計画（中小企業等経営強化法第17条第4項第2号の事業承継等事前調査の記載があるものに限ります。）の実施期間終了事業年度において、修正ROAが次の認定経営力向上計画の計画期間に応じ、それぞれのポイント以上上回ること。
・3年間　0.3%　ポイント
・4年間　0.4%　ポイント
・5年間　0.5%　ポイント
　目標値となる修正ROAは、次の算式によって算定します。

$$\substack{\text{修正ROA}\\ \text{(変化分)}} = \frac{\substack{\text{計画終了事業年度における}\\ \text{営業利益＋減価償却費＋研究開発費}}}{\substack{\text{計画終了事業年度}\\ \text{における総資産}}} - \frac{\substack{\text{計画開始直前事業年度における}\\ \text{営業利益＋減価償却費＋研究開発費}}}{\substack{\text{計画開始直前事業年度}\\ \text{における総資産}}}$$

（中小企業庁資料を一部修正）

---

② 有形固定資産回転率の上昇
　認定経営力向上計画（中小企業等経営強化法第17条第4項第2号の事業承継等事前調査の記載があるものに限ります。）の実施期間終了事業年度において、有形固定資産回転率が次の認定経営力向上計画の計画期間に応じ、それぞれの割合以上上回ること。
・3年間　　2%
・4年間　2.5%
・5年間　　3%
　目標値となる有形固定資産回転率は、次の算式によって算定します。

$$\substack{\text{有形固定資産}\\ \text{回転率}\\ \text{(変化分)}} = \frac{\dfrac{\substack{\text{計画終了事業年度}\\ \text{における売上高}}}{\substack{\text{計画終了事業年度}\\ \text{における有形固定資産}}} - \dfrac{\substack{\text{計画開始直前事業年度}\\ \text{における売上高}}}{\substack{\text{計画開始直前事業年度}\\ \text{における有形固定資産}}}}{\dfrac{\text{計画開始直前事業年度における売上高}}{\text{計画開始直前事業年度における有形固定資産}}}$$

（中小企業庁資料を一部修正）

3　実務上の留意点

(1)　他の特別償却制度等との重複適用の排除

　この制度は、租税特別措置法におけるこの制度以外の特別償却や税額控除制度の適用を受ける減価償却資産については、重複して適用できません（措法53）。

　また、同一の特定経営力向上設備等について、特別償却と特別控除の規定を同時に適用することはできません（措法42の12の4②）。

(2)　修繕費の取扱い

　設備の修繕は特別償却又は特別控除の対象となりません（中小企業経営強化税制Q

&A集（ABCD類型共通）共─1）。

⑶ 補助金を受けて取得する設備の取扱い

設備取得の際に国又は地方公共団体から補助金を受けた場合でも、特別償却又は特別控除の対象となります。このような設備について、国庫補助金等で取得した固定資産等の圧縮記帳（法法42、44）の適用を受けた場合には、圧縮記帳後の金額が特別償却又は特別控除の対象となります。また、補助金の交付年度が翌事業年度になる場合においては、予定交付額を差し引いた金額が特別償却又は特別控除の対象となります。なお、補助金の種類により、補助金側にこれらの併用を制限する場合がありますのでご注意ください（措通42の12の4─9、「中小企業経営強化税制Q&A集」（ABCD類型共通）共─7）。

⑷ 購入ではなくリースした設備の取扱い

ファイナンスリース取引については対象になりますが、ファイナンスリースのうち所有権移転外リース取引については税額控除のみ利用可能（特別償却は利用不可）となります。なお、税額控除額は毎年のリース料ではなく、リース資産額をベースに計算することとなります。また、オペレーティングリースについてはこの制度の対象外となります（措法42の12の4⑤、「中小企業経営強化税制Q&A集」（ABCD類型共通）共─12）。

⑸ 地方税（法人住民税）の取扱い

法人住民税の課税標準となる法人税額は、税額控除後の法人税額を用いることとされています（地法23①四、292①四）。

税額控除額が70万円である場合の法人税申告書別表1と住民税申告書第6号様式の関係は次のとおりになります。法人税申告書別表1「9」の法人税額を住民税申告書第6号様式の①に転記し、法人住民税の計算における調整は不要となります。

第4　中小企業者等が特定経営力向上設備等を取得した場合の特別償却又は法人税額の特別控除

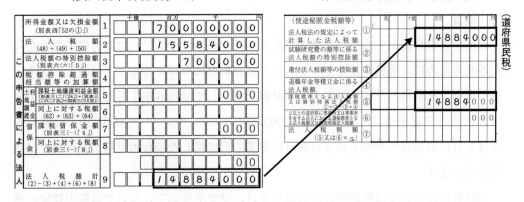

(6) 制度の適用を受けるための手順

上記1(2)に記載のように、この制度の適用を受けるためには、工業会証明書（A類型の場合）や経済産業局確認書（B類型及びC類型の場合）を取得した後、経営力向上計画の認定を受け、その後に設備を取得する必要があります。したがって、適用を受けるためには、設備が必要となる時期から証明書等の取得に要する期間及び経営力向上計画の策定に要する期間を逆算して、手続を進める必要があります。ただし、設備を経営力向上計画の認定より前に取得してしまった場合でも、取得日から60日以内に経営力向上計画が受理されると適用を受けることができます。なお、この場合の設備の取得時期は、計画の実施期間内である必要があります（「中小企業経営強化税制Q＆A集」（ABCD類型共通）共─35）。

(7) 経営力向上計画

経営力向上計画について中小企業経営強化法の認定を受けるまでに要する期間は「1か月以内をめど」とされておりますが、あくまでもめどであり、余裕を持った申請が推奨されています（「中小企業経営強化税制Q＆A集」（ABCD類型共通）共─30）。なお、経営力向上計画の認定を受けるためには、事業分野ごとに策定された生産性向上の指針に定める基準を達成する計画である必要がありますが、認定後に実際にその基準を達成できなかった場合でも、この制度の取戻し（特別控除を受けた税額を納付するなど）の規定はありません（「中小企業経営強化税制Q＆A集」（ABCD類型共通）共─33）。事業分野別指針については、中小企業庁のホームページ（https://www.chusho.meti.go.jp/keiei/kyoka/kihonhoushin.html）で公表されています。

4 事例及び法人税申告書別表記載例

(1) 前提

　青色申告書を提出する中小企業者であるＡ社が製造ラインにおける労働生産性を向上させるために、機械装置及びソフトウエアを新たに取得することを計画し、工業会等の証明証を取得した後、経営力向上計画を策定して令和6年1月31日に中小企業経営強化法の認定を受け、機械装置を5,000万円、ソフトウエアを3,000万円で令和6年2月5日に取得して令和6年2月26日に事業の用に供した場合の計算例及び別表記載例を示します。

　機械装置については特別償却の適用を受け、ソフトウエアについては特別控除の適用を受けます。なお、当期の機械装置の普通償却限度額は185万円で、調整前法人税額は1,500万円です。また、機械装置の特別償却限度額相当額については特別償却準備金を積み立てます。

　　Ａ社の概要

　　適用事業年度：令和5年4月1日～令和6年3月31日

　　業種：自動車部品製造業

　　資本金：8,000万円（発行済株式数1,600株）、株主は全員、個人株主

　　常時使用する従業員の数：50人

---

(2) 計算

イ 特別償却額

　特別償却限度額は、50,000,000円－1,850,000円＝48,150,000円となります。

ロ 特別控除額

　特別控除額は、以下の計算式により2,100,000円となります。

　① 特別控除限度額

　　30,000,000円× 7 ％＝2,100,000円

　② 調整前法人税額の20％

　　15,000,000円×20％＝3,000,000円

　③ 特別控除額

　　　①＜② ∴2,100,000円

— 214 —

第4　中小企業者等が特定経営力向上設備等を取得した場合の特別償却又は法人税額の特別控除

(3)　別表記載例

イ　特別償却

特別償却等の償却限度額の計算に関する付表

事業年度 又は連結 事業年度	5 ・ 4 ・ 1 6 ・ 3 ・ 31	法人名	A社

特別償却の付表

（特別償却又は割増償却の名称） 該　当　条　項	1	（中小企業者等が取得した特定経営力向上設備等の特別償却） （措置法）・震災特例法 （42）条（の12の4）第（1）項（　）号（　）	（　　　　　） （　　）条（の　　）第（　）項（　）号（　）措置法・震災特例法
事　業　の　種　類	2	自動車部品製造業	
（機械・装置の耐用年数表等の番号） 資　産　の　種　類	3	（　　　23　　　） 機械及び装置	（　　　　　　　　　　）
構造、用途、設備の種類又は区分	4	輸送用機械器具製造業用設備	
細　　　　　　　　目	5		
取　得　等　年　月　日	6	6 ・ 2 ・ 5	・　・
事業の用に供した年月日 又　は　支　出　年　月　日	7	6 ・ 2 ・ 26	・　・
取　得　価　額　又　は　支　出　金　額	8	50,000,000 円	円
対象となる取得価額又は支出金額	9	50,000,000 円	円
普　通　償　却　限　度　額	10	1,850,000 円	円
特別償却率又は割増償却率	11	100	100
特別償却限度額又は割増償却限度額 （(9)-(10)）、（(9)×(11)）又は（(10)×(11)）	12	48,150,000 円	円
償却・準備金方式の区分	13	償却・準備金	償却・準備金
適用要件等	資産の取得価額等の合計額	14	円	円
	区　域　の　名　称　等	15	生産性向上設備	
	認　定　等　年　月　日	16	6 ・ 1 ・ 31　（認定） ・　・　（　　　）	・　・　（　　　） ・　・　（　　　）
	その他参考となる事項	17	乙工業会より証明書の発行 を受けている。	

中小企業者又は中小連結法人の判定

発行済株式又は出資の 総　数　又　は　総　額	18	1,600	大規模法人の株式数等の保有する明細	順位	大　規　模　法　人		株式数又は 出資金の額
(18)のうちその有する自己の株式 又は出資の総数又は総額	19	0		1			26
差　引(18)-(19)	20	1,600					27
常時使用する従業員の数	21	50 人					28
大規模法人の株式等の保有割合	第1順位の株式数又は 出資金の額　　　(26)	22	0				29
	保　有　割　合　(22)/(20)	23	0 %				30
	大規模法人の保有する 株式数等の計　　　(32)	24	0				31
	保　有　割　合　(24)/(20)	25	0 %		計 (26)+(27)+(28)+(29)+(30)+(31)	32	

— 215 —

ロ　特別控除

中小企業者等が特定経営力向上設備等を取得した場合の法人税額の特別控除に関する明細書

事業年度	5・4・1 〜 6・3・31	法人名	A社

別表六(二十五)　令五・四・一以後終了事業年度分

事　業　種　目	1	自動車部品製造業				
資産区分 種　　類	2	ソフトウエア				
設 備 の 種 類 又 は 区 分	3					
細　　目	4	データ収集解析ソフト（その他のもの）				
取 得 年 月 日	5	6・2・5	・　・	・　・	・　・	・　・
指定事業の用に供した年月日	6	6・2・26	・　・	・　・	・　・	・　・
取得価額 取 得 価 額 又 は 製 作 価 額	7	30,000,000円	円	円	円	円
法人税法上の圧縮記帳による積立金計上額	8					
差 引 改 定 取 得 価 額 (7)－(8)	9	30,000,000				

法　人　税　額　の　特　別　控　除　額　の　計　算

当期分 取 得 価 額 の 合 計 額 ((9)の合計)	10	30,000,000円	前期繰越分 差 引 当 期 税 額 基 準 額 残 額 (14)－(15)－(別表六(十七)「19」)	18	900,000円
同上のうち特定中小企業者等に係る額	11		繰 越 税 額 控 除 限 度 超 過 額 (24の計)	19	
税 額 控 除 限 度 額 ((10)-(11))×7/100 ＋ (11)×10/100	12	2,100,000	同上のうち当期繰越税額控除可能額 ((18)と(19)のうち少ない金額)	20	
調 整 前 法 人 税 額 (別表一「2」又は別表一の二「2」若しくは「13」)	13	15,000,000	調 整 前 法 人 税 額 超 過 構 成 額 (別 表 六 (六) 「 8 の ⑮ 」)	21	
当 期 税 額 基 準 額 (13)× 20/100 － (別表六(十七)「14」)	14	3,000,000	当 期 繰 越 税 額 控 除 額 (20)－(21)	22	
当 期 税 額 控 除 可 能 額 ((12)と(14)のうち少ない金額)	15	2,100,000	法 人 税 額 の 特 別 控 除 額 (17)＋(22)	23	2,100,000
調 整 前 法 人 税 額 超 過 構 成 額 (別 表 六 (六) 「 8 の ⑯ 」)	16				
当 期 税 額 控 除 額 (15) － (16)	17	2,100,000			

翌　期　繰　越　税　額　控　除　限　度　超　過　額　の　計　算

事　業　年　度	前 期 繰 越 額 又 は 当 期 税 額 控 除 限 度 額　24	当 期 控 除 可 能 額　25	翌 期 繰 越 額 (24)－(25)　26
・　・	円	円	
・　・		外	円
計		(20)	
当 期 分	(12)　2,100,000	(15)　2,100,000	外　0
合 計			0

機　械　設　備　等　の　概　要

— 216 —

第5　中小企業者等の給与等の支給額が増加した場合の法人税額の特別控除（中小企業向け賃上げ促進税制）

1　概要

　この制度は、青色申告書を提出する中小企業者（適用除外事業者を除きます。中小企業者及び適用除外事業者の意義については第1章　第1　3　(1)及び(3)を参照してください。）又は農業協同組合等が、令和4年4月1日から令和6年3月31日までの間に開始する各事業年度において国内雇用者（注1）に対し給与等（注2）を支給する場合において、雇用者給与等支給増加割合（注3）が1.5％又は2.5％以上であるときは、雇用安定助成金額（注4）を控除して計算する調整雇用者給与等支給増加額（注5）を限度として控除対象雇用者給与等支給増加額（注6）の15％又は30％（さらに教育訓練費の追加要件を満たす場合には25％又は40％）相当額の法人税額の特別控除を認めるものです。ただし、この制度の適用を受ける事業年度の調整前法人税額（注7）の20％相当額が限度とされています（措法42の12の5②）。

(注)1　国内雇用者とは、法人の使用人のうち、その法人の国内の事業所に勤務する雇用者として、その法人の国内に所在する事業所につき作成された賃金台帳に記載された者をいいます（措法42の12の5③二、措令27の12の5⑥）が、法人の使用人としての職務を有する役員（使用人兼務役員）及び法人の役員と特殊の関係のある者は除かれます。法人の役員と特殊の関係のある者とは次の①〜④に掲げる者をいいます（措令27の12の5⑤）。

①　役員の親族

②　役員と婚姻の届出をしていないが事実上婚姻関係と同様の事情にある者

③　①②に掲げる者以外の者で役員から生計の支援を受けているもの

④　①②に掲げる者と生計を一にするこれらの者の親族

2　給与等とは、俸給、給料、賃金、歳費及び賞与並びにこれらの性質を有する給与（所法28①）をいいます（措法42の12の5③三）。退職金など、給与所得とならないものについては、原則として給与等に該当しません。ただし、賃金台帳に記載された支給額（所得税法上課税されない通勤手当等の額を含みます。）のみを対象として給与等の支給額を計算するなど、合理的な方法により継続して計算している場合には、この計算方法が認められます（措通42の12の5－1の4）。

3　雇用者給与等支給増加割合とは、雇用者給与等支給額から比較雇用者給与等支給額を控除した金額の比較雇用者給与等支給額に対する割合をいいます（措法42の12

－ 217 －

の5②）。

4　雇用安定助成金額とは、国又は地方公共団体から受ける雇用保険法第62条第1項第1号に掲げる事業として支給が行われる助成金その他これに類するものの額をいい、次のものが該当します（措法42の12の5③六イ、措通42の12の5－2の2）。

　①　雇用調整助成金、産業雇用安定助成金又は緊急雇用安定助成金の額

　②　①に上乗せして支給される助成金の額その他の①に準じて地方公共団体から支給される助成金の額

5　調整雇用者給与等支給増加額とは①に掲げる金額から②に掲げる金額を控除した金額をいいます（措法42の12の5③六）。

　①　雇用者給与等支給額（雇用者給与等支給額の計算の基礎となる給与等に充てるための雇用安定助成金額がある場合には、雇用安定助成金額を控除した金額）

　②　比較雇用者給与等支給額（比較雇用者給与等支給額の計算の基礎となる給与等に充てるための雇用安定助成金額がある場合には、雇用安定助成金額を控除した金額）

6　控除対象雇用者給与等支給増加額とは、雇用者給与等支給額から比較雇用者給与等支給額を控除した金額（この金額が適用年度の調整雇用者給与等支給増加額を超える場合には、この調整雇用者給与等支給増加額）をいいます（措法42の12の5③六）。

7　調整前法人税額とは、租税特別措置法の各税額控除や所得税額控除（法法68）等の規定を適用しないで計算した法人税額をいいます（措法42の4⑲二）。

　具体的には法人税申告書別表1「2　法人税額」であり、「3　法人税額の特別控除額」を控除する前の法人税額をいいます。

〈制度の概要〉

適用要件（通常要件）	税額控除率
雇用者給与等支給額が前年度と比べて1.5％以上増加	15％

適用要件（上乗せ要件）		上乗せ税額控除率
①	雇用者給与等支給額が前年度と比べて2.5％以上増加	15％上乗せ
②	教育訓練費の額が前年度と比べて10％以上増加	10％上乗せ

（中小企業庁「中小企業向け賃上げ促進税制ご利用ガイドブック」を一部修正）

2　制度の詳細

(1)　適用対象法人

　この制度の適用対象法人は、青色申告書を提出する中小企業者又は農業協同組合等（以下、「中小企業者等」といいます。）です（措法42の12の5②）。法人が中小企業者等であるかどうかの判定は、この規定の適用を受ける事業年度終了の時の現況によるものとされています（措通42の12の5－1の3）。

(2)　適用対象年度

　この制度は、令和4年4月1日から令和6年3月31日までの間に開始する各事業年度において適用できます。ただし、設立事業年度（設立の日を含む事業年度をいいます。）、合併以外の事由による解散の日を含む事業年度及び清算中の各事業年度においては、適用できません（措法42の12の5②）。

(3)　適用要件（通常の場合）

　次の要件を満たすことが必要です（措法42の12の5②）。

雇用者給与等支給額の増加要件

　雇用者給与等支給額（注1）が、比較雇用者給与等支給額（注2）と比べて1.5％以上増加していること。

　(注)1　雇用者給与等支給額とは、法人の各事業年度（適用年度）の所得の金額の計算上、損金の額に算入される国内雇用者に対する給与等の支給額（その給与等に充てるために他の者から支払を受ける金額（雇用安定助成金額を除きます。）がある場合には、その金額を控除した金額となります（措法42の12の5③四）。）をいいます（措法42の12の5③九）。他の者から支払を受ける金額とは、次の①から③に掲げる金額が該当します（措通42の12の5－2）。

　　①　補助金、助成金、給付金又は負担金その他これらに準ずるもの（補助金等）の要綱、要領又は契約において、その補助金等の交付の趣旨又は目的がその交付を受ける法人の給与等の支給額に係る負担を軽減させることであることが明らかにされている場合のその補助金等の交付額

　　②　①以外の補助金等の交付額で、資産の譲渡、資産の貸付け及び役務の提供に係る反対給付としての交付額に該当しないもののうち、その算定方法が給与等の支給実績又は支給単価（雇用契約において時間、日、月、年ごとにあらかじめ決め

られている給与等の支給額をいいます。）を基礎として定められているもの

③ ①及び②以外の補助金等の交付額で法人の使用人が他の法人に出向した場合において、その出向した使用人（出向者）に対する給与を出向元法人が支給することとしているときに、出向元法人が出向先法人から支払を受けた出向先法人の負担すべき給与に相当する金額。いわゆる給与負担金の額

2 比較雇用者給与等支給額とは、法人の前事業年度の所得の金額の計算上損金の額に算入される国内雇用者に対する給与等の支給額（その給与等に充てるために他の者から支払を受ける金額（雇用安定助成金額を除きます。）がある場合には、その金額を控除した金額となります（措法42の12の5③四かっこ書）。）をいいます。ただし、前事業年度の月数と適用年度の月数とが異なる場合には、その月数に応じ次のように計算した金額となります（措法42の12の5③十、措令27の12の5⑦）。

① 前事業年度の月数が適用年度の月数を超える場合

前事業年度に係る給与等支給額（その所得の金額の計算上損金の額に算入される国内雇用者に対する給与等の支給額をいいます。次の②ⅰ、ⅱにおいて同じです。）に適用年度の月数を乗じてこれを前事業年度の月数で除して計算した金額

② 前事業年度の月数が適用年度の月数に満たない場合

ⅰ 前事業年度が6月に満たない場合 適用年度開始の日前1年（適用年度が1年に満たない場合には、適用年度の期間）以内に終了した各事業年度に係る給与等支給額の合計額に適用年度の月数を乗じてこれを前1年事業年度等の月数の合計数で除して計算した金額

ⅱ 前事業年度が6月以上である場合 前事業年度に係る給与等支給額に適用年度の月数を乗じてこれを前事業年度の月数で除して計算した金額

〈雇用者給与等支給額の増加要件（通常の場合）〉

$$\frac{\text{雇用者給与等支給額}^{(注)}-\text{比較雇用者給与等支給額}^{(注)}}{\text{比較雇用者給与等支給額}^{(注)}} \geqq 1.5\%$$

(注) 雇用安定助成金額は控除しないで計算します。

第5　中小企業者等の給与等の支給額が増加した場合の法人税額の特別控除

〈給与等に充てるため他の者から支払を受ける金額の範囲〉

項目	雇用者給与等支給額から控除されるもの
助成金	労働者の雇入れ人数に応じて国等から支給を受けた額 （例示）　特定就職困難者コース助成金 　　　　　特定求職者雇用開発助成金 　　　　　雇用調整助成金
出向負担金	出向先法人が支出する給与負担金

　なお、出向先法人においては、出向元法人へ出向者に係る給与負担金の額を支出した場合に、その出向先法人の国内に所在する事業所につき作成された労働基準法第108条に規定する賃金台帳にこの出向者を記載しているときは、この給与負担金の額は、その出向先法人の国内雇用者に対する給与等の支給額に含まれます（措通42の12の5―3）。

〈勘定科目からみた雇用者給与等支給額の例示〉

人件費の項目		雇用者給与等支給額に該当するかの区別
役員報酬・役員賞与	×	使用人兼務役員に対するものも除く
給与手当・賃金・賞与	○	役員と特殊の関係にある者、使用人兼務役員に対するものは除く
退職金	×	―
法定福利費・福利厚生費	×	―
通勤費	△	217ページ（注2）ただし書参照

― 221 ―

〈事業年度の月数が異なる場合の比較雇用者給与等支給額の計算例〉

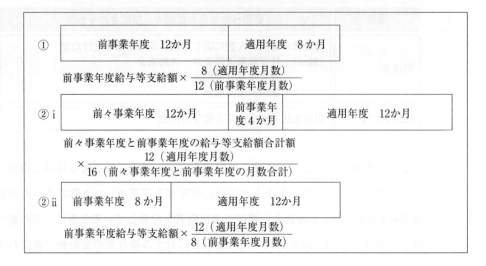

(4) 適用要件（上乗せ要件を満たす場合）

　通常、前事業年度から増加した雇用者給与等支給額の15％を税額控除することができますが、教育訓練費の増加要件を満たす場合には、10％を加算した25％を税額控除することができます。雇用者給与等支給増加割合が2.5％以上であるときは、15％を加算した30％、教育訓練費の増加要件を満たす場合には、さらに10％を加算した40％を税額控除することができます（措法42の12の5②）。

〈適用要件フローチャート〉

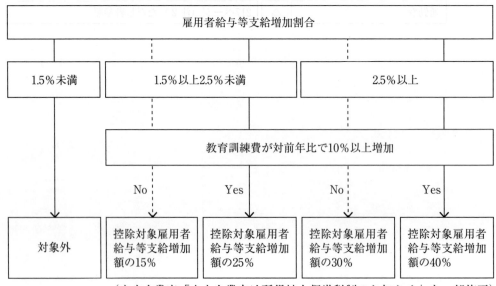

（中小企業庁「中小企業向け所得拡大促進税制のお知らせ」を一部修正）

イ　雇用者給与等支給額の増加要件

雇用者給与等支給額が比較雇用者給与等支給額と比べて2.5％以上増加していること。

〈雇用者給与等支給額の増加要件（上乗せ要件）〉

$$\frac{雇用者給与等支給額^{(注)} - 比較雇用者給与等支給額^{(注)}}{比較雇用者給与等支給額^{(注)}} \geq 2.5\%$$

(注)　雇用安定助成金額は控除しないで計算します。

ロ　教育訓練費（注1）の増加要件

中小企業者等の適用年度の所得の金額の計算上損金の額に算入される教育訓練費の額から比較教育訓練費（注2）の額を控除した金額の比較教育訓練費の額に対する割合が10％以上であること（措法42の12の5②）。

〈教育訓練費の増加要件〉

$$\frac{教育訓練費の額 - 比較教育訓練費の額}{比較教育訓練費の額} \geq 10\%$$

(注)1　教育訓練費とは、法人がその国内雇用者の職務に必要な技術又は知識を習得させ、又は向上させるために支出する費用（その教育訓練費に充てるため他の者から支払を受ける金額がある場合には、その金額を控除した金額となります。）をいいます（措法42の12の5③七、措令27の12の5⑩）。

2　比較教育訓練費の額とは、適用年度開始の日前1年以内に開始した各事業年度の所得の金額の計算上損金の額に算入される教育訓練費の額の合計額を1年以内に開始した各事業年度の数で除して計算した金額をいいます（措法42の12の5③八）。

— 223 —

〈対象となる教育訓練費の範囲〉

①	法人等が教育訓練等を自ら行う場合の費用	
	i	法人等がその国内雇用者に対して、外部から講師又は指導員を招聘し、講義・指導等の教育訓練等を自ら行う費用
	ii	外部講師等に対して支払う報酬、料金、謝金その他これらに類する費用
	iii	法人等がその国内雇用者に対して、施設、設備その他資産を賃借又は使用して、教育訓練等を自ら行う費用
	iv	施設・備品・コンテンツ等の賃借又は使用に要する費用
	v	教育訓練等に関する計画又は内容の作成について、外部の専門知識を有する者に委託する費用
②	他の者に委託して当該国内雇用者に対して教育訓練等を行わせる場合の費用	
	i	法人等がその国内雇用者の職務に必要な技術・知識の習得又は向上のため、他の者に委託して教育訓練等を行わせる費用
	ii	教育訓練等のために他の者に対して支払う費用
③	他の者が行う教育訓練等に参加させる場合の費用	
	i	法人等がその国内雇用者の職務に必要な技術・知識の習得又は向上のため、他の者が行う教育訓練等に当該国内雇用者を参加させる費用
	ii	他の者が行う教育訓練等に対する対価として当該他の者に支払う授業料、受講料、受験手数料その他の費用

（中小企業庁「中小企業者向け賃上げ促進税制ご利用ガイドブック」を一部修正）

〈教育訓練費の対象とならない費用〉

①	法人等がその使用人又は役員に支払う教育訓練中の人件費、報奨金等
②	教育訓練等に関連する旅費、交通費、食費、宿泊費、居住費
③	福利厚生目的など教育訓練以外を目的として実施する場合の費用
④	法人等が所有する施設等の使用に要する費用
⑤	法人等の施設等の取得等に要する費用
⑥	教材等の購入・製作に要する費用
⑦	教育訓練の直接費用でない大学等への寄附金、保険料等

（中小企業庁「中小企業向け賃上げ促進税制ご利用ガイドブック」を一部修正）

　なお、教育訓練費増加要件を満たすものとしてこの規定の適用を受ける場合には、費用の明細を記載した書類を保存しなければなりません（措令27の12の5⑪）。この

教育訓練費の明細書には、次のⅰ～ⅳの事項を記載します（措規20の10⑤）。

〈教育訓練費の明細書の記載事項〉

ⅰ	教育訓練等の実施時期	「年月」は必須、「日」は任意で記載
ⅱ	教育訓練等の実施内容	教育訓練費等のテーマや内容及び、実施期間
ⅲ	教育訓練等の受講者	教育訓練等を受ける予定、または受けた者の氏名等
ⅳ	教育訓練費の支払証明	費用を支払った年月日、内容及び金額並びに相手先の氏名又は名称が明記された領収書等

（中小企業庁「中小企業向け賃上げ促進税制ご利用ガイドブック」を一部修正）

⑸ 中小企業者等税額控除限度額

中小企業者等税額控除限度額は、次のとおり計算されます（措法42の12の5②）。

〈中小企業者等税額控除限度額〉

① 控除対象雇用者給与等支給増加額
  ⅰ 〈雇用者給与等支給増加額〉

| 雇用者給与等支給額 | － | 比較雇用者給与等支給額 |

  ⅱ 〈調整雇用者給与等支給増加額〉

| 調整雇用者給与等支給額（雇用者給与等支給額－雇用安定助成金額） |

－ | 調整比較雇用者給与等支給額（比較雇用者給与等支給額－雇用安定助成金額） |

  ⅲ 〈控除対象雇用者給与等支給増加額〉
    ⅰとⅱのいずれか少ない方

② 税額控除限度額
  ⅰ 〈雇用者給与等支給増加割合1.5％以上〉

| 税額控除限度額＝控除対象雇用者給与等支給増加額×15％ |

  ⅱ 〈雇用者給与等支給増加割合1.5％以上〉
    〈教育訓練費増加割合10％以上〉

| 税額控除限度額＝控除対象雇用者給与等支給増加額×25％ |

  ⅲ 〈雇用者給与等支給増加割合2.5％以上〉

| 税額控除限度額＝控除対象雇用者給与等支給増加額×30％ |

iv 〈雇用者給与等支給増加割合2.5%以上〉

　〈教育訓練費増加割合10%以上〉

税額控除限度額＝控除対象雇用者給与等支給増加額×40%

③　当期税額基準額

　　調整前法人税額×20%

④　特別控除額

　　②と③のいずれか少ない方

3　実務上の留意点

(1)　申告要件

　この制度は、確定申告書等（確定申告書及び仮決算の場合の中間申告書をいいます（措法2②二十七）。以下同じ。）に税額控除額の計算の基礎となる給与等支給額に関する明細を記載した書類の添付（別表6（26）「給与等の支給額が増加した場合の法人税額の特別控除に関する明細書」）がある場合に限り適用されます（措法42の12の5⑤）。

　なお、この規定には宥恕規定はないため、万が一申告が漏れた場合に更正の請求は認められませんので、適用要件を満たしている場合には期限内に申告する必要があります。

(2)　注意点

　別表6（26）の「5」欄（比較雇用者給与等支給額）には、前事業年度における雇用者給与等支給額を記載することになりますが、前事業年度に退職した従業員に対する給与等の支給額を差し引いて記載する等の誤りにより、本来であれば本税制の適用を受けることができないにもかかわらず本税制の適用を受けている事例や、誤って算出された金額に基づいて本税制の適用を受けている事例が見受けられます。

　本税制は累次の改正が行われ、制度の適用要件につき順次見直しがなされておりますので、適用年度の適用要件を十分に確認の上、別表を記載（法人税申告用ソフトに表示される金額を十分に確認）する必要があります。

　「適用年度の比較雇用者給与等支給額」又は「前事業年度の雇用者給与等支給額」のいずれか又は両方を誤って申告した場合であっても、控除対象雇用者給与等支給増加額は、確定申告書等に添付された書類に記載された控除対象雇用者給与等支給増加額が限度とされていますので、修正申告書又は更正請求書により、控除対象雇用者給

第5 中小企業者等の給与等の支給額が増加した場合の法人税額の特別控除

与等支給増加額を増加させることはできませんので注意が必要です（別表6（26）を使用するに当たっての注意点（中小企業向け賃上げ促進税制の適用に当たっての注意点）国税庁ホームページを一部修正）。

⑶ 地方拠点強化税制における雇用促進税制との重複適用

この制度は地方活力向上地域等において雇用者の数が増加した場合の法人税額の特別控除（措法42の12）の規定と重複適用を受けることができます。その場合には、前事業年度からの雇用者給与等支給額の増加額から次の算式で求められる金額を控除し、その残額を基礎として税額控除限度額を計算します（措令27の12の5③）。

〈重複適用の場合に控除する金額〉

（雇用者給与等支給額÷期末の一般被保険者雇用者数）×
適用年度の雇用者増に係る地方拠点強化税制の適用者数×20％

⑷ 地方税（法人住民税）の中小企業者等に係る特例措置

法人住民税の課税標準となる法人税額は、原則として税額控除前の法人税額を用いることとされていますが、中小企業者等の給与等の支給額が増加した場合の税額控除を適用する法人住民税の課税標準となる法人税額は、税額控除後の法人税額を用いることとされています（地法23①四、292①四、同法附則8⑨）。

〈中小企業者等の給与等の支給額が増加した場合の申告書記載例〉

法人税申告書別表1　　　　　　　　　住民税申告書第6号様式

— 227 —

4　事例及び法人税申告書別表記載例

⑴　前提

　青色申告書を提出する中小企業者であるＡ社が、雇用者給与等支給増加割合が1.5％以上2.5％未満の場合であって、教育訓練費の増加要件（対前年比で10％以上増加）を満たす場合に、この制度の適用を受ける場合の計算例及び別表記載例を示します。

　　　Ａ社の概要

　　前事業年度：令和４年４月１日～令和５年３月31日

　　適用事業年度：令和５年４月１日～令和６年３月31日

　　資本金：1,000万円

　　常時使用する従業員の数：６人

〈Ａ社の基礎データ〉

（単位：円）

	令和５年３月期 （前事業年度）	令和６年３月期 （適用年度）
国内雇用者に対する給与等の支給額	24,000,000	24,500,000
雇用安定助成金額	800,000	700,000
教育訓練費の額	100,000	110,000
調整前法人税額	－	1,000,000

　㊟　雇用安定助成金以外に、国内雇用者に対する給与等に充てるために、他の者から支払を受けた金額はありません。

⑵　計算

〈Ａ社の法人税の特別控除額の計算〉

　㈠　雇用者給与等支給額

　　　24,500,000円－700,000円＋700,000円＝24,500,000円

　㈡　比較雇用者給与等支給額

　　　24,000,000円－800,000円＋800,000円＝24,000,000円

　㈢　雇用者給与等支給増加割合

— 228 —

第5 中小企業者等の給与等の支給額が増加した場合の法人税額の特別控除

$$\frac{24,500,000円 - 24,000,000円}{24,000,000円} = 2.0\% \geqq 1.5\%$$

要件を満たしているため15%の税額控除率が適用されます。

(ニ) 教育訓練費増加割合

$$\frac{110,000円 - 100,000円}{100,000円} = 10\% \geqq 10\%$$

要件を満たしているため10%の上乗せ税額控除率が適用されます。

(ホ) 雇用者給与等支給増加額

24,500,000円 - 24,000,000円 = 500,000円

(ヘ) 調整雇用者給与等支給増加額

（24,500,000円 - 700,000円）-（24,000,000円 - 800,000円）= 600,000円

(ト) 控除対象雇用者給与等支給増加額

(ホ)と(ヘ)の少ない金額　よって500,000円

(チ) 法人税の特別控除額の計算

i　税額控除限度額500,000円×（15% + 10%）= 125,000円

ii　当期税額基準額1,000,000円×20% = 200,000円

iii　i ＜ ii　よって125,000円の特別控除額が認められます。

〈特別控除額の計算（別表6（26）付表1及び別表6（26）の抜粋)〉

	法人税申告書別表6（26）付表1			備考
適用年度	国内雇用者に対する給与等の支給額	付1	24,500,000	〈A社の基礎データ〉の適用年度の金額
	他の者から支払を受ける金額	付2	700,000	〈A社の基礎データ〉の(注)
	うち雇用安定助成金額	付3	700,000	〈A社の基礎データ〉の適用年度の金額
	雇用者給与等支給額	付4	24,500,000	（付1）-（付2）+（付3）
	調整雇用者給与等支給額	付5	23,800,000	（付1）-（付2）
前事業年度	国内雇用者に対する給与等の支給額	付7	24,000,000	〈A社の基礎データ〉の前事業年度の金額
	他の者から支払を受ける金額	付8	800,000	〈A社の基礎データ〉の(注)
	うち雇用安定助成金額	付9	800,000	〈A社の基礎データ〉の前事業年度の金額
	比較雇用者給与等支給額	付11	24,000,000	（付7）-（付8）+（付9）
	調整比較雇用者給与等支給額	付12	23,200,000	（付7）-（付8）

法人税申告書別表6（26）			備考
教育訓練費	教育訓練費の額	15	110,000	〈Ａ社の基礎データ〉の適用年度の金額
教育訓練費	比較教育訓練費の額	16	100,000	〈Ａ社の基礎データ〉の前事業年度の金額
教育訓練費	教育訓練費増加額	17	10,000	(15)－(16)
教育訓練費	教育訓練費増加割合	18	0.1	(17)÷(16)
適用要件	雇用者給与等支給増加割合 (6)÷(5)	7	0.020	1.5％以上で要件に該当、さらに2.5％以上で上乗せ要件に該当
適用要件	雇用者給与等支給増加額	6	500,000	（付４）－（付11）
適用要件	調整雇用者給与等支給増加額	10	600,000	（付５）－（付12）
適用要件	控除対象雇用者給与等支給増加額 (6)と(10)の少ない金額	19	500,000	マイナスの場合は0
適用要件	雇用者給与等支給増加重複控除額	20	－	－
適用要件	差引控除対象雇用者給与等 支給増加額	21	500,000	－
法人税額の特別控除額の計算	(7)≧2.5％の場合 0.15	25	－	雇用者給与等支給増加割合2.5％以上
法人税額の特別控除額の計算	(18)≧10％又は (15)＝(17)＞0の場合	26	0.1	教育訓練費増加割合10％以上
法人税額の特別控除額の計算	中小企業者等税額控除限度額	27	125,000	(21)×(0.15＋(25)＋(26))
法人税額の特別控除額の計算	調整前法人税額	28	1,000,000	〈Ａ社の基礎データ〉の適用年度の金額
法人税額の特別控除額の計算	当期税額基準額 (28)×20/100	29	200,000	その事業年度の所得に対する法人税の額の20％を限度
法人税額の特別控除額の計算	当期税額控除可能額	30	125,000	(16)と(18)のうち少ない金額
法人税額の特別控除額の計算	調整前法人税額超過構成額	31	－	（別表6(6)「7の㉓」）
法人税額の特別控除額の計算	法人税額の特別控除額	32	125,000	(30)－(31)

第5　中小企業者等の給与等の支給額が増加した場合の法人税額の特別控除

(3)　別表記載例

給与等の支給額が増加した場合の法人税額の特別控除に関する明細書

事業年度　5・4・1　6・3・31　法人名　A社　別表六(二十六)　令五・四・一以後終了事業年度分

項目	No	金額	項目	No	金額
期末現在の資本金の額又は出資金の額	1	10,000,000円	適　用　可　否	3	適用可
期末現在の常時使用する従業員の数	2	6人			

法人税額の特別控除額の計算

項目	No	金額	項目	No	金額
雇用者給与等支給額（別表六(二十六)付表一「4」）	4	24,500,000円	控除対象雇用者給与等支給増加額（(6)と(10)のうち少ない金額）	19	500,000円
比較雇用者給与等支給額（別表六(二十六)付表一「11」）	5	24,000,000円	雇用者給与等支給増加重複控除額（別表六(二十六)付表二「12」）	20	
雇用者給与等支給増加額 (4)-(5)（マイナスの場合は0）	6	500,000	差引控除対象雇用者給与等支給増加額 (19)-(20)（マイナスの場合は0）	21	500,000
雇用者給与等支給増加割合 $\frac{(6)}{(5)}$（(5)=0の場合は0）	7	0.020	税額控除限度額又は中小企業者等税額控除限度額の計算／第1項適用の場合：(14)≧4%の場合 0.1	22	
調整雇用者給与等支給額（別表六(二十六)付表一「5」）	8	23,800,000円	(18)≧20%又は(15)=(17)>0の場合 0.05	23	
調整比較雇用者給与等支給額（別表六(二十六)付表一「12」）	9	23,200,000円	税額控除限度額 (21)×(0.15+(22)+(23))（(14)<0.03の場合は0）	24	円
調整雇用者給与等支給増加額 (8)-(9)（マイナスの場合は0）	10	600,000	第2項適用の場合：(7)≧2.5%の場合 0.15	25	
継続雇用者給与等支給額（別表六(二十六)付表一「19の①」）	11	円	(18)≧10%又は(15)=(17)>0の場合 0.1	26	0.1
継続雇用者比較給与等支給額（別表六(二十六)付表一「19の②」又は「19の③」）	12		中小企業者等税額控除限度額 (21)×(0.15+(25)+(26))（(7)<0.015の場合は0）	27	125,000円
継続雇用者給与等支給増加額 (11)-(12)（マイナスの場合は0）	13		調整前法人税額（別表一「2」又は別表一の二「2」若しくは「13」）	28	1,000,000
継続雇用者給与等支給増加割合 $\frac{(13)}{(12)}$（(12)=0の場合は0）	14		当期税額基準額 (28)×$\frac{20}{100}$	29	200,000
教育訓練費の額	15	110,000円	当期税額控除可能額 (((24)又は(27))と(29)のうち少ない金額)	30	125,000
比較教育訓練費の額（別表六(二十六)付表一「24」）	16	100,000	調整前法人税額超過構成額（別表六(六)「8の⑰」）	31	
教育訓練費増加額 (15)-(16)（マイナスの場合は0）	17	10,000	法人税額の特別控除額 (30)-(31)	32	125,000円
教育訓練費増加割合 $\frac{(17)}{(16)}$（(16)=0の場合は0）	18	0.1			

第 3 章 中小企業者の取扱い

給与等支給額及び比較教育訓練費の額の計算に関する明細書

事業年度	5 ・ 4 ・ 1 6 ・ 3 ・ 31	法人名	A社

別表六(二十六)付表一　令五・四・一以後終了事業年度分

雇用者給与等支給額及び調整雇用者給与等支給額の計算

国内雇用者に対する給与等の支給額	(1)の給与等に充てるため他の者から支払を受ける金額	(2)のうち雇用安定助成金額	雇用者給与等支給額 (1)－(2)＋(3) （マイナスの場合は0）	調整雇用者給与等支給額 (1)－(2) （マイナスの場合は0）
1	2	3	4	5
24,500,000 円	700,000 円	700,000 円	24,500,000 円	23,800,000 円

比較雇用者給与等支給額及び調整比較雇用者給与等支給額の計算

前事業年度	国内雇用者に対する給与等の支給額	(7)の給与等に充てるため他の者から支払を受ける金額	(8)のうち雇用安定助成金額	適用年度の月数／(6)の前事業年度の月数
6	7	8	9	10
4 ・ 4 ・ 1 5 ・ 3 ・ 31	24,000,000 円	800,000 円	800,000 円	12／12

比較雇用者給与等支給額 ((7)－(8)＋(9))×(10)（マイナスの場合は0）	11	24,000,000 円
調整比較雇用者給与等支給額 ((7)－(8))×(10)（マイナスの場合は0）	12	23,200,000

継続雇用者給与等支給額及び継続雇用者比較給与等支給額の計算

		継続雇用者給与等支給額の計算	継続雇用者比較給与等支給額の計算	
		適用年度 ①	前事業年度 ②	前一年事業年度特定期間 ③
事業年度等	13		・ ・	・ ・
継続雇用者に対する給与等の支給額	14	円	円	円
同上の給与等に充てるため他の者から支払を受ける金額	15			
同上のうち雇用安定助成金額	16			
差引 (14)－(15)＋(16)	17			
適用年度の月数／(13の③)の月数	18			
継続雇用者給与等支給額及び継続雇用者比較給与等支給額 (17)又は((17)×(18))	19			円

比較教育訓練費の額の計算

事業年度	教育訓練費の額	適用年度の月数／(20)の事業年度の月数	改定教育訓練費の額 (21)×(22)
20	21	22	23
調整対象年度 4 ・ 4 ・ 1 5 ・ 3 ・ 31	100,000 円	12／12	100,000 円
・ ・ ・ ・			
計			

比較教育訓練費の額 (23の計)÷(調整対象年度数)	24	100,000

— 232 —

第6　法人税の額から控除される特別控除額の特例

1　概要

　租税特別措置法の税額控除については、複数の制度の適用を受けることができますが、その場合の税額控除可能額は、その事業年度の所得に対する法人税額の90％を上限とし、控除しきれなかった繰越税額控除限度超過額は翌事業年度に繰越控除されます。

2　制度の詳細

⑴　調整前法人税額超過額の繰越し

　法人が租税特別措置法の税額控除の各制度のうち2以上の制度の適用を受けようとする場合において、その適用を受けようとする制度の税額控除可能額（下記⑵参照）の合計額がその事業年度の所得に対する調整前法人税額（下記⑶参照）の90％に相当する金額を超えるときは、その超える部分の金額（以下、「調整前法人税額超過額」といいます。）は、その事業年度の所得に対する調整前法人税額から控除しないものとされます（措法42の13①）。

　調整前法人税額超過額は、その事業年度後の各事業年度において、繰越税額控除限度超過額（下記⑸参照）に該当するものに限り、繰越税額控除に関する規定を適用します（措法42の13③）。

⑵　税額控除可能額

　税額控除可能額とは、各税額控除制度にそれぞれ定める税額控除限度額のうち控除しきれない金額を控除した金額をいいます（措法42の13①一〜十八）。つまり、税額控除限度額と当期税額基準額（各税額控除制度に定められている調整前法人税額の一定割合）のうちいずれか少ない金額をいいます。

— 233 —

第 3 章　中小企業者の取扱い

〈税額控除可能額〉

	特別控除制度	税額控除可能額
①	一般試験研究費に係る法人税額の特別控除	租税特別措置法第42条の４第１項に規定する税額控除限度額のうち同項の規定による控除をしても控除しきれない金額を控除した金額
②	中小企業者等の試験研究費に係る法人税額の特別控除	租税特別措置法第42条の４第４項に規定する中小企業者等税額控除限度額のうち同項の規定による控除をしても控除しきれない金額を控除した金額
③	特別試験研究費に係る法人税額の特別控除	租税特別措置法第42条の４第７項に規定する特別研究税額控除限度額のうち同項の規定による控除をしても控除しきれない金額を控除した金額
④	中小企業者等が機械等を取得した場合の法人税額の特別控除	租税特別措置法第42条の６第２項に規定する税額控除限度額のうち同項の規定による控除をしても控除しきれない金額を控除した金額又は同条第３項に規定する繰越税額控除限度超過額のうち同項の規定による控除をしても控除しきれない金額を控除した金額
⑤	沖縄の特定地域において工業用機械等を取得した場合の法人税額の特別控除	租税特別措置法第42条の９第１項に規定する税額控除限度額のうち同項の規定による控除をしても控除しきれない金額を控除した金額又は同条第２項に規定する繰越税額控除限度超過額のうち同項の規定による控除をしても控除しきれない金額を控除した金額
⑥	国家戦略特別区域において機械等を取得した場合の法人税額の特別控除	租税特別措置法第42条の10第２項に規定する税額控除限度額のうち同項の規定による控除をしても控除しきれない金額を控除した金額
⑦	国際戦略総合特別区域において機械等を取得した場合の法人税額の特別控除	租税特別措置法第42条の11第２項に規定する税額控除限度額のうち同項の規定による控除をしても控除しきれない金額を控除した金額
⑧	地域経済牽引事業の促進区域内において特定事業用機械等を取得した場合の法人税額の特別控除	租税特別措置法第42条の11の２第２項に規定する税額控除限度額のうち同項の規定による控除をしても控除しきれない金額を控除した金額
⑨	地方活力向上地域等において特定建物等を取得した場合の法人税額の特別控除	租税特別措置法第42条の11の３第２項に規定する税額控除限度額のうち同項の規定による控除をしても控除しきれない金額を控除した金額
⑩	地方活力向上地域等において雇用者の数が増加した場合の法人税額の特別控除	租税特別措置法第42条の12第１項に規定する税額控除限度額のうち同項の規定による控除をしても控除しきれない金額を控除した金額又は同条第２項に規定する地方事業所特別税額控除限度額のうち同項の規定による控除をしても控除しきれない金額を控除した金額
⑪	認定地方公共団体の寄附活用事業に関連する寄附をした場合の法人税額の特別控除	租税特別措置法第42条の12の２第１項に規定する税額控除限度額のうち同項の規定による控除をしても控除しきれない金額を控除した金額

第6　法人税の額から控除される特別控除額の特例

⑫	中小企業者等が特定経営力向上設備等を取得した場合の法人税額の特別控除	租税特別措置法第42条の12の4第2項に規定する税額控除限度額のうち同項の規定による控除をしても控除しきれない金額を控除した金額又は同条第3項に規定する繰越税額控除限度超過額のうち同項の規定による控除をしても控除しきれない金額を控除した金額
⑬	給与等の支給額が増加した場合の法人税額の特別控除	租税特別措置法第42条の12の5第1項に規定する税額控除限度額のうち同項の規定による控除をしても控除しきれない金額を控除した金額
⑭		租税特別措置法第42条の12の5第2項に規定する中小企業者等税額控除限度額のうち同項の規定による控除をしても控除しきれない金額を控除した金額
⑮	認定特定高度情報通信技術活用設備を取得した場合の法人税額の特別控除	租税特別措置法第42条の12の6第2項に規定する税額控除限度額のうち同項の規定による控除をしても控除しきれない金額を控除した金額
⑯	事業適応設備を取得した場合の法人税額の特別控除	租税特別措置法第42条の12の7第4項に規定する税額控除限度額のうち同項の規定による控除をしても控除しきれない金額を控除した金額、同条第5項に規定する繰延資産税額控除限度額のうち同項の規定による控除をしても控除しきれない金額を控除した金額又は同条第6項に規定する生産工程効率化等設備等税額控除限度額のうち同項の規定による控除をしても控除しきれない金額を控除した金額
⑰	特定復興産業集積区域等において機械等を取得した場合の法人税額の特別控除	震災特例法第17条の2第2項に規定する税額控除限度額のうち同項の規定による控除をしても控除しきれない金額を控除した金額又は同条第3項に規定する繰越税額控除限度超過額のうち同項の規定による控除をしても控除しきれない金額を控除した金額
⑱	特定復興産業集積区域等において被災雇用者等を雇用した場合の法人税額の特別控除	震災特例法第17条の3第1項に規定する税額控除限度額のうち同項の規定による控除をしても控除しきれない金額を控除した金額

(3)　**調整前法人税額**

　調整前法人税額とは、租税特別措置法の各税額控除や所得税額控除（法法68）等の規定を適用しないで計算した法人税額をいいます（措法42の4⑲二）。

　具体的には法人税申告書別表1「2　法人税額」であり、「3　法人税額の特別控除額」を控除する前の法人税額をいいます。

(4)　**控除可能期間**

　調整前法人税額超過額は、その控除可能期間が最も長いものから順次成るものとされます。

― 235 ―

控除可能期間とは、この制度の適用を受けた事業年度終了の日の翌日から、税額控除可能額について繰越税額控除に関する規定を適用した場合に、各事業年度の所得に対する調整前法人税額から控除することができる最終の事業年度終了の日までの期間をいいます（措法42の13②）。

(5) 繰越税額控除限度超過額

繰越税額控除限度超過額は、各特別控除制度にそれぞれ定める期間内に開始した各事業年度における税額控除限度額のうち控除しきれなかった繰越額をいいます。（措法42の13③）。

〈繰越税額控除限度超過額〉

	特別控除制度	繰越税額控除限度超過額
①	中小企業者等が機械等を取得した場合の法人税額の特別控除	その事業年度開始の日前1年以内に開始した各事業年度における税額控除限度額のうち、税額控除しきれない金額の合計額（措法42の6④）
②	沖縄の特定地域において工業用機械等を取得した場合の法人税額の特別控除	その事業年度開始の日前4年以内に開始した各事業年度における税額控除限度額のうち、税額控除しきれない金額の合計額（措法42の9③）
③	中小企業者等が特定経営力向上設備等を取得した場合の法人税額の特別控除	その事業年度開始の日前1年以内に開始した各事業年度における税額控除限度額のうち、税額控除しきれない金額の合計額（措法42の12の4④）
④	特定復興産業集積区域等において機械等を取得した場合の法人税額の特別控除	その事業年度開始の日前4年以内に開始した各事業年度における税額控除限度額のうち、税額控除しきれない金額の合計額（震災特例法17の2④三）

(6) 申告要件

この制度は、超過事業年度以後の各事業年度まで連続して青色申告書の提出をしている場合に限り、適用されます（措法42の13③かっこ書）。

また、その各事業年度の確定申告書に調整前法人税額超過額の明細書の添付がある場合で、かつ、この適用を受けようとする事業年度の確定申告書等（繰越税額控除に関する規定により控除を受ける金額を増加させる修正申告書又は更正請求書を含みます。）に繰越税額控除に関する規定による控除の対象となる調整前法人税額超過額、控除を受ける金額及びその金額の計算に関する明細を記載した書類の添付がある場合に限り、適用されます（措法42の13④）。

第6　法人税の額から控除される特別控除額の特例

3　実務上の留意点

　複数の税額控除制度の適用を受ける場合に、その事業年度の調整前法人税額の90%が上限とされますので、税額控除の対象となる投資を積み増しても、その事業年度の法人税額をゼロにすることはできません。

4　事例及び法人税申告書別表記載例

(1)　前提

　青色申告書を提出する中小企業者であるＡ社が、当期（自令和5年4月1日至令和6年3月31日）において、以下の制度の適用を受ける場合の計算例及び別表記載例を示します。

　当期の調整前法人税額は、3,984,000円です。

---

①　中小企業者等の試験研究費に係る法人税額の特別控除

　　調整前法人税額3,984,000円×35% = 当期税額控除可能額1,394,400円

②　中小企業者等が機械等を取得した場合の法人税額の特別控除

　　調整前法人税額3,984,000円×20% = 当期税額控除可能額796,800円

③　地方活力向上地域等において特定建物等を取得した場合の法人税額の特別控除

　　調整前法人税額3,984,000円×20% = 当期税額控除可能額796,800円

④　給与等の支給額が増加した場合の法人税額の特別控除

　　調整前法人税額3,984,000円×20% = 当期税額控除可能額796,800円

---

(2)　計算

　複数の税額控除制度の適用を受ける場合に、当期の調整前法人税額の90%が上限とされますので、当期の税額控除額は次のとおりです。

　また、税額控除可能額のうち、当期の調整前法人税額の90%に相当する金額を超える部分の金額（調整前法人税額超過額）は控除されませんが、中小企業者等が機械等を取得した場合の繰越税額控除の規定を適用して翌期に繰り越すことができます。

①　当期税額控除可能額の合計

　　3,784,800円

②　当期税額基準額

　　3,984,000円（調整前法人税額）×90% = 3,585,600円

— 237 —

第3章　中小企業者の取扱い

③　特別控除額

①＞②　∴3,585,600円

④　調整前法人税額超過額

①－③＝199,200円

第 6　法人税の額から控除される特別控除額の特例

(3)　別表記載例

法人税の額から控除される特別控除額に関する明細書

事業年度	5・4・1 6・3・31	法人名	A社

別表六(六)　令五・四・一以後終了事業年度分

法人税額の特別控除額及び調整前法人税額超過額の計算

当期税額控除可能額 （7の合計）	1	3,784,800円	当期税額基準額 $((2)-(3))\times\frac{90}{100}$	4	3,585,600
調整前法人税額 （別表一「2」又は別表一の二「2」若しくは「13」）	2	3,984,000	法人税額の特別控除額 （(1)と(4)のうち少ない金額）+(3)	5	3,585,600
試験研究費の額に係る個別控除対象額の法人税額の特別控除額 （別表六(十六)「14」+「28」）	3	0	調整前法人税額超過額 (1)-((5)-(3))	6	199,200

当期税額控除可能額、調整前法人税額超過構成額及び法人税額の特別控除額の明細

適用を受ける各特別控除制度			当期税額控除可能額 7	調整前法人税額超過構成額 8	法人税額の特別控除額 9
一般試験研究費の額に係る法人税額の特別控除	当期分	①	別表六(九)「26」　円	円	別表六(九)「28」　円
中小企業者等の試験研究費の額に係る法人税額の特別控除	当期分	②	別表六(十)「19」 1,394,400	0	別表六(十)「21」 1,394,400
特別試験研究費の額に係る法人税額の特別控除	当期分	③	別表六(十四)「9」		別表六(十四)「11」
中小企業者等が機械等を取得した場合の法人税額の特別控除	前期繰越分計	④	別表六(六)付表「1の③」	別表六(六)付表「2の③」	別表六(十七)「21」
	当期分	⑤	別表六(十七)「14」 796,800	199,200	別表六(十七)「16」 597,600
沖縄の特定地域において工業用機械等を取得した場合の法人税額の特別控除	前期繰越分計	⑥	別表六(六)付表「1の⑧」	別表六(六)付表「2の⑧」	別表六(十八)「23」
	当期分	⑦	別表六(十八)「16」		別表六(十八)「18」
国家戦略特別区域において機械等を取得した場合の法人税額の特別控除	当期分	⑧	別表六(十九)「23」		別表六(十九)「25」
国際戦略総合特別区域において機械等を取得した場合の法人税額の特別控除	当期分	⑨	別表六(二十)「23」		別表六(二十)「25」
地域経済牽引事業の促進区域内において特定事業用機械等を取得した場合の法人税額の特別控除	当期分	⑩	別表六(二十一)「17」		別表六(二十一)「19」
地方活力向上地域等において特定建物等を取得した場合の法人税額の特別控除	当期分	⑪	別表六(二十二)「16」 796,800	0	別表六(二十二)「18」 796,800
地方活力向上地域等において雇用者の数が増加した場合の法人税額の特別控除	当期分	⑫	別表六(二十三)「19」		別表六(二十三)「21」
	当期分	⑬	別表六(二十三)「29」		別表六(二十三)「31」
認定地方公共団体の寄附活用事業に関連する寄附をした場合の法人税額の特別控除		⑭	別表六(二十四)「8」		別表六(二十四)「10」
中小企業者等が特定経営力向上設備等を取得した場合の法人税額の特別控除	前期繰越分計	⑮	別表六(六)付表「1の⑪」	別表六(六)付表「2の⑪」	別表六(二十五)「22」
	当期分	⑯	別表六(二十五)「15」		別表六(二十五)「17」
給与等の支給額が増加した場合の法人税額の特別控除	当期分	⑰	別表六(二十六)「30」 796,800	0	別表六(二十六)「32」 796,800
認定特定高度情報通信技術活用設備を取得した場合の法人税額の特別控除	当期分	⑱	別表六(二十七)「18」		別表六(二十七)「20」
事業適応設備を取得した場合等の法人税額の特別控除	当期分	⑲	別表六(二十八)「18」		別表六(二十八)「20」
	当期分	⑳	別表六(二十八)「25」		別表六(二十八)「27」
		㉑	別表六(二十八)「32」		別表六(二十八)「34」
特定復興産業集積区域等において機械等を取得した場合の法人税額の特別控除	前期繰越分計	㉒	別表六(六)付表「1の⑯」	別表六(六)付表「2の⑯」	別表六(二十九)「27」
	当期分	㉓	別表六(二十九)「20」		別表六(二十九)「22」
特定復興産業集積区域等において被災雇用者等を雇用した場合の法人税額の特別控除	当期分	㉔	別表六(三十)「11」		別表六(三十)「13」
合　　　　計			3,784,800	(6) 199,200	(5)-(3) 3,585,600

— 239 —

第7　特定税額控除制度の不適用

1　概要

⑴　制度の趣旨

　大法人や適用除外事業者に該当する中小企業者で一定の賃上げ等を行っていない法人に対しては、研究開発税制等の特定税額控除制度について、不適用措置により適用要件が加重されています。

　また、適用除外事業者に該当しない中小企業者においては、特定税額控除制度の不適用措置による適用要件の加重がないため、中小企業者に適用される制度として特定税額控除制度に該当する各制度の概要を把握することが重要です。

⑵　制度の概要

　特定税額控除制度とは、次のものをいいます（措法42の13①一、三、九、十六、十七）。

〈特定税額控除制度〉

①　試験研究を行った場合の法人税額の特別控除（研究開発税制）のうち次のもの
　ⅰ　一般試験研究費に係る法人税額の特別控除（措法42の4①）
　ⅱ　特別試験研究費に係る法人税額の特別控除（措法42の4⑦）
②　地域経済牽引事業の促進区域内において特定事業用機械等を取得した場合の法人税額の特別控除（地域未来投資促進税制）（措法42の11の2②）
③　認定特定高度情報通信技術活用設備を取得した場合の法人税額の特別控除（5G導入促進税制）（措法42の12の6②）
④　事業適応設備を取得した場合の法人税額の特別控除（DX投資促進税制）（措法42の12の7④、⑤）
⑤　事業適応設備を取得した場合の法人税額の特別控除（カーボンニュートラルに向けた投資促進税制）（措法42の12の7⑥）

　中小企業者（適用除外事業者を除きます。中小企業者及び適用除外事業者の意義については、第1章 第1 3 ⑴及び⑶を参照してください。）又は農業協同組合等を除く法人が平成30年4月1日から令和6年3月31日までの間に開始する各事業年度（以

第 7 特定税額控除制度の不適用

下、「対象年度」といいます。）に特定税額控除制度を受けようとする場合において、一定水準以上の賃上げ又は設備投資を行っていないとき（その事業年度の所得の金額がその前事業年度の所得の金額以下である場合を除きます。）は、適用しないものとされます（措法42の13⑤）。

　一定水準以上の賃上げ又は設備投資の要件として、次のいずれかに該当する必要があります。

〈一定水準以上の賃上げ等〉

---

①　その法人の継続雇用者給与等支給額（注1）がその継続雇用者比較給与等支給額（注2）を超えること（措法42の13⑤一ロ）

　　ただし、一定の要件に該当する法人（注3）については、その法人の継続雇用者給与等支給額からその継続雇用者比較給与等支給額を控除した金額が継続雇用者比較給与等支給額の1％（その対象年度が、令和4年4月1日から令和5年3月31日までの間に開始する事業年度である場合には0.5％）以上であること（措法42の13⑤一イ）

②　その法人の国内設備投資額（注4）がその当期償却費総額（注5）の30％に相当する金額を超えること（措法42の13⑤二）

(注)1　継続雇用者給与等支給額とは、雇用者給与等支給額（雇用者給与等支給額の意義については、第3章第5 2(3)を参照してください。）のうち継続雇用者に対する適用年度の給与等の支給額をいいます（措法42の12の5③四、措令27の12の5⑧）。

　　　継続雇用者とは、法人の適用年度及び前事業年度の期間内の各月においてその法人の給与等の支給を受けた国内雇用者（給与等及び国内雇用者の意義については、第3章第5 1を参照してください。）のうち雇用保険法第60条の2第1項第1号に規定する一般被保険者に限られ、高年齢者等の雇用の安定等に関する法律第9条第1項第2号に規定する継続雇用制度の対象者は除かれます（措法42の12の5③四、措令27の12の5⑦）。

　　2　継続雇用者比較給与等支給額とは、適用年度の月数と前事業年度の月数が同じ場合には、前事業年度等の給与等の支給額のうち継続雇用者に係る金額となります。それぞれの月数が異なる場合には、一定の計算により調整した金額となります（措法42の12の5③五、措令27の12の5⑨）。

　　3　次に掲げる場合のいずれにも該当する法人をいいます。

　　①　その対象年度終了の時において、資本金の額若しくは出資金の額が10億円以上であり、かつ、常時使用する従業員の数が1,000人以上である場合（措法42の13⑤

— 241 —

第3章　中小企業者の取扱い

一イ(1))

② 　その対象年度が設立事業年度及び合併等事業年度のいずれにも該当しない場合であって、その対象年度の前事業年度の所得の金額が零を超える場合又はその対象年度が設立事業年度若しくは合併等事業年度に該当する場合（措法42の13⑤一イ(2)）

4 　国内設備投資額とは、その事業年度において取得等をした国内資産（その法人の事業の用に供する減価償却資産）でその事業年度終了の日において有するものの取得価額の合計額をいいます（法令13、措法42の13⑤二イ、措令27の13⑤）。

5 　当期償却費総額とは、法人が有する減価償却資産につきその事業年度においてその償却費として損金経理をした金額の合計額をいいます（措法42の13⑤二ロ）。

2　試験研究を行った場合の法人税額の特別控除（研究開発税制）

第3章 第1を参照してください。

3　地域経済牽引事業の促進区域内において特定事業用機械等を取得した場合の特別償却又は法人税額の特別控除（地域未来投資促進税制）

⑴　概要

　この制度は、青色申告書を提出する法人で「地域経済牽引事業の促進による地域の成長発展の基盤強化に関する法律」（以下、「地域未来投資促進法」といいます。）の規定に基づき都道府県が承認した承認地域経済牽引事業について地域の成長発展の基盤強化に特に資するものとして主務大臣の確認を受けた承認地域経済牽引事業者であるものが、「企業立地の促進等による地域における産業集積の形成及び活性化に関する法律の一部を改正する法律」の施行の日（平成29年7月31日）から令和7年3月31日までの期間（以下、「指定期間」といいます。）内に、承認地域経済牽引事業に係る促進区域内において、承認地域経済牽引事業計画に従って特定地域経済牽引事業施設等(注)の新設又は増設をする場合において、特定地域経済牽引事業施設等を構成する新品の機械及び装置、器具及び備品、建物及びその附属設備並びに構築物（以下、「特定事業用機械等」といいます。）を取得し、又は製作し、若しくは建設して、その承認地域経済牽引事業の用に供したときに、その承認地域経済牽引事業の用に供した事業年度（以下、「供用年度」といいます。）において、特別償却と税額控除の選択適用を認めるものです（措法42の11の2①②）。

　なお、その承認地域経済牽引事業が、地域の成長発展の基盤強化に著しく資するものとして経済産業大臣が財務大臣と協議して定める基準に適合することについて、地

— 242 —

域未来投資促進法に規定する主務大臣の確認を受けたものであるときは、機械及び装置並びに器具及び備品については、特別償却割合及び税額控除割合が上乗せされます（以下、「上乗せ措置」といいます。）（措法42の11の2①一、②一、措令27の11の2②）。

ただし、所有権移転外リース取引により賃借人が取得したものとされる資産については、特別償却の規定は適用されませんが、税額控除の規定は適用されます（措法42の11の2③）。

(注) 特定地域経済牽引事業施設等とは、承認地域経済牽引事業計画に定められた施設又は設備で、一の承認地域経済牽引事業計画に定められた施設又は設備を構成する減価償却資産の取得価額の合計額が2,000万円以上のものをいいます（措令27の11の2①）。

(2) 適用対象資産

この制度の適用対象となる資産は、新設若しくは増設に係る特定地域経済牽引事業施設等を構成する特定事業用機械等です。また、対象資産の取得価額の合計額のうち、この制度の対象となる金額は80億円（平成31年3月31日以前に取得等したものについては100億円）が限度とされています。なお、貸付けの用に供されるものは対象となりません（措法42の11の2①）。

(3) 特別償却

適用対象法人が指定期間内に特定事業用機械等でその製作若しくは建設の後事業の用に供されたことのないものを取得し、又はその新設若しくは増設に係る特定事業用機械等を製作し、若しくは建設して、これをその承認地域経済牽引事業の用に供した場合には、その供用年度のその特定事業用機械等の償却限度額は、その普通償却限度額と特別償却限度額との合計額とされます。

特別償却限度額は、特定事業用機械等の取得価額の合計額が80億円以下であるか80億円超であるかと、その特定事業用機械等の種類に応じて、次のとおり定められています（措法42の11の2①）。

〈特定事業用機械等の取得価額の合計額が80億円以下の場合の特別償却限度額〉

特定事業用機械の種類	特別償却限度額
機械及び装置並びに器具及び備品（原則）	特定事業用機械等の取得価額×40％
機械及び装置並びに器具及び備品（上乗せ措置）	特定事業用機械等の取得価額×50％
建物及びその附属設備並びに構築物	特定事業用機械等の取得価額×20％

〈特定事業用機械等の取得価額の合計額が80億円超の場合の特別償却限度額〉

特定事業用機械の種類	特別償却限度額
機械及び装置並びに器具及び備品（原則）	$80億円 \times \dfrac{特定事業用機械等の取得価額}{特定事業用機械等の取得価額の合計額} \times 40％$
機械及び装置並びに器具及び備品（上乗せ措置）	$80億円 \times \dfrac{特定事業用機械等の取得価額}{特定事業用機械等の取得価額の合計額} \times 50％$
建物及びその附属設備並びに構築物	$80億円 \times \dfrac{特定事業用機械等の取得価額}{特定事業用機械等の取得価額の合計額} \times 20％$

(4) 法人税額の特別控除

　適用対象法人が指定期間内に特定事業用機械等でその製作若しくは建設の後事業の用に供されたことのないものを取得し、又はその新設若しくは増設に係る特定事業用機械等を製作し、若しくは建設して、これをその承認地域経済牽引事業の用に供した場合において、その特定事業用機械等につき特別償却の規定の適用を受けないときは、調整前法人税額(注)から税額控除限度額を控除します。

　(注)　調整前法人税額とは、租税特別措置法の各税額控除や所得税額控除（法法68）等の規定を適用しないで計算した法人税額をいいます（措法42の4⑲二）。

　　　　具体的には法人税申告書別表1「2　法人税額」であり、「3　法人税額の特別控除額」を控除する前の法人税額をいいます。

　税額控除限度額は、特定事業用機械等の取得価額の合計額が80億円以下であるか80億円超であるかと、その特定事業用機械等の種類に応じて、次のとおり定められています（措法42の11の2②）。

— 244 —

第 7   特定税額控除制度の不適用

〈特定事業用機械等の取得価額の合計額が80億円以下の場合の税額控除限度額〉

特定事業用機械等の種類	税額控除限度額
機械及び装置並びに器具及び備品（原則）	特定事業用機械等の取得価額×4％
機械及び装置並びに器具及び備品（上乗せ措置）	特定事業用機械等の取得価額×5％
建物及びその附属設備並びに構築物	特定事業用機械等の取得価額×2％

〈特定事業用機械等の取得価額の合計額が80億円超の場合の税額控除限度額〉

特定事業用機械等の種類	税額控除限度額
機械及び装置並びに器具及び備品（原則）	$80億円 \times \dfrac{特定事業用機械等の取得価額}{特定事業用機械等の取得価額の合計額} \times 4％$
機械及び装置並びに器具及び備品（上乗せ措置）	$80億円 \times \dfrac{特定事業用機械等の取得価額}{特定事業用機械等の取得価額の合計額} \times 5％$
建物及びその附属設備並びに構築物	$80億円 \times \dfrac{特定事業用機械等の取得価額}{特定事業用機械等の取得価額の合計額} \times 2％$

　この場合において、税額控除限度額が調整前法人税額の20％に相当する金額を超えるときは、その20％に相当する金額が限度となります（措法42の11の2②）。

〈特定事業用機械等の取得価額の合計額が80億円以下の場合の特別控除額〉

①　特定事業用機械等の税額控除限度額 　ⅰ　機械及び装置並びに器具及び備品 　（ⅰ）原則 　　　税額控除限度額　＝　特定事業用機械等の取得価額　×　4％ 　（ⅱ）上乗せ措置の場合 　　　税額控除限度額　＝　特定事業用機械等の取得価額　×　5％ 　ⅱ　建物及びその附属設備並びに構築物 　　　税額控除限度額　＝　特定事業用機械等の取得価額　×　2％ ②　当期税額基準額 　　調整前法人税額　×　20％ ③　特別控除額 　　①と②のいずれか少ない方

第3章　中小企業者の取扱い

〈特定事業用機械等の取得価額の合計額が80億円超の場合の特別控除額〉

---

① 特定事業用機械等の税額控除限度額

　ⅰ　機械及び装置並びに器具及び備品

　　（ⅰ）原則

$$税額控除限度額＝80億円 \times \frac{特定事業用機械等の取得価額}{特定事業用機械等の取得価額の合計額} \times 4\%$$

　　（ⅱ）上乗せ措置の場合

$$税額控除限度額＝80億円 \times \frac{特定事業用機械等の取得価額}{特定事業用機械等の取得価額の合計額} \times 5\%$$

　ⅱ　建物及びその附属設備並びに構築物

$$税額控除限度額＝80億円 \times \frac{特定事業用機械等の取得価額}{特定事業用機械等の取得価額の合計額} \times 2\%$$

② 当期税額基準額

　　調整前法人税額　×　20％

③ 特別控除額

　　①と②のいずれか少ない方

4　認定特定高度情報通信技術活用設備を取得した場合の特別償却又は法人税額の特別控除（5G導入促進税制）

(1)　概要

　この制度は、青色申告書を提出する法人で「特定高度情報通信技術活用システムの開発供給及び導入の促進に関する法律」に規定する認定導入事業者が、同法の施行の日（令和2年8月31日）から令和7年3月31日までの期間（以下、「指定期間」といいます。）内に、新品の認定特定高度情報通信技術活用設備を取得し、又は製作し、若しくは建設してその法人の事業の用に供した場合に、その事業の用に供した事業年度（以下、「供用年度」といいます。）において、特別償却と税額控除の選択適用を認めるものです（措法42の12の6①②）。

　ただし、所有権移転外リース取引により賃借人が取得したものとされる資産については、特別償却の規定は適用されませんが、税額控除の規定は適用されます（措法42の12の6③）。

(2)　適用対象資産

　この制度の適用対象となる認定特定高度情報通信技術活用設備とは、認定導入計画

に記載された機械及び装置、器具及び備品、建物附属設備並びに構築物のうち、次に掲げる要件を満たすものであることについて主務大臣の確認を受けたものをいいます（措法42の12の6①、措令27の12の6①）。

① 認定導入計画に従って実施される特定高度情報通信技術活用システムの導入の用に供するために取得等をしたものであること。

② 特定高度情報通信技術活用システムを構成する上で重要な役割を果たすものとして一定のものに該当するものであること。

なお、貸付けの用に供されるものは対象となりません（措法42の12の6①かっこ書）。

(3) 特別償却

適用対象法人が指定期間内に認定特定高度情報通信技術活用設備でその製作若しくは建設の後事業の用に供されたことのないものを取得し、又はその認定特定高度情報通信技術活用設備を製作し、若しくは建設して、これを国内にあるその法人の事業の用に供した場合には、その供用年度のその認定特定高度情報通信技術活用設備の償却限度額は、その普通償却限度額と特別償却限度額（その認定特定高度情報通信技術活用設備の取得価額の30％相当額をいいます。）との合計額とされます（措法42の12の6①）。

〈特別償却限度額〉

認定特定高度情報通信技術活用設備の取得価額×30％相当額

(4) 法人税額の特別控除

適用対象法人が指定期間内に認定特定高度情報通信技術活用設備でその製作若しくは建設の後事業の用に供されたことのないものを取得し、又はその認定特定高度情報通信技術活用設備を製作し、若しくは建設して、これを国内にあるその法人の事業の用に供した場合において、その認定特定高度情報通信技術活用設備につき特別償却の規定の適用を受けないときは、調整前法人税額(注)から税額控除限度額を控除します（措法42の12の6②）。

(注) 調整前法人税額とは、租税特別措置法の各税額控除や所得税額控除（法法68）等の規定を適用しないで計算した法人税額をいいます（措法42の4⑲二）。

具体的には法人税申告書別表1「2 法人税額」であり、「3 法人税額の特別控除

第3章　中小企業者の取扱い

額」を控除する前の法人税額をいいます。

税額控除限度額は、認定特定高度情報通信技術活用設備を事業の用に供した日と、その認定特定高度情報通信技術活用設備が事業の用に供された地域並びにその認定特定高度情報通信技術活用設備の種類に応じて、次のとおり定められています（措法42の12の6②、所得税法等の一部を改正する法律（令和4年法律第4号）附則42）。

〈認定特定高度情報通信技術活用設備を取得した場合の税額控除限度額〉

事業の用に供した日	認定特定高度情報通信技術活用設備が事業の用に供された地域・種類		税額控除限度額
令和2年8月31日〜令和4年3月31日	全ての認定特定高度情報通信技術活用設備		取得価額×15％
令和4年4月1日〜令和5年3月31日	①　認定特定高度情報通信技術活用設備（②を除きます。）		
	②　条件不利地域（注1）以外の地域内において事業の用に供した特定基地局用認定設備（注2）		取得価額×9％
令和5年4月1日〜令和6年3月31日	①　認定特定高度情報通信技術活用設備（②を除きます。）		
	②　条件不利地域以外の地域内において事業の用に供した特定基地局用認定設備		取得価額×5％
令和6年4月1日〜令和7年3月31日	全ての認定特定高度情報通信技術活用設備		取得価額×3％

（注）1　条件不利地域

離島振興対策実施地域（離島振興法2①）、豪雪地帯（豪雪地帯対策特別措置法2①）、振興山村（山村振興法7①）など一定の地域をいいます（措法42の12の6②一）。

2　特定基地局用認定設備

特定基地局（電波法27の12①）の無線設備をいいます（措法42の12の6②一）。

この場合において、税額控除限度額が調整前法人税額の20％に相当する金額を超えるときは、その20％に相当する金額が限度となります（措法42の12の6②）。

― 248 ―

〈認定特定高度情報通信技術活用設備を取得した場合の税額控除額〉

① 税額控除限度額
　i　令和2年8月31日～令和4年3月31日までの間に事業の用に供した場合
　　　認定特定高度情報通信技術活用設備の取得価額×15%
　ii　令和4年4月1日～令和5年3月31日までの間に事業の用に供した場合
　　(i)　認定特定高度情報通信技術活用設備（(ii)を除きます。）の取得価額×15%
　　(ii)　条件不利地域以外の特定基地局用認定設備の取得価額×9%
　iii　令和5年4月1日～令和6年3月31日までの間に事業の用に供した場合
　　(i)　認定特定高度情報通信技術活用設備（(ii)を除きます。）の取得価額×9%
　　(ii)　条件不利地域以外の特定基地局用認定設備の取得価額×5%
　iv　令和6年4月1日～令和7年3月31日までの間に事業の用に供した場合
　　　認定特定高度情報通信技術活用設備の取得価額×3%
② 当期税額基準額　　調整前法人税額×20%
③ 特別控除額　　　　①と②のいずれか少ない方

5　事業適応設備を取得した場合等の特別償却又は法人税額の特別控除（DX投資促進税制）

(1)　概要

　この制度は、青色申告書を提出する法人で産業競争力強化法の認定事業適応事業者であるものが、産業競争力強化法等の一部を改正する等の法律の施行の日（令和3年8月2日）から令和7年3月31日までの期間（以下、「指定期間」といいます。）内に、情報技術事業適応の用に供するために特定ソフトウエアの新設若しくは増設をし、又は情報技術事業適応を実施するために利用するソフトウエアのその利用に係る費用（繰延資産となるものに限ります。）を支出する場合において、その新設若しくは増設に係る特定ソフトウエア並びにその特定ソフトウエア若しくはその利用するソフトウエアとともに情報技術事業適応の用に供する機械及び装置並びに器具及び備品を取得をし、又は製作してその法人の事業の用に供したときは、その事業の用に供した日を含む事業年度（以下、「供用年度」といいます。）において、特別償却と税額控除の選択適用を認めるものです（措法42の12の7①④）。

　また、その指定期間内に、情報技術事業適応を実施するために利用するソフトウエアのその利用に係る費用（繰延資産となるものに限ります。）を支出した場合には、その支出した費用に係る繰延資産についてもこの制度を適用することができます（措法42の12の7②⑤）。

　ただし、所有権移転外リース取引により賃借人が取得したものとされる資産については、特別償却の規定は適用されませんが、税額控除の規定は適用されます（措法42の12の7⑦）。

— 249 —

なお、令和5年4月1日前に認定を受けた事業適応計画に従って同日以後に取得又は製作をした情報技術事業適応設備、および情報技術事業適応を実施するために利用するソフトウエアのその利用に係る費用で同日以後に支出されたものに係る繰延資産については適用されませんので、留意が必要です。

(2) 適用対象資産

イ　減価償却資産

この制度の適用対象となる減価償却資産は、認定事業適応計画に記載された情報技術事業適応設備とされています。なお、貸付けの用に供されるものは対象となりません（措法42の12の7①）。

〈情報技術事業適応設備〉

> ①　情報技術事業適応の用に供するために新設又は増設をした特定ソフトウエア
> ②　上記①の特定ソフトウエア又は情報技術事業適応を実施するために利用するソフトウエアとともに情報技術事業適応の用に供する機械及び装置並びに器具及び備品

ロ　繰延資産

この制度の適用対象となる繰延資産は、認定事業適応計画に記載された事業適応繰延資産とされています（措法42の12の7②）。

事業適応繰延資産とは、情報技術事業適応を実施するために利用するソフトウエアのその利用に係る費用を支出した場合におけるその支出した費用に係る繰延資産(注)とされています。

> (注)　情報技術事業適応を実施するためにクラウドを通じて利用するソフトウエアの初期費用で法人税法施行令第14条第1項第6号に掲げる繰延資産が該当します（措通42の12の7－1）。

(3) 特別償却

イ　減価償却資産

適用対象法人が指定期間内に情報技術事業適応設備でその製作の後事業の用に供されたことのないものを取得し、又は情報技術事業適応設備を製作して、これを国内に

あるその法人の事業の用に供した場合には、その供用年度のその情報技術事業適応設備の償却限度額は、その普通償却限度額と特別償却限度額（その情報技術事業適応設備の取得価額の30％相当額をいいます。）との合計額とされます（措法42の12の7①）。

ロ　繰延資産

適用対象法人が指定期間内に情報技術事業適応を実施するために利用するソフトウエアのその利用に係る費用を支出した場合には、その支出した日を含む事業年度（以下、「支出年度」といいます。）の事業適応繰延資産の償却限度額は、その事業適応繰延資産の繰延資産普通償却限度額と特別償却限度額（その事業適応繰延資産の額の30％相当額をいいます。）との合計額とされます（措法42の12の7②）。

〈特別償却限度額〉

区　　分	特別償却限度額
減価償却資産	情報技術事業適応設備の取得価額(注)×30％
繰延資産	事業適応繰延資産の額(注)×30％

(注)　対象資産合計額が300億円を超える場合には、300億円にその情報技術事業適応設備の取得価額又は事業適応繰延資産の額がその対象資産合計額のうちに占める割合を乗じて計算した金額とされています。

⑷　法人税額の特別控除

イ　減価償却資産

適用対象法人が指定期間内に情報技術事業適応設備でその製作の後事業の用に供されたことのないものを取得し、又は情報技術事業適応設備を製作して、これを国内にあるその法人の事業の用に供した場合において、その情報技術事業適応設備につき特別償却の規定の適用を受けないときは、調整前法人税額（注1）からその情報技術事業適応設備の取得価額の3％（注2）に相当する金額（以下、「税額控除限度額」といいます。）を控除します。

この場合において、税額控除限度額が、調整前法人税額の20％に相当する金額（注3、4）を超えるときは、その20％に相当する金額が限度となります（措法42の12の7④）。

— 251 —

第3章　中小企業者の取扱い

ロ　繰延資産

　適用対象法人が、指定期間内に、情報技術事業適応を実施するために利用するソフトウエアのその利用に係る費用を支出した場合において、その支出した費用に係る繰延資産につき特別償却の規定の適用を受けないときは、調整前法人税額（注1）からその事業適応繰延資産の額の3％（注2）に相当する金額（以下、「税額控除限度額」といいます。）を控除します。

　この場合において、税額控除限度額が、調整前法人税額の20％に相当する金額（注3、4）を超えるときは、その20％に相当する金額が限度となります（措法42の12の7⑤）。

> (注)1　調整前法人税額とは、租税特別措置法の各税額控除の規定や所得税額控除（法法68）等の規定を適用しないで計算した法人税額をいいます（措法42の4⑲二）。
>
> 　　　具体的には法人税申告書別表1「2　法人税額」であり、「3　法人税額の特別控除額」を控除する前の法人税額をいいます。
>
> 　2　情報技術事業適応のうち産業競争力の強化に著しく資する一定のものについては5％とされています。
>
> 　3　税額控除限度額が調整前法人税額の20％相当額を超える場合には、情報技術事業適応設備と事業適応繰延資産の合計で、調整前法人税額の20％相当額が限度となります。
>
> 　4　カーボンニュートラルに向けた投資促進税制の税額控除の適用を受ける場合には、DX投資促進税制の税額控除とカーボンニュートラルに向けた投資促進税制の税額控除の規定と合わせて調整前法人税額の20％相当額が限度となります。

〈DX投資促進税制の特別控除額〉

①　税額控除限度額
i　減価償却資産　　情報技術事業適応設備の取得価額×3％（又は5％）
ii　繰延資産　　　　事業適応繰延資産の額×3％（又は5％）
②　当期税額基準額
調整前法人税額×20％
③　特別控除額
①と②のいずれか少ない方

— 252 —

第 7 　 特定税額控除制度の不適用

6 　 事業適応設備を取得した場合等の特別償却又は法人税額の特別控除（カーボンニュートラルに向けた投資促進税制）

(1) 　 概要

　この制度は、青色申告書を提出する法人で産業競争力強化法の認定事業適応事業者であるものが、産業競争力強化法等の一部を改正する等の法律の施行の日（令和3年8月2日）から令和6年3月31日までの期間（以下、「指定期間」といいます。）内に、生産工程効率化等設備等を取得をし、又は製作し、若しくは建設して、その法人の事業の用に供した場合に、その事業の用に供した日を含む事業年度（以下、「供用年度」といいます。）において、特別償却と税額控除の選択適用を認めるものです（措法42の12の7③⑥）。

　ただし、所有権移転外リース取引により賃借人が取得したものとされる資産については、特別償却の規定は適用されませんが、税額控除の規定は適用されます（措法42の12の7⑦）。

(2) 　 適用対象資産

　この制度の適用対象となる設備は、認定エネルギー利用環境負荷低減事業適応計画に記載された生産工程効率化等設備等とされています。なお、貸付けの用に供されるものは対象となりません（措法42の12の7③）。

　生産工程効率化等設備等とは、次に掲げる生産工程効率化等設備又は需要開拓商品生産設備をいいます（産業競争力強化法2⑬⑭）。

〈生産工程効率化等設備等〉

対象設備	生産工程効率化等設備等の説明
生産工程効率化等設備	生産工程の効率化によりエネルギーの利用による環境への負荷の低減に特に資する設備その他の事業適応に資する設備として主務省令で定めるもの
需要開拓商品生産設備	エネルギーの利用による環境への負荷の低減に特に資する商品その他の事業適応を行う事業者による新たな需要の開拓が見込まれる商品として主務省令で定める商品の生産に専ら使用される設備

(3) 　 特別償却

　適用対象法人が指定期間内に生産工程効率化等設備等でその製作若しくは建設の後

— 253 —

事業の用に供されたことのないものを取得し、又はその生産工程効率化等設備等を製作し、若しくは建設して、これを国内にあるその法人の事業の用に供した場合には、その供用年度のその生産工程効率化等設備等の償却限度額は、その普通償却限度額と特別償却限度額（その生産工程効率化等設備等の基準取得価額の50％相当額をいいます。）との合計額とされます（措法42の12の7③）。

〈特別償却限度額〉

生産工程効率化等設備等の基準取得価額(注) × 50％

(注) 生産工程効率化等設備等の取得価額の合計額が500億円を超える場合には、500億円にその生産工程効率化等設備等の取得価額がその合計額のうちに占める割合を乗じて計算した金額とされます。

⑷ 法人税額の特別控除

適用対象法人が指定期間内に生産工程効率化等設備等でその製作若しくは建設の後事業の用に供されたことのないものを取得し、又はその生産工程効率化等設備等を製作し、若しくは建設して、これを国内にあるその法人の事業の用に供した場合において、その生産工程効率化等設備等につき特別償却の規定の適用を受けないときは、調整前法人税額（注1）からその生産工程効率化等設備等の基準取得価額の5％（注2）に相当する金額（以下、「税額控除限度額」といいます。）を控除します。

この場合において、税額控除限度額が、調整前法人税額の20％に相当する金額（注3）を超えるときは、その20％に相当する金額が限度となります（措法42の12の7⑥）。

(注)1　調整前法人税額とは、租税特別措置法の各税額控除の規定や所得税額控除（法法68）等の規定を適用しないで計算した法人税額をいいます（措法42の4⑲二）。

　　　具体的には法人税申告書別表1「2　法人税額」であり、「3　法人税額の特別控除額」を控除する前の法人税額をいいます。

　　2　生産工程効率化等設備等のうちエネルギーの利用による環境への負荷の低減に著しく資する一定のものについては10％とされています。

　　3　DX投資促進税制の税額控除の適用を受ける場合には、カーボンニュートラルに向けた投資促進税制の税額控除とDX投資促進税制の税額控除の規定と合わせて調整前法人税額の20％相当額が限度となります。

第 7　特定税額控除制度の不適用

〈カーボンニュートラル投資促進税制の特別控除額〉

①	税制控除限度額	
	ⅰ　生産工程効率化等設備	基準取得価額×5％(注)
	ⅱ　需要開拓商品生産設備	基準取得価額×10％
②	当期税額基準額	
	調整前法人税額×20％	
③	特別控除額	
	①と②のいずれか少ない方	

(注)　エネルギーの利用による環境への負荷の低減に著しく資するものについては10％

第8 被災代替資産等の特別償却

1 概要

(1) 制度の趣旨

平成7年の阪神・淡路大震災や平成23年の東日本大震災等の激甚災害の際には、法人が保有する被災地の事業用資産にも甚大な被害が発生しました。被災した法人が事業を継続するためには、滅失・損壊等をした事業用資産を再取得する必要があり、その再取得時における被災事業者への税制上の支援が災害ごとに検討されてきましたが、災害が頻繁に発生している状況を踏まえ、被災事業者の不安を早期に解消し、一刻も早い復興・復旧を実現するため、平成29年度税制改正においてこの制度が創設され、常設化されることになりました。

(2) 制度の概要

この制度は、特定非常災害の被害者の権利利益の保全等を図るための特別措置に関する法律（特定非常災害特別措置法）により特定非常災害として指定された非常災害（以下、「特定非常災害」といいます。）の発生日からその発生日の翌日以後5年を経過する日までの間に、その特定非常災害を基因として法人の事業の用に供することができなくなった建物、構築物若しくは機械及び装置に代わる一定のものの取得等(注)をして、これを法人の事業の用に供した場合、又は、これを被災区域及びその被災区域である土地に付随して一体的に使用される土地の区域内において法人の事業の用に供した場合に、その用に供した日を含む事業年度のこれらの減価償却資産（以下、「被災代替資産等」といいます。）の償却限度額について、普通償却限度額と特別償却限度額との合計額とすることを認めるものです（措法43の2①）。

(注) 取得等とは、取得又は製作若しくは建設をいいます（措法43の2①）。以下同じ。

近年では特定非常災害に平成28年熊本地震、平成30年7月豪雨、令和元年台風第19号及び令和2年7月豪雨が指定され、それぞれ平成28年4月14日、平成30年6月28日、令和元年10月10日及び令和2年7月3日が特定非常災害発生日として定められています。

第8　被災代替資産等の特別償却

〈被災代替資産等の特別償却（イメージ）〉

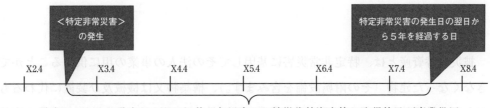

2　制度の詳細
(1)　適用対象法人

　この制度の適用対象法人は、青色申告書の提出要件もなく、全ての法人が対象となります（措法43の2①）。

　なお、中小企業者（適用除外事業者を除きます。中小企業者及び適用除外事業者の意義については第1章　第1　3　(1)及び(3)を参照してください。）又は農業協同組合等（以下、「中小企業者等」といいます。）にあっては、特別償却の割合が中小企業者等以外の法人の20％上乗せになっています。中小企業者等に該当するかどうかの判定（適用除外事業者に該当するかどうかの判定を除きます。）は、被災代替資産等の取得等をした日及び事業の用に供した日の現況によるものとされています（措通43の2－8）。

　また、この制度における中小企業者は、平成31年4月1日以後に開始する事業年度から令和3年4月1日前に開始する事業年度においては、中小企業投資促進税制（第3章　第2参照）における中小企業者と同一でしたが、令和3年4月1日以後に開始する事業年度から、研究開発税制（第3章　第1参照）における中小企業者と同一となっています。

(2)　被災代替資産等

　被災代替資産等とは、被災代替資産及び被災区域等内供用資産をいい、その定義はそれぞれ次のとおりです（措法43の2①）。なお、所有権移転外リース取引により取得した建物、構築物並びに機械及び装置は除かれます（措法43の2①かっこ書）。また、機械及び装置については、専ら自社製品の加工等のための下請業者への貸与を除

第 3 章　中小企業者の取扱い

き、貸付けの用のものは除かれます（措法43の２①かっこ書、措通43の２—５）。

イ　被災代替資産

　被災代替資産とは、特定非常災害に基因してその法人の事業の用に供することができなくなった建物（その附属設備を含みます。）、構築物又は機械及び装置に代わるものとして取得等した、それぞれその事業の用に供することができなくなった時の直前の用途と同一の用途に供される次表に定める資産で、それらの建設又は製作の後事業の用に供されたことのないものが該当します（措法43の２①、措令28の３）。

〈被災代替資産〉

	被災代替資産	留意点
①	建物（その附属設備を含みます。）	その建物の床面積（注１）が被災建物の床面積の1.5倍を超える場合には、その1.5倍に相当する部分に限ります。また、被災建物の床面積の1.5倍に満たない場合には、その翌事業年度以後に取得等する被災代替建物に充てることができます（措通43の２—３注書）。
②	構築物	その構築物の規模が被災構築物と概ね同程度以下のもの（注２）に限ります。
③	機械及び装置	その機械及び装置が被災機械装置に比して著しく高額なもの、被災機械装置に比して著しく性能が優れているものその他被災機械装置に比して著しく仕様が異なるものを除きます。

　㊟１　床面積は、建築物の各階又は一部で壁その他の区画の中心線で囲まれた部分の水平投影面積（建築基準法施行令第２条第１項第３号）によります（措通43の２—２）。
　　２　同程度以下のものとは、概ね1.3倍程度以下のものとされています（措通43の２—４）。

　なお、直前の用途と同一の用途に供される資産であるかどうかは、その資産の種類に応じ、概ね次に掲げる区分により判定されます（措通43の２—１）。

第8　被災代替資産等の特別償却

〈同一の用途の判定〉

	被災代替資産	判定区分
①	建物（その附属設備を含みます。）	住宅の用、店舗又は事務所の用、工場の用、倉庫の用、その他の用の区分(注)
②	構築物	鉄道業用又は軌道業用、その他の鉄道用又は軌道用、発電用又は送配電用、電気通信事業用、放送用又は無線通信用、農林業用、広告用、競技場用、運動場用、遊園地用又は学校用、緑化施設及び庭園、舗装道路及び舗装路面、その他の区分
③	機械及び装置	耐用年数通達付表10《機械及び装置の耐用年数表（旧別表第2）》に掲げる設備の種類の区分

(注)　被災建物又は被災代替建物が2以上の用途に併用されている場合に、被災代替建物が被災建物と同一の用途に供されるものであるかどうかは、各々の用途に区分して判定されますが、主たる用途により判定することも認められています（措通43の2－1注書）。

ロ　被災区域等内供用資産

　被災区域等内供用資産とは、その取得等した建物若しくは構築物又は機械及び装置（建設又は製作の後事業の用に供されたことのないものに限ります。）で、被災区域（注1）及びその被災区域である土地に付随して一体的に使用される土地（注2）の区域内において、その法人の事業の用に供されたものが該当します（措法43の2①）。

(注)1　被災区域とは、特定非常災害に基因して事業又は居住の用に供することができなくなった建物又は構築物の敷地及びその建物又は構築物と一体的に事業の用に供される附属施設の用に供されていた土地の区域をいいます（措法43の2①かっこ書）。

　　2　被災区域である土地に付随して一体的に使用される土地とは、例えば、建物を建築する場合において、被災区域である土地とともにその建物の敷地の用に供される土地がこれに該当します（措通43の2－7）。

(3)　特別償却

イ　特別償却限度額

　特別償却限度額は、被災代替資産等の取得価額に、次の減価償却資産の区分に応じそれぞれ次の割合を乗じて計算した金額とされています（措法43の2①）。

第3章　中小企業者の取扱い

〈被災代替資産等の特別償却限度額〉

被災代替資産等の取得価額　×　特別償却割合

〈被災代替資産等の特別償却割合（注１）〉

被災代替資産等	法人の区分	特別償却割合	
		発生後３年経過日（注３）前の取得等	発生後３年経過日以後の取得等
建物又は構築物（注２）	中小企業者等	18%	12%
	上記以外の法人	15%	10%
機械及び装置	中小企業者等	36%	24%
	上記以外の法人	30%	20%

（注）1　中小企業者等の特別償却割合は、中小企業者等以外の法人よりもそれぞれ２割上乗せされています。なお、適用除外事業者（第１章　第１　３ (3)参照）に該当する場合は、上乗せされません（措法43の２②かっこ書）。

　2　建物又は構築物は、増築された建物又は構築物の増築部分を含みます（措法43の２①表）。

　3　発生後３年経過日とは、特定非常災害発生日の翌日から起算して３年を経過した日をいいます（措法43の２①表）。

ロ　特別償却不足額がある場合の償却限度額の計算の特例

　法人が各事業年度終了の時において有する減価償却資産で、この制度に係る特別償却不足額がある場合には、１年間の繰越しができることとされています（措法52の２①）。この特別償却不足額とは、その事業年度開始の日前１年以内に開始した各事業年度において、特別償却対象資産の償却費として損金の額に算入された金額がこの特別償却に関する規定により計算される償却限度額に満たない場合のその差額のうち、特別償却限度額に達するまでの金額で、前事業年度までに損金の額に算入された金額以外の金額をいいます（措法52の２②）。

　なお、この制度の適用を受けた減価償却資産に係る特別償却不足額の繰越しについては、法人が白色申告書を提出した場合であっても青色申告書で提出されたものとみなされますので（措法52の２②）、その適用が認められます。

第8　被災代替資産等の特別償却

特別償却不足額の例示は、第3章　第2　2　(4)ロを参照してください。

ハ　準備金方式による特別償却（特別償却準備金）

この制度の適用を受けることができる法人は、特別償却に関する規定の適用を受けることに代えて、特別償却限度額以下の金額を損金経理又は剰余金処分の方法により特別償却準備金を積み立てたときは、その積み立てた金額をその事業年度の損金の額に算入することができます（措法52の3①）。

また、上記ロ同様、特別償却準備金の積立不足額については、1年間の繰越しができるほか（措法52の3②）、この制度ではこの特別償却準備金制度の適用について、白色申告書を提出した場合であっても青色申告書で提出されたものとみなされます（措法52の3㉖）。

剰余金処分方式による特別償却準備金の積立ての例示は、第3章　第2　2　(4)ハを参照してください。

(4)　申告要件

この制度は、確定申告書等（確定申告書及び仮決算の場合の中間申告書をいいます（措法2②二十八）。）に被災代替資産等の償却限度額に関する明細書（特別償却の付表）の添付がない場合には適用されません（措法43の2③）。

ただし、この明細書の添付がない場合であっても、添付がなかったことについて税務署長がやむを得ない事情があると認める場合においては、この制度の適用を受けることができます（措法43の2③ただし書）。

3　実務上の留意点

(1)　他の特別償却制度等との重複適用の排除

この制度は、租税特別措置法における他の特別償却や税額控除制度の適用を受ける減価償却資産については、重複して適用できません（措法53①）。

(2)　法人税法上の圧縮記帳との併用

この制度は、租税特別措置法における圧縮記帳制度との併用はできませんが、法人税法における圧縮記帳との併用は可能です。このため、国庫補助金等の圧縮記帳（法法42）の対象となる補助金等の収入がある場合や保険差益の圧縮記帳（法法47）の対象となる保険金等の収入がある場合には、その収入に対して課税の繰延べを行うかど

— 261 —

第3章　中小企業者の取扱い

うか検討します。

　なお、減価償却資産につき法人税法上の圧縮記帳の規定（法法42～50）の適用を受ける場合のその減価償却資産の取得価額は、その事業年度の損金の額に算入された圧縮損の金額を控除した金額をもって取得価額とみなされるため（法令54③）、この制度の適用に当たっては、圧縮後の取得価額に特別償却割合を乗じて特別償却限度額の計算を行います。

⑶　2以上の被災代替建物の取得等をした場合の床面積

　2以上の被災代替建物の取得等をした場合のその床面積の合計が被災建物の床面積の1.5倍を超えるときは、2以上の被災代替建物の床面積のうちいずれを被災建物の床面積の1.5倍に相当する部分とするかは、法人の計算の例によるものとされているため（措通43の2－3）、取得価額の大きい被災代替建物を選択した方が特別償却限度額を増額できます。

4　事例及び法人税申告書別表記載例

⑴　前提

　中小企業者であるＡ社は、自動車販売業を営む会社です。

適用事業年度：令和5年4月1日～令和6年3月31日

資本金：1億円（発行済株式数1万株）

株主：甲社5,500株、乙社3,000株、丙社1,500株

　　　　（甲社は中小企業者、乙社及び丙社は大規模法人に該当します。）

常時使用する従業員の数：150人

　令和元年10月の台風19号により会社の建物及び機械装置が損壊したため、令和5年4月に建物（増築部分を含みます。）を2億円、機械装置を1億円で再取得し、事業を継続しています。なお、この取得した資産は被災代替資産に該当します。

区分	被災資産	被災代替資産
建　　　物	工場 床面積300㎡	工場（増築部分あり）2億円 床面積500㎡
機　械　装　置	自動車製造設備	自動車製造設備　1億円 ※被災機械装置と同額程度

— 262 —

第 8　被災代替資産等の特別償却

　当期（令和 6 年 3 月期）の決算において、この被災代替資産について特別償却を適用します。この制度の適用時期及び特別償却割合は、次図のとおりです。

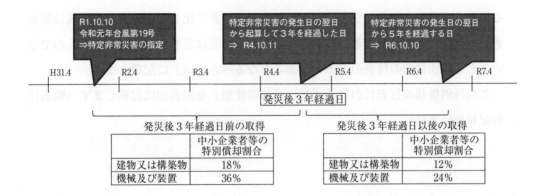

(2)　**計算**

①　中小企業者の判定

　A社は、次の判定により中小企業者に該当します（判定例は第 1 章　第 1　3 (1)参照）。

　　ⅰ　第 1 順位の大規模法人の保有割合　乙社30%　＜　50%

　　　（50%以上となる場合は、中小企業者に該当しません。）

　　ⅱ　大規模法人の保有割合　乙社30%＋丙社15%＝45%　＜　3分の2（66.666···%）

　　　（3分の2以上となる場合は、中小企業者に該当しません。）

②　建物の特別償却限度額

　被災代替建物の床面積が被災建物の床面積の1.5倍を超えるため、床面積の1.5倍に相当する部分（300㎡×1.5＝450㎡）の金額が特別償却の対象となります。

　　ⅰ　特別償却の対象となる部分の取得価額

　　　　200,000,000円×450㎡／500㎡＝180,000,000円

　　ⅱ　特別償却限度額

　　　　180,000,000円×12%（中小企業者等の特別償却割合）＝21,600,000円

③　機械装置の特別償却限度額

　　　　100,000,000円×24%（中小企業者等の特別償却割合）＝24,000,000円

第3章　中小企業者の取扱い

④　特別償却の付表

　被災代替資産について特別償却を行う場合は、特別償却の付表に記載します。

　なお、機械装置の場合、耐用年数通達付表10の「設備の種類」を確認し、該当する用途及び番号を記載します。また、被災機械装置に比して、被災代替機械装置が著しく高額でないこと、著しく高性能でないこと又は著しく仕様が異なるものでないことを特別償却の付表の「その他参考となるべき事項」に記載します。

　この特別償却の付表における「特別償却限度額」を別表16に記載します（別表16の記載例は省略）。

— 264 —

第 8   被災代替資産等の特別償却

(3)　別表記載例

特別償却等の償却限度額の計算に関する付表

事業年度又は連結事業年度	5・4・1 6・3・31	法人名	A 社

特別償却の付表

			（被災代替資産等の特別償却）	（被災代替資産等の特別償却）
該 当 条 項	1	（特別償却又は割増償却の名称）	（ 措置法 ・ 震災特例法 ） （ 43 ）条（の 2 ）第（ 1 ）項（ ）号（ ）	（ 措置法 ・ 震災特例法 ） （ 43 ）条（の 2 ）第（ 1 ）項（ ）号（ ）
事 業 の 種 類	2		販売業	販売業
資 産 の 種 類	3	（機械・装置の耐用年数表等の番号）	（ ） 建物	（ 275 ） 機械及び装置
構造、用途、設備の種類又は区分	4		鉄骨鉄筋コンクリート造	自動車製造設備
細 目	5		工場用	
取 得 等 年 月 日	6		5 ・ 4 ・ 11	5 ・ 4 ・ 30
事業の用に供した年月日又は支出年月日	7		5 ・ 4 ・ 11	5 ・ 4 ・ 30
取 得 価 額 又 は 支 出 金 額	8		200,000,000 円	100,000,000 円
対象となる取得価額又は支出金額	9		180,000,000 円	100,000,000 円
普 通 償 却 限 度 額	10		円	円
特別償却率又は割増償却率	11		12／100	24／100
特別償却限度額又は割増償却限度額 （(9)-(10)）、（(9)×(11)）又は（(10)×(11)）	12		21,600,000 円	24,000,000 円
償 却 ・ 準 備 金 方 式 の 区 分	13		(償却) ・ 準備金	(償却) ・ 準備金
適 用 要 件 等	資産の取得価額等の合計額	14	180,000,000 円	円
	区 域 の 名 称 等	15		
	認 定 等 年 月 日	16	1 ・ 10 ・ 10 （ 指定 ） ・ ・ （ ）	1 ・ 10 ・ 10 （ 指定 ） ・ ・ （ ）
	その他参考となる事項	17		被災機械装置に比して著しく高額ではない。

中 小 企 業 者 又 は 中 小 連 結 法 人 の 判 定

		左 の 大 規 模 法 人 の 株 式 数 等 の 保 有 す る 明 細	順位	大 規 模 法 人		株式数又は出資金の額
発行済株式又は出資の総数又は総額	18	10,000	1	乙社	26	3,000
(18)のうちその有する自己の株式又は出資の総数又は総額	19	0		丙社	27	1,500
差 引 (18)-(19)	20	10,000			28	
常 時 使 用 す る 従 業 員 の 数	21	150 人			29	
大規模法人の株式の保有割合	第1順位の株式数又は出資金の額 (26)	22	3,000		30	
	保 有 割 合 (22)／(20)	23	30 %		31	
	大規模法人の保有する株式数等の計 (32)	24	4,500	計 (26)+(27)+(28)+(29)+(30)+(31)	32	4,500
	保 有 割 合 (24)／(20)	25	45 %			

— 265 —

第3章　中小企業者の取扱い

第9　特定事業継続力強化設備等の特別償却（中小企業防災・減災投資促進税制）

1　概要

⑴　制度の趣旨

近年、我が国において地震や豪雨などの自然災害が頻発し、中小企業の事業継続に大きな影響を及ぼしています。このような災害による影響を軽減するために実効性が高い事前対策の策定と実践は、企業にとって喫緊の課題となっています。そこで、中小企業の災害対応力を高めるとともに、円滑な事業承継を促進するため、令和元年7月16日に「中小企業の事業活動の継続に資するための中小企業等経営強化法等の一部を改正する法律」が施行されました。

同法に基づき防災・減災の事前対策に取り組む中小企業が、事業継続力強化計画（注1）又は連携事業継続力強化計画（注2）を策定し、経済産業大臣の認定を受けた場合、防災・減災設備に対する税制優遇、低利融資、補助金の優先採択等の支援を受けることができます。その支援策の一環として、一定の防災設備等への投資に対して特別償却の適用を認めるものです。

　㊟1　事業継続力強化計画

　　　中小企業が自社の災害リスク等を認識し、防災・減災対策の第一歩として取り組むために、必要な項目を盛り込んだもので、将来的に行う災害対策などを記載するものです（中小企業庁「事業継続力強化計画認定制度の概要　令和5年5月24日版」1頁）。なお、想定される災害リスクには、自然災害によるものだけでなく、サイバー攻撃や感染症その他の異常な現象に直接又は間接に起因するものも含まれます。

　　2　連携事業継続力強化計画

　　　事業継続力強化計画を複数の中小企業者が連携して実行するものであり、原材料・人材・代替生産等の経営資源の融通、実効性確保に向けた共同訓練の実施などに関する目標実践計画を盛り込むこととなります。

　　　事業継続力の強化を図る上で、個別企業では対応が難しい、又は非効率なことであっても、複数の企業が連携することで大きな成果に繋がる場合もあります（中小企業庁「連携事業継続力強化計画策定の手引き　令和5年4月1日版」1頁）。

第 9 　特定事業継続力強化設備等の特別償却

〈計画策定時の検討項目〉

①	事業継続力強化に取り組む目的の明確化
②	ハザードマップ等を活用した、自社拠点の自然災害リスク認識と被害想定
③	発災時の初動対応手順（安否確認、被害の確認・発信手順等）
④	ヒト、モノ、カネ、情報を災害から守るための具体的な対策 （自社にとって必要で、取り組みを始めることができる項目について記載）
⑤	平時における計画の推進体制（経営層のコミットメント）
⑥	訓練実施、計画の見直し等、計画の実効性を確保する取組
⑦	連携をして取り組む場合は、連携の体制と取組、取組に向けた関係社の合意

（中小企業庁資料を一部修正）

(2)　制度の概要

　この制度は、青色申告書を提出する中小企業者（適用除外事業者を除きます。中小企業者及び適用除外事業者の意義については第 1 章 第 1 　 3 　(1)及び(3)を参照してください。）又はこれに準ずる一定の法人（注 1 ）で、令和元年 7 月16日から令和 7 年 3 月31日までの間に中小企業等経営強化法の認定を受けたものが、その認定を受けた日から同日以後 1 年を経過する日までの間に、その認定に係る新品の対象設備を取得し、又は、製作し、若しくは建設して、その法人の事業の用に供した場合に、その取得価額の18％相当額（令和 7 年 4 月 1 日以後の取得等については16％相当額）（注 2 ）の特別償却を認めるものです（措法44の 2 ）。

　なお、この制度には税額控除の規定はなく、特別償却のみ適用が認められます。

　　㈲1 　これに準ずる一定の法人

　　　　事業協同組合、協同組合連合会、水産加工業協同組合、水産加工業協同組合連合会及び商店街振興組合をいいます（措令28の 5 ①）。

　　　2 　令和元年 7 月16日から令和 5 年 3 月31日までの期間の取得等については20％相当額

2 　制度の詳細

(1)　適用対象法人

　この制度の適用対象法人は、青色申告書を提出する中小企業者又はこれに準ずる一定の法人（以下、「中小企業者等」といいます。）で、中小企業等経営強化法に規定する事業継続力強化計画又は連携事業継続力強化計画の認定を受けた同法に規定する中小企業者に該当するもの（以下、「特定中小企業者等」といいます。）とされています

— 267 —

（措法44の2①）。

〈中小企業等経営強化法の中小企業者〉

業　種	資本金の額又は出資の総額	常時使用する従業員の数
製造業・建設業・運輸業その他の業種（下記以外）	3億円以下	300人以下
ゴム製品製造業 （自動車又は航空機用タイヤ及びチューブ製造業並びに工業用ベルト製造業を除く。）	3億円以下	900人以下
卸　売　業	1億円以下	100人以下
小　売　業	5千万円以下	50人以下
サービス業（下記以外）	5千万円以下	100人以下
ソフトウエア業・情報処理サービス業	3億円以下	300人以下
旅　館　業	5千万円以下	200人以下

㊟ 「資本金の額又は出資の総額」と「常時使用する従業員の数」のいずれかの要件を満たしていることが必要です。

⑵　対象期間

　令和元年7月16日から令和7年3月31日までの間に、中小企業等経営強化法の認定を受けたものが、その認定を受けた日から同日以後1年を経過する日までの間に、対象設備を新たに取得し、又は自ら製作をして事業の用に供した場合に、その事業の用に供した日を含む事業年度に特別償却を適用することができます（措法44の2①）。

⑶　特定事業継続力強化設備等

　この制度の対象となる設備は、次図に該当するもののうち認定事業継続力強化計画又は認定連携事業継続力強化計画に記載された設備（以下、「特定事業継続力強化設備等」といいます。）とされています（措法44の2①②、措令28の5②、中小企業等経営強化法56②二ロ、58②三ロ）。

— 268 —

第 9 特定事業継続力強化設備等の特別償却

〈対象設備の種類等〉

自然災害の発生が事業活動に与える影響の軽減に資する機能を
有する減価償却資産のうち次に掲げるもの

設備の種類と1台若しくは1基又は一の取得価額		対象となるものの用途又は細目
機械及び装置(注)	100万円以上	自家発電設備、浄水装置、揚水ポンプ、排水ポンプ、耐震・制震・免震装置 (これらと同等に、自然災害の発生が事業活動に与える影響の軽減に資する機能を有するものを含みます。)
器具及び備品(注)	30万円以上	自然災害：全ての設備
		感染症：サーモグラフィ装置 (同等に、感染症の発生が事業活動に与える影響の軽減に資する機能を有するものを含みます。)
建物附属設備	60万円以上	自家発電設備、キュービクル式高圧受電設備、変圧器、配電設備、電力供給自動制御システム、照明設備、無停電電源装置、貯水タンク、浄水装置、排水ポンプ、揚水ポンプ、格納式避難設備、止水板、耐震・制震・免震装置、架台（対象設備をかさ上げするために取得等をするものに限る。）、防水シャッター (これらと同等に、自然災害の発生が事業活動に与える影響の軽減に資する機能を有するものを含みます。)

(中小企業庁「事業継続力強化計画認定制度の概要 令和5年5月24日版」5頁を一部修正)

(注) 「対象となるものの用途又は細目」欄に掲げる対象設備をかさ上げするための架台で、資本的出資により取得等をするものを含みます。

また、改良や移転のための工事の施行に伴って取得等したものを含みます（措法44の2①かっこ書）。

上記の要件を満たす設備であっても、以下の①から③のいずれかに該当する設備は対象外となります。

① 消防法及び建築基準法に基づき設置が義務づけられている設備

② 中古品、所有権移転外リース取引により取得した設備（措法44の2①）

③ 特定事業継続力強化設備等の取得等に充てるための国又は地方公共団体の補助金等をもって取得等した設備（措法44の2②）

(4) 特別償却

イ 特別償却限度額

適用対象法人が特定事業継続力強化設備等でその製作若しくは建設の後事業の用に供されたことのないものを取得し、又は特定事業継続力強化設備等を製作し、若しく

は建設して、これをその法人の事業の用に供した場合には、その供用年度のその特定事業継続力強化設備等の償却限度額は、その普通償却限度額と特別償却限度額の合計額とされます。

特別償却限度額は次のとおりです（措法44の2①）。

〈特別償却限度額〉

特定事業継続力強化設備等の取得価格×18％
ただし令和7年4月1日以後に取得等した対象設備については16％

ロ　特別償却不足額がある場合の償却限度額の計算の特例

　法人が各事業年度終了の時において有する減価償却資産で、この制度に係る特別償却不足額がある場合には、1年間の繰越しができることとされています（措法52の2①）。この特別償却不足額とは、その事業年度開始の日前1年以内に開始した各事業年度において、特別償却対象資産の償却費として損金の額に算入された金額がこの特別償却に関する規定により計算される償却限度額に満たない場合のその差額のうち、特別償却限度額に達するまでの金額で、前事業年度までに損金の額に算入された金額以外の金額をいいます（措法52の2②）。

　特別償却不足額の例示は、第3章　第2　2(4)ロを参照してください。

ハ　準備金方式による特別償却（特別償却準備金）

　この制度の適用を受けることができる法人は、特別償却に関する規定の適用を受けることに代えて、特別償却限度額以下の金額を損金経理又は剰余金の処分の方法により特別償却準備金として積み立てたときは、その積み立てた金額をその事業年度の損金の額に算入することができます（措法52の3①）。

　また、上記ロ同様、特別償却準備金の積立不足額については、1年間の繰越しができます（措法52の3②）。

　剰余金処分方式による特別償却準備金の積立ての例示は、第3章　第2　2(4)ハを参照してください。

ニ　申告要件

　この制度は、確定申告書等（確定申告書及び仮決算による中間申告書をいいます

(措法2②二十八)。）にその特定事業継続力強化設備等の償却限度額の計算に関する明細書の添付がある場合に限り適用されます（措法44の2③）。

3 実務上の留意点

(1) 計画書の提出

特別償却の適用を受けるためには、中小企業等経営強化法における事業継続力強化計画又は連携事業継続力強化計画を提出し、経済産業大臣の認定を受ける必要があります。特定事業継続力強化設備等は計画書の認定後に取得等したものでなければ特別償却の適用対象となりませんので、計画書の申請作業は余裕をもって進めていくことが重要です。

〈優遇措置までの手続の流れ〉

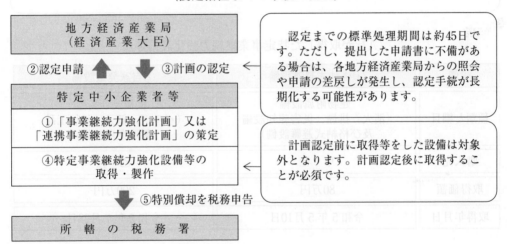

(2) その他

イ　国又は地方公共団体から特定事業継続力強化設備等を取得等するための補助金等の交付を受けて取得等をした対象設備等については、この制度を適用することができません（措法44の2②）。

ロ　法人税法上の圧縮記帳の適用を受けた場合は、圧縮記帳適用後の金額が税務上の取得価額となります。

ハ　租税特別措置法上の収用、買換え等に係る圧縮記帳及び他の特別償却との重複適用は認められません。

第3章　中小企業者の取扱い

4　事例及び法人税申告書別表記載例

⑴　前提

　青色申告書を提出する中小企業者であるＡ社は、令和5年1月23日に中小企業等経営強化法における「事業継続力強化計画」の認定を受け、次の特定事業継続力強化設備等を取得し、Ａ社の工場に設置して直ちに事業の用に供しています。

　Ａ社が特別償却を適用した場合の計算例及び法人税申告書別表の記載例を示します。

　　Ａ社の概要

　　適用事業年度：令和5年4月1日～令和6年3月31日

　　業種：段ボール製造業

　　資本金：1,000万円（発行済株式数200株）、株主は全員、個人株主

　　常時使用する従業員の数：50人

〈Ａ社が取得した特定事業継続力強化設備等〉

設備	①格納式避難設備	②自家発電設備
種類と細目	建物附属設備 （消火、排煙、災害報知設備 及び格納式避難設備）	機械及び装置 （パルプ、紙又は紙加工品 製造業用設備）
購入先	甲　社	乙　社
取得価額	80万円	200万円
取得年月日	令和5年5月10日	令和5年7月28日

⑵　計算

特別償却限度額の計算

①　格納式避難設備　800,000円×18％＝144,000円

②　自家発電設備　2,000,000円×18％＝360,000円

— 272 —

第9　特定事業継続力強化設備等の特別償却

(3)　別表記載例

特別償却等の償却限度額の計算に関する付表

		事業年度 又は連結 事業年度	5 ・ 4 ・ 1 6 ・ 3 .31	法人名 A社（ ）

（特別償却又は割増償却の名称） 該　当　条　項	1	（特定事業継続力強化設備等の特別償却） （ ）措置法・震災特例法 （44）条の（2）第（1）項（ ）号（ ）	（特定事業継続力強化設備等の特別償却） （ ）措置法・震災特例法 （44）条の（2）第（1）項（ ）号（ ）
事　業　の　種　類	2	段ボール製造業	段ボール製造業
（機械・装置の耐用年数表等の番号） 資　産　の　種　類	3	（ ） 建物附属設備	（　6　） 機械及び装置
構造、用途、設備の種類又は区分	4	格納式避難設備	紙加工品製造業用設備
細　　　　　　　　　目	5		
取　得　等　年　月　日	6	5 ・ 5 ・10	5 ・ 7 ・28
事業の用に供した年月日 又　は　支　出　年　月　日	7	5 ・ 5 ・10	5 ・ 7 ・28
取得価額又は支出金額	8	800,000 円	2,000,000 円
対象となる取得価額又は支出金額	9	800,000 円	2,000,000 円
普　通　償　却　限　度　額	10	円	円
特別償却率又は割増償却率	11	$\dfrac{18}{100}$	$\dfrac{18}{100}$
特別償却限度額又は割増償却限度額 （⑨−⑩）、（⑨×⑪）又は（⑩×⑪）	12	144,000 円	360,000 円
償却・準備金方式の区分	13	⑯償却 ・ 準備金	⑯償却 ・ 準備金
適用要件等 資産の取得価額等の合計額	14	円	円
区　域　の　名　称　等	15		
認　定　等　年　月　日	16	5 ・ 1 ・23 （認定） ・ ・ （ ）	5 ・ 1 ・23 （認定） ・ ・ （ ）
その他参考となる事項	17	事業継続力強化計画 補助金等受領無	事業継続力強化計画 補助金等受領無

中 小 企 業 者 又 は 中 小 連 結 法 人 の 判 定

発行済株式又は出資の 総　数　又　は　総　額	18	200	大規模法人の保有する株式数等の明細 順位	大 規 模 法 人	株式数又は 出資金の額	
⑱のうちその有する自己の株式 又は出資の総数又は総額	19	0	1		26	
差　引（⑱−⑲）	20	200			27	
常時使用する従業員の数	21	50 人			28	
大規模法人の株式 第1順位の株式数又は 出資金の額（26）	22	0			29	
数等の保有割合 保 有 割 合 $\frac{(22)}{(20)}$	23	0 %			30	
大規模法人の保有する 株式数等の計（32）	24	0			31	
保 有 割 合 $\frac{(24)}{(20)}$	25	0 %	計 (26)+(27)+(28)+(29)+(30)+(31)	32	0	

— 273 —

第10 中小企業事業再編投資損失準備金（経営資源集約化税制）

1 概要

⑴ 制度の趣旨

　経営力向上計画の認定を受けた中小企業者が、M＆A実施後に顕在化する可能性が高い簿外債務や偶発債務等の投資リスクに備えるための準備金として一定の額を積み立てた場合には、その額の損金算入を認める措置が令和3年度の税制改正により設けられました。従来M＆Aといえば大企業のイメージでしたが、近年は企業規模拡大や事業多角化などの手段としてや事業承継の目的でM＆Aを選択するなど、中小企業にとっても身近な存在になりつつあります。経営資源を集約化等させながら事業拡大を図ることにより、生産性を高めていくことが可能となります。地域経済や雇用を担おうとする中小企業による経営資源の集約化等を支援する政策のひとつとして、この制度が創設されました。

⑵ 制度の概要

　この制度は、青色申告書を提出する中小企業者のうち、産業競争力強化法等の一部を改正する等の法律の施行の日（令和3年8月2日）から令和6年3月31日までの間に経営力向上計画（中小企業等経営強化法に規定する事業承継等事前調査(注)に関する事項の記載があるものに限ります。）の認定を受けたものが、他の法人の株式等の取得（購入による取得に限ります。）をし、かつ、これを取得の日を含む事業年度終了の日まで引き続き有している場合（その株式等の取得価額が10億円を超える場合を除きます。）において、その株式等の価格の低落による損失に備えるため、その株式等の取得価額の70％以下の金額を中小企業事業再編投資損失準備金として積み立てたときは、その積み立てた金額は、その事業年度において損金算入が認められます。

　なお、この準備金は、その株式等の全部又は一部を有しなくなった場合、その株式等の帳簿価額を減額した場合等において取り崩すほか、その積み立てた事業年度終了の日の翌日から5年を経過した日を含む事業年度から5年間でその経過した準備金残高の均等額を取り崩して、益金に算入することになります。

　(注)　事業承継等事前調査

　　　他の法人の株式を取得するに際し、「損害が生ずるおそれがあるかどうかについて、

— 274 —

法務、財務、税務その他の観点から行う調査」（中小企業等経営強化法第17条第4項第2号）をいいます。

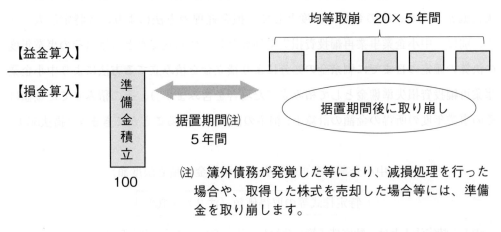

（中小企業庁資料を一部修正）

2 制度の詳細

(1) 適用対象法人

　この制度の適用対象法人は、青色申告書を提出する中小企業者（適用除外事業者を除きます。中小企業者及び適用除外事業者の意義については、第1章 第1 3 (1)及び(3)を参照してください。）で、中小企業等経営強化法第17条第1項に規定する経営力向上計画の認定を受けた法人とされています（措法56①）。

(2) 中小企業事業再編投資損失準備金の積立て

　産業競争力強化法等の一部を改正する等の法律の施行の日（令和3年8月2日）から令和6年3月31日までの間に経営力向上計画（中小企業等経営強化法に規定する事業承継等事前調査に関する事項の記載があるものに限ります。）に従って同法に規定する事業承継等として他の法人の株式又は出資（以下、「株式等」といいます。）の取得をし、その株式等をその取得の日を含む事業年度終了の日まで引き続き有している場合、中小企業事業再編投資損失準備金を積み立てることができます（措法56①）。

　なお、株式等の取得は購入による取得に限るものとし、その取得をした株式等（以下、「特定株式等」といいます。）の取得価額が10億円以下の場合に限り適用されることとされています（措法56①かっこ書）。

第 3 章　中小企業者の取扱い

(3)　積立限度額

　適用対象法人が経営力向上計画に従って購入した特定株式等の価格の低落による損失に備えるため、次の金額を限度として、損金経理の方法により、各特定法人（注1）別に、中小企業事業再編投資損失準備金として積み立てたときは（その事業年度の決算の確定の日までに剰余金の処分により積立金を積み立てる方法により中小企業事業再編投資損失準備金として積み立てた場合を含みます。）、その積み立てた金額は、その事業年度の所得の金額の計算上、損金の額に算入することができます（措法56①）。

〈中小企業事業再編投資損失準備金の積立限度額〉

特定株式等の取得価額（注2）×70%

　(注)1　特定法人とは、特定株式等を発行した法人をいいます（措法56①）。

　　　2　特定株式等を取得した事業年度において、特定株式等の帳簿価額を減額した場合には、その減額した金額のうち、その事業年度の所得の金額の計算上損金の額に算入された金額を控除した金額とします（措法56①）。

(4)　中小企業事業再編投資損失準備金の取崩し

イ　5年据置期間経過後の5年均等取崩し

　中小企業事業再編投資損失準備金を積み立てている法人の各事業年度終了の日において、前事業年度から繰り越された中小企業事業再編投資損失準備金の金額のうちに、その積み立てられた事業年度（以下、「積立事業年度」といいます。）終了の日の翌日から5年を経過したもの（次のロの規定により益金の額に算入された金額がある場合には、益金の額に算入された金額を控除した金額とします。以下、「据置期間経過準備金額」といいます。）がある場合には、次の金額（次の金額が据置期間経過準備金額を超える場合には、据置期間経過準備金額）をその事業年度の所得の金額の計算上、益金の額に算入します（措法56②）。

〈益金の額に算入する金額〉

$$\boxed{\begin{array}{c}\text{積立事業年度において損金の額に算入された}\\\text{中小企業事業再編投資損失準備金の額}\end{array}} \times \frac{\text{その事業年度の月数(注)}}{60}$$

　(注)　月数は暦に従って計算し、1月に満たない端数を生じたときは1月とします（措法56⑤）。

— 276 —

ロ　認定経営力向上計画の認定が取り消された場合等の中小企業事業再編投資損失準
備金の取崩し

中小企業事業再編投資損失準備金は、次の事由に該当することとなった場合には、その事由に応じた金額を取り崩して、その該当することとなった日を含む事業年度（③の事由に該当する場合にあっては、合併の日の前日を含む事業年度）の所得の金額の計算上、益金の額に算入します（措法56③～④、措令32の3①②）。

〈中小企業事業再編投資損失準備金の取崩し事由と取崩し額〉

	取崩し事由	取崩し額
①	中小企業等経営強化法第18条第2項の規定により経営力向上計画の認定が取り消された場合（その認定に係る経営力向上計画に従って行う事業承継等として特定法人の株式等の取得をしていた場合に限ります。）	その取り消された日におけるその特定法人に係る中小企業再編投資損失準備金の金額
②	特定法人の株式又は出資（以下、「株式等」といいます。）の全部又は一部を有しないこととなった場合（③又は④に該当する場合及び適格合併により特定法人が解散した場合を除きます。）	i　特定法人の株式等の一部を有しないこととなった場合 ■取崩し額＝中小企業事業再編投資損失準備金×（有しないこととなった特定法人の株式等の数又は金額／有しないこととなった時の直前において有していた特定法人の株式等の数又は金額） ii　法人税法第61条の2第19項に規定する出資の払戻しにより出資の一部を有しないこととなった場合 ■取崩し額＝中小企業事業再編投資損失準備金×（払戻しに係る出資の金額）／（払戻しの直前の出資の金額） iii　特定法人の株式等の全部を有しないこととなった場合 ■取崩し額＝特定法人に係る中小企業事業再編投資損失準備金の金額
③	合併により合併法人に特定法人の株式等を移転した場合	その合併の直前におけるその特定法人に係る中小企業事業再編投資損失準備金の金額
④	特定法人が解散した場合（適格合併により解散した場合を除きます。）	その解散の日におけるその特定法人に係る中小企業事業再編投資損失準備金の金額
⑤	特定法人の株式等の帳簿価額を減額した場合(注)	その減額をした日におけるその特定法人に係る中小企業事業再編投資損失準備金の金額のうちその減額をした金額に相当する金額

— 277 —

⑥	中小企業事業再編投資損失準備金を設定した法人が解散した場合（合併により解散した場合を除きます。）	その解散の日における中小企業事業再編投資損失準備金の金額
⑦	(4)イ、①～⑥及び⑧以外の場合において中小企業事業再編投資損失準備金の金額を取り崩した場合	その取り崩した金額に相当する金額
⑧	中小企業事業再編投資損失準備金を積み立てている法人が青色申告書の提出の承認を取り消され、又は青色申告書による申告をやめる旨の届出書の提出をした場合	その承認の取消しの基因となった事実のあった日又はその届出書の提出をした日における中小企業事業再編投資損失準備金の金額

(注) 分割型分割、株式分配又は資本の払戻しによりその帳簿価額を減額した場合には、同日におけるその特定法人に係る中小企業事業再編投資損失準備金の金額のうちその減額をした金額に対応する部分の金額（措令32の3②）

(5) **申告要件**

　この制度は、確定申告書等（確定申告書及び仮決算の場合の中間申告書をいいます（措法2②二十八）。以下同じ。）に中小企業事業再編投資損失準備金として積み立てた金額の損金算に関する申告の記載があり、かつ、その確定申告書等にその積み立てた金額の計算に関する明細書の添付があり、かつ、経営力向上計画に係る認定申請書の写し及びその認定申請書に係る認定書の写し、株式等の取得及び事前承継等事前調査が認定経営力向上計画に従って実施されたことを主務大臣が確認した確認書の写しの添付がある場合に限り適用することとされています（措法56⑥、措令32の3③、措規21の2）。

3 　実務上の留意点

(1) **経営力向上計画認定までの手続の流れ**

　この税制の適用を受けるためには、M＆Aの相手方が決まった後（基本合意がなされた後、または独占交渉権が付与された後）に中小企業等経営強化法における経営力向上計画を事業分野別の主務大臣に提出し、その認定を受ける必要があります。経営力向上計画の認定後の株式購入でなければ、中小企業事業再編投資損失準備金の適用対象とはなりませんので、計画書の認定作業は余裕をもって進めていくことが重要です。

〈優遇措置までの手続の流れ〉

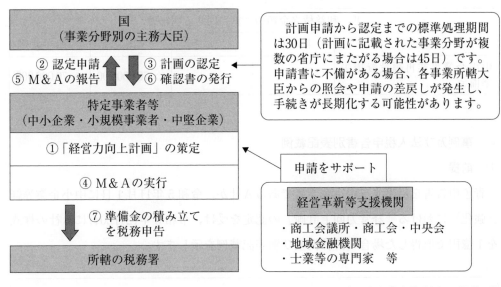

（中小企業庁資料を一部修正）

(2) 経理方法

　中小企業事業再編投資損失準備金の経理方法は、損金経理により計上する方法の他に、剰余金の処分により計上する方法があります。剰余金の処分により計上する方法の場合には、損益計算には影響を与えませんので、決算書の当期利益をその分減少させずに済みます。

　剰余金の処分により計上する場合の会計上の仕訳例と税務調整例を以下に示します。中小企業事業再編投資損失準備金の金額は7,000万円であることを前提とします。

〈会計上の仕訳例〉

（借方）		（貸方）	
繰越利益剰余金	70,000,000	中小企業事業再編投資損失準備金	70,000,000

〈別表四の記載例〉

	区　分	総　額	留　保	社外流出
減算	中小企業事業再編投資損失準備金	70,000,000	70,000,000	

第3章　中小企業者の取扱い

〈別表五（一）の記載例〉

Ⅱ　利益積立金額の計算に関する明細書				
区　　分	期　　首	減	増	期　　末
中小企業事業再編投資損失準備金			△ 70,000,000	△ 70,000,000

4　事例及び法人税申告書別表記載例

⑴　前提

　青色申告書を提出する中小企業者であるＡ社が、令和5年11月1日に中小企業等経営強化法における「経営力向上計画」の認定を受け、令和5年12月20日にＢ社の株式を1億円で取得した場合の計算例及び別表記載例を示します。

> Ａ社の概要
>
> 　適用事業年度：令和5年4月1日〜令和6年3月31日

⑵　計算

　中小企業事業再編投資損失準備金の積立限度額は、特定株式であるＢ社株式の取得価額の70%となります。

　100,000,000円×70% = 70,000,000円

第10　中小企業事業再編投資損失準備金

(3)　別表記載例

中小企業事業再編投資損失準備金の損金算入に関する明細書			事業年度	5 · 4 · 1 6 · 3 · 31	法人名	A社		別表十二(二)　令五・四・一以後終了事業年度分
特　定　法　人　の　名　称	1	B社	翌期繰越額の計算	期首中小企業事業再編投資損失準備金の金額	10	円		
経営力向上計画の認定を受けた日	2	5 · 11 · 1		当期益金算入額	5年経過後5年間均等益金算入額 (23の計)	11		
当　期　積　立　額	3	円 70,000,000			同上以外の場合による益金算入額 (24の計)	12		
積立限度額の計算	当期において取得した特定株式等の取得年月日	4	5 · 12 · 20		計 (11)＋(12)	13		
	(4)の特定株式等のうち期末に有するものの取得価額	5	円 100,000,000		当期積立額のうち損金算入額 (3)－(9)	14		
	$(5)×\frac{70}{100}$	6	70,000,000		期末中小企業事業再編投資損失準備金の金額 (10)－(13)＋(14)	15		
	取得年度に特定株式等の帳簿価額を減額した金額	7		貸借対照表の金額との差額の明細	貸借対照表に計上されている中小企業事業再編投資損失準備金	16		
	積　立　限　度　額 (6)－(7)	8	70,000,000		差　　引 (16)－(15)	17		
積　立　限　度　超　過　額 (3)－(8)	9	0	当期分	貸借対照表の取崩不足額 (13)－((3)－((16)－前期の(16)))	18		
				当期に生じた差額の合計額 (9)＋(18)	19		
			前期以前分	前期末における差額 (前期の(17))	20		

益　金　算　入　額　の　計　算					
積　立　事　業　年　度	当初の積立額のうち損金算入額	期首現在の準備金額	当　期　益　金　算　入　額		翌期繰越額 (22)－(23)－(24)
			5年経過後5年間均等益金算入による場合 $(21)×\frac{当期の月数}{60}$	(23) 以外の場合	
	21	22	23	24	25
積立事業年度から5年を経過したものの日の翌日	： ：	円	円	円	円	
	： ：				円
	： ：				
積立事業年度から5年を経過しないものの日の翌日	： ：	円		円	円	
	： ：				
	： ：				
	： ：				
当　期　分				円	
計				円	

— 281 —

第3章　中小企業者の取扱い

第11　特定事業活動として特別新事業開拓事業者の株式の取得をした場合の課税の特例（オープンイノベーション促進税制）

1　概要

⑴　制度の趣旨

　新技術等を持つベンチャー企業と協働し、オープンイノベーションの取組を重点的に進めることの重要性に鑑み、事業会社による一定のベンチャー企業への出資に対し、出資の一定額の所得控除を認める措置（オープンイノベーション促進税制）が令和2年度税制改正により設けられています（自由民主党・公明党「令和2年度税制改正大綱」3頁）。

　なお、中小企業とベンチャー企業の協働によるイノベーションを推進して自らの事業の革新を図ることを支援するために、中小企業からベンチャー企業への出資については、その出資の最低限度額が中小企業以外の大企業の場合に比して緩和されており、大企業の場合は1件当たり最低1億円ですが、中小企業の場合は1件当たり最低1,000万円となっています（下記2⑶ニ参照）。

　この令和2年度税制改正により創設されたオープンイノベーション促進税制は、スタートアップへのニューマネー出資（新規出資型）の一定額を所得から控除するという措置でしたが、今般、スタートアップ・エコシステムの抜本的強化が最重要課題であることに鑑み、令和5年度税制改正ではM＆Aに適用できるよう、ニューマネーを伴わない既存株式の取得（M＆A型）も対象となりました（自由民主党・公明党「令和5年度税制改正大綱」5頁）。

⑵　制度の概要

　この制度は、青色申告書を提出する法人で新事業開拓事業者と共同して特定事業活動を行うものが、令和5年4月1日から令和6年3月31日までの期間（指定期間）内の日を含む各事業年度のその指定期間内において出資（新規出資型）又は購入（M＆A型）により特定株式を取得し、その取得した日を含む事業年度終了の日まで引き続き有している場合に、その特定株式の取得価額の25％相当額以下の金額をその事業年度の損金の額に算入することを認めるものです（措法66の13①他、所得税法等の一部を改正する法律（令和5年法律第3号）附則50）。

— 282 —

第11　特定事業活動として特別新事業開拓事業者の株式の取得をした場合の課税の特例

〈オープンイノベーション促進税制の概要〉

オープンイノベーション促進税制（新規出資型）の概要

● 国内の対象法人等が、オープンイノベーションを目的として**スタートアップ企業の株式**を取得する場合、**取得価額の25％を課税所得から控除**できる制度です。

出資：所得控除25％

資金などの経営資源　→
←　革新的な技術・ビジネスモデル

出資法人：事業会社
（国内事業会社又はその国内 CVC）

出資先：スタートアップ
（設立10年未満の国内外非上場企業）
売上高研究開発費比率 10％以上かつ赤字企業の場合、設立15年未満の企業も対象（※1）

＜所得控除上限額＞
・1件当たり12.5億円以下（※2）。対象法人1社・1年度当たり125億円以下（※3）

＜出資行為の要件＞
・1件当たりの出資金額下限：大企業は1億円、中小企業は1千万円（海外企業への出資は一律5億円）
・資本金増加を伴う現金出資（発行済株式の取得は対象外）、なお純投資は対象外
・取得株式の3年以上（※4）の保有を予定していること

※1：令和4年4月1日以降の出資が対象。※2：取得額換算 50億円/件。なお、令和5年3月31日までの出資については、25億円（取得額換算 100億円/件）。
※3：オープンイノベーション促進税制（M&A型）と合算。※4：令和4年3月31日までの出資については、5年以上。

（経済産業省資料を一部修正）

オープンイノベーション促進税制（M&A型）の概要

● 国内の対象法人等が、スタートアップ企業のM&A（議決権の過半数の取得）を行った場合、**取得した発行済株式の取得価額の25％を課税所得から控除**できる制度です。

※令和5年4月1日以降のM&A（株式取得）が対象

M&A：所得控除25％
（発行済株式が対象）

資金などの経営資源　→
←　革新的な技術・ビジネスモデル

出資法人：対象法人
（国内事業会社又はその国内 CVC）

出資先：スタートアップ
（設立 10年未満の国内非上場企業）
売上高研究開発費比率 10％以上かつ赤字企業の場合設立15年未満の企業も対象。海外企業は対象外。

所得控除上限額
・1件当たり50億円（取得額換算 200億円）
・対象法人1社・1年度当たり125億円以下（取得額換算500億円）（※1）

株式取得行為の要件
・1件当たりの株式取得額下限：5億円
・議決権の過半数の取得が対象
・純投資は対象外
・取得株式の5年以上の保有を予定していること

成長投資
（研究開発、設備投資）

5年以内に成長投資・事業成長の要件を満たさなかった場合等は、所得控除分を一括取り戻し

事業成長
（売上高）

※1：オープンイノベーション促進税制（新規出資型）と合算。

（経済産業省資料を一部修正）

2　制度の詳細

⑴　特別勘定の繰入れ（所得控除）

イ　実体要件

　対象法人（下記⑵参照）が、令和5年4月1日から令和6年3月31日までの期間（以下、「指定期間」といいます。）内の日を含む各事業年度のその指定期間内において特定株式（下記⑶参照）を取得し、かつ、これをその取得した日を含む事業年度終了の日まで引き続き有している場合において、その特定株式の取得価額（資本金の額の増加に伴う払込みにより交付された特定株式（以下、「増資特定株式」といいます。）は50億円、それ以外の特定株式は200億円が限度とされています。）の25％相当額（その事業年度においてその特定株式の帳簿価額を減額した場合には、その減額した金額のうちその事業年度の損金の額に算入された金額に係る部分の一定の金額（注1）を控除した金額）以下の金額をその事業年度の確定した決算において各特別新事業開拓事業者別、特定株式の種類別に特別勘定を設ける方法（決算の確定の日までに剰余金の処分により積立金として積み立てる方法を含みます。）により経理したときは、その経理した金額相当額は、その事業年度の所得の金額として一定の金額（注2）（125億円を超える場合には125億円。以下、「所得基準額」といいます。）を上限にその事業年度の損金の額に算入されます（措法66の13①、措令39の24の2②③、措規22の13①、所得税法等の一部を改正する法律（令和5年法律第3号）附則50）。

> 注1　具体的には、減額した金額のうちその事業年度の所得の金額の計算上損金の額に算入された金額に、その減額に係る特定株式の取得価額（その取得価額が①又は②に掲げる金額を超える場合には、その金額）を乗じてこれをその特定株式の取得価額で除して計算した金額とされます（措令39の24の2②）。
>
> ①　増資特定株式　　　　　50億円
>
> ②　①以外の特定株式　200億円
>
> 2　具体的には、この制度及び寄附金の損金不算入（法法37）を適用せずに計算した場合のその事業年度の所得の金額から①に掲げる金額が②に掲げる金額を超える部分の金額を控除した金額とされます（措令39の24の2③）。
>
> ①　法人税法第57条に規定する欠損金額
>
> ②　法人税法第57条第1項の規定によりその事業年度の所得の金額の計算上損金の額に算入される欠損金額

第11　特定事業活動として特別新事業開拓事業者の株式の取得をした場合の課税の特例

〈所得控除が可能な特定株式の取得価額の範囲〉

| ① | 増資特定株式　50億円以下 |
| ② | ①以外の特定株式　200億円以下 |

〈オープンイノベーション促進税制による所得控除額の計算〉

所得控除額＝特定株式の取得価額（≦一定の金額（注1））×25％≦所得基準額

　所得基準額＝その事業年度の所得金額（注2）－（欠損金額－その事業年度の欠

　　　　　　　損金額の損金算入額）≦125億円

　　㊟1　①　増資特定株式の場合　　　　　50億円

　　　　　②　①以外の特定株式の場合　　200億円

　　　2　本制度及び寄附金の損金不算入の規定を適用しないで計算した金

額

ロ　申告要件

　この制度は、確定申告書等（確定申告書及び仮決算の場合の中間申告書をいいます（措法2②二十八）。以下同じ。）に損金の額に算入される金額の損金算入に関する申告の記載があり、かつ、その確定申告書等にその損金の額に算入される金額の計算に関する明細書、下記(3)ハの経済産業大臣の証明に係る書類の添付がある場合に限り適用することとされています（措法66の13⑱、措規22の13⑫）。

(2)　対象法人

イ　経営資源活用共同化推進事業者

　この制度の対象法人は、青色申告書を提出する法人で産業競争力強化法第2条第6項に規定する新事業開拓事業者と共同して同法第2条第25項に規定する特定事業活動（自らの経営資源以外の経営資源を活用し、高い生産性が見込まれる事業を行うこと又は新たな事業の開拓を行うことを目指した事業活動をいいます。）を行う法人であり、具体的には、「国内外における経営資源活用の共同化に関する調査に関する省令」（以下、「共同化調査省令」といいます。）第2条第1項に規定する経営資源活用共同化推進事業者に該当する法人を指します（措規22の13①）。

　経営資源活用共同化推進事業者とは、特定事業活動を行う株式会社、相互会社、中小企業等協同組合、農林中央金庫、信用金庫及び信用金庫連合会をいいます（共同化調査省令2①、「国内外における経営資源活用の共同化に関する調査に関する省令の

— 285 —

規定に基づく経済産業大臣の証明に係る基準等」（以下、「経済産業大臣証明基準」といいます。）3①）。

ロ　特殊の関係のある組合を通じて株式を取得する場合

　この制度は、対象法人が株式を直接に取得する場合のほかに、次に掲げる特殊の関係のある組合の組合財産である場合も対象になっています（共同化調査省令3①一、経済産業大臣証明基準3②）。

　事業会社がベンチャー企業への出資を行う投資事業有限責任組合等のベンチャーキャピタル（VC）に組合員として出資する形態は、一般的にコーポレートベンチャーキャピタル（CVC）と呼ばれています。

〈特殊の関係のある組合〉

①	投資事業有限責任組合契約に関する法律第2条第2項に規定する投資事業有限責任組合のうち、一の経営資源活用共同化推進事業者による出資の金額（その経営資源活用共同化推進事業者が他の投資事業有限責任組合を通じて行う出資の金額を除きます。）のその投資事業有限責任組合の総組合員による出資の金額の総額に占める割合が50％を超えるものであって、その経営資源活用共同化推進事業者が有する他の会社の株式の総数又は出資の金額の合計額が当該他の会社の発行済株式又は出資（その会社が有する自己の株式又は出資を除きます。）の総数又は総額の100％に相当する場合における当該他の会社がその投資事業有限責任組合の無限責任組合員（GP）であるもの
②	投資事業有限責任組合のうち、一の経営資源活用共同化推進事業者による出資の金額のその組合の総組合員による出資の金額の総額に占める割合が50％を超えるものであって、その経営資源活用共同化推進事業者がその組合の唯一の有限責任組合員（LP）であるもの
③	民法第667条第1項に規定する組合契約で会社に対する投資事業を営むことを約するものによって設立する組合のうち、一の経営資源活用共同化推進連携者による出資の金額の合計のその組合の総組合員による出資の金額の総額に占める割合が50％を超えるもの

第11 特定事業活動として特別新事業開拓事業者の株式の取得をした場合の課税の特例

〈適用対象法人の要件〉

● この制度の対象法人は、以下のいずれにも該当するものとなります。

①青色申告書を提出する法人
②スタートアップ企業とのオープンイノベーションを目指す法人
③株式会社等※
　※相互会社、中小企業等協同組合、農林中央金庫、信用金庫及び信用金庫連合会

● また、この対象法人が主体となるCVC（対象法人の出資比率が過半数を占める、以下の類型のいずれかに該当する投資事業有限責任組合（LPS）または民法上の組合）を経由して出資する場合も対象となります。

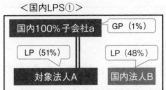

- Aの完全子会社aがGP
- Aの出資割合が過半数
➡ Aが税制の対象

- Aが単独のLP（いわゆる2人組合）
- Aの出資割合が過半数
➡ Aが税制の対象

- Aの出資割合が過半数
➡ Aが税制の対象

(経済産業省資料を一部修正)

(3) 特定株式

イ 特定株式の要件

　特別新事業開拓事業者（下記ロ参照）の株式のうち、次に掲げる要件の全てを満たすことにつき産業競争力強化法第46条第2号の規定に基づく調査により明らかにされたものとして、共同化調査省令第4条第1項の規定による経済産業大臣の証明に係る書類（下記ハ参照）に記載された特別新事業開拓事業者の株式をいいます（措法66の13①、措令39の24の2①、措規22の13③、所得税法等の一部を改正する法律（令和5年法律第3号）附則50）。

〈特定株式の要件〉

①	その株式がその特別新事業開拓事業者の資本金の額の増加に伴う払込みにより交付されるものであること又はその株式がその取得（購入による取得に限ります。）によりその特別新事業開拓事業者の総株主の議決権の50％を超える議決権を有することとなるものであること
②	その株式の保有が次のⅰ又はⅱに掲げる株式の区分に応じそれぞれ次のⅰ又はⅱに定める期間継続する見込みであること 　ⅰ　増資特定株式　その取得の日から3年を超える期間 　ⅱ　ⅰに掲げる株式以外の株式　その取得の日から5年を超える期間
③	その株式の取得が対象法人及びその特別新事業開拓事業者の特定事業活動に特に有効なものとなると認められるものであること

ロ　特別新事業開拓事業者の要件

　特別新事業開拓事業者とは、既に事業を開始している者であって、次の①から④のいずれにも該当する者（新規出資型の場合には、これに類する外国法人を含みます。）をいいます（共同化調査省令2②、経済産業省関係産業競争力強化法施行規則2二）。

〈特別新事業開拓事業者（スタートアップ企業）の要件〉

①	非上場の株式会社であって、風俗営業又は性風俗関連特殊営業を営むものではなく、暴力団員等が役員にいる会社や暴力団員等がその事業活動を支配する会社でないもの
②	次のⅰ又はⅱに掲げる会社以外の会社 　ⅰ　その発行済株式の総数の2分の1を超える株式（その株式が民法第667号第1項に規定する組合契約で会社に対する投資事業を営むことを約するものによって成立する組合又は投資事業有限責任組合契約に関する法律第2条第2項に規定する投資事業有限責任組合を通じて法人及びその法人と特殊の関係のある会社（次の(i)から(iii)までに掲げる会社をいいます。）の所有に属している場合を除きます。）が同一の法人及びその法人と特殊の関係のある会社の所有に属している者 　(i)　その法人が有する他の会社の株式の総数又は出資の金額の合計額が当該他の会社の発行済株式又は出資の総数又は総額の2分の1以上に相当する場合における当該他の会社 　(ii)　その法人及びこれと(i)に規定する特殊の関係のある会社が有する他の会社の株式の総数又は出資の金額の合計額が当該他の会社の発行済株式又は出資の総数又は総額の2分の1以上に相当する場合における当該他の会社 　(iii)　その法人並びにこれと(i)及び(ii)に規定する特殊の関係のある会社が有する他の会社の株式の総数又は出資の金額の合計額が当該他の会社の発行済株式又は出資の総数又は総額の2分の1以上に相当する場合における当該他の会社 　ⅱ　ⅰに掲げるもののほか、その発行済株式の総数の3分の2以上が法人の所有に属している会社
③	特定事業活動に資する事業を行い、又は行おうとする会社
④	次のⅰ又はⅱのいずれかに該当する会社 　ⅰ　設立の日以後の期間が10年未満の会社 　ⅱ　設立の日以後の期間が10年以上15年未満の会社であって、直前の事業年度の確定した決算において、研究開発費の額の売上高の額に対する割合が10％以上であり、かつ、営業損失を生じているもの

第11　特定事業活動として特別新事業開拓事業者の株式の取得をした場合の課税の特例

〈スタートアップ企業の概要（新規出資型)〉

● この制度において対象法人・CVCの出資対象となるスタートアップ企業は、以下の①～⑩までの要件を満たす法人となります。

● また、外国法人であっても、以下の要件を満たす法人に類するものとして認められる場合には、出資を受ける対象となります。

①　株式会社
②　設立10年未満（要件を満たす場合設立15年未満）※1※2
③　未上場・未登録※3
④　既に事業を開始している
⑤　対象法人とのオープンイノベーションを行っている又は行う予定
⑥　一つの法人グループが株式の過半数を有していない
⑦　法人以外の者（LPS、民法上の組合、個人等）が３分の１超の株式を有している
⑧　対象法人が議決権の過半数を有していない
⑨　風俗営業又は性風俗関連特殊営業※4を営む会社でない
⑩　暴力団員等※5が役員又は事業活動を支配する会社でない

＜注意点＞
※1　会社登記上の設立日を起算日とした出資日（現金の払込み日）までの年数により判定します。
※2　また、直近の確定した決算において売上高研究開発費率が10％以上かつ営業損失を生じている場合においては設立15年未満の企業が対象になります。
※3　金融商品取引所に上場されている株式又は店頭売買有価証券登録原簿に登録されている株式の発行者である会社以外の会社をいいます。
※4　風俗営業等の規制及び業務の適正化等に関する法律に規定する風俗営業・性風俗関連特殊営業をいいます。
※5　暴力団員による不当な行為の防止等に関する法律に規定する暴力団員及び暴力団員でなくなった日から５年未満の者をいいます。

（経済産業省資料を一部修正）

〈スタートアップ企業の概要（M＆A型)〉

● この制度において対象法人・CVCによるM&Aの対象となるスタートアップ企業は、以下の①～⑨までの要件を満たす法人となります。

● なお、外国法人は対象外となります。

①　株式会社
②　設立10年未満（要件を満たす場合設立15年未満）※1※2
③　未上場・未登録※3
④　既に事業を開始している
⑤　対象法人とのオープンイノベーションを行っている又は行う予定
⑥　一つの法人グループが株式の過半数を有していない
⑦　法人以外の者（LPS、民法上の組合、個人等）が３分の１超の株式を有している
⑧　風俗営業又は性風俗関連特殊営業※4を営む会社でない
⑨　暴力団員等※5が役員又は事業活動を支配する会社でない

＜注意点＞
※1　会社登記上の設立日を起算日としたM&Aの実施日までの年数により判定します。
※2　また、直近の確定した決算において売上高研究開発費率が10％以上かつ営業損失を生じている場合においては設立15年未満の企業が対象になります。
※3　金融商品取引所に上場されている株式又は店頭売買有価証券登録原簿に登録されている株式の発行者である会社以外の会社をいいます。
※4　風俗営業等の規制及び業務の適正化等に関する法律に規定する風俗営業・性風俗関連特殊営業をいいます。
※5　暴力団員による不当な行為の防止等に関する法律に規定する暴力団員及び暴力団員でなくなった日から５年未満の者をいいます。
※6　外国法人は対象外です

（経済産業省資料を一部修正）

ハ　証明の基準

　経済産業大臣の証明に係る書類とは、次に掲げる基準に適合するものとして、経済産業大臣の証明を受けた書類をいい、経営資源活用共同化推進事業者は、経済産業大臣の証明を受けることができます（共同化調査省令4①、経済産業大臣証明基準5①）。この場合に交付される証明書は、確定申告書等に添付することが必要になります（上記(1)ロ参照）。

〈証明の基準〉

①	経営資源活用共同化推進事業者による特別新事業開拓事業者の株式の取得が、経営資源活用の共同化に関する調査対象事項（下記ニ①又は②並びに③及び④の事項）の実施を伴うものであること（次のⅰからⅲのいずれかに該当する場合を除きます。） 　ⅰ　その経営資源活用共同化推進事業者が、令和5年4月1日以後の下記ニ①の事業活動による特別新事業開拓事業者の株式の取得に関して経済産業大臣の証明を受けた後において下記ニ②の事業活動によるその特別新事業開拓事業者の株式の取得をする場合 　ⅱ　その経営資源活用共同化推進事業者が、総株主の議決権の50%を超える議決権を有する特別新事業開拓事業者に対して下記ニ①の事業活動による株式の取得をする場合 　ⅲ　その経営資源活用共同化推進事業者が、下記ニ①の事業活動による特別新事業開拓事業者の株式の取得に関して経済産業大臣の証明を受けた後において下記ニ①の事業活動によるその特別新事業開拓事業者の株式の取得をする場合（その取得によりその特別新事業開拓事業者の総株主の議決権の50%を超える議決権を有することとなる場合を除きます。）
②	経営資源活用共同化推進事業者が下記ニ③の特定事業活動を行う場合であって、特別新事業開拓事業者の経営資源が、その経営資源活用共同化推進事業者が十分に有するものでなく、その特定事業活動における高い生産性が見込まれる事業を行うこと又は新たな事業の開拓を行うことに資するものであること
③	経営資源活用共同化推進事業者が行う②の特定事業活動が、特別新事業開拓事業者に対して資料又は情報の提供その他の必要な協力を伴う場合であって、その協力がその特別新事業開拓事業者の成長に貢献するものであること
④	経営資源活用共同化推進事業者による特別新事業開拓事業者の株式の取得が、下記ニ②に掲げる事項の実施を伴うものである場合には、次のⅰとⅱに該当するものであること（その経営資源活用共同化推進事業者が、その特別新事業開拓事業者の成長発展の状況に関して下記ホの経済産業大臣の証明を受けた場合を除きます。） 　ⅰ　その株式の取得の時においてその特別新事業開拓事業者が営んでいた事業を引き続き営んでいること 　ⅱ　その株式の取得の後においてその特別新事業開拓事業者が他の者の事業の全部又は一部を譲り受けたことがないこと

　なお、その証明を受けた場合であって、その出資又は購入により取得した株式をその取得の日から1年以上継続して保有する場合、その株式の保有がこの基準に適合することについて、毎年度、経済産業大臣の証明を受けることができることとされてい

— 290 —

第11 特定事業活動として特別新事業開拓事業者の株式の取得をした場合の課税の特例

ます（共同化調査省令4②）。この場合に交付される証明書（以下、「共同化継続証明書」といいます。）は、その後の事業年度の確定申告書等に添付する必要はありませんが、この共同化継続証明書による証明がされなかった場合等には、特別勘定の金額を取り崩して益金算入しなければなりません（下記(4)イ参照）。

また、購入により取得した株式は、特別新事業開拓事業者の成長発展の状況について、経済産業大臣が定める基準（下記ホ参照）に適合することについて、経済産業大臣の証明を受けることができることとされています（共同化調査省令4③、経済産業大臣証明基準5②）。この証明がされなかった場合にも、特別勘定の金額を取り崩して益金算入しなければなりません（下記(4)イ参照）。

ニ　経営資源活用の共同化に関する調査対象事項

経済産業大臣は、毎年度、次に掲げる事項等の実施の状況について調査を行うことができることとされています（共同化調査省令3、経済産業大臣証明基準4）。

〈経営資源活用の共同化に関する調査対象事項〉

①	経営資源活用共同化推進事業者が、ⅰ又はⅱに掲げる者から資本金の額の増加に伴う払込みにより取得した株式の額（注1）がそれぞれⅰ又はⅱに掲げる額以上である場合における、その株式をその取得の日から3年以上継続して保有しようとする事業活動（注2） ⅰ　内国法人である特別新事業開拓事業者 　　1億円（経営資源活用共同化推進事業者が中小企業者（第1章 第1 3 (1)参照）に該当する者である場合には、1,000万円） ⅱ　外国法人である特別新事業開拓事業者 　　5億円
②	経営資源活用共同化推進事業者が、購入により取得した内国法人である特別新事業開拓事業者の株式の額（注1）が5億円以上であり、かつ、その取得によりその特別新事業開拓事業者の総株主の議決権の50％を超える議決権を有することとなる場合における、その株式をその取得の日から5年以上継続して保有しようとする事業活動（注2）
③	経営資源活用共同化推進事業者が、①又は②の事業活動によりその株式を保有している特別新事業開拓事業者の経営資源を活用して行う特定事業活動
④	経営資源活用共同化推進事業者が、①又は②の事業活動によりその株式を保有している特別新事業開拓事業者に対して行う、資料又は情報の提供その他の必要な協力であって、③の特定事業活動に係るもの

(注)1　その株式が上記(2)ロの組合財産である場合には、その株式の額にその組合の組合員たるその経営資源活用共同化推進事業者による出資の金額の合計のその組合の総組合員による出資の金額の総額に占める割合を乗じて得た額となります。

— 291 —

2 その株式の取得が、特別新事業開拓事業者の将来における成長発展を図るための株式投資ではなく、専ら次のいずれかを目的とするような株式投資の場合を除きます。
① 株式の価値の変動によって利益を受けること
② 株式に係る配当を受けること
③ 専らデリバティブ取引(金融商品取引法第2条第20項に規定するデリバティブ取引をいいます。)を行っている特別新事業開拓事業者から、デリバティブ取引による利益を得ること
④ 特別新事業開拓事業者に不動産を賃貸し、その特別新事業開拓事業者がさらにその不動産を賃貸している場合であって、その特別新事業開拓事業者から賃貸料を受けること
⑤ 特別新事業開拓事業者に動産をリースし、その特別新事業開拓事業者がさらにその動産をリースしている場合であって、その特別新事業開拓事業者からリース料を受けること

〈オープンイノベーション要件の確認〉

● この制度でいうオープンイノベーションとは、対象法人がスタートアップ企業の革新的な経営資源を活用して、高い生産性が見込まれる事業や新たな事業の開拓を目指す事業活動をいいます。具体的には、以下の3点を満たすことが必要です。
①対象法人が、<u>高い生産性が見込まれる事業又は新たな事業の開拓を目指した事業活動</u>を行うこと
②①の事業活動において活用する<u>スタートアップ企業の経営資源が、対象法人にとって不足するもの、かつ革新的なもの</u>であること
③①の事業活動の実施にあたり、<u>対象法人からスタートアップ企業にも必要な協力を行い</u>、その協力が<u>スタートアップ企業の成長に貢献する</u>ものであること

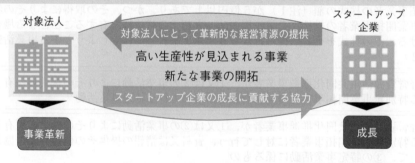

(経済産業省資料を一部修正)

ホ 特別新事業開拓事業者の成長発展の状況に関する基準
　経営資源活用共同化推進事業者は、上記ニ②に掲げる事項並びにその事業活動に係

る上記ニ③及び④に掲げる事項の実施による特別新事業開拓事業者の成長発展の状況について、その株式を取得した日から同日以後5年を経過する日までの期間内の日を含むその特別新事業開拓事業者のいずれかの事業年度の確定した決算において、次に掲げるいずれかの基準に適合することについて、経済産業大臣の証明を受けることができることとされています（共同化調査省令4③、経済産業大臣証明基準5②）。

〈特別新事業開拓事業者の成長発展の状況に関する基準〉

①	売上高の額が33億円以上であり、かつ、その売上高の額がその株式を取得した日の直前のその特別新事業開拓事業者の事業年度の確定した決算（以下、「基準年度の決算」といいます。）における売上高の額に1.7を乗じて得た額以上であること
②	基準年度の決算において、売上高の額が10億円以下であり、かつ、研究開発費の額に減価償却費の額を加えた額のその売上高の額に対する割合が5％以上である場合には、売上高の額が1億5,000万円以上であり、その売上高の額が基準年度の決算における売上高の額に1.1を乗じて得た額以上であり、かつ、次のⅰ又はⅱのいずれかの要件に該当すること ⅰ　研究開発費の額が4億6,000万円以上であり、かつ、その研究開発費の額が基準年度の決算における研究開発費の額に1.9を乗じて得た額以上であること ⅱ　減価償却費の額が7,000万円以上であり、かつ、その減価償却費の額が基準年度の決算における減価償却費に3を乗じて得た額以上であること
③	基準年度の決算（営業損失を生じているものに限ります。）において、売上高の額が4億2,000万円以下であり、かつ、研究開発費の額のその売上高の額に対する割合が10％以上である場合には、研究開発費の額が6億5,000万円以上であり、その研究開発費の額が基準年度の決算における研究開発費の額に2.4を乗じて得た額以上であり、かつ、研究開発費の額から基準年度の決算における研究開発費の額を減算した額が上記ニ②の事業活動により取得したその特別新事業開拓事業者の株式の額の15％以上であること

第 3 章 中小企業者の取扱い

〈成長発展の状況に関する基準の全体像〉

- M&A後**5年以内にスタートアップが成長投資・事業成長の要件を達成することを条件**とします。
- 要件はスタートアップの成長段階に応じⒶ**売上高成長**、Ⓑ**成長投資**、Ⓒ**研究開発特化**の３類型となります。

類型	対象となるスタートアップ（M&A時点の要件）	5年以内に満たすべき要件	
		成長投資	事業成長
Ⓐ 売上高成長類型	－	－	●<u>売上高</u>≧33億円 ●<u>売上高成長率</u>≧1.7倍
Ⓑ 成長投資類型	●<u>売上高</u>≦10億円 ●<u>売上高に対する研究開発費＋設備投資</u>（減価償却費）<u>の比率</u>≧5%	●<u>研究開発費</u>≧4.6億円 <u>研究開発費成長率</u>≧1.9倍 又は ●<u>設備投資</u>(減価償却費)≧0.7億円 <u>設備投資</u>(減価償却費)<u>成長率</u>≧3.0倍	●<u>売上高</u>≧1.5億円 ●<u>売上高成長率</u>≧1.1倍
Ⓒ 研究開発特化類型	●<u>売上高</u>≦4.2億円 ●<u>売上高に対する研究開発費の比率</u>≧10% ●<u>営業利益</u>＜0	●<u>研究開発費</u>≧6.5億円 ●<u>研究開発費成長率</u>≧2.4倍 ●<u>研究開発費増加額</u>≧株式取得価格の15%	－

（経済産業省資料を一部修正）

⑷ 特別勘定の取崩し（所得控除分の取戻し課税）

イ 取崩し事由と取崩し額

　上記⑴により設けられた特別勘定の金額は、次の事由に該当することとなった場合には、その事由に応じた金額を取り崩して、その該当することとなった日を含む事業年度の益金の額に算入されます（措法66の13⑨～⑪、措令39の24の２⑨～⑪、措規22の13⑥～⑨）。

　また、次の事由に該当する場合のほかに、対象法人が青色申告書の提出の承認を取り消され、又は青色申告書による申告をやめる旨の届出書の提出をした場合その他一定の場合においても、特別勘定の金額を取り崩して、益金の額に算入されます（措法66の13⑥他）。

　なお、適格合併を行った場合又は適格分割若しくは適格現物出資により特別勘定に係る特定株式を移転した場合には、合併法人又は分割承継法人若しくは被現物出資法人に、一定の特別勘定の金額を引き継ぐこととされています（措法66の13②）。

第11 特定事業活動として特別新事業開拓事業者の株式の取得をした場合の課税の特例

〈特別勘定の取崩し事由と取崩し額〉

	取崩し事由	取崩し額
①	特定株式につき上記(3)ハの共同化継続証明書による経済産業大臣の証明がされなかった場合	その特定株式に係る特別勘定の金額
②	各事業年度終了の日において、前事業年度から繰り越された特定株式（増資特定株式を除きます。）に係る特別勘定のうちにその特定株式の取得の日から起算して5年を経過した日を含むその特定株式を発行した法人の会計期間（法法13①）の末日が到来したものがある場合（上記(3)ホの基準につき経済産業大臣の証明がされた場合を除きます。）	その特定株式に係る特別勘定の金額
③	特定株式の全部又は一部を有しなくなった場合（④に該当する場合を除きます。）	その特定株式に係る特別勘定の金額にその有しないこととなった特定株式の数がその有しないこととなった時の直前において有していた特定株式の数のうちに占める割合を乗じて計算した金額（特別勘定に係る特定株式の全部を有しないこととなった場合には、その有しないこととなった日におけるその特定株式に係る特別勘定の金額） ■取崩し額＝特別勘定の金額×（譲渡株数÷保有株数）
④	特定株式の一部を有しなくなった場合で共同化継続証明書に特別勘定の金額のうち取り崩すべきこととなった金額として記載された金額がある場合（注1）	その記載された金額
⑤	合併（適格合併を除きます。）により特定株式を移転した場合	その合併の直前におけるその特定株式に係る特別勘定の金額
⑥	特定株式を組合財産とする投資事業有限責任組合又は民法組合の出資額割合の変更があった場合（注2）	その変更があった日におけるその特定株式に係る特別勘定の金額
⑦	特定株式に係る特別新事業開拓事業者が解散した場合	その解散の日におけるその特定株式に係る特別勘定の金額

⑧	特定株式につき剰余金の配当（分割型分割によるもの及び株式分配を除きます。）で資本剰余金の額の減少に伴うものを受けた場合（⑨に該当する場合を除きます。）	その剰余金の配当により減少した資本剰余金の額をその特定株式を発行した法人のその剰余金の配当に係る株式の総数で除し、これにその剰余金の配当を受けた特別勘定を設定した法人がその剰余金の配当を受けた日において有していた特定株式の数を乗じて計算した金額に25％を乗じて計算した金額 ■取崩し額＝（資本剰余金の減少額÷株式総数×保有株数）×25％
⑨	共同化継続証明書に特別勘定の金額のうち剰余金の配当を受けたことにより取り崩すべき金額の計算の基礎となる金額として記載された金額がある場合（注3）	その記載された金額
⑩	上記(3)ホの基準につき経済産業大臣の証明がされた場合において、特定株式につき剰余金の配当を受けた場合	その特定株式に係る特別勘定の金額のうち、その剰余金の配当として交付された金銭の額及び金銭以外の資産の価額の合計額に25％を乗じて計算した金額 ■取崩し額＝年間配当金額×25％
⑪	特定株式の帳簿価額を減額した場合（注4）	特別勘定の金額に特定株式の帳簿価額を減額した金額のうちその減額した日を含む事業年度の所得の金額の計算上損金の額に算入された金額がその減額をした時の直前において有していた特定株式の帳簿価額のうちに占める割合を乗じて計算した金額 ■取崩し額＝特別勘定の金額×（減額した金額÷減額直前の帳簿価額）
⑫	特別勘定を設定している法人が解散した場合（合併により解散した場合を除きます。）	その解散の日における特別勘定の金額
⑬	その特定株式（増資特定株式を除きます。）を発行した法人の総株主の議決権の50％を超える議決権を有しないこととなった場合	その有しないこととなった日におけるその特定株式に係る特別勘定の金額
⑭	①から⑬以外の場合で特別勘定の金額を任意に取り崩した場合（特別勘定を設定している法人を合併法人とする合併によりその特定株式（増資特定株式に限ります。）を発行した法人が解散した場合を除きます。）	その取り崩した日におけるその特定株式に係る特別勘定の金額のうちその取り崩した金額に相当する金額

(注)1　1件につき50億円を超える出資をした場合等において、その後に譲渡した場合には、その50億円を超える出資部分から優先的に売却したものとして計算された金額が取

第11　特定事業活動として特別新事業開拓事業者の株式の取得をした場合の課税の特例

崩し額として共同化継続証明書に記載されます（経済産業省オープンイノベーション促進税制申請ガイドラインC38・39頁）。

2　上記⑶ホの基準につき経済産業大臣の証明がされた場合において、その出資額割合が減少したときは、その減少割合に応じた特別勘定の金額が取崩し額となります。

3　利益剰余金の配当は、当然には取崩し事由には該当しませんが、配当利回り（年間配当額÷帳簿価額）が2％を超える場合には、年間配当金額のうち帳簿価額の2％を超える金額に25％を乗じて計算された金額が取崩し額として共同化継続証明書に記載されます（経済産業省オープンイノベーション促進税制申請ガイドラインC43〜45頁）。

4　分割型分割又は株式分配により特定株式の帳簿価額を減額した場合には、その特別勘定の金額にその分割型分割又は株式分配に係る純資産減少割合（法令119の8①、119の8の2①）を乗じて計算した金額となります。

ロ　継続保有期間経過後の取扱い

(イ)　増資特定株式

上記イ（②を除きます。）の特別勘定の取崩し事由は、特別勘定に係る増資特定株式のうちその取得の日から3年を経過した増資特定株式であることにつき共同化継続証明書に記載されたものに係る特別勘定の金額については、適用しないこととされています（措法66の13⑫、措令39の24の2⑫、措規22の13⑩、所得税法等の一部を改正する法律（令和5年法律第3号）附則50）。

したがって、取得の日から3年経過した場合には、上記イ（②を除きます。）の取崩し事由が生じたとしても特別勘定の金額を取り崩して益金の額に算入する必要はなく、また、任意に特別勘定の金額を取り崩したとしても、その取崩し額は、益金の額に算入する必要はありません。

(ロ)　増資特定株式以外の特定株式

上記イ①の特別勘定の取崩し事由は、特別勘定に係る特定株式（増資特定株式を除きます。）のうちその取得の日から5年を経過した特定株式であることにつき共同化継続証明書に記載されたものに係る特別勘定の金額については、適用しないこととされています（措法66の13⑫、措令39の24の2⑬、措規22の13⑪）。

ただし、増資特定株式とは異なり、取得の日から5年経過した場合でも、上記イ①以外の取崩し事由が生じたときは特別勘定の金額を取り崩して益金の額に算入する必要があり、任意に特別勘定の金額を取り崩したときには、その取崩し額は、益

金の額に算入する必要があるので留意が必要となります。

3 実務上の留意点

(1) 事前相談と証明書の交付申請等

　この制度は、対象法人と特別新事業開拓事業者が共同化調査省令及び経済産業大臣証明基準に規定する要件（オープンイノベーション要件）を満たす必要があります。経済産業省では、前段階から事前相談に応じていますので、この制度を適用するに当たっては、事前相談を活用することが重要と思われます。

　また、経済産業大臣による証明書を確定申告書に添付することが必要になりますが、この証明書は、交付申請（事業年度の末日の60日前から30日後までの期間が申請期間とされています。）から原則60日以内に交付されることとされています（経済産業大臣証明基準6①④）。事業年度末の時点で証明書の交付を受ける必要まではありませんが、確定申告書の提出のタイミングを勘案して交付申請を行う必要があります。

第11　特定事業活動として特別新事業開拓事業者の株式の取得をした場合の課税の特例

〈新規出資型の適用を受けるための手続フロー〉

本申請より前
（出資前後いずれ
かのタイミング）

> 経済産業省への事前相談※

※本申請の前に必ず事前相談を行ってください。
内容に不備がなければ、30〜60日を目途に回答します。

> スタートアップ企業への出資

本申請より前
（出資前後いずれ
かのタイミング）

> 経済産業省への事前相談※

事業年度末日の
60日前〜30日後

> **経済産業大臣への証明書交付申請（本申請）**
> その年度の出資に関する様式1〜4と別表及び案件概要
> スライドをまとめて提出

申請から
60日以内に交付

> **経済産業大臣による証明書の交付**
> 様式5と別表を交付（所得控除可能額を別表に記載）

> **税務申告**
> 様式5、別表及び法人税申告書別表を税務署に提出

（経済産業省資料を一部修正）

— 299 —

〈M&A型の適用を受けるための手続フロー〉

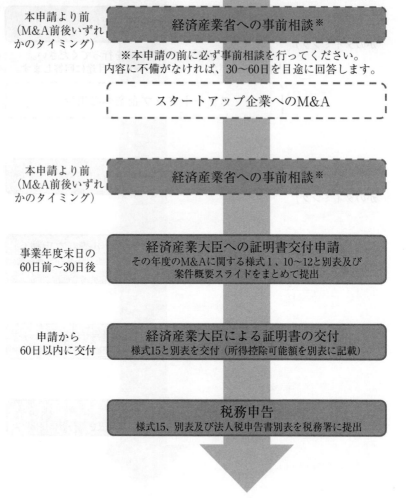

(経済産業省資料を一部修正)

(2) 経理方法

　この制度は、会計上特別勘定の金額を計上する必要がありますが、特別勘定の金額の経理方法は、損金経理により計上する方法の他に、剰余金の処分により計上する方法があります。剰余金の処分により計上する方法の場合には、損益計算には影響を与えませんので、当期利益をその分減少させずに済みます。

　剰余金の処分により計上する場合には、その事業年度の決算に係る株主資本等変動計算書において、繰越利益剰余金を減少させて、目的積立金の一つとして特別勘定積立金を増加させることになり、これは、貸借対照表の純資産の部にも反映されます。

第11　特定事業活動として特別新事業開拓事業者の株式の取得をした場合の課税の特例

〈剰余金の処分により特別勘定を経理する場合〉

事例
100億円出資を行い、25％の25億円の所得控除を受けるため、目的積立金（特別勘定）を計上する場合。
会計上の仕訳イメージ
繰越利益剰余金　25 ／ 目的積立金（特別勘定）　25
株主資本等変動計算書イメージ

	株主資本	
	利益剰余金	
	目的積立金 （特別勘定）	繰越利益剰余金
当期変動額		
目的積立金（特別勘定）積立て	25	△25

（経済産業省資料より）

(3)　特別勘定の取崩しの可能性

　この制度は、増資特定株式の場合には取得後３年間、増資特定株式以外の特定株式の場合には取得後５年間は、特定株式を保有し続けること、特別勘定の金額を維持し続けること、毎事業年度ごとに経済産業大臣から共同化継続証明書の交付を受け続けること等が必要になります（ただし、共同化継続証明書を毎事業年度の確定申告書に添付する必要はありません。）。これに反して特定株式を譲渡した場合や共同化継続証明書の交付を受けなかった場合等には、特別勘定の全部又は一部の金額を取り崩して益金の額に算入しなければなりません（上記２(4)イ参照）。

　したがって、この制度を適用して所得控除をしたとしても、その後一定の事由が生じることにより所得控除分の取戻し課税が行われる可能性があることを十分認識しておく必要があります。

— 301 —

第3章　中小企業者の取扱い

〈新規出資型の適用後3年間の手続フロー〉

継続証明書の交付申請では、
経済産業省への事前相談は原則不要※

※特別勘定を取り崩した場合は必ず事前相談を行ってください。

事業年度末日の
60日前～30日後

経済産業大臣への継続証明書交付申請
→前年度以前の出資に関する様式8と別表をまとめて提出

経済産業大臣からの追加書類提出の依頼
（オープンイノベーションの継続を確認するために求める場合あり）

申請から
60日以内に交付

経済産業大臣による継続証明書の交付
→様式9と別表を交付
※継続証明書は税務申告時の添付は不要です

株式取得日から3年経過した日を含む事業年度末まで、
毎事業年度末に同様の手続を行う

株式取得日から3年経過した日を含む事業年度末

経済産業大臣による継続証明書の交付

株式取得日から3年経過した日より後に特別勘定の
取崩しがあったとしても、その取り崩した金額は益金
算入する必要はありません。

（経済産業省資料を一部修正）

第11 特定事業活動として特別新事業開拓事業者の株式の取得をした場合の課税の特例

〈M&A型の適用後5年間の手続フロー〉

(経済産業省資料を一部修正)

4 事例及び法人税申告書別表記載例

(1) 前提

株式会社A社（年1回3月決算）は、青色申告書を提出する法人であり、中小企業者に該当します。A社は、令和5年10月1日に経営資源活用共同化推進事業者として、特別新事業開拓事業者に該当する株式会社B社に出資を行ってB社株式の交付を受けました（出資額等の状況については、次の表のとおりです。）。この出資については、

— 303 —

経済産業大臣による証明書の交付を受けています。Ａ社は、当期（自令和5年4月1日至令和6年3月31日）において損金経理により特別勘定を計上します。

Ａ社の概要

対象となる事業年度：令和5年4月1日～令和6年3月31日

中小企業者であり、経営資源活用共同化推進事業者に該当する。

令和5年10月1日に特別新事業開拓事業者に該当する株式会社Ｂ社に出資してＢ社株式（増資特定株式）を取得した。

〈出資額等の状況〉

①	Ｂ社に対する出資額	5,000万円
②	Ａ社の当期の所得金額(注)	1億円
③	Ａ社の前期以前からの繰越欠損金の金額	0円

(注) この制度（オープンイノベーション促進税制）の適用前の金額であり、寄附金の支出はありません。

(2) 計算

特定株式であるＢ社株式の取得価額5,000万円の25％の1,250万円が当期の所得金額1億円以下であるため、1,250万円が所得控除額となります。

50,000,000円×25％＝12,500,000円≦100,000,000円　∴12,500,000円

(3) 留意点

Ａ社は、中小企業者であるため、最低出資額は1,000万円となりますので、本件では5,000万円の出資であっても適用があります。

適用に当たっては、当期の事業年度の決算において、特別勘定を損金経理（又は剰余金の処分の経理）により計上します。

確定申告書に別表10(6)、別表10(6)付表一及び経済産業大臣による証明書を添付します。

第11　特定事業活動として特別新事業開拓事業者の株式の取得をした場合の課税の特例

(4)　別表記載例

特定事業活動として特別新事業開拓事業者の株式の取得をした場合の特別勘定の金額の損金算入に関する明細書			事業年度	5・4・1　6・3・31	法人名	A社	別表十(六)　令五・四・一以後終了事業年度分

			円				円
	当期特別勘定繰入額のうち損金算入額基準額の合計額（別表十(六)付表一「11」の合計）	1	12,500,000	当期所得基準額の計算	控除未済欠損金額（別表七(一)「3の計」）	7	
当期所得基準額の計算	所得金額総計基準額（別表四「45の①」－「27の①」）	2	100,000,000		欠損金当期控除額（別表七(一)「4の計」）	8	
	新鉱床探鉱費又は海外新鉱床探鉱費の特別控除額（別表十(三)「43」）	3			翌期繰越欠損金額 (7)－(8)	9	
	農業経営基盤強化準備金積立額の損金算入額（別表十二(十四)「10」）	4			当期所得基準額 ((2)－(3)－(4)－(5)－(6)－(9)) 又は(別表十(六)付表二「10」)（125億円を超える場合は125億円）（マイナスの場合は0）	10	100,000,000
	農用地等を取得した場合の圧縮額の損金算入額（別表十二(十四)「43の計」）	5		当期特別勘定繰入額のうち損金算入額 ((1)と(10)のうち少ない金額)		11	12,500,000
	関西国際空港用地整備準備金積立額、中部国際空港整備準備金積立額又は再投資等準備金積立額の損金算入額（別表十二(十一)「15」、別表十二(十二)「10」又は別表十二(十五)「12」）	6		(11)の内訳	(11)のうち増資特定株式に係る損金算入額（別表十(六)付表一「12」のうち増資特定株式に係る額の合計額）	12	12,500,000
					(11)のうち増資特定株式以外の特定株式に係る損金算入額 (11)－(12)	13	

当　期　益　金　算　入　額　の　計　算							
			円				円
特定株式につき経済産業大臣による証明書が交付されない場合の益金算入額（別表十(六)付表一「14」の合計）		14		(14)、(16)及び(17)以外の益金算入額（別表十(六)付表一「17」の合計）		19	
同上のうち増資特定株式に係る益金算入額（別表十(六)付表一「14」のうち増資特定株式に係る額の合計額）		15		同上のうち増資特定株式に係る益金算入額（別表十(六)付表一「17」のうち増資特定株式に係る額の合計額）		20	
5年経過特別勘定の金額の益金算入額（別表十(六)付表一「15」の合計）		16		当期益金算入額 (14)＋(16)＋(17)＋(19)		21	
要加算調整額（別表十(六)付表一「16」の合計）		17		(21)の内訳	(21)のうち増資特定株式に係る益金算入額 (15)＋(18)＋(20)	22	
同上のうち増資特定株式に係る額（別表十(六)付表一「16」のうち増資特定株式に係る額の合計額）		18			(21)のうち増資特定株式以外の特定株式に係る益金算入額 (21)－(22)	23	

第3章　中小企業者の取扱い

各特定株式の特別勘定の金額に関する明細書

事　業 年　度	5・4・1 6・3・31	法人名	A社

別表十(六)付表一　令五・四・一以後終了事業年度分

区	分	増　資　特　定　株　式		増資特定株式以外の特定株式		
特定株式を発行した法人の名称	1	B社				
本店又は主たる事務所の所在地	2	××××				
特定株式の取得年月日	3	5・10・1	・　・	・　・	・　・	・　・
各特定株式の取得基準額の計算 特別勘定に経理した金額	4	12,500,000 円	円	円	円	円
(4)の内訳　(4)のうち損金経理による金額	5	12,500,000				
(4)のうち剰余金の処分による金額	6					
当期において取得した特定株式のうち期末に有するものの取得価額	7	50,000,000				
同上の25%相当額	8	12,500,000				
取得年度に特定株式の帳簿価額を減額した金額のうち損金算入された金額に係る部分の金額	9					
各特定株式の取得基準額 (8)−(9) (マイナスの場合は0)	10	12,500,000				
当期特別勘定繰入額のうち損金算入額基準額 ((4)と(10)のうち少ない金額)	11	12,500,000				
翌期繰越額の計算 当期特別勘定繰入額のうち損金算入額	12	12,500,000 円	円	円	円	円
期首特別勘定の金額	13					
当期益金算入額の計算　特定株式につき経済産業大臣による証明書が交付されない場合の益金算入額	14					
5年経過特別勘定の金額の益金算入額	15					
要加算調整額	16					
(14)から(16)まで以外の益金算入額	17					
当期益金算入額 ((14)から(17)までの計)	18					
期末特別勘定の金額 (12)又は((13)−(18))	19	12,500,000				
取得日から3年又は5年を経過した特定株式に係る特別勘定の金額	20					
成長発展が図られた特定株式に係る特別勘定の金額	21					

— 306 —

第11　特定事業活動として特別新事業開拓事業者の株式の取得をした場合の課税の特例

所得の金額の計算に関する明細書

事業年度　5・4・1　6・3・31　　法人名　A社　　別表四

令五・四・一以後終了事業年度分

区分		総額 ①	処分 留保 ②	社外流出 ③
当期利益又は当期欠損の額	1	87,500,000円	87,500,000円	配当 ／ その他
損金経理をした法人税及び地方法人税（附帯税を除く。）	2			
損金経理をした道府県民税及び市町村民税	3			
損金経理をした納税充当金	4			
損金経理をした附帯税（利子税を除く。）、加算金、延滞金（延納分を除く。）及び過怠税	5			その他
減価償却の償却超過額	6			
役員給与の損金不算入額	7			その他
交際費等の損金不算入額	8			その他
通算法人に係る加算額（別表四付表「5」）	9			外※
損金経理をした特別勘定繰入額	10	12,500,000	12,500,000	
小計	11	12,500,000	12,500,000	外※
減価償却超過額の当期認容額	12			
納税充当金から支出した事業税等の金額	13			
受取配当等の益金不算入額（別表八(一)「5」）	14			※
外国子会社から受ける剰余金の配当等の益金不算入額（別表八(二)「26」）	15			※
受贈益の益金不算入額	16			※
適格現物分配に係る益金不算入額	17			※
法人税等の中間納付額及び過誤納に係る還付金額	18			
所得税額等及び欠損金の繰戻しによる還付金額等	19			※
通算法人に係る減算額（別表四付表「10」）	20			※
小計	22			外※
仮計 (1)＋(11)－(22)	23	100,000,000	100,000,000	外※
対象純支払利子等の損金不算入額（別表十七(二の二)「29」又は「34」）	24			その他
超過利子額の損金算入額（別表十七(二の三)「10」）	25	△		※　△
仮計 （(23)から(25)までの計）	26	100,000,000	100,000,000	外※
寄附金の損金不算入額（別表十四(二)「24」又は「40」）	27			その他
沖縄の認定法人又は国家戦略特別区域における指定法人の所得の特別控除額又は要加算調整額の益金算入額（別表十「15」若しくは別表十「10」又は別表十(一)「16」若しくは別表十(二)「11」）	28			※
法人税額から控除される所得税額（別表六(一)「6の③」）	29			その他
税額控除の対象となる外国法人税額（別表六(二の二)「7」）	30			その他
分配時調整外国税相当額及び外国関係会社等に係る控除対象所得税額等相当額（別表六(五の二)「5の②」）＋（別表十七(三の六)「1」）	31			その他
組合等損失額の損金不算入額又は組合等損失超過合計額の損金算入額（別表九(二)「10」）	32			
対外船舶運航事業者の日本船舶による収入金額に係る所得の金額の損金算入額又は益金算入額（別表十(四)「20」、「21」又は「23」）	33			※
合計 (26)＋(27)±(28)＋(29)＋(30)＋(31)＋(32)±(33)	34	100,000,000	100,000,000	外※
契約者配当の益金算入額（別表九(一)「13」）	35			
特定目的会社等の支払配当又は特定目的信託に係る受託法人の利益の分配等の損金算入額（別表十(八)「13」、別表十(九)「11」又は別表十(十)「16」若しくは「33」）	36	△	△	
中間申告における繰戻しに係る還付に係る災害損失欠損金額の益金算入額	37			※
非適格合併又は残余財産の全部分配等による移転資産等の譲渡利益額又は譲渡損失額	38			※
差引計 ((34)から(38)までの計)	39	100,000,000	100,000,000	外※
更生欠損金又は民事再生等評価換えが行われる場合の再生等欠損金の損金算入額（別表七(三)「9」又は「21」）	40	△		※　△
通算対象欠損金額の損金算入額又は通算対象所得金額の益金算入額（別表七の二「5」又は「11」）	41			※
当初配賦欠損金控除額の益金算入額（別表七(二)付表一「23の計」）	42			※
差引計 (39)＋(40)±(41)＋(42)	43	100,000,000	100,000,000	外※
欠損金等の当期控除額（別表七(一)「4の計」＋(別表七(四)「10」）	44	△		※　△
総計 (43)＋(44)	45	100,000,000	100,000,000	外※
新鉱床探鉱費又は海外新鉱床探鉱費の特別控除額（別表十(三)「43」）	46			※　△
農業経営基盤強化準備金積立額の損金算入額（別表十二(十四)「10」）	47	△	△	
農用地等を取得した場合の圧縮額の損金算入額（別表十二(十四)「43の計」）	48	△	△	
関西国際空港用地整備準備金積立額、中部国際空港整備準備金積立額又は再投資等準備金積立額の損金算入額（別表十二(十一)「15」、別表十二(十二)「10」又は別表十二(十五)「12」）	49	△	△	
特定事業活動として特別新事業開拓事業者の株式の取得をした場合の特別勘定繰入額の損金算入額又は特別勘定取崩額の益金算入額（別表十(六)「21」-「11」）	50	△12,500,000		※　△12,500,000
残余財産の確定の日の属する事業年度に係る事業税及び特別法人事業税の損金算入額	51	△	△	
所得金額又は欠損金額	52	87,500,000	100,000,000	外※　△12,500,000

御注意：「52」の①欄の金額は、②欄の金額に③欄の本書の金額を加算し、これから※の金額を加減算した額と符合することになります。

別表5(1)利益積立金額及び資本金等の額の計算に関する明細書（抜粋）

利益積立金額及び資本金等の額の計算に関する明細書			事業年度	5・4・1 6・3・31	法人名	A社

I 利益積立金額の計算に関する明細書					
区　　　分		期首現在利益積立金額 ①	当期の増減		差引翌期首現在利益積立金額 ①－②＋③ ④
			減 ②	増 ③	
利　益　準　備　金	1	円	円	円	円
積　立　金	2				
特　別　勘　定	3			12,500,000	12,500,000
	4				

　別表4については、損金経理による特別勘定の繰入額を1,250万円とし、それを加味したところの当期利益の金額を8,750万円とした場合を前提として記載しています。

　本件では、損金経理による特別勘定の繰入れを行っていますが、この損金経理額がそのまま損金算入されるのではなく、別表10(6)で計算された所得控除額が損金算入され、所得控除額を超過する損金経理額は損金不算入とされます。そのため、この損金経理額は、いったん加算の任意欄で加算・留保として記載されます（この金額は、別表5(1)においても記載されます。）。そして、別表10(6)で計算された所得控除額が50欄に記載されて損金算入されます（本件の場合には、50欄に△1,250万円が記載されます。）。

　なお、別表4の簡易様式には、50欄は記載されていませんので、簡易様式は使用できません。

第12　中小企業者等の少額減価償却資産の取得価額の損金算入の特例

1　概要

中小企業者等が取得価額30万円未満の減価償却資産（10万円未満であるものを除きます。以下、「少額減価償却資産」といいます。）について、平成18年4月1日から令和6年3月31日までの間に取得等（取得又は製作若しくは建設をいいます。以下同じ。）をして、事業の用に供した場合（令和4年4月1日以後に取得等をした減価償却資産については、主要な事業として行われる貸付け以外の貸付けの用に供された場合を除きます。）には、一定の要件のもと、その事業の用に供した日の属する事業年度において、その取得価額の全額を損金の額に算入することができます（措法67の5①、措令39の28①②、法令133①）。

2　制度の詳細

(1)　適用対象法人

この制度の適用対象法人は、青色申告書を提出する中小企業者（適用除外事業者を除きます。中小企業者及び適用除外事業者の意義については、第1章　第1　3　(1)及び(3)を参照してください。）又は農業協同組合等で常時使用する従業員が500人以下であるもの（以下、「中小企業者等」といいます。）とされています（措法42の4⑲七、67の5①、措令39の28①）。

なお、この制度の対象となる中小企業者から通算法人は除かれます。通算法人の意義については、第1章第2を参照してください。

(2)　適用対象資産

建物及びその附属設備、構築物、機械及び装置、車両及び運搬具、工具、器具及び備品等の有形減価償却資産のほか、ソフトウエア、特許権、商標権等の無形減価償却資産も対象となります。また、所有権移転外リース取引に係る賃借人が取得したとされる資産（以下、「リース資産」といいます。）や中古資産も対象となります（法令13、48の2⑤四）。令和4年4月1日以後に取得等をした減価償却資産については、貸付け（主要な事業として行われるものを除きます。）の用に供されたものは対象外となります（措令39の28②、法令133①、法規27の17①）。

— 309 —

第3章 中小企業者の取扱い

〈主要な事業として行う貸付けの判定〉

主要な事業として行う 貸付けに該当するもの	具体例	条文番号
特定関係(注)がある内国法人の事業の管理及び運営を行う場合のその内国法人に対する資産の貸付け	企業グループ内の各法人の営む事業の管理運営を行っている法人がその各法人で事業の用に供する減価償却資産の調達を一括して行い、企業グループ内の他の法人に対して、その調達した減価償却資産を貸し付ける行為	法規27の17①一 法基通7－1－11の3(1)
内国法人に対して資産の譲渡または役務の提供を行う者のその事業の用に専ら供する資産の貸付け	法人が自己の下請業者に対して、その下請業者の専らその法人のためにする製品の加工等の用に供される減価償却資産を貸し付ける行為	法規27の17①二 法基通7－1－11の3(2)
継続的に内国法人の経営資源（事業用設備、事業従事者の技能又は知識等）を活用して行い、または行うことが見込まれる事業としての貸付け	小売業を営む法人がその小売店の駐車場の遊休スペースを活用して自転車その他の減価償却資産を貸し付ける行為	法規27の17①三 法基通7－1－11の3(3)
内国法人が行う主要な事業に付随して行う資産の貸付け	不動産貸付業を営む法人がその貸し付ける建物の賃借人に対して、家具、電気機器その他の減価償却資産を貸し付ける行為	法規27の17①四 法基通7－1－11の3(4)

(注) 一の者が法人の事業の経営に参加し、事業を実質的に支配し、又は株式若しくは出資を有する場合におけるその一の者と法人との間の関係（以下、当事者間の関係といいます。）、一の者との間に当事者間の関係がある法人相互の関係その他これらに準ずる関係をいいます（法規27の17①一かっこ書）。

なお、既に有する減価償却資産について改良、改造のために行った資本的支出の内容が、例えば、資産の規模の拡張・機能の付加である場合など、実質的に新たな資産を取得したと認められる場合には、その資本的支出については、この制度の適用を受けることができるものとされています（措通67の5－3）。

(3) 損金算入限度額

適用を受ける事業年度における少額減価償却資産の取得価額の合計額が300万円を超える場合は、その取得価額の合計額のうち300万円に達するまでの部分の合計額が損金算入限度となります。この場合において、事業年度が1年に満たない場合には300万円を12で除し、これにその事業年度の月数（暦に従って計算し、1か月に満たない端数は1か月とします。）を乗じて計算した金額となります（措法67の5①②）。

第12 中小企業者等の少額減価償却資産の取得価額の損金算入の特例

⑷ 取得価額の判定

イ 消費税等の経理方式による判定

減価償却資産の取得価額について、30万円未満であるかどうかは、その法人が採用している消費税等の経理方式に応じて算定した価額によって判定します。なお、消費税の免税事業者である場合には、消費税等込みの価額が取得価額となります（個別通達平成元年3月1日法2−1「消費税法等の施行に伴う法人税の取り扱いについて」5、9）。

〈消費税等の経理方式における減価償却資産の取得価額〉

経 理 方 式	減価償却資産の取得価額
税抜経理方式	消費税等抜きの価額
税込経理方式	消費税等込みの価額

ロ 取引単位による判定

取得価額の判定については、通常1単位として取引されるその単位ごとに判定します。例えば、応接セットであれば、テーブルと椅子を合わせた一式の取得価額で判定することになります（法基通7−1−11、措通67の5−2）。

⑸ 申告要件

事業の用に供した事業年度において、少額減価償却資産の取得価額に相当する金額について損金経理をし、確定申告書等（確定申告書及び仮決算の場合の中間申告書をいいます（措法2②二十七）。）に少額減価償却資産の取得価額に関する明細書を添付する必要があります（措法67の5③）。

⑹ 重複適用の排除

この制度の適用を受ける資産は、租税特別措置法上の特別償却、税額控除、圧縮記帳と重複適用はできないこととされています（措法53①、67の5①かっこ書、措令39の28②）。

— 311 —

第3章　中小企業者の取扱い

（参考）　本特例以外の少額の減価償却資産の取扱い

　本特例に該当しない場合でも取得価額が10万円未満の少額の減価償却資産については、全額の損金算入が認められています。また、取得価額が20万円未満の減価償却資産については、一括償却資産㊟として3年間の均等償却が認められています。

　なお、少額の減価償却資産の損金算入及び一括償却資産の均等償却は、中小企業者等のみではなく、全ての法人に認められていますが、令和4年4月1日以後に取得等をした減価償却資産については、貸付け（主要な事業として行われるものを除きます。）の用に供されたものは除かれています（法令133①、133の2①）。

　　㊟　法人が取得等した減価償却資産で取得価額が20万円未満であるもの（リース資産及び下記(1)少額の減価償却資産の取得価額の損金算入制度の適用を受けるものを除きます。）を事業の用に供した場合において、その全部又は特定の一部を一括したものをいいます（法令133の2①）。

〈取得価額が10万円未満又は20万円未満の減価償却資産の損金算入制度〉

(1)　少額の減価償却資産の取得価額の損金算入制度	取得価額	10万円未満	全額損金算入（即時償却）	法令133①	主要な事業として行われる貸付け以外の貸付けの用に供されたものは除外されます。
	使用期間	1年未満			
(2)　一括資産の損金算入制度	取得価額	20万円未満	3年間で均等償却（月割計算あり）	法令133の2①	

（中小企業庁資料を一部修正）

(1)　少額の減価償却資産の取得価額の損金算入制度

　法人が事業の用に供した減価償却資産で、取得価額が10万円未満であるもの又は使用可能期間が1年未満㊟であるものを有する場合において、事業の用に供した日の属する事業年度でその取得価額に相当する金額を損金経理したときは、その損金経理をした金額がその事業年度の損金の額に算入されます（法令133①）。

　　㊟　使用可能期間が1年未満であるかどうかは、法定耐用年数で判定するのではなく、その法人の属する業種において種類等を同じくする減価償却資産の使用状況、補充状況等を勘案して一般的に消耗性のものと認識され、かつ、その法人のおおむね過去3年間の平均値を基準とした平均的な使用状況・補充状況などから、そ

— 312 —

の使用可能期間が１年未満であるかどうかで判定します（法基通７―１―12）。

(2) 一括償却資産の損金算入制度

イ　概要

　法人が一括償却資産をその事業年度以後の各事業年度の費用の額又は損失の額とする方法を選定したときは、その一括償却資産につきその事業年度以後の各事業年度の損金の額に算入される金額は、その一括償却資産の全部又は一部につき損金経理した金額のうち、その取得価額の合計額（以下、「一括償却対象額」といいます。）を36で除し、これにその事業年度の月数を乗じて計算した金額とされます（法令133の２①）。

〈一括償却資産の損金算入限度額〉

$$
\boxed{損金算入限度額} = \boxed{一括償却対象額} \times \frac{その事業年度の月数}{36}
$$

ロ　申告要件

　この制度は、確定申告書に一括償却対象額の記載があり、その計算に関する書類を保存している場合に限り適用されます（法令133の２⑫）。

　また、一括償却資産につき損金経理した金額がある場合には、損金算入額の計算に関する明細書を確定申告書に添付しなければなりません（法令133の２⑬）。

ハ　一括償却資産につき減失等があった場合の留意事項

　法人が一括償却資産の損金算入制度の適用を受けている場合には、その一括償却資産の全部又は一部につき、適用を選定した事業年度後の各事業年度に減失、除却等があったときであっても、その各事業年度におけるその損金算入額は、この規定により計算される損金算入限度額に達するまでの金額になります。一括償却資産の全部又は一部を譲渡した場合についても同様となります（法基通７―１―13）。

3　実務上の留意点

(1) 中小企業者等であるかどうかの判定の時期

　中小企業者等の少額減価償却資産の取得価額の損金算入の特例の適用対象法人である中小企業者等であるかどうかの判定は、原則として、少額減価償却資産の取得等を

した日及び事業の用に供した日の現況によるものとされています（措通67の5－1）。

〈事業年度中において中小企業者等に該当した場合〉

R5.4 → R6.3

中小企業者等	該当しない	該当する
制度の適用	なし	あり

〈事業年度中において中小企業者等に該当しなくなった場合〉

R5.4 → R6.3

中小企業者等	該当する	該当しない
制度の適用	あり	なし

　ただし、その事業年度終了の日において、従業員が500人以下であり事務負担に配慮する必要があるとされる中小企業者等に該当する場合には、その事業年度の中小企業者（適用除外事業者を除きます。下記の図表において同じ。）又は農業協同組合等に該当する期間において取得等をして事業の用に供した少額減価償却資産については、この制度の適用を受けることが認められています（措通67の5－1ただし書）。つまり、従業員の数は、その事業年度終了の日において判定すればよいこととされています。

〈事業年度中において中小企業者の従業員数が500人以下になった場合〉

R5.4 → R6.3

中小企業者	該当する	
従業員数	500人超	500人以下
制度の適用	あり	

〈事業年度中において中小企業者の従業員数が500人超になった場合〉

R5.4 ───→ R6.3

中小企業者	該当する	
従業員数	500人以下	500人超
制度の適用	あり	なし

⑵　一括償却資産の損金算入制度との選択適用

　中小企業者等が取得価額20万円未満の減価償却資産を事業の用に供した場合には、法人の任意により中小企業者等の少額減価償却資産の取得価額の損金算入の特例と一括償却資産の損金算入制度を選択することができます。

　例えば、取得価額198,000円のパソコン100台を事業の用に供した場合には、次のような処理が認められます。

　①　15台について、少額減価償却資産の取得価額の損金算入の特例の規定を適用
　　　（損金算入限度額198,000円×15台＝2,970,000円＜3,000,000円）

　②　残りの85台について、一括償却資産の損金算入制度を適用
　　　（損金算入限度額198,000円×85台×12/36＝5,610,000円）

⑶　固定資産税（償却資産）の課税関係

　中小企業者等が取得価額10万円未満の減価償却資産について、少額の減価償却資産の取得価額の損金算入を適用した場合には、固定資産税（償却資産）は課税されません。

　また、20万円未満の減価償却資産について、一括償却資産の損金算入制度を選択した場合にも、固定資産税（償却資産）は課税されません（地法341四、地令49）。

　これに対し、30万円未満の減価償却資産について、中小企業者等の少額減価償却資産の取得価額の損金算入の特例を選択した場合には、固定資産税（償却資産）が課税されます。

〈30万円未満の減価償却資産の固定資産税（償却資産）の課税関係〉

償却方法＼取得価額	10万円未満	10万円以上20万円未満	20万円以上30万円未満
(1) 少額の減価償却資産の取得価額の損金算入制度	課税対象外		
(2) 一括償却資産の損金算入制度	課税対象外		
（本特例）中小企業者等の少額減価償却資産の取得価額の損金算入の特例		課 税 対 象	

4 事例及び法人税申告書別表記載例

(1) 前提

　青色申告書を提出する中小企業者等であるＡ社は、当期（自令和5年4月1日至令和6年3月31日）9月において、198,000円のパソコンを100台事業供用しました。決算において、Ａ社は、15台（198,000円×15台＝2,970,000円）については、中小企業者等の少額減価償却資産の取得価額の損金算入の特例を適用し、残りの85台（198,000円×85台＝16,830,000円）については、一括償却資産の損金算入制度を適用することを選択しました。

　なお、Ａ社は、前期において、180,000円のプリンター5台（180,000円×5台＝900,000円）につき一括償却資産の損金算入制度を適用しています（注）。

　（注）　一括償却資産の損金算入制度を適用する場合、会計処理として2通りの処理（①取得時に消耗品費として費用処理する方法、②取得時に一括償却資産として資産計上し決算時に損金算入限度額相当額を減価償却費として費用処理する方法）が考えられます。
　　　　この事例では、①の会計処理を行っていることを前提としています。

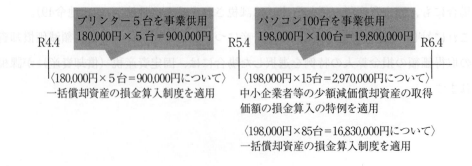

第12 中小企業者等の少額減価償却資産の取得価額の損金算入の特例

(2) 会計処理、税務処理及び申告調整

イ 前期（一括償却資産について取得時に消耗品費として費用処理）

〈会計処理〉

（借方）		（貸方）	
消耗品費	900,000	現預金	900,000

〈税務処理〉

（借方）		（貸方）	
一括償却資産	900,000	現預金	900,000
減価償却費	300,000	一括償却資産	300,000

〈申告調整〉

（借方）		（貸方）	
一括償却資産	600,000	消耗品費	900,000
減価償却費	300,000		

(参考)

　A社が前期において、一括償却資産の損金算入制度を適用するにあたり4(1)に記載した会計処理②（取得時に一括償却資産として資産計上し決算時に損金算入限度額相当額を減価償却費として費用処理する方法）を行った場合の会計処理は下記のようになります。

〈取得時の会計処理〉

（借方）		（貸方）	
一括償却資産	900,000	現預金	900,000

〈決算時の会計処理〉

（借方）		（貸方）	
減価償却費	300,000	一括償却資産	300,000

　この会計処理を行った場合には、税務処理も会計処理と同一となるため、申告調整は不要となります。

ロ　当期（一括償却資産・少額減価償却資産について取得時に消耗品費として費用処理）

〈会計処理〉

（借方）		（貸方）	
消耗品費	19,800,000	現預金	19,800,000

〈税務処理〉

前期取得分

（借方）		（貸方）	
減価償却費	300,000	一括償却資産	300,000

当期取得分

（借方）		（貸方）	
減価償却費	2,970,000	現預金	19,800,000
一括償却資産	16,830,000		
減価償却費	5,610,000	一括償却資産	5,610,000

〈申告調整〉

前期取得分

（借方）		（貸方）	
減価償却費	300,000	一括償却資産	300,000

当期取得分

（借方）		（貸方）	
一括償却資産	11,220,000	消耗品費	16,830,000
減価償却費	5,610,000		

第12　中小企業者等の少額減価償却資産の取得価額の損金算入の特例

(3)　別表記載例

イ　前期（一括償却資産について取得時に消耗品費として費用処理）

所得の金額の計算に関する明細書

事業年度	4.4.1　5.3.31	法人名	A社	別表四

区　　　分	総　　額 ①	処　　　　分		
		留　保 ②	社外流出 ③	

加算	減価償却の償却超過額 6	600,000	600,000	
	役員給与の損金不算入額 7			その他
	交際費等の損金不算入額 8			その他
	通算法人に係る加算額（別表四付表「5」） 9			外※

利益積立金額及び資本金等の額の計算に関する明細書

事業年度	4.4.1　5.3.31	法人名	A社	別表五(一)

I　利益積立金額の計算に関する明細書

区　　　分		期首現在利益積立金額 ①	当期の増減		差引翌期首現在利益積立金額 ①−②+③ ④
			減 ②	増 ③	
利益準備金	1	円	円	円	円
積立金	2				
一括償却資産	3			600,000	600,000
	4				

— 319 —

第3章　中小企業者の取扱い

一括償却資産の損金算入に関する明細書

事業年度又は連結事業年度　4・4・1 〜 5・3・31　　法人名　A社

別表十六(八)　令四・四・一以後終了事業年度又は連結事業年度分

								(当期分)
事業の用に供した事業年度又は連結事業年度	1	・・	・・	・・	・・	・・	・・	
同上の事業年度又は連結事業年度において事業の用に供した一括償却資産の取得価額の合計額	2	円	円	円	円	円	円	900,000
当期の月数 (事業の用に供した事業年度の中間申告又は連結中間申告の場合は、当該事業年度又は連結事業年度の月数)	3	月	月	月	月	月	月	12
当期分の損金算入限度額 (2) × (3)/36	4	円	円	円	円	円	円	300,000
当期損金経理額	5							900,000
差引　損金算入不足額 (4) − (5)	6							
損金算入限度超過額 (5) − (4)	7							600,000
損金算入限度超過額　前期からの繰越額	8							
同上のうち当期損金認容額 ((6)と(8)のうち少ない金額)	9							300,000
翌期への繰越額 (7) + (8) − (9)	10							600,000

ロ　当期（一括償却資産・少額減価償却資産について取得時に消耗品費として費用処理）

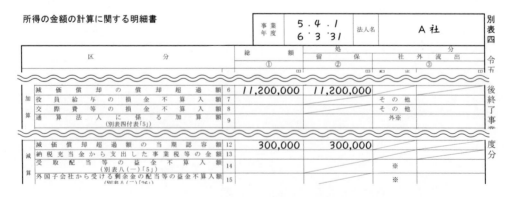

所得の金額の計算に関する明細書　事業年度 5・4・1 〜 6・3・31　法人名 A社　別表四　令五以後終了事業年度分

区　分		総額 ①	処分 留保 ②	社外流出 ③
加算　減価償却の償却超過額	6	11,200,000	11,200,000	
役員給与の損金不算入額	7			その他
交際費等の損金不算入額	8			その他
通算法人に係る加算額 (別表四付表「5」)	9			外※
減算　減価償却超過額の当期認容額	12	300,000	300,000	
納税充当金から支出した事業税等の金額	13			
受取配当等の益金不算入額 (別表八(一)「5」)	14			※
外国子会社から受ける剰余金の配当等の益金不算入額	15			※

第12　中小企業者等の少額減価償却資産の取得価額の損金算入の特例

| 利益積立金額及び資本金等の額の計算に関する明細書 | | | 事業年度 | 5・4・1 6・3・31 | 法人名 | A社 | 別表五(一) |

I　利益積立金額の計算に関する明細書

区　　分		期首現在利益積立金額 ①	当期の増減		差引翌期首現在利益積立金額 ①－②＋③ ④
			減 ②	増 ③	
		円	円	円	円
利　益　準　備　金	1				
積　　立　　金	2				
一括償却資産	3	600,000	300,000	11,220,000	11,520,000
	4				

— 321 —

第3章　中小企業者の取扱い

少額減価償却資産の取得価額の損金算入の特例に関する明細書			事業年度	5・4・1 6・3・31	法人名	A社	別表十六(七)

資産区分	種　　　　　類	1	器具及び備品				
	構　　　　　造	2	事務器具				
	細　　　　　目	3	パソコン				
	事業の用に供した年月	4	5年9月				
取得価額	取得価額又は製作価額	5	円 2,970,000	円	円	円	円
	法人税法上の圧縮記帳による積立金計上額	6					
	差引改定取得価額　(5)-(6)	7					

資産区分	種　　　　　類	1					
	構　　　　　造	2					
	細　　　　　目	3					
	事業の用に供した年月	4					
取得価額	取得価額又は製作価額	5	円	円	円	円	円
	法人税法上の圧縮記帳による積立金計上額	6					
	差引改定取得価額　(5)-(6)	7					

資産区分	種　　　　　類	1					
	構　　　　　造	2					
	細　　　　　目	3					
	事業の用に供した年月	4					
取得価額	取得価額又は製作価額	5	円	円	円	円	円
	法人税法上の圧縮記帳による積立金計上額	6					
	差引改定取得価額　(5)-(6)	7					

当期の少額減価償却資産の取得価額の合計額　((7)の計)	8	円 2,970,000

令五・四・一以後終了事業年度分

第12 中小企業者等の少額減価償却資産の取得価額の損金算入の特例

別表十六(八) 令五・四・一以後終了事業年度分

一括償却資産の損金算入に関する明細書		事業年度 5・4・1 6・3・31			法人名 A社		
事業の用に供した事業年度	1	・・/・・	・・/・・	・・/・・	・・/・・	4・4・1 5・3・31	(当期分)
同上の事業年度において事業の用に供した一括償却資産の取得価額の合計額	2	円	円	円	円	900,000円	16,830,000円
当期の月数 （事業の用に供した事業年度の中間申告の場合は、当該事業年度の月数）	3	月	月	月	月	12月	12月
当期分の損金算入限度額 $(2) \times \frac{(3)}{36}$	4	円	円	円	円	300,000円	5,610,000円
当期損金経理額	5					0	16,830,000
差引 損金算入不足額 (4)-(5)	6					300,000	
差引 損金算入限度超過額 (5)-(4)	7					0	11,220,000
損金算入限度超過額 前期からの繰越額	8					600,000	
損金算入限度超過額 同上のうち当期損金認容額 ((6)と(8)のうち少ない金額)	9					300,000	
損金算入限度超過額 翌期への繰越額 (7)+(8)-(9)	10					300,000	11,220,000

第4章　消費税の取扱い

第1　事業者免税点制度

1　制度の趣旨

　国内において課税資産の譲渡等（特定資産の譲渡等に該当するものを除きます。）及び特定課税仕入れを行う事業者は、消費税の納税義務者（課税事業者）となります（消法5①）。ただし、一定規模以下の小規模事業者については、消費税の納税事務負担が過重となる恐れがあることを考慮して、消費税の納税義務を免除する制度（事業者免税点制度）が設けられています。また、この制度により消費税の納税義務が免除される事業者（免税事業者）が、課税事業者となることを選択できる制度その他の特例が設けられています。

　納税義務の免除とその特例の規定の全体像は、複雑な体系となっていますが、ここでは、中小企業において適用される可能性が高いと思われる規定に対象を絞って解説します。

2　小規模事業者に係る納税義務の免除

(1)　基本的な内容

　事業者のうち、その課税期間に係る基準期間（下記(2)参照）における課税売上高（下記(3)参照）が1,000万円以下である者（適格請求書発行事業者を除きます。下記6(7)参照）については、その課税期間中に国内において行った課税資産の譲渡等及び特定課税仕入れにつき、消費税を納める義務が免除されます（消法9①）。

(2)　基準期間

　基準期間とは、個人事業者についてはその年の前々年をいい、法人についてはその事業年度の前々事業年度（その前々事業年度が1年未満である法人については、その事業年度開始の日の2年前の日の前日から同日以後1年を経過する日までの間に開始した各事業年度を合わせた期間）をいいます（消法2①十四）。

— 325 —

第4章 消費税の取扱い

〈前々事業年度が1年未満の場合の基準期間の判定の例〉

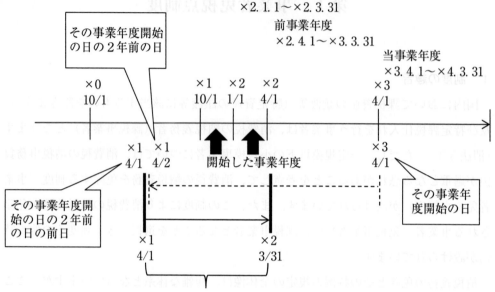

　当事業年度（自×3年4月1日至×4年3月31日）の前々事業年度（自×2年1月1日至×2年3月31日）は、1年未満であるため、この場合の基準期間は、その事業年度開始の日（×3年4月1日）の2年前の日（×1年4月2日）の前日（×1年4月1日）から同日以後1年を経過する日（×2年3月31日）までの間に開始した各事業年度を合わせた期間となります。この場合には、その期間に開始した事業年度は、3期前の事業年度（自×1年10月1日至×1年12月31日）及び前々事業年度であり、当事業年度の基準期間は、3期前の事業年度と前々事業年度を合わせた期間（自×1年10月1日至×2年3月31日）ということになります（なお、下記(3)ロにあるように、基準期間が1年でない場合には、その基準期間における課税売上高は、年換算することになります。）。

(3) 基準期間における課税売上高

　基準期間における課税売上高とは、次に掲げる事業者の区分に応じそれぞれに掲げる金額をいいます（消法9②）。

第1　事業者免税点制度

イ　個人事業者及び基準期間が1年である法人

$$\begin{array}{l}\text{基準期間中に国内において}\\\text{行った課税資産の譲渡等の}\\\text{対価の額の合計額（税抜）}\end{array} \quad - \quad \begin{array}{l}\text{基準期間中に行った売上}\\\text{げに係る税抜対価の返還}\\\text{等の金額の合計額（注）}\end{array}$$

（注）　売上げに係る税抜対価の返還等の金額の合計額＝①－②

　①　基準期間中に行った売上げに係る対価の返還等の金額（返品、値引き、割戻しによる売上・売掛金の減少額（税込））

　②　①の金額に係る消費税額×100/78（売上・売掛金等の減少額に係る消費税及び地方消費税相当額)

ロ　基準期間が1年でない法人

$$\left\{\begin{array}{l}\text{基準期間中に国内に}\\\text{おいて行った課税資}\\\text{産の譲渡等の対価の}\\\text{額の合計額（税抜）}\end{array} \quad - \quad \begin{array}{l}\text{基準期間中に行っ}\\\text{た売上げに係る税}\\\text{抜対価の返還等の}\\\text{金額の合計額}\end{array}\right\} \div \begin{array}{l}\text{基準期間に含ま}\\\text{れる事業年度の}\\\text{月数の合計数}\end{array} \times 12$$

3　課税事業者の選択とその選択の取止め

⑴　課税事業者の選択

　上記2の規定により消費税を納める義務が免除されることとなる事業者が、その基準期間における課税売上高が1,000万円以下である課税期間につき、上記2の規定の適用を受けない旨を記載した届出書（以下、「消費税課税事業者選択届出書」といいます。）をその納税地を所轄する税務署長に提出した場合には、その提出をした事業者がその提出をした日の属する課税期間の翌課税期間（提出をした日の属する課税期間が、事業者が国内において課税資産の譲渡等に係る事業を開始した日の属する課税期間その他一定の課税期間である場合には、その課税期間）以後の課税期間（その基準期間における課税売上高が1,000万円を超える課税期間を除きます。）中に国内において行う課税資産の譲渡等及び特定課税仕入れについては、上記2の規定は、適用されません（消法9④、消令20）。

　すなわち、消費税課税事業者選択届出書の提出により課税事業者を選択した場合には、基準期間における課税売上高が1,000万円以下の課税期間であっても、免税事業者とならず課税事業者となります。

－ 327 －

第4章　消費税の取扱い

(2)　課税事業者の選択の取止め

イ　原則

　消費税課税事業者選択届出書を提出した事業者は、その規定の適用を受けることをやめようとするとき又は事業を廃止したときは、その旨を記載した届出書（以下、「消費税課税事業者選択不適用届出書」といいます。）をその納税地を所轄する税務署長に提出しなければならないこととされています（消法9⑤）。

　この場合において、消費税課税事業者選択不適用届出書を提出した事業者は、事業を廃止した場合を除き、上記(1)の消費税課税事業者選択届出書の効力が生ずる課税期間の初日から2年を経過する日の属する課税期間の初日以後でなければ、消費税課税事業者選択不適用届出書を提出することができないこととされています（消法9⑥）。消費税課税事業者選択不適用届出書の提出があったときは、その提出があった日の属する課税期間の末日の翌日以後に、上記(1)の届出の効力が失われます（消法9⑧）。

　すなわち、消費税課税事業者選択届出書の提出により課税事業者となることを選択した事業者は、課税事業者となってから2期（2年）の間は課税事業者の選択を取り止めて免税事業者になることはできないことになります。

〈課税事業者選択と選択の取止め（原則）〉

課税期間（各1年間）	第×1期	第×2期	第×3期	第×4期	第×5期
基準期間における課税売上高	9,000,000	9,000,000	9,000,000	9,000,000	9,000,000
納税義務	免税事業者	課税事業者	課税事業者	免税事業者	免税事業者
課税方法		一般or簡易	一般or簡易		
	消費税課税事業者選択届出書（消法9④）の提出	消費税課税事業者選択不適用届出書の提出不可期間（消法9⑥）	消費税課税事業者選択不適用届出書（消法9⑤）の提出		

　第×1期に係る基準期間における課税売上高は、1,000万円以下（900万円）であることから、免税事業者となります。第×2期もそのままであれば同様に免税事業者となりますが、第×1期中に消費税課税事業者選択届出書を提出しているため、その届出の効力は、翌期の第×2期から生じ、第×2期は、基準期間における課税売上高の金額に関係なく、課税事業者となります。

　消費税課税事業者選択不適用届出書は、消費税課税事業者選択届出書の効力が生ず

— 328 —

第 1 事業者免税点制度

る課税期間の初日から2年を経過する日の属する課税期間（第×3期）の初日以後で
なければ提出できないため、第×2期中は提出できません。そうすると、第×3期は、
課税事業者となります。第×3期中に消費税課税事業者選択不適用届出書を提出して
いるため、その届出の効力は、翌期の第×4期から生じ、第×4期に係る基準期間に
おける課税売上高が1,000万円以下（900万円）であることから、第×4期は、免税事
業者となります。第×5期も同様に免税事業者となります。

ロ　調整対象固定資産の仕入れ等があった場合の特例

　消費税課税事業者選択届出書を提出した事業者は、その提出をした日の属する課税
期間の翌課税期間の初日から同日以後2年を経過する日までの間に開始した各課税期
間（簡易課税の規定の適用を受ける課税期間を除きます。）中に国内における調整対
象固定資産(注)の課税仕入れ又は調整対象固定資産に該当する課税貨物（他の法律又は
条約の規定により消費税が免除されるものを除きます。）の保税地域からの引取り
（以下、「調整対象固定資産の仕入れ等」といいます。）を行った場合には、上記イの
消費税課税事業者選択不適用届出書の提出不可期間の規定（消法9⑥）にかかわらず、
事業を廃止した場合を除き、その調整対象固定資産の仕入れ等の日の属する課税期間
の初日から3年を経過する日の属する課税期間の初日以後でなければ、消費税課税事
業者選択不適用届出書を提出することができないこととされています。この場合にお
いて、その調整対象固定資産の仕入れ等の日の属する課税期間の初日からその調整対
象固定資産の仕入れ等の日までの間に消費税課税事業者選択不適用届出書をその納税
地を所轄する税務署長に提出しているときは、その届出書の提出は、なかったものと
みなされます（消法9⑦）。

　これは、簡易課税によらない一般課税の適用を受ける課税事業者が調整対象固定資
産の仕入れ等を行った場合（その調整対象固定資産が個別対応方式における課税資産
の譲渡等にのみ要するもの又はその他の資産の譲渡等にのみ要するものに該当する場
合を除きます。）には、仕入れ等の日の属する課税期間から3年を経過する日の属す
る課税期間（以下、「第3年度の課税期間」といいます。）の末日においてその調整対
象固定資産を有しており、課税売上割合が著しく変動する場合に該当するときには、
一定の調整措置を適用することとされています（消法33）が、第3年度の課税期間の
前の課税期間において消費税課税事業者選択不適用届出書を提出できるとすると、第
3年度の課税期間には、免税事業者となることにより、その調整措置の適用を回避さ
れる恐れがあります。そこで、その調整対象固定資産の仕入れ等の日の属する課税期

— 329 —

第4章　消費税の取扱い

間の初日から3年を経過する日の属する課税期間の初日以後でなければ、消費税課税事業者選択不適用届出書を提出することができないこととして、第3年度の課税期間は、課税事業者となることを強制して、調整措置の対象となるようにしているのです（なお、この課税事業者となることを強制される課税期間については、簡易課税制度の適用を受けることはできないこととされています。詳しくは、第4章 第2 簡易課税制度 3を参照してください。）。

(注)　調整対象固定資産とは、建物、構築物、機械及び装置、船舶、航空機、車両及び運搬具、工具、器具及び備品、鉱業権その他の一定の資産で1取引単位の税抜金額が100万円以上のものをいいます（消法2①十六、消令5）。

〈課税事業者選択と選択の取止め（調整対象固定資産の仕入れ等があった場合）〉

課税期間（各1年間）	第×1期	第×2期	第×3期	第×4期	第×5期
基準期間における課税売上高	9,000,000	9,000,000	9,000,000	9,000,000	9,000,000
調整対象固定資産		調整対象固定資産の課税仕入れ		著しい変動等の調整計算	
納税義務	免税事業者	課税事業者	課税事業者	課税事業者	免税事業者
課税方法		一般	一般	一般	
	消費税課税事業者選択届出書（消法9④）の提出	←消費税課税事業者選択不適用届出書の提出不可期間（消法9⑦）→		消費税課税事業者選択不適用届出書（消法9⑤）の提出	

　第×1期に係る基準期間における課税売上高は、1,000万円以下（900万円）であることから、免税事業者となります。第×2期もそのままであれば同様に免税事業者となりますが、第×1期中に消費税課税事業者選択届出書を提出しているため、その届出の効力は、翌期の第×2期から生じ、第×2期は、基準期間における課税売上高の金額に関係なく、課税事業者となります。

　消費税課税事業者選択不適用届出書は、原則であれば、消費税課税事業者選択届出書の効力が生ずる課税期間の初日から2年を経過する日の属する課税期間（第×3期）の初日以後に提出できるのですが、第×2期に一般課税の適用を受けて調整対象固定資産の課税仕入れを行っているため、この場合には、調整対象固定資産の仕入れ等の日の属する課税期間の初日から3年を経過する日の属する課税期間（第×4期）の初日以後でなければ、消費税課税事業者選択不適用届出書を提出することができな

第 1 事業者免税点制度

いこととされています。そのため、第×2期から第×4期までは、課税事業者の選択の効力により課税事業者となります。

それにより、免税事業者となって調整対象固定資産に係る調整措置の適用を回避することはできないこととなります。

なお、消費税課税事業者選択不適用届出書は、第×4期中に提出していますので、その届出の効力は、翌期の第×5期から生じ、第×5期に係る基準期間における課税売上高が1,000万円以下（900万円）であることから、第×5期は、免税事業者となります。

4 前年又は前事業年度等における課税売上高による納税義務の免除の特例

(1) 基本的な内容

個人事業者のその年又は法人のその事業年度の基準期間における課税売上高が1,000万円以下である場合において、その個人事業者又は法人（消費税課税事業者選択届出書の提出により消費税を納める義務が免除されないものを除きます。）のうち、その個人事業者のその年又は法人のその事業年度に係る特定期間における課税売上高が1,000万円を超えるときは、その個人事業者のその年又は法人のその事業年度における課税資産の譲渡等及び特定課税仕入れについては、上記2の規定は、適用されません（消法9の2①）。

特定期間とは、基本的にその年又は事業年度の前年又は前事業年度の最初の6月間を指し、基準期間における課税売上高が1,000万円以下であっても、特定期間における課税売上高が1,000万円を超えるときには、課税事業者となります。

(2) 特定期間

特定期間とは、次に掲げる事業者の区分に応じそれぞれに掲げる期間をいいます（消法9の2④）。

第4章　消費税の取扱い

〈特定期間〉

	事業者	期間
①	個人事業者	その年の前年1月1日から6月30日までの期間
②	その事業年度の前事業年度（7月以下であるものその他一定のもの（以下、「短期事業年度」といいます。）を除きます。）がある法人	前事業年度開始の日以後6月の期間
③	その事業年度の前事業年度が短期事業年度である法人	その事業年度の前々事業年度（その事業年度の基準期間に含まれるものその他の一定のものを除きます。）開始の日以後6月の期間（前々事業年度が6月以下の場合には、前々事業年度開始の日からその終了の日までの期間）

(3)　特定期間における課税売上高

特定期間における課税売上高とは、次の算式により計算した金額をいいます（消法9の2②）。

特定期間中に国内において
行った課税資産の譲渡等の　　−　　特定期間中に行った売上
対価の額の合計額（税抜）　　　　　げに係る税抜対価の返還
　　　　　　　　　　　　　　　　等の金額の合計額(注)

　(注)　売上げに係る税抜対価の返還等の金額の合計額＝①−②

①　特定期間中に行った売上げに係る対価の返還等の金額（返品、値引き、割戻しによる売上・売掛金の減少額（税込））

②　①の金額に係る消費税額×100/78（売上・売掛金等の減少額に係る消費税及び地方消費税相当額）

(4)　特定期間における課税売上高の特例

個人事業者又は法人が特定期間中に支払った給与等の支払明細書に記載すべき給与等の金額の合計額をもって、特定期間における課税売上高とすることができます（消法9の2③、消規11の2）。

すなわち、特定期間における課税売上高が1,000万円を超える場合であっても、特定期間における給与等の支払金額が1,000万円以下であれば、特定期間における課税売上高を1,000万円以下として免税点を判定することができます。

第 1　事業者免税点制度

5　新設法人の納税義務の免除の特例

(1)　基本的な内容

　その事業年度の基準期間がない法人（社会福祉法人その他の専ら非課税の資産の譲渡等を行うことを目的として設立された一定の法人を除きます。）のうち、その事業年度開始の日における資本金の額又は出資の金額が1,000万円以上である法人（以下、「新設法人」といいます。）については、その新設法人の基準期間がない事業年度に含まれる各課税期間（消費税課税事業者選択届出書の提出により、又は上記4その他一定の規定により消費税を納める義務が免除されないこととなる課税期間を除きます。）における課税資産の譲渡等及び特定課税仕入れについては、上記2の規定は、適用されません（消法12の2①）。

〈新設法人の納税義務の免除の特例（基本）〉

課税期間（各1年間）	第1期	第2期	第3期	第4期
期首資本金	10,000,000	10,000,000	10,000,000	10,000,000
基準期間における課税売上高			9,000,000	9,000,000
納税義務	課税事業者	課税事業者	免税事業者	免税事業者
課税方法	一般or簡易	一般or簡易		
	課税事業者の強制適用（消法12の2①）	課税事業者の強制適用（消法12の2①）		

　第1期は、基準期間がなく、その事業年度開始の日の資本金の額が1,000万円以上であることから、課税事業者となります。第2期も同様です。第3期以降は、基準期間における課税売上高が1,000万円以下（900万円）であることから免税事業者となります。

(2)　調整対象固定資産の仕入れ等があった場合の特例

　新設法人が、その基準期間がない事業年度に含まれる各課税期間（簡易課税の規定の適用を受ける課税期間を除きます。）中に調整対象固定資産の仕入れ等を行った場合には、その新設法人のその調整対象固定資産の仕入れ等の日の属する課税期間からその課税期間の初日以後3年を経過する日の属する課税期間までの各課税期間（その

第4章　消費税の取扱い

基準期間における課税売上高が1,000万円を超える課税期間及び消費税課税事業者選択届出書の提出により、又は上記4その他一定の規定により消費税を納める義務が免除されないこととなる課税期間を除きます。）における課税資産の譲渡等及び特定課税仕入れについては、上記2の規定は、適用されません（消法12の2②）。これは、上記3⑵ロと同じ趣旨によるものです（なお、この課税事業者となることを強制される課税期間については、簡易課税制度の適用を受けることはできないこととされています。詳しくは、第4章　第2　簡易課税制度　3を参照してください。）。

〈新設法人の納税義務の免除の特例（調整対象固定資産の仕入れ等があった場合）〉

課税期間（各1年間）	第1期	第2期	第3期	第4期
期首資本金	10,000,000	10,000,000	10,000,000	10,000,000
基準期間における課税売上高			9,000,000	9,000,000
調整対象固定資産	調整対象固定資産の課税仕入れ		著しい変動等の調整計算	
納税義務	課税事業者	課税事業者	課税事業者	免税事業者
課税方法	一般	一般	一般	
	課税事業者の強制適用（消法12の2②）	課税事業者の強制適用（消法12の2②）	課税事業者の強制適用（消法12の2②）	

　第1期は、基準期間がなく、その事業年度開始の日の資本金の額が1,000万円以上であることから、課税事業者となります。第2期も同様です。

　第3期は、基準期間における課税売上高が1,000万円以下（900万円）ですが、基準期間がない課税期間（第1期）中に一般課税の適用を受けて調整対象固定資産の課税仕入れを行っているため、この場合には、調整対象固定資産の仕入れ等の日の属する課税期間からその課税期間の初日以後3年を経過する日の属する課税期間（第3期）までの各課税期間は、課税事業者であることを強制されることになりますので、第3期も課税事業者となります。それにより、免税事業者となって調整対象固定資産に係る調整措置を回避することはできないこととなります。

　なお、第4期は、基準期間における課税売上高が1,000万円以下（900万円）であることから、免税事業者となります。

第1 事業者免税点制度

6 実務上の留意点

(1) 納税義務が免除される課税期間

上記2の規定は、基準期間における課税売上高が1,000万円以下の場合に、その課税期間について消費税の納税義務を免除するものであり、その課税期間における課税売上高が1,000万円以下の場合であっても、その基準期間における課税売上高が1,000万円を超えているときは、その課税期間について適用されないことになります（消基通1－4－1）。

(2) 基準期間における課税売上高等に含まれる範囲

基準期間における課税売上高及び特定期間における課税売上高には、資産のみなし譲渡の規定（消法4⑤）により資産の譲渡とみなされる場合及び輸出免税等（消法7）、輸出物品販売場における輸出物品の譲渡に係る免税（消法8）等の規定により消費税が免除される場合の課税資産の譲渡等に係る対価の額を含み、消費税額等、特定資産の譲渡等の対価の額、非課税資産の輸出等を行った場合の仕入れに係る消費税額の控除の特例の規定（消法31）により課税資産の譲渡等とみなされるものの対価の額及び売上げに係る対価の返還等をした場合の消費税額の控除（消法38）に規定する売上げに係る対価の返還等の金額（売上げに係る対価の返還等の金額に係る消費税額に78分の100を乗じて算出した金額を除きます。）は含まないことになります（消基通1－4－2）。

(3) 基準期間における課税売上高の算定単位

基準期間における課税売上高は事業者単位で算定するのであり、例えば、事業として食料品の販売を行っている事業者がその有する建物を事務所用として賃貸する場合のように、一の事業者が異なる種類の事業を行う場合又は2以上の事業所を有している場合であっても、それらの事業又は事業所における課税資産の譲渡等の対価の額の合計額により基準期間における課税売上高を算定することになります（消基通1－4－4）。

(4) 基準期間が免税事業者であった場合の課税売上高

基準期間である課税期間において免税事業者であった事業者が、その基準期間である課税期間中に国内において行った課税資産の譲渡等については消費税等が課されていないため、その事業者の基準期間における課税売上高の算定に当たっては、免税事業者であった基準期間である課税期間中に事業者が国内において行った課税資産の譲

－ 335 －

渡等に伴って収受し、又は収受すべき金銭等の全額が当該事業者のその基準期間における課税売上高となることになります（消基通1—4—5）。

したがって、基準期間である課税期間に免税事業者であった場合には、その課税期間を基準期間として基準期間における課税売上高を計算する場合には、その売上高に100/110又は100/108を乗じて税抜金額とすることはありません。なお、免税事業者である課税期間は、消費税等の経理方法は、税込経理方式のみとなります（個別通達平成元年3月1日直法2—1「消費税法等の施行に伴う法人税の取扱いについて」5）。

(5) 消費税課税事業者選択届出書の効力

消費税課税事業者選択届出書は、その基準期間における課税売上高が1,000万円以下である課税期間について課税事業者となることを選択するものであり、消費税課税事業者選択届出書を提出したことにより課税事業者となった後において基準期間における課税売上高が1,000万円を超えた場合であっても、消費税課税事業者選択不適用届出書を提出しない限り課税事業者選択届出書の効力は存続し、基準期間における課税売上高が1,000万円以下の課税期間については、常に課税事業者となることになります（消基通1—4—11）。

(6) 事業を開始した課税期間の翌課税期間からの課税事業者の選択

事業者が消費税課税事業者選択届出書を提出した場合には、消費税課税事業者選択届出書を提出した日の属する課税期間の翌課税期間以後の課税期間（その基準期間における課税売上高が1,000万円を超える課税期間を除きます。）について、課税事業者を選択できるのであり、消費税課税事業者選択届出書を提出した日の属する課税期間が、事業者が国内において課税資産の譲渡等に係る事業を開始した日の属する課税期間等に該当する場合であっても、その課税期間の翌課税期間から課税事業者を選択することもできることになります（消基通1—4—14）。

したがって、例えば、設立第1期で資本金の額が1,000万円未満の場合には、原則として免税事業者であり、第1期中に消費税課税事業者選択届出書を提出したときは、第1期から課税事業者となることもできますし、第2期から課税事業者となることもできます。

この場合、事業者は、消費税課税事業者選択届出書において適用開始課税期間の初日の年月日を明確にしなければならないこととされています（消基通1—4—14(注)）。

第1　事業者免税点制度

⑺　適格請求書発行事業者の場合

　適格請求書等保存方式（インボイス制度）における適格請求書発行事業者については、事業者免税点制度の適用はありません（消法9①）。したがって、適格請求書発行事業者の登録がされた日の属する課税期間以後の課税期間については、基準期間における課税売上高が1,000万円以下となる場合であっても、免税事業者にはなりません（消基通1－4－1の2）。

　適格請求書発行事業者は、課税事業者でなければ登録を受けることができないことから（消法57の2①）、免税事業者が適格請求書発行事業者の登録を受けるためには、原則として、消費税課税事業者選択届出書を提出して課税事業者となる必要があります（消基通1－7－1⑵）が、免税事業者が令和5年10月1日から令和11年9月30日までの日の属する課税期間中に適格請求書発行事業者の登録を受ける場合には、消費税課税事業者選択届出書の提出が不要となる経過措置（免税事業者に係る適格請求書発行事業者の登録申請に係る経過措置）が設けられています（所得税法等の一部を改正する法律（平成28年法律第15号）附則44④、消基通21－1－1。第4章　第3　1参照）。

　また、適格請求書発行事業者が事業者免税点制度の適用を受けて免税事業者となろうとする場合には、適格請求書発行事業者の登録取消届出書を提出して、その登録の取消しを受けて適格請求書発行事業者でなくなる必要があります。登録取消届出書は、その提出があった日の属する課税期間の末日の翌日（その提出が翌課税期間の初日から起算して15日前の日の翌日からその課税期間の末日までの間にされた場合にはその課税期間の翌課税期間の末日の翌日）からその効力が生じます（消法57の2⑩一、消令70の5③）。したがって、登録取消届出書は、登録の取消しを受けようとする課税期間の開始の日から起算して15日前の日までに提出する必要があります（消基通1－4－1の2。第4章　第3　1⑶ハ参照）。

　なお、消費税課税事業者選択届出書の提出により課税事業者を選択している適格請求書発行事業者が、事業者免税点制度の適用を受けるには、登録取消届出書及び消費税課税事業者選択不適用届出書の提出が必要となります（消基通1－4－1の2㊟）。

— 337 —

第2　簡易課税制度

1　制度の趣旨

　事業者のうち中小事業者の納税事務負担を考慮して、仕入れに係る消費税額の控除について、その事業者が実際に行った課税仕入れに基づき、その課税仕入れに係る支払対価の額により仕入れに係る消費税額を計算する原則的な方法（一般課税）ではなく、実際に行った課税仕入れとは関係なく、その事業者の課税標準額に対する消費税額に対して、その営む事業における課税資産の譲渡等に係る消費税額のうちに課税仕入れ等の税額の通常占める割合を勘案して定められた率（いわゆるみなし仕入れ率）を乗じて仕入れに係る消費税額とみなす、仕入れに係る消費税額の控除の特例（簡易課税）が設けられています。

〈一般課税と簡易課税の計算の違い〉

● 　一般課税
　納付税額
　　＝課税標準額に対する消費税額（注１）－課税仕入れに係る支払対価の額×7.8/110（or 6.24/108）（注２）

● 　簡易課税
　納付税額
　　＝課税標準額に対する消費税額－課税標準額に対する消費税額×みなし仕入れ率

　（注）１　課税資産の譲渡等の対価の額の合計額（税抜）×7.8％（or 6.24％）
　　　　２　割戻し計算（消令46③）による場合の計算方法

2　適用要件

　事業者（免税事業者を除きます。）が、その納税地を所轄する税務署長にその基準期間における課税売上高（第4章　第1　2(3)参照）が5,000万円以下である課税期間（分割等に係る新設分割親法人又は新設分割子法人の一定の課税期間（以下、「分割等に係る課税期間」といいます。）を除きます。）について、消費税簡易課税制度選択届出書を提出した場合には、その届出書を提出した日の属する課税期間の翌課税期間（提出をした日の属する課税期間が、事業者が国内において課税資産の譲渡等に係る事業を開始した日の属する課税期間その他一定の課税期間である場合には、その課税

期間）以後の課税期間（その基準期間における課税売上高が5,000万円を超える課税期間及び分割等に係る課税期間を除きます。）における仕入れに係る消費税額の控除は、一般課税ではなく簡易課税が適用されます（消法37①、消令56①）。

〈簡易課税の適用を受ける課税期間（分割等に係る課税期間を除く。）〉

①	消費税簡易課税制度選択届出書を提出した日の属する課税期間の翌課税期間（提出をした日の属する課税期間が、事業者が国内において課税資産の譲渡等に係る事業を開始した日の属する課税期間その他一定の課税期間である場合には、その課税期間）以後の課税期間であること
②	その課税期間に係る基準期間における課税売上高が5,000万円以下であること

3 消費税簡易課税制度選択届出書を提出することができない期間

次に掲げる場合のそれぞれの期間その他一定の期間については、消費税簡易課税制度選択届出書を提出することができないこととされています（消法37③）。

消費税課税事業者選択届出書を提出して課税事業者となった事業者について調整対象固定資産の仕入れ等があった場合において、調整対象固定資産に係る一定の調整措置（消法33）の適用の回避を防止するために、消費税課税事業者選択不適用届出書の提出不可期間が通常より延長される特例（第4章 第1 3(2)ロ参照）や新設法人の基準期間がない課税期間に調整対象固定資産の仕入れ等があった場合において、上記の調整措置の適用の回避を防止するために、課税事業者を強制される課税期間が通常より延長される特例（第4章 第1 5(2)参照）がありますが、免税事業者とならずとも第3年度の課税期間に一般課税ではなく簡易課税が適用される場合には上記の調整措置の適用が回避されることになるため、消費税簡易課税制度選択届出書の提出不可期間を設けることにより、簡易課税を適用させず、一般課税の適用を強制させることにより、上記の調整措置の適用の回避を防止しています。

〈消費税簡易課税制度選択届出書の提出不可期間〉

①	事業者が第4章 第1 3(2)ロの規定を受ける者である場合	調整対象固定資産の仕入れ等の日の属する課税期間の初日から同日以後3年を経過する日の属する課税期間の初日の前日までの期間
②	事業者が第4章 第1 5(2)の新設法人である場合	調整対象固定資産の仕入れ等の日の属する課税期間の初日から同日以後3年を経過する日の属する課税期間の初日の前日までの期間

— 339 —

第4章　消費税の取扱い

〈課税事業者を選択して調整対象固定資産の仕入れ等があった場合（上記表①）〉

課税期間（各1年間）	第×1期	第×2期	第×3期	第×4期
基準期間における課税売上高	9,000,000	9,000,000	9,000,000	9,000,000
調整対象固定資産		調整対象固定資産の課税仕入れ		著しい変動等の調整計算
納税義務	免税事業者	課税事業者	課税事業者	課税事業者
課税方法		一般	一般	一般

消費税課税事業者選択届出書（消法9④）の提出

消費税課税事業者選択不適用届出書の提出不可期間（消法9⑦）

消費税課税事業者選択不適用届出書（消法9⑤）提出可能

消費税簡易課税制度選択届出書の提出不可期間（消法37③一）

消費税簡易課税制度選択届出書（消法37①）提出可能

　消費税課税事業者選択届出書の提出により課税事業者となった課税期間（第×2期）において調整対象固定資産の課税仕入れを行っており、第4章　第1　3⑵ロの規定の適用を受けることから、第×2期、第×3期に消費税課税事業者選択不適用届出書が提出できないため、第×4期も課税事業者となります。

　さらに、第×2期、第×3期について、消費税簡易課税制度選択届出書が提出できないことにより、第×4期は、一般課税が適用されます。

　それにより、免税事業者となることあるいは簡易課税の適用を受けることによって調整対象固定資産に係る調整措置の適用を回避することはできないこととなります。

第 2　簡易課税制度

〈新設法人について調整対象固定資産の仕入れ等があった場合（上記表②）〉

課税期間（各1年間）	第1期	第2期	第3期
期首資本金	10,000,000	10,000,000	10,000,000
基準期間における課税売上高			9,000,000
調整対象固定資産	調整対象固定資産の課税仕入れ		著しい変動等の調整計算
納税義務	課税事業者	課税事業者	課税事業者
課税方法	一般	一般	一般

課税事業者の強制適用（消法12の2②）　課税事業者の強制適用（消法12の2②）　課税事業者の強制適用（消法12の2②）

消費税簡易課税制度選択届出書の提出不可期間（消法37③二）

消費税簡易課税制度選択届出書（消法37①）提出可能

　基準期間がない課税期間で期首の資本金の額が1,000万円以上であることから課税事業者となる第1期において調整対象固定資産の課税仕入れを行っており、第4章第1　5(2)の新設法人に該当し、第3期も課税事業者が強制されます。

　さらに第1期、第2期について、消費税簡易課税制度選択届出書が提出できないことにより、第3期は、一般課税が適用されます。

　それにより、免税事業者となることあるいは簡易課税の適用を受けることによって調整対象固定資産に係る調整措置の適用を回避することはできないこととなります。

4　簡易課税の取止め

　消費税簡易課税制度選択届出書を提出した事業者は、簡易課税の適用を受けることをやめようとするとき、又は事業を廃止したときは、消費税簡易課税制度選択不適用届出書をその納税地を所轄する税務署長に提出しなければならないこととされています（消法37⑤）。

— 341 —

第4章　消費税の取扱い

　この場合において、消費税簡易課税制度選択届出書を提出した事業者は、事業を廃止した場合を除き、消費税簡易課税制度選択届出書の効力が生ずる課税期間の初日から2年を経過する日の属する課税期間の初日以後でなければ、消費税簡易課税制度選択不適用届出書を提出することができないこととされています（消法37⑥）。消費税簡易課税制度選択不適用届出書の提出があったときは、その提出があった日の属する課税期間の末日の翌日以後は、上記2の届出の効力が失われます（消法37⑦）。

　すなわち、消費税簡易課税制度選択届出書の提出により簡易課税の適用を受けることを選択した事業者は、簡易課税の届出の効力が生じてから2期（2年間）は、簡易課税の適用を取り止めることはできないことになります。ただし、その場合であっても、基準期間における課税売上高が5,000万円を超える課税期間及び分割等に係る課税期間は、一般課税の適用を受けることになります。

5　簡易課税による仕入れに係る消費税額の計算

　簡易課税の適用を受ける場合の仕入れに係る消費税額は、次のように計算されます（消法37①、所得税法等の一部を改正する法律（平成27年法律第9号）附則44②、消基通13―1―6）。

$$
\begin{array}{l}
\text{仕入れに} \\
\text{係る消} \\
\text{費税額}
\end{array}
=
\left[
\begin{array}{l}
\text{課税標準額} \\
\text{に対する} \\
\text{消費税額}
\end{array}
+
\begin{array}{l}
\text{貸倒回収に} \\
\text{係る消費税} \\
\text{額（注1）}
\end{array}
-
\begin{array}{l}
\text{売上対価の返} \\
\text{還等に係る消} \\
\text{費税額（注2）}
\end{array}
\right]
\times
\begin{array}{l}
\text{みなし} \\
\text{仕入} \\
\text{れ率}
\end{array}
$$

（注）1　貸倒れに係る消費税額の控除の規定の適用を受けた課税資産の譲渡等に係る売掛金等の全部又は一部を領収した場合のその領収した売掛金等に係る消費税額

　　　2　売上げに係る対価の返還等の金額（返品、値引き、割戻しによる売上・売掛金等の減少額）に係る消費税額

6　みなし仕入れ率

⑴　基本的な内容

　みなし仕入れ率は、第1種事業から第6種事業の区分に応じて、それぞれ次のとおりとされています（消法37①、消令57①）。

第 2 　簡易課税制度

〈みなし仕入れ率〉

事業の区分	みなし仕入れ率
第 1 種事業	90％
第 2 種事業	80％
第 3 種事業	70％
第 4 種事業	60％
第 5 種事業	50％
第 6 種事業	40％

　また、第 1 種事業から第 6 種事業の各事業の定義は、下記のとおりとされています（消令57⑤）。

〈各事業の定義〉

事業の区分	各事業の定義
第 1 種事業	卸売業
第 2 種事業	次に掲げる事業 ・小売業 ・農業、林業、漁業のうち飲食料品の譲渡を行う部分
第 3 種事業	次に掲げる事業（第 1 種事業、第 2 種事業に該当するもの及び加工賃その他これに類する料金を対価とする役務の提供を行う事業を除きます。） ・農業 ・林業 ・漁業 ・鉱業 ・建設業 ・製造業（製造した棚卸資産を小売する事業を含みます。） ・電気業、ガス業、熱供給業及び水道業
第 4 種事業	第 1 種事業～第 3 種事業、第 5 種事業、第 6 種事業以外の事業（典型例として飲食店業、加工賃その他これに類する料金を対価とする役務の提供を行う事業）
第 5 種事業	次に掲げる事業（第 1 種事業～第 3 種事業に該当するものを除きます。） ・運輸通信業 ・金融業及び保険業 ・サービス業（飲食店業に該当するものを除きます。）
第 6 種事業	不動産業（第 1 種事業～第 3 種事業、第 5 種事業に該当するものを除きます。）

— 343 —

第4章　消費税の取扱い

(2)　卸売業及び小売業の定義

第1種事業となる卸売業とは、他の者から購入した商品をその性質及び形状を変更しないで他の事業者に対して販売する事業をいい、第2種事業となる小売業とは、他の者から購入した商品をその性質及び形状を変更しないで販売する事業で卸売業以外のものをいいます（消令57⑥）。

この場合の「性質及び形状を変更しないで販売する」とは、他の者から購入した商品をそのまま販売することをいい、商品に対して、例えば、次のような行為を施したうえでの販売であっても「性質及び形状を変更しないで販売する」場合に該当するものとして取り扱われます（消基通13―2―2）。

①　他の者から購入した商品に、商標、ネーム等を貼付け又は表示する行為

②　運送の利便のために分解されている部品等を単に組み立てて販売する場合、例えば、組立て式の家具を組み立てて販売する場合のように仕入商品を組み立てる行為

③　2以上の仕入商品を箱詰めする等の方法により組み合わせて販売する場合の当該組合せ行為

(3)　製造業等の範囲

第3種事業となる農業、林業、漁業、鉱業、建設業、製造業（製造小売業（自己の製造した商品を直接消費者に販売する事業をいいます。）を含みます。）、電気業、ガス業、熱供給業及び水道業の範囲は、おおむね日本標準産業分類（総務省）の大分類に掲げる分類を基礎として判定することとされています（消基通13―2―4）。なお、農業、林業又は漁業のうち、飲食料品の譲渡を行う部分については、第2種事業に該当します（消令57⑤二ロ〜ニ、消基通13―2―4(注)1）。

ただし、次の事業は、第3種事業に該当するものとして取り扱われます（消基通13―2―5）。

①　自己の計算において原材料等を購入し、これをあらかじめ指示した条件に従って下請加工させて完成品として販売する、いわゆる製造問屋としての事業

なお、顧客から特注品の製造を受注し、下請先（又は外注先）等に当該製品を製造させ顧客に引き渡す事業は、顧客から当該特注品の製造を請け負うものであり、原則として第3種事業に該当します。

②　自己が請け負った建設工事（第3種事業に該当するものに限ります。）の全部を下請に施工させる元請としての事業

― 344 ―

③ 天然水を採取して瓶詰等して人の飲用に販売する事業

④ 新聞、書籍等の発行、出版を行う事業

⑷ サービス業等の範囲

第5種事業となる運輸通信業、金融業、保険業及びサービス業（以下、「サービス業等」といいます。）の範囲は、おおむね日本標準産業分類の大分類に掲げる分類を基礎として判定することとされており、サービス業等とは、日本標準産業分類の大分類に掲げる次の産業をいいます（消基通13—2—4）。

① 情報通信業

② 運輸業、郵便業

③ 金融業、保険業

④ 不動産業、物品賃貸業（不動産業に該当するものを除きます。）

⑤ 学術研究、専門・技術サービス業

⑥ 宿泊業、飲食サービス業（飲食サービス業に該当するものを除きます。）

⑦ 生活関連サービス業、娯楽業

⑧ 教育、学習支援業

⑨ 医療、福祉

⑩ 複合サービス事業

⑪ サービス業（他に分類されないもの）

⑸ 不動産業の範囲

第6種事業となる不動産業の範囲は、おおむね日本標準産業分類の大分類に掲げる分類を基礎として判定することとされており、不動産業とは、日本標準産業分類の大分類に掲げる「不動産業、物品賃貸業」のうち、不動産業に該当するものをいいます（消基通13—2—4）。

⑹ 2種類以上の事業を営む場合のみなし仕入れ率（原則）

事業者の営む事業が2種類以上の事業である場合のみなし仕入れ率は、次のとおり計算されます（消令57②）。

— 345 —

第4章　消費税の取扱い

〈2種類以上の事業を営む場合のみなし仕入れ率（原則）〉

$$
\text{みなし仕入れ率} = \frac{
\begin{array}{l}
\text{第1種事業に係る消費税額}^{(注)} \times 90\% + \text{第2種事業に係る消費税額} \times 80 \\
\% + \text{第3種事業に係る消費税額} \times 70\% + \text{第4種事業に係る消費税額} \times \\
60\% + \text{第5種事業に係る消費税額} \times 50\% + \text{第6種事業に係る消費税額} \\
\times 40\%
\end{array}
}{
\begin{array}{l}
\text{第1種事業に係る消費税額} + \text{第2種事業に係る消費税額} + \text{第3種事業} \\
\text{に係る消費税額} + \text{第4種事業に係る消費税額} + \text{第5種事業に係る消費} \\
\text{税額} + \text{第6種事業に係る消費税額}（以下、「売上げに係る消費税額」} \\
\text{といいます。）}
\end{array}
}
$$

(注)　第1種事業に係る消費税額は、第1種事業に係る金額につき次の算式により計算されます。また、第2種事業に係る消費税額、第3種事業に係る消費税額、第4種事業に係る消費税額、第5種事業に係る消費税額、第6種事業に係る消費税額も各事業に係る金額につき同様に計算されます。

その課税期間中に国内において行った第1種事業に係る課税資産の譲渡等に係る消費税額の合計額　－　その課税期間中に国内において行った第1種事業に係る売上対価の返還等に係る消費税額の合計額

⑺　**特定1事業に係る課税売上高が全体の75％以上の場合（特例①）**

次の適用要件を満たす場合には、みなし仕入れ率は、上記⑹によらずにその特定1事業に係るみなし仕入れ率を適用することができます（消令57③一）。例えば、第1種事業の課税売上高が全体の課税売上高の75％以上を占める場合には、みなし仕入れ率は、上記⑹で計算される率ではなく、90％とすることができます。

〈適用要件〉

$$
\frac{\text{特定1事業（第1種事業から第6種事業のうち1の事業をいいます。）に係る課税売上高}^{(注)}}{\text{その課税期間における課税売上高の合計額}} \geqq 75\%
$$

(注)　課税売上高は、各種事業ごとに次の算式により計算されます。

その課税期間中に国内において行った課税資産の譲渡等（消費税が免除されるものを除きます。）の対価の額の合計額（税抜）　－　その課税期間中に行った売上げに係る税抜対価の返還等の金額の合計額（第4章　第1　2⑶イ参照）

⑻　**特定2事業に係る課税売上高が全体の75％以上の場合（特例②）**

次の適用要件を満たす場合には、みなし仕入れ率は、上記⑹によらずに次の計算式

— 346 —

により計算することができます（消令57③二）。

〈適用要件〉

$$\frac{\text{特定2事業（第1種事業から第6種事業のうち2の事業をいいます。）に係る課税売上高の合計額}}{\text{その課税期間における課税売上高の合計額}} \geqq 75\%$$

〈みなし仕入れ率の計算式〉

$$\text{みなし仕入れ率} = \frac{\begin{array}{c}\text{A事業（注}\\\text{1）に係る}\\\text{消費税額}\end{array} \times \begin{array}{c}\text{A事業に係}\\\text{るみなし仕}\\\text{入れ率}\end{array} + \left[\begin{array}{c}\text{売上げに}\\\text{係る消費}\\\text{税額}\end{array} - \begin{array}{c}\text{A事業に}\\\text{係る消費}\\\text{税額}\end{array}\right] \times \begin{array}{c}\text{B事業（注2）}\\\text{に係るみなし}\\\text{仕入れ率}\end{array}}{\text{売上げに係る消費税額}}$$

（注）1　A事業：特定2事業のうちみなし仕入れ率の高い事業

　　　2　B事業：特定2事業のうちみなし仕入れ率の低い事業

⑼　**2種類以上の事業を営む場合で課税売上高の事業区分がされていない場合**

　2種類以上の事業を営む場合において、事業ごとに区分されていない課税売上高がある場合には、それらの事業のうち最も低いみなし仕入れ率の事業に係るものとして取り扱われます（消令57④）。

　例えば、第1種事業と第2種事業を営む事業者において、第1種事業に係るものか、第2種事業に係るものか区分されていない課税売上高がある場合には、その課税売上高は、第2種事業に係るものとして、みなし仕入れ率を計算します。

7　実務上の留意点

⑴　消費税簡易課税制度選択届出書の効力

　消費税簡易課税制度選択届出書は、課税事業者の基準期間における課税売上高が5,000万円以下の課税期間について簡易課税制度を選択するものであり、その届出書を提出した事業者のその課税期間の基準期間における課税売上高が5,000万円を超えることにより、その課税期間について簡易課税を適用することができなくなった場合又はその課税期間の基準期間における課税売上高が1,000万円以下となり免税事業者となった場合であっても、その後の課税期間において基準期間における課税売上高が1,000万円を超え5,000万円以下となったときには、その課税期間の初日の前日までに

第4章　消費税の取扱い

消費税簡易課税制度選択不適用届出書を提出している場合を除き、その課税期間について再び簡易課税制度が適用されることになります（消基通13―1―3）。

〈消費税簡易課税制度選択届出書の効力（第×1期前に提出済とする）〉

課税期間	第×1期	第×2期	第×3期	第×4期	第×5期
基準期間における課税売上高	4,000万円	6,000万円	3,000万円	500万円	2,000万円
課税方法	簡易課税	一般課税	簡易課税	（免税事業者）	簡易課税 →

　第×1期は、基準期間における課税売上高が5,000万円以下（4,000万円）であるため、簡易課税が適用されます。第×2期は、基準期間における課税売上高が5,000万円超（6,000万円）であるため、簡易課税は適用されず一般課税が適用されます。その後の第×3期は、基準期間における課税売上高が5,000万円以下（3,000万円）であるため、簡易課税が適用されます。第×4期は、基準期間における課税売上高が1,000万円以下（500万円）であるため、免税事業者となります。第×5期は、基準期間における課税売上高が1,000万円超（2,000万円）であるため、課税事業者となり、かつ、5,000万円以下であるため、簡易課税が適用されます。

(2)　事業を開始した課税期間の翌課税期間からの簡易課税制度の選択

　事業者が消費税簡易課税制度選択届出書を提出した場合には、消費税簡易課税制度選択届出書を提出した日の属する課税期間の翌課税期間以後の課税期間（その基準期間における課税売上高が5,000万円を超える課税期間及び分割等に係る課税期間を除きます。）について、簡易課税制度を選択できるのであり、消費税簡易課税制度選択届出書を提出した日の属する課税期間が、事業者が国内において課税資産の譲渡等に係る事業を開始した日の属する課税期間等に該当する場合であっても、その課税期間の翌課税期間から簡易課税制度を選択することもできることになります（消基通13―1―5）。

　したがって、例えば、設立第1期から課税事業者となる場合において、第1期中に消費税簡易課税制度選択届出書を提出したときは、第1期から簡易課税制度を選択することもできますし、第2期から選択することもできます。

　この場合、事業者は、消費税簡易課税制度選択届出書において適用開始課税期間の

― 348 ―

初日の年月日を明確にしなければならないこととされています（消基通13―1―5(注)）。

(3) 旅館等における飲食物の提供

飲食物の提供に関する事業区分の判定については、次の点に留意する必要があります（消基通13―2―8の2）。

① サービス業から除くこととされている「飲食店業に該当するもの」とは、例えば、旅館、ホテル等の宿泊施設を経営する事業者が、宿泊者に対して宿泊に係る役務の提供に併せてその宿泊施設において飲食物の提供を行う場合又は宿泊者以外の者でも利用することができるその宿泊施設内の宴会場、レストラン、バー等において飲食物の提供を行う場合において、請求書、領収書等によりその飲食物の提供に係る対価の額を宿泊に係る役務の提供に係る対価の額と明確に区分して領収することとしているときのその飲食物の提供が該当します。

② 食堂、レストラン、喫茶店、そば店、バー、キャバレー、酒場等（以下、「食堂等」といいます。）のように、飲食のための設備を設けて、主として客の注文に応じその場所で飲食させる事業（以下、「食堂等としての事業」といいます。）は、日本標準産業分類の大分類の区分も飲食サービス業とされており、第4種事業に該当します。

③ 食堂等が行う飲食物（店舗において顧客に提供するものと同種の調理済みのものに限ります。）の出前は食堂等としての事業であり、第4種事業に該当しますが、食堂等が自己の製造した飲食物を持ち帰り用として販売する事業は、製造小売業として第3種事業に該当します。

④ 飲食のための設備を設けずに、自己の製造した飲食物を専ら宅配の方法により販売する事業は、製造小売業として第3種事業に該当します。

(4) 固定資産等の売却収入の事業区分

事業者が自己において使用していた固定資産等の譲渡を行う事業は、第4種事業に該当することになります（消基通13―2―9）。

(5) みなし仕入れ率の計算

2種類以上の事業を営む場合のみなし仕入れ率の計算については、上記6(7)、(8)の特例の規定は、任意で選択できるものであり、上記6(6)の原則の規定とあわせていずれか一の規定を選択して適用することができます（消基通13―4―1、13―4―2）。

第4章　消費税の取扱い

⑹　一般課税との有利不利の判断

　簡易課税は、中小事業者の納税事務負担を考慮して設けられた制度であり、実際の課税仕入れの状況によらず、みなし仕入れ率を用いて簡便に仕入れに係る消費税額を計算できますが、一般課税に比して納税者に不利な場合もあり得ます。例えば、設備投資等により多額の課税仕入れが生じた場合、一般課税であれば、仕入れに係る消費税額の控除不足額の還付を受けられるような状況であっても、簡易課税は、みなし仕入れ率を用いた計算となり還付を受けることはできないというような場合があります。

　したがって、簡易課税の適用を受けるか否か及び既に簡易課税の適用を受けている場合で簡易課税の適用を取り止めるか否かは、今後の実際の課税仕入れの状況等（特に設備投資等の有無）を考慮して判断する必要があります。また、簡易課税の適用を受ける場合又は簡易課税の適用を取り止める場合には、原則として前課税期間末までに消費税簡易課税制度選択届出書又は消費税簡易課税制度選択不適用届出書を提出していることが要件となりますので、前もってその判断をする必要があります。

⑺　リバースチャージ方式の不適用

　簡易課税の適用を受ける課税期間については、当分の間、その課税期間中に国内において行った特定課税仕入れはなかったものとされる経過措置があります（所得税法等の一部を改正する法律（平成27年法律第9号）附則44②）。したがって、簡易課税の適用を受ける課税期間において、いわゆるリバースチャージ方式となる特定課税仕入れがあったとしても、その課税期間における課税標準額に対する消費税及び仕入れに係る消費税額の計算において、その特定課税仕入れを考慮する必要はありません。

⑻　適格請求書発行事業者の場合

　消費税課税事業者選択届出書の提出を要することなく、適格請求書発行事業者の登録申請書を提出して適格請求書発行事業者の登録を受けることができる経過措置（免税事業者に係る適格請求書発行事業者の登録申請に係る経過措置）の適用を受ける事業者が、消費税簡易課税制度選択届出書を登録開始日を含む課税期間中に納税地の所轄税務署長に提出した場合において、その消費税簡易課税制度選択届出書にその提出した日の属する課税期間について簡易課税制度の適用を受ける旨を記載したときは、その課税期間の初日の前日に消費税簡易課税制度選択届出書を税務署長に提出したものとみなすことにより、提出があった日の属する課税期間から簡易課税制度の選択の効力が生ずることとされています（消費税法施行令等の一部を改正する政令（平成30

— 350 —

第 2　簡易課税制度

年政令第135号）附則18、第 4 章　第 3 　 1 ⑶ニ参照）。

　また、適格請求書発行事業者となる小規模事業者に係る税額控除に関する経過措置
（ 2 割特例）の適用を受けた適格請求書発行事業者が、消費税簡易課税制度選択届出
書を 2 割特例の適用を受けた課税期間の翌課税期間中に納税地の所轄税務署長に提出
した場合において、消費税簡易課税制度選択届出書にその提出した日の属する課税期
間について簡易課税の適用を受ける旨を記載したときは、その課税期間の初日の前日
に消費税簡易課税制度選択届出書を税務署長に提出したものとみなすことにより、提
出があった日の属する課税期間から簡易課税制度の選択の効力が生ずることとされて
います（所得税法等の一部を改正する法律（平成28年法律第15号）附則51の 2 ⑥、第
4 章　第 3 　 2 ⑸ハ参照）。

8　事例及び申告書付表記載例

⑴　前提

　前課税期間に消費税簡易課税制度選択届出書を提出している事業者A社の当課税期
間（自× 1 年 4 月 1 日至× 2 年 3 月31日。分割等に係る課税期間には該当しません。）
の基準期間における課税売上高は、3,000万円であり、当課税期間における課税売上
高及び消費税額の状況は次のとおりです（消費税の税率は、全て標準税率（7.8%）
であり、貸倒回収に係る消費税額及び売上対価の返還等に係る消費税額はありませ
ん。）。

事業区分	課税売上高（税抜）	消費税額
書店業	20,000,000円	1,560,000円
保険代理店業	8,000,000円	624,000円
不動産賃貸業	6,000,000円	468,000円
合計	34,000,000円	2,652,000円

　書店業における課税売上高は、全て事業者以外の者（消費者）に対する書籍の販売
によるものです。

　保険代理店業における課税売上高は、全て保険代理店手数料収入です。

　不動産賃貸業における課税売上高は、全て建物（事務所・店舗用）の賃貸料収入で
す。

— 351 —

第4章　消費税の取扱い

(2)　**計算**

イ　簡易課税の適用の有無

　A社は、前課税期間中に消費税簡易課税制度選択届出書を提出し、かつ、当課税期間に係る基準期間における課税売上高は、5,000万円以下（3,000万円）であることから、当課税期間においては、簡易課税が適用されます。

ロ　事業区分

　書店業は、販売相手が消費者であることから、小売業として第2種事業（みなし仕入れ率80％）に該当します。保険代理店業は、サービス業等として第5種事業（みなし仕入れ率50％）に該当します。不動産賃貸業は、不動産業として第6種事業（みなし仕入れ率40％）に該当します。

ハ　みなし仕入れ率及び仕入れに係る消費税額

　2以上の事業を営んでいることから、みなし仕入れ率及び仕入れに係る消費税額は、次のように計算されます。

(イ)　原則

○　みなし仕入れ率

$$\frac{1,560,000円 \times 80\% + 624,000円 \times 50\% + 468,000円 \times 40\%}{2,652,000円} = \frac{1,747,200円}{2,652,000円}$$

○　仕入れに係る消費税額

$$2,652,000円 \times \frac{1,747,200円}{2,652,000円} = 1,747,200円$$

(ロ)　特例①（特定1事業に係る課税売上高が全体の75％以上の場合）

　最も大きい課税売上高は、書店業（第2種事業）の20,000,000円ですが、全体の課税売上高に占める割合は、20,000,000円÷全体の課税売上高34,000,000円＝58.8235…％＜75％であり、特例①（上記6(7)）の適用はありません。

(ハ)　特例②（特定2事業に係る課税売上高が全体の75％以上の場合）

　書店業（第2種事業）と保険代理店業（第5種事業）の課税売上高の合計額28,000,000円÷全体の課税売上高34,000,000円＝82.3529…％≧75％であり、この組み合わせで特例②（上記6(8)）の適用があります。

— 352 —

第 2 　簡易課税制度

　また、書店業（第 2 種事業）と不動産賃貸業（第 6 種事業）の課税売上高の合計額26,000,000円÷全体の課税売上高34,000,000円＝76.4705…％≧75％であり、この組み合わせでも特例②（上記 6 ⑻）の適用があります。

① 　書店業（第 2 種事業）と保険代理店業（第 5 種事業）を特定 2 事業とする場合
○ 　みなし仕入れ率

$$\frac{1,560,000円 \times 80\% + （2,652,000円 - 1,560,000円）\times 50\%}{2,652,000円} = \frac{1,794,000円}{2,652,000円}$$

○ 　仕入れに係る消費税額

$$2,652,000円 \times \frac{1,794,000円}{2,652,000円} = 1,794,000円$$

② 　書店業（第 2 種事業）と不動産賃貸業（第 6 種事業）を特定 2 事業とする場合
○ 　みなし仕入れ率

$$\frac{1,560,000円 \times 80\% + （2,652,000円 - 1,560,000円）\times 40\%}{2,652,000円} = \frac{1,684,800円}{2,652,000円}$$

○ 　仕入れに係る消費税額

$$2,652,000円 \times \frac{1,684,800円}{2,652,000円} = 1,684,800円$$

㈁ 　仕入れに係る消費税額（有利選択）

　仕入れに係る消費税額は、上記㈀又は㈂で計算された金額のうち最も大きい金額である1,794,000円（㈂①）を選択します。

1,794,000円＞1,747,200円＞1,684,800円 　∴ 　1,794,000円

第4章　消費税の取扱い

(3)　申告書付表記載例

付表5-3　控除対象仕入税額等の計算表

簡易

課税期間	×1・4・1～×2・3・31	氏名又は名称	A社

Ⅰ　控除対象仕入税額の計算の基礎となる消費税額

項　目		税率6.24%適用分 A	税率7.8%適用分 B	合計 C (A+B)
課　税　標　準　額　に対　す　る　消　費　税　額	①	(付表4-3の②A欄の金額)　　　　　円	(付表4-3の②B欄の金額)　　　　円 2,652,000	(付表4-3の②C欄の金額)　　　　円 2,652,000
貸　倒　回　収　に係　る　消　費　税　額	②	(付表4-3の③A欄の金額)	(付表4-3の③B欄の金額)	(付表4-3の③C欄の金額)
売　上　対　価　の　返　還　等に　係　る　消　費　税　額	③	(付表4-3の⑤A欄の金額)	(付表4-3の⑤B欄の金額)	(付表4-3の⑤C欄の金額)
控除対象仕入税額の計算の基礎となる消費税額 (①＋②－③)	④		2,652,000	2,652,000

Ⅱ　1種類の事業の専業者の場合の控除対象仕入税額

項　目		税率6.24%適用分 A	税率7.8%適用分 B	合計 C (A+B)
④ × みなし仕入率 (90%・80%・70%・60%・50%・40%)	⑤	※付表4-3の④A欄へ　　　　　円	※付表4-3の④B欄へ　　　　円	※付表4-3の④C欄へ　　　　円

Ⅲ　2種類以上の事業を営む事業者の場合の控除対象仕入税額

(1) 事業区分別の課税売上高(税抜き)の明細

項　目		税率6.24%適用分 A	税率7.8%適用分 B	合計 C (A+B)	売上割合
事　業　区　分　別　の　合　計　額	⑥	円	34,000,000 円	34,000,000	売上割合
第　一　種　事　業 （ 卸　売　業 ）	⑦			※第一表「事業区分」欄へ	％
第　二　種　事　業 （ 小　売　業　等 ）	⑧		20,000,000	※　〃　　20,000,000	58.8
第　三　種　事　業 （ 製　造　業　等 ）	⑨			※　〃	
第　四　種　事　業 （ そ　の　他 ）	⑩			※　〃	
第　五　種　事　業 （ サ　ー　ビ　ス　業　等 ）	⑪		8,000,000	※　〃　　8,000,000	23.5
第　六　種　事　業 （ 不　動　産　業 ）	⑫		6,000,000	※　〃　　6,000,000	17.7

(2) (1)の事業区分別の課税売上高に係る消費税額の明細

項　目		税率6.24%適用分 A	税率7.8%適用分 B	合計 C (A+B)
事　業　区　分　別　の　合　計　額	⑬	円	2,652,000 円	2,652,000 円
第　一　種　事　業 （ 卸　売　業 ）	⑭			
第　二　種　事　業 （ 小　売　業　等 ）	⑮		1,560,000	1,560,000
第　三　種　事　業 （ 製　造　業　等 ）	⑯			
第　四　種　事　業 （ そ　の　他 ）	⑰			
第　五　種　事　業 （ サ　ー　ビ　ス　業　等 ）	⑱		624,000	624,000
第　六　種　事　業 （ 不　動　産　業 ）	⑲		468,000	468,000

注意　1　金額の計算においては、1円未満の端数を切り捨てる。
　　　2　課税売上げにつき返品を受け又は値引き・割戻しをした金額(売上対価の返還等の金額)があり、売上(収入)金額から減算しない方法で経理して経費に含めている場合には、⑥から⑫欄には売上対価の返還等の金額(税抜き)を控除した後の金額を記載する。

(1／2)

(R1.10.1以後終了課税期間用)

第 2 　簡易課税制度

(3) 控除対象仕入税額の計算式区分の明細

イ　原則計算を適用する場合

控　除　対　象　仕　入　税　額　の　計　算　式　区　分		税率6.24%適用分 A	税率7.8%適用分 B	合計 C (A＋B)
④　×　みなし仕入率 $\dfrac{⑭×90％＋⑮×80％＋⑯×70％＋⑰×60％＋⑱×50％＋⑲×40％}{⑬}$	⑳	円	1,747,200	1,747,200

ロ　特例計算を適用する場合

(イ) 1種類の事業で75%以上

控　除　対　象　仕　入　税　額　の　計　算　式　区　分		税率6.24%適用分 A	税率7.8%適用分 B	合計 C (A＋B)
(⑦C／⑥C・⑧C／⑥C・⑨C／⑥C・⑩C／⑥C・⑪C／⑥C・⑫C／⑥C)≧75％ ④×みなし仕入率(90％・80％・70％・60％・50％・40％)	㉑	円	円	円

(ロ) 2種類の事業で75%以上

控　除　対　象　仕　入　税　額　の　計　算　式　区　分			税率6.24%適用分 A	税率7.8%適用分 B	合計 C (A＋B)
第一種事業及び第二種事業 (⑦C＋⑧C)／⑥C≧75％	④×	$\dfrac{⑭×90％＋(⑬－⑭)×80％}{⑬}$	㉒	円	円	円
第一種事業及び第三種事業 (⑦C＋⑨C)／⑥C≧75％	④×	$\dfrac{⑭×90％＋(⑬－⑭)×70％}{⑬}$	㉓			
第一種事業及び第四種事業 (⑦C＋⑩C)／⑥C≧75％	④×	$\dfrac{⑭×90％＋(⑬－⑭)×60％}{⑬}$	㉔			
第一種事業及び第五種事業 (⑦C＋⑪C)／⑥C≧75％	④×	$\dfrac{⑭×90％＋(⑬－⑭)×50％}{⑬}$	㉕			
第一種事業及び第六種事業 (⑦C＋⑫C)／⑥C≧75％	④×	$\dfrac{⑭×90％＋(⑬－⑭)×40％}{⑬}$	㉖			
第二種事業及び第三種事業 (⑧C＋⑨C)／⑥C≧75％	④×	$\dfrac{⑮×80％＋(⑬－⑮)×70％}{⑬}$	㉗			
第二種事業及び第四種事業 (⑧C＋⑩C)／⑥C≧75％	④×	$\dfrac{⑮×80％＋(⑬－⑮)×60％}{⑬}$	㉘			
第二種事業及び第五種事業 (⑧C＋⑪C)／⑥C≧75％	④×	$\dfrac{⑮×80％＋(⑬－⑮)×50％}{⑬}$	㉙		1,794,000	1,794,000
第二種事業及び第六種事業 (⑧C＋⑫C)／⑥C≧75％	④×	$\dfrac{⑮×80％＋(⑬－⑮)×40％}{⑬}$	㉚		1,684,800	1,684,800
第三種事業及び第四種事業 (⑨C＋⑩C)／⑥C≧75％	④×	$\dfrac{⑯×70％＋(⑬－⑯)×60％}{⑬}$	㉛			
第三種事業及び第五種事業 (⑨C＋⑪C)／⑥C≧75％	④×	$\dfrac{⑯×70％＋(⑬－⑯)×50％}{⑬}$	㉜			
第三種事業及び第六種事業 (⑨C＋⑫C)／⑥C≧75％	④×	$\dfrac{⑯×70％＋(⑬－⑯)×40％}{⑬}$	㉝			
第四種事業及び第五種事業 (⑩C＋⑪C)／⑥C≧75％	④×	$\dfrac{⑰×60％＋(⑬－⑰)×50％}{⑬}$	㉞			
第四種事業及び第六種事業 (⑩C＋⑫C)／⑥C≧75％	④×	$\dfrac{⑰×60％＋(⑬－⑰)×40％}{⑬}$	㉟			
第五種事業及び第六種事業 (⑪C＋⑫C)／⑥C≧75％	④×	$\dfrac{⑱×50％＋(⑬－⑱)×40％}{⑬}$	㊱			

ハ　上記の計算式区分から選択した控除対象仕入税額

項　　　目		税率6.24%適用分 A	税率7.8%適用分 B	合計 C (A＋B)
選　択　可　能　な　計　算　式　区　分（⑳　～　㊱） の　内　か　ら　選　択　し　た　金　額	㊲	※付表4-3の④A欄へ　　円	※付表4-3の④B欄へ 1,794,000	※付表4-3の④C欄へ 1,794,000

注意　金額の計算においては、1円未満の端数を切り捨てる。

(2／2)

(R1.10.1以後終了課税期間用)

— 355 —

第4章　消費税の取扱い

第3　インボイス制度における中小企業向けの経過措置

1　免税事業者に係る適格請求書発行事業者の登録申請に係る経過措置

(1)　制度の趣旨

　消費税法における仕入れに係る消費税額の控除（仕入税額控除）は、簡易課税制度による場合を除き、その課税仕入れに係る一定事項が記載された帳簿及び請求書等の保存が適用要件となっていますが、令和5年10月1日開始の適格請求書等保存方式（インボイス制度）においては、その保存すべき請求書等とは、基本的に税務署長の登録を受けた適格請求書発行事業者から交付を受けた適格請求書等（インボイス）となります（消法30⑦⑨）。

　適格請求書発行事業者は、課税事業者でなければ登録を受けることができないことから（消法57の2①）、免税事業者が適格請求書発行事業者の登録を受けるためには、原則として、消費税課税事業者選択届出書を提出して課税事業者となる必要があります（消基通1-7-1(2)）が、適格請求書発行事業者の登録を円滑に行う必要性があることから、免税事業者は消費税課税事業者選択届出書の提出を要することなく、適格請求書発行事業者の登録申請書を提出して適格請求書発行事業者の登録を受けることができる経過措置（免税事業者に係る適格請求書発行事業者の登録申請に係る経過措置）が設けられています（所得税法等の一部を改正する法律（平成28年法律第15号）附則44④、消基通21-1-1）。

(2)　内容

　適格請求書発行事業者の登録申請書を提出した事業者であって、登録開始日（適格請求書発行事業者の登録がされた日をいいます。）が令和5年10月1日から令和11年9月30日までの日の属する課税期間中である事業者については、その登録開始日の属する課税期間（その基準期間における課税売上高が1,000万円を超える課税期間、消費税課税事業者選択届出書の提出その他一定の事由により課税事業者となる課税期間及びその登録開始日の前日までに相続、合併又は吸収分割があったことにより課税事業者となる課税期間を除きます。）のうちその登録開始日からその課税期間の末日までの間における課税資産の譲渡等及び特定課税仕入れについては、事業者免税点制度は適用しないこととされています（所得税法等の一部を改正する法律（平成28年法律第15号）附則44④）。したがって、令和5年10月1日から令和11年9月30日までの日

— 356 —

の属する課税期間において免税事業者である事業者が適格請求書発行事業者の登録を受けようとする場合には、登録申請書のみを提出すればよく、消費税課税事業者選択届出書の提出は要しないことになります（消基通21－1－1）。

なお、その登録を受けた課税期間の翌課税期間以後の課税期間については、適格請求書発行事業者は、事業者免税点制度の適用はないことから、適格請求書発行事業者である限り課税事業者となります（消法9①、消基通1－4－1の2、21－1－1(注)）。

〈適格請求書発行事業者の登録申請書の提出により課税事業者となる場合〉

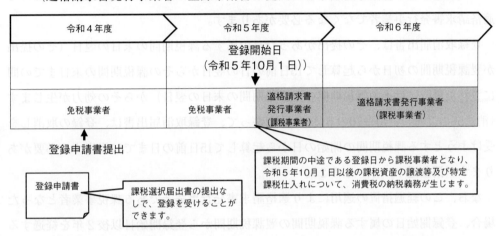

（国税庁資料を一部修正）

(3) 実務上の留意点

イ　令和5年10月1日に登録を受ける場合

　令和5年10月1日に適格請求書発行事業者の登録を受けようとする場合には、令和5年9月30日までに適格請求書発行事業者の登録申請書を納税地の所轄税務署長に提出する必要があります（所得税法等の一部を改正する法律（平成28年法律第15号）附則44①、消費税法施行令等の一部を改正する政令（平成30年政令第135号）附則15①）。

ロ　令和5年10月2日以降に登録を受ける場合

　令和5年10月2日以降に適格請求書発行事業者の登録を受けようとする事業者であって、この経過措置の適用を受けることとなる事業者については、提出する適格請求書発行事業者の登録申請書にその登録を希望する日（登録申請書の提出日から15日を経過する日以後の日に限ります。以下、「登録希望日」といいます。）を記載することとされています（消費税法施行令等の一部を改正する政令（平成30年政令第135号）

附則15②)。なお、納税地の所轄税務署長による実際の登録が登録希望日後であったとしても、登録希望日から登録を受けたものとみなすこととされています（消費税法施行令等の一部を改正する政令（平成30年政令第135号）附則15③)。

ハ　適格請求書発行事業者の登録の取消しにより免税事業者に戻る場合

　適格請求書発行事業者は、事業者免税点制度の適用はなく免税事業者になることはできません（消法9①、消基通1－4－1の2)。したがって、免税事業者になるためには、適格請求書発行事業者の登録取消届出書を提出して、登録の取消しを受けて適格請求書発行事業者でなくなる必要があります。

　登録取消届出書は、その提出があった日の属する課税期間の末日の翌日（その提出が翌課税期間の初日から起算して15日前の日の翌日からその課税期間の末日までの間にされた場合にはその課税期間の翌課税期間の末日の翌日）からその効力が生じます（消法57の2⑩一、消令70の5③)。したがって、登録取消届出書は、登録の取消しを受けようとする課税期間の開始の日から起算して15日前の日までに提出する必要があります（消基通1－4－1の2)。

　なお、この経過措置の適用により適格請求書発行事業者である課税事業者となった場合、登録開始日の属する課税期間の翌課税期間から登録開始日以後2年を経過する日の属する課税期間までの各課税期間における課税資産の譲渡等及び特定課税仕入れについては、登録開始日の属する課税期間が令和5年10月1日を含む課税期間である場合を除き、事業者免税点制度の適用はないこととされており、その各課税期間については、免税事業者となることはできません（所得税法等の一部を改正する法律（平成28年法律第15号）附則44⑤、消基通21－1－1(注)なお書き)。

　例えば、3月決算法人がこの経過措置の適用により令和6年4月1日を登録開始日として、適格請求書発行事業者である課税事業者となった場合には、登録開始日の属する令和6年度は、令和5年10月1日を含まないことになり、登録開始日である令和6年4月1日以後2年を経過する日である令和8年3月31日の属する課税期間までの課税期間（令和6年度及び令和7年度）は、免税事業者となることはできません。この場合、令和8年3月17日までに適格請求書発行事業者の登録取消届出書を提出することにより、令和8年度から適格請求書発行事業者の登録が取り消されて免税事業者となることができます。

第3　インボイス制度における中小企業向けの経過措置

〈経過措置の適用を受ける場合で2年間免税事業者となることができない場合〉

	令和5年度	令和6年度	令和7年度	令和8年度
	免税事業者	課税事業者 (適格請求書 発行事業者)	課税事業者 (適格請求書 発行事業者)	免税事業者

登録開始日　令和6年4/1
登録開始日以後2年を経過する日　令和8年4/1
令和5年 4/1　令和6年 4/1　令和7年 4/1　令和8年 4/1

令和8年3月17日までに適格請求書発行事業者の登録取消届出書を提出

二　簡易課税制度の選択の特例

　この経過措置の適用を受ける事業者が、消費税簡易課税制度選択届出書を登録開始日を含む課税期間中に納税地の所轄税務署長に提出した場合において、その消費税簡易課税制度選択届出書にその提出した日の属する課税期間について簡易課税制度の適用を受ける旨を記載したときは、その課税期間の初日の前日に消費税簡易課税制度選択届出書を税務署長に提出したものとみなすことにより、提出があった日の属する課税期間から簡易課税制度の選択の効力が生ずることとされています（消費税法施行令等の一部を改正する政令（平成30年政令第135号）附則18）。

　なお、免税事業者が適格請求書発行事業者になる場合には、その仕入れに係る消費税額の控除につき経過措置（2割特例）があり、その経過措置を適用する方が簡易課税制度を適用するよりも有利となる場合があります（下記2参照）。

— 359 —

〈簡易課税制度の選択の特例を受ける場合〉

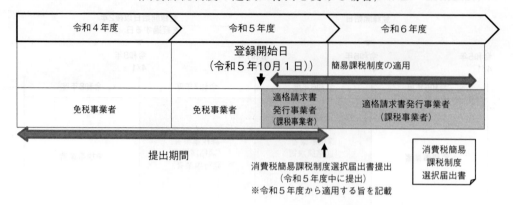

（国税庁資料を一部修正）

2 適格請求書発行事業者となる小規模事業者に係る税額控除に関する経過措置（2割特例）

(1) 制度の趣旨

　適格請求書発行事業者は、課税事業者でなければ登録を受けることができないことから（消法57の2①）、基準期間における課税売上高が1,000万円以下であることで本来であれば免税事業者となるような事業者が適格請求書発行事業者の登録を受けて課税事業者となる場合があり、そうした事業者においては、消費税の納税負担が重くなることが予想されます。そこで、実際の課税仕入れ等の状況にかかわらず課税標準額に対する消費税額の80％相当額の仕入税額控除をすることにより納税額を課税標準額に対する消費税額の20％相当額とする経過措置（適格請求書発行事業者となる小規模事業者に係る税額控除に関する経過措置（2割特例））が設けられています（所得税法等の一部を改正する法律（平成28年法律第15号）附則51の2）。

(2) 内容

　適格請求書発行事業者の令和5年10月1日から令和8年9月30日までの日の属する課税期間（下記(3)の適用対象となる課税期間に限られます。）については、仕入れに係る消費税額は、一般課税又は簡易課税制度による金額に代えて、下記の特別控除税額とすることができます（所得税法等の一部を改正する法律（平成28年法律第15号）附則51の2①②、消基通21-1-2）。

第3　インボイス制度における中小企業向けの経過措置

〈特別控除税額〉

$$
\begin{array}{l}
特別控 \\
除税額
\end{array} = \left[
\begin{array}{l}
課税標準額 \\
に対する消 \\
費税額
\end{array} +
\begin{array}{l}
貸倒回収に \\
係る消費税 \\
額（注1）
\end{array} -
\begin{array}{l}
売上対価の返 \\
還等に係る消 \\
費税額（注2）
\end{array}
\right] \times 80\%
$$

(注)1　貸倒れに係る消費税額の控除の規定の適用を受けた課税資産の譲渡等に係る売掛金等の全部又は一部を領収した場合のその領収した売掛金等に係る消費税額

2　売上げに係る対価の返還等の金額（返品、値引き、割戻しによる売上・売掛金等の減少額）に係る消費税額

(3) 適用対象となる課税期間

イ　内容

　2割特例の適用対象となる課税期間は、適格請求書発行事業者の登録、消費税課税事業者選択届出書の提出、相続があった場合の納税義務の免除の特例の規定の適用がなかったとしたならば免税事業者となる課税期間（次に掲げる課税期間を除きます。）となります（所得税法等の一部を改正する法律（平成28年法律第15号）附則51の2①）。

〈適用対象外となる課税期間〉

①	令和5年10月1日の属する課税期間であって令和5年10月1日前から引き続き消費税課税事業者選択届出書の提出により課税事業者となる課税期間
②	調整対象固定資産の仕入れ等を行った場合（第4章　第1　事業者免税点制度　3(2)ロ参照）に該当する場合における調整対象固定資産の仕入れ等の日の属する課税期間の翌課税期間からその調整対象固定資産の仕入れ等の日の属する課税期間の初日以後3年を経過する日の属する課税期間までの各課税期間
③	適格請求書発行事業者の登録がされた日の前日までに相続があったことにより相続があった場合の納税義務の免除の特例の規定の適用を受ける課税期間
④	課税期間の短縮の規定の適用を受ける課税期間等

　2割特例の対象となる課税期間の例としては、適格請求書発行事業者の登録又は消費税課税事業者選択届出書の提出により課税事業者となっている事業者の基準期間における課税売上高が1,000万円以下（特定期間がある場合には特定期間における課税売上高が1,000万円以下）の課税期間、その事業年度の基準期間がない法人でその事業年度開始の日の資本金の額又は出資金の額が1,000万円未満の課税期間があります。

— 361 —

ロ　令和５年10月１日から課税事業者を選択している課税期間の取扱い

　令和５年10月１日の属する課税期間であって令和５年10月１日前から引き続き消費税課税事業者選択届出書の提出により課税事業者となる課税期間、すなわち、インボイス制度の開始日である令和５年10月１日前から課税事業者となることを選択している課税期間は、２割特例の適用対象外となります（上記イの〈適用対象外となる課税期間〉①に該当します）。

　例えば、３月決算法人で適格請求書発行事業者の登録開始日が令和５年10月１日である事業者が令和４年度中に消費税課税事業者選択届出書を提出して令和５年４月１日から課税事業者となる場合、令和５年度の基準期間における課税売上高及び特定期間における課税売上高が1,000万円以下であるとしても２割特例の適用はありません。

　一方、消費税課税事業者選択届出書の提出は行わず、上記１の免税事業者に係る適格請求書発行事業者の登録申請に係る経過措置の適用を受ける場合には、２割特例の適用対象となります。

　例えば、３月決算法人で免税事業者に係る適格請求書発行事業者の登録申請に係る経過措置の適用により適格請求書発行事業者の登録開始日が令和５年10月１日である場合、令和５年度は、令和５年４月１日から令和５年９月30日の間は免税事業者、令和５年10月１日から令和６年３月31日までの間は課税事業者となり、令和５年10月１日前から引き続き消費税課税事業者選択届出書の提出により課税事業者となる課税期間ではないことから、２割特例の適用対象となります。

〈令和５年度の２割特例の適用可否〉

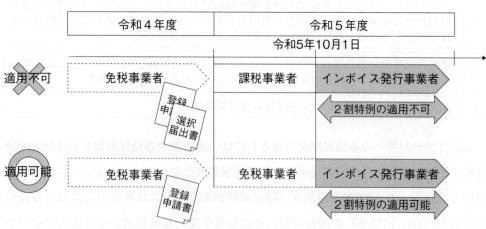

（国税庁資料を一部修正）

なお、令和5年10月1日の属する課税期間であって令和5年10月1日前から引き続き消費税課税事業者選択届出書の提出により課税事業者となる場合には、令和5年10月1日の属する課税期間中に消費税課税事業者選択不適用届出書を提出すれば、消費税課税事業者選択届出書の効力は、その課税期間の期首の前日に遡って失われる経過措置が設けられています（所得税法等の一部を改正する法律（平成28年法律第15号）附則51の2⑤）。

例えば、3月決算法人で適格請求書発行事業者の登録開始日が令和5年10月1日である事業者が令和4年度中に消費税課税事業者選択届出書を提出して令和5年4月1日から課税事業者となる場合、令和5年度中に消費税課税事業者選択不適用届出書を提出することにより、消費税課税事業者選択届出書の効力が遡及的に失われて、令和5年4月1日から令和5年9月30日までの間は免税事業者となり、上記1の免税事業者に係る適格請求書発行事業者の登録申請に係る経過措置の適用により、令和5年10月1日から課税事業者となることとなり、令和5年度は2割特例の適用対象となります。

〈消費税課税事業者選択不適用届出書に関する経過措置〉

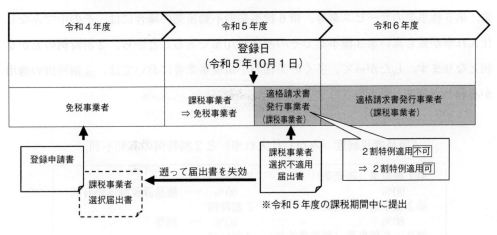

（国税庁資料を一部修正）

(4) 申告要件

2割特例は、確定申告書にその適用を受ける旨を付記するものとされています（所得税法等の一部を改正する法律（平成28年法律第15号）附則51の2③）。

第4章　消費税の取扱い

(5)　実務上の留意点

イ　一般課税又は簡易課税制度との有利選択

　2割特例は、適格請求書発行事業者の登録又は課税事業者の選択等がなければ免税事業者となる事業者について適用され、その要件は、確定申告書に適用を受ける旨を付記する（申告書第一表「税額控除に係る経過措置の適用（2割特例）」に○を付し、付表6を添付する）だけとなっています。簡易課税制度のように事前の届出書の提出や継続適用要件は課せられていません。したがって、適用対象となる課税期間について、確定申告の都度、一般課税による仕入税額控除の金額（簡易課税制度の適用がある場合には簡易課税制度による仕入税額控除の金額）と比較して有利選択を行うことが可能となります。

　一般課税による仕入税額控除の金額は、実際の課税仕入れ等の状況により決まりますので、2割特例との有利不利は実際に計算をしてみないと判断はできませんが、簡易課税制度との比較においては、簡易課税制度で最もみなし仕入れ率が高い第1種事業（卸売業）でその割合が90％であることから、第1種事業の場合には、簡易課税制度の方が有利となり、第2種事業（小売業等）に該当する場合には、みなし仕入れ率が80％であることから同等であり、第3種事業の製造業等、第4種事業のその他の事業、第5種事業のサービス業等、第6種事業の不動産業の場合には、その中でみなし仕入れ率が最も高い第3種事業でその割合が70％であることから、2割特例の方が有利となります。したがって、多くの業種の小規模事業者においては、2割特例の適用が有利となることが予想されます。

〈簡易課税制度（みなし仕入れ率）と2割特例の有利不利〉

```
第1種事業（卸売業）        2割特例
  90％            ＞        80％  …  簡易課税制度が有利
第2種事業（小売業等）      2割特例
  80％            ＝        80％  …  同等
第3～6種事業（製造業等他）  2割特例
  70％～40％       ＜        80％  …  2割特例が有利
```

ロ　経過措置の適用期間

　2割特例は、令和5年10月1日から令和8年9月30日までの日の属する課税期間が適用期間となる経過措置です。そのため、例えば、3月決算法人の場合、上記1の免税事業者に係る適格請求書発行事業者の登録申請に係る経過措置の適用により、令和

— 364 —

第 3　インボイス制度における中小企業向けの経過措置

5年10月1日から課税事業者（適格請求書発行事業者）となるとすると、令和5年度（令和5年10月1日から令和6年3月31日の期間）、令和6年度、令和7年度、令和8年度までの4課税期間において適用可能です。そして、令和9年度以降からは、経過措置の期間が終了し一般課税又は簡易課税制度による仕入税額控除を行う必要があります。

〈2割特例の対象期間〉

| 令和5年4/1 | 令和5年10/1 | 令和6年4/1 | 令和7年4/1 | 令和8年9/30 | 令和8年4/1 | 令和9年4/1 |

	令和5年度	令和6年度	令和7年度	令和8年度	令和9年度
免税事業者	課税事業者（適格請求書発行事業者）	課税事業者（適格請求書発行事業者）	課税事業者（適格請求書発行事業者）	課税事業者（適格請求書発行事業者）	課税事業者（適格請求書発行事業者）
	2割特例の適用可○	2割特例の適用可○	2割特例の適用可○	2割特例の適用可○	経過措置終了

ハ　2割特例適用後に簡易課税制度を選択する場合

2割特例の適用を受けた適格請求書発行事業者が、消費税簡易課税制度選択届出書を2割特例の適用を受けた課税期間の翌課税期間中に納税地の所轄税務署長に提出した場合において、消費税簡易課税制度選択届出書にその提出した日の属する課税期間について簡易課税制度の適用を受ける旨を記載したときは、その課税期間の初日の前日に消費税簡易課税制度選択届出書を税務署長に提出したものとみなすことにより、提出があった日の属する課税期間から簡易課税制度の選択の効力が生ずることとされています（所得税法等の一部を改正する法律（平成28年法律第15号）附則51の2⑥）。

例えば、3月決算法人の場合、2割特例は、令和8年度まで適用可能で令和9年度から適用できなくなりますが、令和8年度まで2割特例の適用を受けた場合には、令和9年度中に消費税簡易課税制度選択届出書を提出することにより、令和9年度から簡易課税制度を適用することが可能となります。

— 365 —

第4章　消費税の取扱い

(6)　事例

イ　前提

　サービス業を営むＡ社（３月決算法人）は、毎事業年度の課税売上高が約900万円であることから、設立以来免税事業者でした。当期（自令和５年４月１日至令和６年３月31日）の基準期間における課税売上高及び特定期間における課税売上高は、いずれも1,000万円以下であることから、そのままであれば当期も免税事業者となるところ、インボイス制度の開始に伴い、適格請求書発行事業者の登録により課税事業者となる経過措置の適用を受けて、当期の令和５年10月１日から課税事業者（適格請求書発行事業者）となりました（消費税課税事業者選択届出書の提出はしていません。）。

　当期の令和５年10月１日から令和６年３月31日までの期間の課税売上高は、400万円（消費税の税率は、全て標準税率（7.8％）であり税込金額）であり、同期間の課税仕入高は、264万円（消費税の税率は、全て標準税率（7.8％）であり税込金額）です。非課税売上高は、計算の便宜上ゼロとします。

　なお、Ａ社は、消費税簡易課税制度選択届出書を提出していません。

ロ　計算

　㈠　２割特例の適用の有無

　　当期の基準期間における課税売上高及び特定期間における課税売上高は、いずれも1,000万円以下であって、適格請求書発行事業者の登録がなかったとしたならば免税事業者となる課税期間であり、かつ、２割特例の適用対象外となる課税期間（上記(3)イ参照）には該当しないことから、当期は２割特例の適用が可能となります。

　　したがって、当期は、仕入税額控除について、一般課税と２割特例のいずれかを選択することができます（簡易課税制度については、消費税簡易課税制度選択届出書を提出してないため適用できません）。

　㈡　一般課税による場合の消費税額の計算

　　①　課税標準額

　　　4,000,000円×100/110＝3,636,000円（1,000円未満切捨て）

　　②　課税標準額に対する消費税額

　　　3,636,000円×7.8％＝283,608円

　　③　控除対象仕入税額（全額控除（消法30①）かつ割戻し計算（消令46③）によるものとします）

— 366 —

$2,640,000円 \times 7.8/110 = 187,200円$

④　消費税額

$283,608円 - 187,200円 = 96,400円$（100円未満切捨て）

⑤　地方消費税額

$96,400円 \times 22/78 = 27,100円$（100円未満切捨て）

⑥　消費税及び地方消費税の納税額

$96,400円 + 27,100円 = 123,500円$

(ハ)　2割特例による場合の消費税額の計算

①　課税標準額

$4,000,000円 \times 100/110 = 3,636,000円$（1,000円未満切捨て）

②　課税標準額に対する消費税額

$3,636,000円 \times 7.8\% = 283,608円$

③　控除対象仕入税額

$283,608円 \times 80\% = 226,886円$

④　消費税額

$283,608円 - 226,886円 = 56,700円$（100円未満切捨て）

⑤　地方消費税額

$56,700円 \times 22/78 = 15,900円$（100円未満切捨て）

⑥　消費税及び地方消費税の納税額

$56,700円 + 15,900円 = 72,600円$

(ニ)　有利選択

一般課税による納税額123,500円　＞　2割特例による納税額72,600円

∴　2割特例の方が有利

ハ　留意点

仮にA社が当期において簡易課税制度の適用を受けるとした場合、その営む事業がサービス業であることから、そのみなし仕入れ率は50％であり、2割特例の方が有利となります。

第4章　消費税の取扱い

二　申告書記載例

第3-(1)号様式

GK0306

法人用

第一表

令和五年十月一日以後終了課税期間分（一般用）

令和　年　月　日　　　　　　　　税務署長殿

納　税　地
（電話番号　　　-　　　-　　　）

（フリガナ）

法　人　名　　　Ａ　社

法人番号

（フリガナ）

代表者氏名

自 平成・令和 [5]年 [4]月 [1]日
至 令和 [6]年 [3]月 [31]日

課税期間分の消費税及び地方消費税の（ 確定 ）申告書

中間申告の場合の対象期間　自 平成・令和 [　]年[　]月[　]日　至 令和 [　]年[　]月[　]日

※税務署処理欄：

（個人の方）振替継続希望

| 所署 | 要否 | | 整理番号 | | | | | | |

申告年月日　令和 [　]年 [　]月 [　]日

申告区分　指導等　庁指定　局指定

通信日付印　確認

指導　年　月　日　相談　区分1 区分2 区分3
令和

この申告書による消費税の税額の計算

		十兆千百十億千百十万千百十一円	
課税標準額	①	3 6 3 6 0 0 0	03
消費税額	②	2 8 3 6 0 8	06
控除過大調整税額	③		07
控除税額　控除対象仕入税額	④	2 2 6 8 8 6	08
返還等対価に係る税額	⑤		09
貸倒れに係る税額	⑥		10
控除税額小計（④+⑤+⑥）	⑦	2 2 6 8 8 6	13
控除不足還付税額（⑦-②-③）	⑧		13
差引税額（②+③-⑦）	⑨	5 6 7 0 0	15
中間納付税額	⑩	0 0	16
納付税額（⑨-⑩）	⑪	5 6 7 0 0	17
中間納付還付税額（⑩-⑨）	⑫	0 0	18
この申告書が修正申告である場合　既確定税額	⑬		19
差引納付税額	⑭	0 0	20
課税売上割合　課税資産の譲渡等の対価の額	⑮	×××××××	21
資産の譲渡等の対価の額	⑯	×××××××	22

この申告書による地方消費税の税額の計算

地方消費税の課税標準となる消費税額　控除不足還付税額	⑰		51
差引税額	⑱	5 6 7 0 0	52
譲渡割額　還付額	⑲		53
納税額	⑳	1 5 9 0 0	54
中間納付譲渡割額	㉑	0 0	55
納付譲渡割額（⑳-㉑）	㉒	0 0	56
中間納付還付譲渡割額（㉑-⑳）	㉓	1 5 9 0 0	57
この申告書が修正申告である場合　既確定譲渡割額	㉔		58
差引納付譲渡割額	㉕	0 0	59
消費税及び地方消費税の合計（納付又は還付）税額	㉖	7 2 6 0 0	60

⑪・㉒又は⑫・㉓の記入をお忘れなく。

㉖=(⑪+⑳)-(⑫+⑲+㉓)・修正申告の場合㉖=⑭+㉕
⑳が還付税額となる場合はマイナス「-」を付してください。

付記事項

割賦基準の適用	有 ○無	31
延払基準等の適用	有 ○無	32
工事進行基準の適用	有 ○無	33
現金主義会計の適用	有 ○無	34
課税標準額に対する消費税額の計算の特例の適用	有 ○無	35

参考事項

控除税額の計算方法
| 課税売上高5億円超又は課税売上割合95%未満 | 個別対応方式 / 一括比例配分方式 | 41 |
| 上記以外 | ○全額控除 | |

基準期間の課税売上高　××××千円

○ 税額控除に係る経過措置の適用（2割特例）　42

還付を受けようとする金融機関等
銀行　本店・支店
金庫・組合　出張所
農協・漁協　本所・支店
預金　口座番号
ゆうちょ銀行の貯金記号番号　-
郵便局名等

○（個人の方）公金受取口座の利用

※税務署整理欄

税理士署名
（電話番号　　　-　　　-　　　）

○ 税理士法第30条の書面提出有
○ 税理士法第33条の2の書面提出有

※　2割特例による申告の場合、⑫欄に⑨欄の数字を記載し、⑫欄×22/78から算出された金額を⑳欄に記載してください。

— 368 —

第3 インボイス制度における中小企業向けの経過措置

第3-(2)号様式

課税標準額等の内訳書

GK0602

整理番号 ☐☐☐☐☐☐☐☐☐ 法人用

納税地	
	（電話番号　　　－　　　－　　　）
（フリガナ）	
法人名	A 社
（フリガナ）	
代表者氏名	

改正法附則による税額の特例計算		
軽減売上割合（10営業日）	◯	附則38① 51
小売等軽減仕入割合	◯	附則38② 52

第二表

自 令和 **5**年 **4**月 **1**日

至 令和 **6**年 **3**月 **31**日

課税期間分の消費税及び地方消費税の（ 確定 ）申告書

中間申告 自 令和 ☐☐年☐☐月☐☐日
の場合の
対象期間 至 令和 ☐☐年☐☐月☐☐日

令和四年四月一日以後終了課税期間分

課税標準額 ※申告書（第一表）の①欄へ	①	十兆千百十億千百十万千百十一円　　　　3 6 3 6 0 0 0	01

課税資産の譲渡等の対価の額の合計額	3 ％適用分	②		02
	4 ％適用分	③		03
	6.3 ％適用分	④		04
	6.24 ％適用分	⑤		05
	7.8 ％適用分	⑥	3 6 3 6 3 6 3	06
	（②～⑥の合計）	⑦	3 6 3 6 3 6 3	07
特定課税仕入れに係る支払対価の額の合計額 （注1）	6.3 ％適用分	⑧		11
	7.8 ％適用分	⑨		12
	（⑧・⑨の合計）	⑩		13

消費税額 ※申告書（第一表）の②欄へ	⑪	2 8 3 6 0 8	21
⑪ の 内 訳	3 ％適用分	⑫		22
	4 ％適用分	⑬		23
	6.3 ％適用分	⑭		24
	6.24 ％適用分	⑮		25
	7.8 ％適用分	⑯	2 8 3 6 0 8	26

返還等対価に係る税額 ※申告書（第一表）の⑤欄へ	⑰		31
⑰の内訳	売上げの返還等対価に係る税額	⑱		32
	特定課税仕入れの返還等対価に係る税額 （注1）	⑲		33

地方消費税の課税標準となる消費税額 （注2）	（㉑～㉓の合計）	⑳	5 6 7 0 0	41
	4 ％適用分	㉑		42
	6.3 ％適用分	㉒		43
	6.24%及び7.8％適用分	㉓	5 6 7 0 0	44

（注1）⑧～⑩及び⑲欄は、一般課税により申告する場合で、課税売上割合が95％未満、かつ、特定課税仕入れがある事業者のみ記載します。
（注2）⑧～㉓欄が還付税額となる場合はマイナス「－」を付してください。

— 369 —

第4章　消費税の取扱い

第4-(13)号様式

付表6　税率別消費税額計算表
〔小規模事業者に係る税額控除に関する経過措置を適用する課税期間用〕

特　別

課　税　期　間	5・4・1～6・3・31	氏 名 又 は 名 称	Ａ　社

Ⅰ 課税標準額に対する消費税額及び控除対象仕入税額の計算の基礎となる消費税額

区　　　　　分		税 率 6.24 ％ 適 用 分 A	税 率 7.8 ％ 適 用 分 B	合　　　計　　　C (A＋B)
課 税 資 産 の 譲 渡 等 の 対 価 の 額	①	※第二表の⑤欄へ 円	※第二表の⑥欄へ 円 3,636,363	※第二表の⑦欄へ 円 3,636,363
課 税 標 準 額	②	①A欄(千円未満切捨て) 000	①B欄(千円未満切捨て) 3,636,000	※第二表の①欄へ 3,636,000
課 税 標 準 額 に 対 す る 消 費 税 額	③	(②A欄×6.24/100) ※第二表の⑮欄へ	(②B欄×7.8/100) ※第二表の⑯欄へ 283,608	※第二表の⑪欄へ 283,608
貸 倒 回 収 に 係 る 消 費 税 額	④			※第一表の③欄へ
売 上 対 価 の 返 還 等 に 係 る 消 費 税 額	⑤			※第二表の⑰、⑱欄へ
控 除 対 象 仕 入 税 額 の 計 算 の 基 礎 と な る 消 費 税 額 (③ ＋ ④ － ⑤)	⑥		283,608	283,608

Ⅱ 控除対象仕入税額とみなされる特別控除税額

項　　　　　目		税 率 6.24 ％ 適 用 分 A	税 率 7.8 ％ 適 用 分 B	合　　　計　　　C (A＋B)
特 別 控 除 税 額 (⑥ × 80 ％)	⑦		226,886	※第一表の④欄へ 226,886

Ⅲ 貸倒れに係る税額

項　　　　　目		税 率 6.24 ％ 適 用 分 A	税 率 7.8 ％ 適 用 分 B	合　　　計　　　C (A＋B)
貸 倒 れ に 係 る 税 額	⑧			※第一表の⑥欄へ

注意　　金額の計算においては、1円未満の端数を切り捨てる。

(R5.10.1以後終了課税期間用)

第 3　インボイス制度における中小企業向けの経過措置

3　請求書等の保存を要しない課税仕入れに関する経過措置（少額特例）

(1)　制度の趣旨

　インボイス制度においては、仕入税額控除の適用に際して適格請求書等の確認作業等の事務負担の増加が予想されます。そこで、基準期間における課税売上高が1億円以下又は特定期間における課税売上高が5,000万円以下の中小事業者等においては、税込金額1万円未満の課税仕入れについては、帳簿の保存のみ（適格請求書等の保存は不要）で仕入税額控除の適用を認める経過措置（請求書等の保存を要しない課税仕入れに関する経過措置（少額特例））が設けられています（所得税法等の一部を改正する法律（平成28年法律第15号）附則53の2他）。

(2)　内容

　仕入税額控除の規定は、原則として帳簿及び請求書等（インボイス）の保存が適用要件とされています（消法30⑦）が、事業者（免税事業者を除きます。）が令和5年10月1日から令和11年9月30日までの間に国内において行う課税仕入れ（下記(3)の適用対象となる課税期間に行うものに限られます。）については、その課税仕入れに係る支払対価の額が1万円未満である場合には、帳簿のみの保存で適用要件を満たすものとされ、請求書等の保存は不要となります（所得税法等の一部を改正する法律（平成28年法律第15号）附則53の2、消費税法施行令等の一部を改正する政令（平成30年政令第135号）附則24の2）。なお、課税仕入れに係る支払対価の額とは、税込の金額を意味し（消法30⑧一ニ）、課税仕入れに係る支払対価の額が1万円未満である場合に該当するか否かは、1回の取引の課税仕入れに係る税込みの金額が1万円未満かどうかで判定するものであり、課税仕入れに係る一の商品（役務）ごとの税込みの金額により判定するものではありません（消基通21－1－6）。

　したがって、少額特例の適用を受ける場合には、税込金額1万円未満の課税仕入れについては、必要事項を帳簿に記載することのみで仕入税額控除の適用を受けることが可能であり、インボイスの保存は必要とされません。

(3)　適用対象となる課税期間

　少額特例の適用対象となる課税期間は、その基準期間における課税売上高が1億円以下である課税期間又はその特定期間における課税売上高が5,000万円以下である課税期間に行うものに限られます（所得税法等の一部を改正する法律（平成28年法律第15号）附則53の2）。

第4章　消費税の取扱い

⑷　実務上の留意点

イ　対象となる課税期間

　適用対象となる課税期間は、その基準期間における課税売上高が1億円以下である課税期間又はその特定期間における課税売上高が5,000万円以下である課税期間であることから、例えば、1年決算法人で前々期（基準期間）における課税売上高が1億円超であったとしても、特定期間（前期の前半6月間）における課税売上高が5,000万円以下であれば適用対象となり、また、前々期における課税売上高が1億円以下であれば、特定期間における課税売上高が5,000万円超であったとしても適用対象となります。したがって、新たに設立された法人の基準期間がない課税期間について、その特定期間における課税売上高が5,000万円超となった場合でも課税対象となります（消基通21－1－5）。

　なお、事業者免税点制度において、特定期間における課税売上高は、その特例として特定期間中に支払った給与等の金額を代替として使用することができます（第4章第1　4⑷参照）が、この少額特例の場合には、給与等の金額を代替として使用することができる旨の規定はありませんので、給与等の金額を代替として使用することはできません。したがって、基準期間における課税売上高が1億円超で特定期間における課税売上高が5,000万円超の場合には、特定期間における給与等の支払額が5,000万円以下であったとしても、少額特例の適用はありません。

　また、少額特例は、令和5年10月1日から令和11年9月30日までの間に行われる課税仕入れが対象となりますので、3月決算法人の令和11年度（自令和11年4月1日至令和12年3月31日）であれば、令和11年4月1日から令和11年9月30日までの間に行われる課税仕入れは対象となり、令和11年10月1日から令和12年3月31日までの間に行われる課税仕入れは対象外となり、同じ課税期間の課税仕入れであっても適用の有無が異なることに注意が必要です。

第3　インボイス制度における中小企業向けの経過措置

〈少額特例の適用可否〉

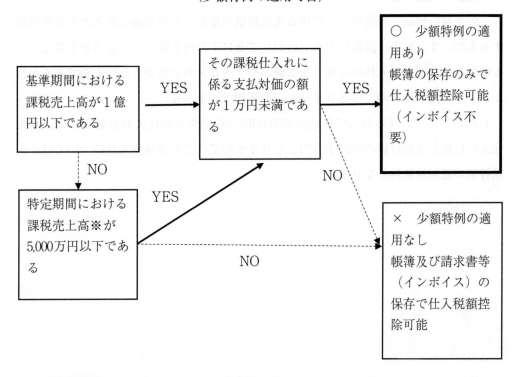

※　特定期間における給与等の金額を代替とすることは不可

ロ　免税事業者等からの課税仕入れの場合

　この少額特例は、課税仕入れに係る支払対価の額が1万円未満のものについては、帳簿の保存のみで仕入税額控除の適用を認めるものであり、適格請求書発行事業者からの課税仕入れであってインボイスの交付を受けていない場合の他に、免税事業者等の適格請求書発行事業者以外の者からの課税仕入れであっても、仕入税額控除の適用を受けることができることになります（所得税法等の一部を改正する法律（平成28年法律第15号）附則53の2、消費税法施行令等の一部を改正する政令（平成30年政令第135号）附則24の2）。

　なお、適格請求書発行事業者以外の者からの課税仕入れ等で、この少額特例の適用がないものについては、課税仕入れ等の税額の80％相当額（令和5年10月1日から令和8年9月30日までの間）又は50％相当額（令和8年10月1日から令和11年9月30日までの間）の仕入税額控除の適用を受けることができる経過措置があります（所得税法等の一部を改正する法律（平成28年法律第15号）附則52、53）。この経過措置は、基準期間における課税売上高等の要件はありません。

ハ　金額の判定単位

　この少額特例は、課税仕入れに係る支払対価の額が１万円未満であるか否かを判定するもの、すなわち、課税仕入れ（取引）ごとに１万円未満であるか否かを判定するものであり、課税仕入れの対象となる商品やサービスの単価が１万円未満であるか否かにより判定するものではありません（消基通21－１－６）。

　したがって、１回の取引で税込金額5,000円の商品を２個仕入れた場合には、課税仕入れに係る支払対価の額は１万円となりますので、この課税仕入れについては、少額特例の適用対象外となります。

第5章　地方税の取扱い

第1　法人事業税における取扱い

1　外形標準課税の適用除外

(1)　制度の趣旨

　法人事業税は、法人の行う事業に対し、事務所又は事業所（以下、「事務所等」といいます。）所在の都道府県が、その事業を行う法人に課する地方税です（地法72の2）。

　法人事業税は、法人がその事業活動を行うにあたって都道府県から受ける各種行政サービスの経費の負担を求める応益原則の考え方に基づいて課されています。平成15年度税制改正において、事業活動の規模に応じて薄く広く負担を求めるという税負担の公平性の確保、応益課税としての税の明確化、地方分権を支える基幹税の安定化、所得割の税率を引き下げることによる経済の活性化等の観点から、資本金の額が1億円を超える法人を対象として付加価値割、資本割による課税を一部導入する外形標準課税制度が創設されました（櫻井幸枝他「第4版　図解とQ&Aによる外形標準課税の実務と申告」3、4頁）。

　そして、平成27年度、28年度税制改正において、外形標準課税の割合が拡大されています。

　なお、法人事業税は、地域間の税源偏在を是正するための措置として、平成20年10月1日から令和元年9月30日までの間に開始する事業年度において、所得割と収入割の税率が引き下げられ、その引き下げられた部分について、国税として地方法人特別税が課されていましたが、令和元年10月1日以後に開始する事業年度から地方法人特別税が廃止され、新たに特別法人事業税が創設されています。

　特別法人事業税は、法人事業税と同じ申告書及び納付書により、法人事業税と併せて都道府県に申告納付することとされています。

— 375 —

第5章　地方税の取扱い

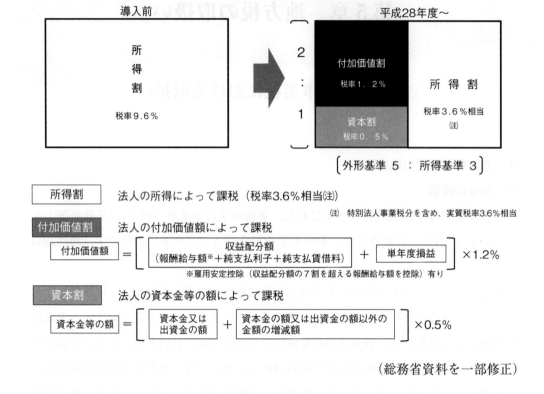

（総務省資料を一部修正）

　外形標準課税の適用は、平成15年度税制改正当時の景気状況等を勘案し、法人税において軽減税率が適用される資本金の額又は出資金の額（以下、「資本金」といいます。）が1億円以下の法人を対象外としているため、地方税における中小企業税制の1つとして位置づけられているといえます。
　なお、令和5年度与党税制改正大綱において、外形標準課税の対象から外れている実質的に大規模な法人を対象に制度的な見直しを検討するものとされています。

〈令和5年度与党税制改正大綱（抜粋）〉

4．経済社会の構造変化も踏まえた公平で中立的な税制への見直し
(3)　外形標準課税のあり方
　　法人事業税の外形標準課税は、平成16年度に資本金1億円超の大法人を対象に導入され、平成27、28年度税制改正において、より広く負担を分かち合い、企業の稼ぐ力を高める法人税改革の一環として、所得割の税率引下げとあわせて、段階的に拡大されてきた。
　　外形標準課税の対象法人数は、資本金1億円以下への減資を中心とした要因に

第1 法人事業税における取扱い

より、導入時に比べて約3分の2まで減少している。また、持株会社化・分社化の際に、外形標準課税の対象範囲が実質的に縮小する事例も生じている。こうした事例の中には、損失処理等に充てるためではなく、財務会計上、単に資本金を資本剰余金へ項目間で振り替える減資を行っている事例も存在する。また、子会社の資本金を1億円以下に設定しつつ、親会社の信用力を背景に大規模な事業活動を行っている企業グループの事例もある。

こうした減資や組織再編による対象法人数の減少や対象範囲の縮小は、上記の法人税改革の趣旨や、地方税収の安定化・税負担の公平性といった制度導入の趣旨を損なうおそれがあり、外形標準課税の対象から外れている実質的に大規模な法人を対象に、制度的な見直しを検討する。

その上で、今後の外形標準課税の適用対象法人のあり方については、地域経済・企業経営への影響も踏まえながら引き続き慎重に検討を行う。

(2) 制度の概要

外形標準課税対象法人は、資本金が1億円を超える法人で、法人事業税が非課税となる公共法人等、収益事業に係る所得又は収入金額にのみ課税される公益法人等、特別法人(注)、人格のない社団等、法人課税信託の引受けを行う個人（みなし課税法人）、投資法人、特定目的会社、一般社団法人及び一般財団法人を除きます（地法72の2①一）。

> (注) 特別法人とは、農業協同組合、消費生活協同組合など地方税法第72条の24の7第7項各号に掲げる法人をいいます（以下同じ。）。

資本金が1億円を超えるかどうかの判定は、その事業年度終了の日の現況によります（地法72の2②）。

したがって、その事業年度終了の日までに減資（第1章 第3参照）をして、資本金が1億円以下になった法人は、外形標準課税の対象外となります。

また、外形標準課税対象法人の判定において、法人税法における中小法人（第1章 第1 2(1)参照）のように大法人の100％子法人等を除外する規定や、租税特別措置法における中小企業者（第1章 第1 3(1)参照）のようにみなし大企業（第1章 第1 3(2)参照）を除外する規定はありませんので、資本金が5億円以上の大法人や資本金が1億円を超える大規模法人が親会社であっても、その法人の事業年度終了の日現在の資本金が1億円以下であれば、外形標準課税の対象外となります。

— 377 —

2 所得割の所得の計算方法（中小企業税制における法人税との相違点）

⑴ 中小企業税制の適用

　法人事業税の所得割の課税標準は、各事業年度の所得となります（地法72の12三）。この各事業年度の所得は、内国法人の場合、原則として各事業年度の法人税の課税標準である所得の計算の例によって算定します（地法72の23①一）。

　したがって、法人税法において中小法人に適用される貸倒引当金制度（第2章 第1参照）、欠損金の繰越し（第2章 第2参照）、交際費等の定額控除限度額制度（第2章 第5参照）、租税特別措置法において中小企業者に適用される各特別償却の制度（第3章 第2他参照）については、法人事業税の各事業年度の所得の計算においても適用されます。

⑵ 欠損金の繰戻しによる還付制度の不適用

　法人税において、欠損金の繰戻しによる還付（第2章 第6参照）が適用された場合に、還付を受けるのは国税（法人税及び地方法人税）に限られ、法人事業税の所得割からの還付を受けることが認められません。

　そのため、法人税の所得の計算上、欠損金の繰戻しによる還付の適用を受けた欠損金額は、翌期に繰り越すことができませんが、法人事業税の各事業年度の所得の計算上は、欠損金の繰戻しによる還付の適用を受けた欠損金額も含めて、その事業年度開始の日前10年（注）以内に開始した事業年度において生じた欠損金をその事業年度から繰り越し、その翌事業年度以降の所得の計算上、損金の額に算入できます（地令21）。

　したがって、法人税の欠損金の繰戻しによる還付が適用された場合には、法人税の各事業年度の所得と法人事業税の各事業年度の所得に差異が生じます。

　⒡　平成30年4月1日前に開始する事業年度において生じた欠損金については9年となります。

3 所得割の軽減税率

⑴ 軽減税率

　法人事業税の所得割の軽減税率は、中小法人の負担軽減を目的として創設された制度です（石井隆太郎他「令和4年度版改正税法のすべて」819頁）。

　具体的には、所得割の課税標準となる各事業年度の所得を年400万円ごとに段階的に区分する軽減税率が採用されています（地法72の24の7①）。

第 1 　法人事業税における取扱い

〈所得割の軽減税率〉

	法人の種類	所得の金額（注 1 ）	標準税率（注 2 ）
①	普通法人（②の法人及び外形標準課税対象法人（注 3 ）を除きます。）、公益法人等、人格のない社団等	年400万円以下の部分	3.5%
		年400万円超、年800万円以下の部分	5.3%
		年800万円超の部分	7.0%
②	特別法人	年400万円以下の部分	3.5%
		年400万円超の部分	4.9%

(注)1 　事業年度が 1 年に満たない場合においては、年400万円及び年800万円の金額にその事業年度の月数を乗じて得た額を12で除して計算し、 1 か月に満たない端数を生じたときは、これを 1 か月として計算します（地法24の 7 ⑥）

2 　標準税率とは、都道府県又は市町村が課税する場合に通常よるべき税率をいいます（地法 1 ①五）。都道府県又は市町村は、財政上その他の必要があると認められる場合において、条例で超過税率として標準税率を超える税率を定めることができます（下記 4 参照）。

3 　外形標準課税対象法人は、令和 4 年 4 月 1 日以後に開始する事業年度においては、軽減税率の適用対象外となります（地方税法等の一部を改正する法律（令和 4 年法律第 1 号）附則 6 ①）。

　なお、令和 4 年 3 月31日以前に開始する事業年度の外形標準課税対象法人の所得割の標準税率は次のとおりです（令和 4 年改正前地法72の24の 7 ①一ハ）。

〈令和 4 年度税制改正前の外形標準課税対象法人の所得割の軽減税率〉

法人の種類	所得の金額	税率
外形標準課税対象法人	年400万円以下の部分	0.4%
	年400万円超、年800万円以下の部分	0.7%
	年800万円超の部分	1.0%

(2)　軽減税率適用法人の判定

イ　判定

　所得割の軽減税率は、 3 以上の都道府県において事業所等を設けて事業を行う法人で、かつ、資本金が1,000万円以上のもの（以下、「軽減税率不適用法人」といいま

す。）には適用されません（地法72の24の7⑤）。

したがって、資本金が1,000万円未満の法人については、3以上の都道府県において事務所等を設けて事業を行っている場合でも軽減税率が適用されます。

また、令和4年度改正前までは、資本金が1億円を超える外形標準課税対象法人であっても、2以下の都道府県に事務所等を設けて事業を行っている法人であれば、軽減税率が適用されていましたが、令和4年度改正後は上記(1)のとおり適用対象外となりました。

軽減税率不適用法人の判定は、その事業年度終了の日の現況によります（地法72の24の7⑧）

〈軽減税率不適用法人の判定フローチャート〉

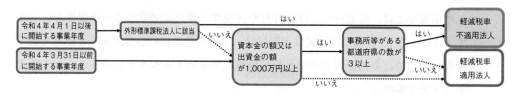

（東京都主税局資料を一部修正）

〈軽減税率適用法人の類型〉

資本金の額	事務所等を設ける都道府県数
1,000万円未満	制限なし
1,000万円以上1億円以下	2以下

ロ　軽減税率不適用法人の標準税率

軽減税率不適用法人の所得割の標準税率は、軽減税率が適用される法人の年800万円を超える部分の税率と同じになります（地法72の24の7①⑤）。

第1　法人事業税における取扱い

〈所得割の標準税率（軽減税率不適用法人）〉

	法人の種類	税率
①	普通法人（②及び③の法人を除きます。）、公益法人等、人格のない社団等	7.0%
②	特別法人	4.9%
③	外形標準課税法人	1.0%

4　超過税率

　東京都など一部の都道府県においては、法人事業税の超過税率が適用されています。

　法人事業税に超過税率を採用している都道府県は、令和5年4月現在、宮城県、東京都、神奈川県、静岡県、愛知県、京都府、大阪府、兵庫県の8都府県となっています。

　所得割の超過税率の適用により、実効税率の計算にも影響がありますので、注意が必要です（実効税率の計算方法については、第2章 第3 3(2)を参照してください。）。

　また、中小企業に対する配慮から、一定の法人に対しては超過税率を適用しない不均一課税を採用しています。

　東京都を例とすると、資本金が1億円以下の普通法人、特別法人、公益法人等又は人格のない社団等で、かつ、所得が年2,500万円以下の法人には超過税率を適用しないものとされています（東京都都税条例附則5の2の2）。

〈東京都における所得割の不均一課税の適用〉

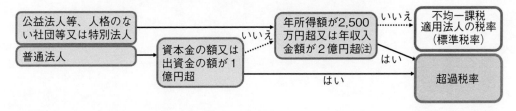

（東京都主税局資料を一部修正）

(注)　年収入金額での判定は、電気供給業等の収入割によって法人事業税が課される法人に適用されます。

　東京都における超過税率は、次のとおりです。

第5章　地方税の取扱い

〈東京都における超過税率の適用（所得割）〉

	法人の種類	所得の金額	標準税率	超過税率
①	普通法人（②及び③の法人を除きます。）、公益法人等、人格のない社団等	年400万円以下の部分	3.5%	3.75%
		年400万円超、年800万円以下の部分	5.3%	5.665%
		年800万円超の部分及び軽減税率不適用法人	7.0%	7.48%
②	特別法人	年400万円以下の部分	3.5%	3.75%
		年400万円超の部分及び軽減税率不適用法人	4.9%	5.23%
③	外形標準課税対象法人(注)	－	(1.0%)	1.18%

(注)　東京都においては、外形標準課税対象法人に標準税率が適用されませんが、参考としてかっこ書で記載しています。

第2 法人住民税における取扱い

1 法人税割における取扱い

(1) 法人税の税額控除の適用

　法人住民税には、道府県民税と市町村民税があり、その道府県内又は市町村内に事務所等を有する法人に対しては、均等割額及び法人税割額の合算額によって課されています（地法24①三、294①三）。

　また、東京都特別区においては、都民税として道府県税に市町村民税相当分を合算して課されています（地法734）。

　法人税割の課税標準となる法人税額は、原則として租税特別措置法における税額控除を適用する前の法人税額を用いることとされていますが、租税特別措置法における中小企業者について各税額控除の制度（第3章 第1他参照）を適用する場合の法人税割の課税標準となる法人税額は、税額控除を適用した後の法人税額を用いることとされています（地法23①四、292①四、地法附則8）。

〈中小企業者以外の法人と中小企業者の法人税割課税標準の違い〉

① 中小企業者以外の法人が税額控除を適用する場合の法人税割の課税標準（灰色部分）
② 中小企業者が税額控除を適用する場合の法人税割の課税標準（灰色部分）

（経済産業省資料を一部修正）

(2) 欠損金の繰戻しによる還付制度の不適用

　法人税において、欠損金の繰戻しによる還付（第2章 第6参照）が適用された場合に、還付を受けるのは国税（法人税及び地方法人税）に限られ、法人住民税の法人税割からの還付を受けることが認められません。

　そのため、その事業年度開始の日前10年（注）において、欠損金の繰戻しによって還付を受けた法人税額（以下、「控除対象還付法人税額」といいます。）をその生じた事業年度から繰り越し、その翌事業年度以降の法人税割の課税標準である法人税額か

ら控除することとされています（地法53㉓、321の8㉓）。

　(注)　平成30年４月１日前に開始する事業年度において生じた控除対象還付法人税額については９年となります。

(3) 法人税割の超過税率

　各都道府県や各市町村においては、法人税割の超過税率が適用されている場合がありますが、中小企業に対する配慮から、一定の法人に対しては超過税率を適用しない不均一課税を採用している場合があります。

　法人税割の超過税率の適用により、実効税率の計算にも影響がありますので、注意が必要です（実効税率の計算方法については、第２章 第３ ３(2)を参照してください。）。

　東京都を例とすると、資本金が１億円以下で、かつ、法人税額が年1,000万円以下の法人には超過税率を適用しないものとされています（東京都都税条例附則12①）。

〈東京都における法人税割の不均一課税の適用〉

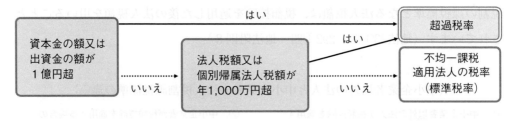

（東京都主税局資料を一部修正）

　東京都における超過税率は、次のとおりです。

〈東京都における超過税率の適用（法人税割）〉

区分	標準税率	超過税率
東京都特別区に事務所等がある場合（注１）	7.0%	10.4%
東京都市町村に事務所等がある場合（注２）	1.0%	2.0%

　(注)１　都民税として道府県民税と市町村民税を合算した税率が適用されます。
　　　２　事務所等がある市町村において、別途市町村民税が課されます。

2 均等割における取扱い

(1) 均等割の税率

　法人住民税の均等割の標準税率は、道府県民税においては、法人の資本金等の額によって、市町村民税においては、法人の資本金等の額と従業者数の区分によって、それぞれ次表のとおりと定められています（地法52①、312①）。

〈均等割の標準税率〉

法人の区分	資本金等の額	道府県民税額（年額）	市町村民税額（年額）	
			従業者数50人以下	従業者数50人超
公共法人、公益法人等、人格のない社団等		20,000円	50,000円	
上記以外の法人	1,000万円以下の法人	20,000円	50,000円	120,000円
	1,000万円超1億円以下の法人	50,000円	130,000円	150,000円
	1億円超10億円以下の法人	130,000円	160,000円	400,000円
	10億円超50億円以下の法人	540,000円	410,000円	1,750,000円
	50億円超の法人	800,000円	410,000円	3,000,000円

　このように、資本金等の額や従業者数によって、段階的に税率を定めているのは、中小企業に対して負担の軽減を図る必要があることや、その市町村の区域内の事務所等の従業者数が少ない法人に対して、従業者数が多い法人と同様な税負担を求めることが適当でないと考えられるためです。

(2) 資本金等の額

　均等割の税率を判定する資本金等の額は、法人税法上の資本金等の額（法法2十六、法令8）に、利益の資本組入れによる増資（いわゆる無償増資）により資本金とした金額を加算し、減資により損失のてん補をした金額を減算して算定するものとされています（地法23①四の二、292①四の二）。

　ただし、このように算定した資本金等の額が、資本金及び資本準備金の合算額に満たない場合には、資本金及び資本準備金の合算額にて均等割の税率が判定されます（地法52④、312⑥）。

第5章　地方税の取扱い

　減資による損失のてん補を行った場合の税務処理の詳細は、第1章 第3 4⑵を参照してください。

第3 生産性向上や賃上げに資する中小企業者の設備投資に関する固定資産税の特例

1 概要

(1) 制度の趣旨

令和5年度税制改正において、中小企業者の生産性の向上や賃上げの促進を図ることを目的として、固定資産税（償却資産）に係る特例措置が創設されました。

これは、中小企業者が生産性を高めるための設備を取得した場合、固定資産税の軽減措置により税制面が支援するための措置とされています。

ただし、この制度は、現下の経済情勢を踏まえた対応であることと、固定資産税が市町村財政を支える安定した基幹税であることから2年間の時限的な措置とされています。

(2) 制度の概要

この制度は、租税特別措置法における中小企業者が令和5年4月1日から令和7年3月31日までの期間（以下、「適用期間」といいます。）内に中小企業等経営強化法に規定する認定先端設備等導入計画に従って取得をした新品の先端設備等に該当する機械及び装置、工具、器具及び備品並びに建物附属設備（家屋と一体となって効用を果たすものを除きます。以下、「機械装置等」といいます。）で一定のものに対して課する固定資産税の課税標準は、その機械装置等に対して新たに固定資産税が課されることとなった年度から3年度分の固定資産税に限り、2分の1の額とするものです。

ただし、その機械装置等のうち雇用者給与等支給額（雇用者給与等支給額の意義については、第3章第5 2(3)を参照してください。）の増加に係る一定の事項が記載された認定先端設備等導入計画に従って取得をしたものにあっては、その機械装置等に対して新たに固定資産税が課されることとなった年度から5年度分（令和6年4月1日から令和7年3月31日までの間に取得をしたものにあっては、その機械装置等に対して新たに固定資産税が課されることとなった年度から4年度分）の固定資産税に限り、3分の1の額とされます（地法附則15㊺、地令附則11㊾）。

— 387 —

第5章 地方税の取扱い

〈適用を受けるまでの流れ〉

固定資産税の特例について（スキーム図①）　　〜投資利益の要件について〜

```
                    ①先端設備等導入計画の事前確認を依頼
                    ②投資計画に関する確認を依頼
   認定                ←─────────────                中小事業者等
   経営革新等
   支援機関             ③先端設備等導入計画の事前確認書発行
                    ④投資計画に関する確認書を発行
                    ─────────────→
                                              ⑤計画申請  ⑥計画認定
                                                  ↓        ↑
                                                  市町村
```

＜認定経営革新等支援機関の確認内容＞
- 先端設備等導入計画記載の直接当該事業の用に供する設備の導入によって労働生産性が年平均3％以上向上することが見込まれるかについて確認
- 年平均の投資利益率（※）が5％以上となることが見込まれるかを確認

計画認定後‥‥
⑦設備取得
⑧所在する市町村へ税務申告

$$年平均の投資利益率 = \frac{（営業利益＋減価償却費^{※1}）の増加額^{※2}}{設備投資額^{※3}}$$

※1　会計上の減価償却費
※2　設備の取得等をする翌年度以降3年度の平均額
※3　設備の取得等をする年度におけるその取得等をする設備の取得価額の合計額

固定資産税の特例について（スキーム図②）　　〜賃上げ方針の表明について〜

→　賃上げ方針を表明し、1/3に軽減される措置を受けたい場合

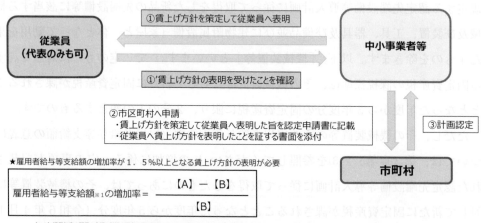

```
                    ①賃上げ方針を策定して従業員へ表明
   従業員            ←─────────────                中小事業者等
  （代表のみも可）       ①'賃上げ方針の表明を受けたことを確認
                    ─────────────→
                                              ③計画認定
                    ②市区町村へ申請                    ↑↓
                    ・賃上げ方針を策定して従業員へ表明した
                      旨を認定申請書に記載                市町村
                    ・従業員へ賃上げ方針を表明したことを
                      証する書面を添付
```

★雇用者給与等支給額の増加率が1.5％以上となる賃上げ方針の表明が必要

$$雇用者給与等支給額^{※1}の増加率 = \frac{【A】-【B】}{【B】}$$

（※1）適用年度の所得の金額の計算上損金の額に算入される国内雇用者に対する給与等（俸給・給料・賃金・歳費及び賞与並びに、これらの性質を有する給与）の支給額のこと。

【A】計画認定の申請日の属する事業年度※2又は当該申請日の属する事業年度の翌事業年度における雇用者給与等支給額
　　（※2）令和5年4月1日以後に開始する事業年度に限る。
【B】当該申請日の属する事業年度の直前の事業年度における雇用者給与等支給額

（経済産業省・中小企業庁資料を一部修正）

2　制度の詳細

⑴　適用対象法人

　この制度の適用対象法人は、租税特別措置法における中小企業者（中小企業者の意義については、第1章第1 3⑴参照してください。）とされています。

　なお、この制度においては、租税特別措置法における適用除外事業者（第1章第1 3⑶参照）を除外する規定はありません（地法附則15㊺）。

⑵　先端設備等に該当する機械装置等の範囲

　先端設備等とは、従来の処理に比して大量の情報の処理を可能とする技術その他の先端的な技術を活用した施設、設備、機器、装置又はプログラムであって、それを迅速に導入することが中小企業者の生産性の向上に不可欠なものをいいます（中小企業等経営強化法2⑭）。

　具体的には、直接商品の生産若しくは販売又は役務の提供の用に供するもので、次表に掲げる設備のうち投資利益率5％以上の投資計画に記載されたものをいいます（中小企業等経営強化法施行規則7）。

　また、この制度の対象となる機械装置等の最低取得価格は、それぞれ次表のとおりです（地令附則11㊼）。

〈先端設備等に該当する設備及び最低取得価格〉

種類	対象となるものの用途又は細目	最低取得価格
機械及び装置	全ての設備	1台又は1基の取得価額が160万円以上
工具	測定工具及び検査工具（電気又は電子を利用するものを含みます。）	1台又は1基の取得価額が30万円以上
器具及び備品	全ての設備	1台又は1基の取得価額が30万円以上
建物附属設備	家屋と一体となって効用を果たすもの㊟を除きます。	一の取得価額が60万円以上

　㊟　家屋と一体となって効用を果たすものとして、家屋として固定資産税が課税されるものは、この制度の対象外です。したがって、地方税法第343条第10項により償却資産とみなされて固定資産税が課税される特定附帯設備（家屋の所有者以外の者がその事業の用に供するため取り付けた家屋の附帯設備で一定のものをいいます。）は、この制

度の対象となります（地法附則15㊺かっこ書）。

3　実務上の留意点

⑴　中小企業者の判定時期

　固定資産税の賦課期日である1月1日現在において、資本金が1億円以下等の中小企業者の要件を満たすことが必要です（固定資産税の特例に関するＱ＆Ａ（中小企業庁）22）。

⑵　購入ではなくリースした設備の取扱い

　ファイナンスリース取引については対象になりますが、オペレーティングリースについては対象外となります（地法附則15㊺かっこ書、固定資産税の特例に関するＱ＆Ａ（中小企業庁）11）。

　また、所有権移転外リース取引で設備を導入した場合、固定資産税はリース会社が納付しますが、リース会社の固定資産税にも適用されますので、リース契約に含まれている固定資産税額が減額されることを予定しています（固定資産税の特例に関するＱ＆Ａ（中小企業庁）12、13）。

⑶　他の制度との重複適用

　同一の資産について、2以上の固定資産税の特例措置を受けることはできませんが、特別償却や税額控除に係る各制度とは重複して利用することが可能です（固定資産税の特例に関するＱ＆Ａ（中小企業庁）17）。

⑷　制度の適用を受けるための手順

　この制度を受けるためには、あらかじめ認定経営革新等支援機関から確認書を取得し、市町村による先端設備等導入計画の認定後に設備を取得することが必須となります。その後、固定資産税の賦課期日である1月1日を経て償却資産の申告書を市町村に提出する流れになります。したがって、適用を受けるためには、設備が必要となる時期から認定経営革新等支援機関から確認書の取得に要する期間及び先端設備等導入計画の策定に要する期間を逆算して、手続を進める必要があります。

　なお、東京都特別区においては、東京都が固定資産税を課するものとされていますので、その設備が所在する特別区にある都税事務所に提出する必要があります（地法734）。

第3 生産性向上や賃上げに資する中小企業者の設備投資に関する固定資産税の特例

〈設備取得から申告までの流れ〉

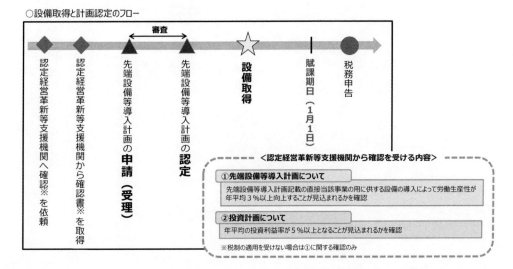

(経済産業省・中小企業庁資料より)

参考判決等

参考判決等

〈欠損金の繰越控除制度〉

最高裁判所昭和43年 5 月 2 日判決（税務訴訟資料第52号（順号1726））

　欠損金額の繰越控除とは、いわば欠損金額の生じた事業年度と所得の申告をすべき年度との間における事業年度の障壁を取り払ってその成果を通算することにほかならない。これを認める法人税法 9 条 5 項の立法趣旨は、原判決の説示するように、各事業年度の所得によって課税する原則を貫くときは所得額に変動ある数年度を通じて所得計算をして課税するに比して税負担が過重となる場合が生ずるので、その緩和を図るためにある。

最高裁判所平成25年 3 月21日判決（税務訴訟資料第999号（順号8316））

　法人税法の規定する欠損金の繰越控除は、所得の金額の計算が人為的に設けられた期間である事業年度を区切りとして行われるため、複数の事業年度の通算では同額の所得の金額が発生している法人の間であっても、ある事業年度には所得の金額が発生し別の事業年度には欠損金額が発生した法人は、各事業年度に平均的に所得の金額が発生した法人よりも税負担が過重となる場合が生ずることから、各事業年度間の所得の金額と欠損金額を平準化することによってその緩和を図り、事業年度ごとの所得の金額の変動の大小にかかわらず法人の税負担をできるだけ均等化して公平な課税を行うという趣旨、目的から設けられた制度であると解される。

〈欠損金の繰戻還付制度〉

東京地方裁判所昭和46年 4 月 5 日判決（税務訴訟資料第62号（順号2715））

　旧法人税法26条の 4 は欠損の繰戻しによる納税還付の制度を設けていたが、それは次年度に生じた欠損を前年度の所得金額から控除した残に対する所得税額と前年度の本来の所得税額との差額を納税者に還付して、期間計算主義から生じる徴税の不合理と税負担の不公平を解消しようとしたものと解される。

国税不服審判所平成12年11月27日裁決（裁決事例集No.60）

　請求人は、欠損金の繰戻しによる法人税額の還付請求において、法人税法第81条第 4 項に規定する「営業の全部の譲渡が生じた日」は、譲受人との間で営業譲渡に合意

した仮契約書を取り交わした日である旨主張したが、請求人の事業を規制する中小企業等協同組合法の規定において、営業譲渡については所管行政庁の認可を受けてはじめてその効力が生ずるものとされていることから、請求人の営業の全部の譲渡が生じた日は、所管行政庁の認可を受けた日後、店舗、預金及び固定資産の引渡し並びに従業員の解雇及び再雇用等が行われた日であると認めるのが相当であり、当該日をもって欠損金の繰戻し請求に理由がないとされた。

〈研究開発税制（試験研究を行った場合の法人税額の特別控除制度）〉

国税不服審判所平成13年11月6日裁決（裁決事例集No.62）

請求人は、租税特別措置法（平成9年法律第22号による改正前のもの）（措置法）第42条の4《試験研究費の額が増加した場合等の法人税額の特別控除》第3項に規定する法人税の特別控除について、自主的に提出した修正申告により増加した法人税額に対応する金額については控除が認められるべきである旨主張した。しかし、同条第10項において、同条第3項の規定は、確定申告書等に、この規定による控除を受ける金額の申告の記載があり、かつ、当該金額の計算に関する明細書の添付がある場合に限られ、この規定により控除される金額は、当該申告に係るその控除を受けるべき金額に限るものとする旨規定しており、本件確定申告書等の意義は、同法第2条第2項第11号において、法人税法第2条第30号に規定する中間申告書及び同条第31号に規定する確定申告書（当該申告書に係る期限後申告書を含む。）をいう旨規定していることからすれば、措置法第42条の4第10項に規定する「当該申告に係るその控除を受けるべき金額」については、申告書に記載された控除税額そのものをいうのではなく、当該申告書に記載された事項を基礎として計算する場合に控除を受けることができる正当額をいうと解されるとされた。

国税不服審判所平成27年6月22日裁決（国税不服審判所裁決要旨）

請求人は、租税特別措置法（措置法）第42条の4《試験研究を行った場合の法人税額の特別控除》第14項前段の「当該金額の計算に関する明細を記載した書類」と同項後段「当該確定申告書に添付された書類」は同一のものを示すものではなく、後段の「書類」は前段の「書類」よりも広い範囲のものを指すと解すべきであり、請求人の提出した確定申告書（本件確定申告書）には、別表6(6)《試験研究費の総額等に係る法人税額の特別控除に関する明細書》及び別表6(9)《試験研究を行った場合の法人税

額の特別控除における平均売上金額、比較試験研究費の額及び基準試験研究費の額の計算に関する明細書》並びに試験研究費の勘定科目別内訳明細を記載した書類を添付していることから、これらの書類に記載された試験研究費の額を基礎に、更正の請求において新たに別表6(8)《試験研究費の増加額等に係る法人税額の特別控除に関する明細書》を添付することにより措置法第42条の4第9項第1号（本件税額控除）が適用できる旨主張したが、本件税額控除の適用を受けることができる金額は、飽くまで、確定申告書等に添付された書類に記載された試験研究費の額を基礎として計算した金額に限られるところ、措置法第42条の4第14項後段が規定する確定申告書等に添付された書類とは、同項前段に規定する「控除を受ける金額並びに当該金額の計算に関する明細を記載した書類」を指すものと解するのが相当であり、請求人は本件確定申告書に別表6(9)は添付したものの、別表6(8)を添付しなかったのであるから、更正の請求において本件税額控除の適用を受けることはできないとされた。

国税不服審判所平成30年11月1日裁決（TAINS：F0−2−940）

　請求人は、確定申告において試験研究を行った場合の法人税額の特別控除の適用を受ける旨の意思表示があったとみることができない場合には、更正の請求において本件特別控除の適用を受けることはできないと解されるところ、請求人は本件確定申告書において租税特別措置法（措置法）第42条の4第8項に規定する確定申告書等に添付された書類として本件別表6(7)を添付しており、本件特別控除の適用を受ける旨の意思表示があったとみることができるのであるから、本件法人税更正請求において、本件特別控除の適用を受けることができる旨主張したが、措置法第42条の4第8項は、確定申告書等、修正申告書又は更正請求書に、当該規定による控除の対象となる試験研究費の額、控除を受ける金額及び当該金額の計算に関する明細を記載した書類の添付がある場合に限り適用する旨、控除される金額は確定申告書等に添付された書類に記載された試験研究費の額を基礎として計算した金額に限るものとする旨規定しており、措置法施行規則第34条第2項が、確定申告書に添付すべき書類の記載事項のうち、別表6(6)に定めるものの記載については、同表の書式によらなければならない旨規定していることから、本件特別控除により控除される金額は、確定申告書等に添付された別表6(6)の書式に記載された本件特別控除の対象となる試験研究費の額を基礎として計算した金額に限られるものと解され、請求人は、本件確定申告書に本件別表6(6)を添付していないから、措置法第42条の4第8項に規定する要件を満たしておらず、本件法人税更正請求によって、同条第2項に規定する本件特別控除の適用を受けるこ

— 396 —

とはできないとされた。

〈中小企業投資促進税制（中小企業者等が機械等を取得した場合の特別償却又は法人税額の特別控除制度）〉

国税不服審判所平成19年10月30日裁決（裁決事例集No.74）

　請求人は、リースにより賃借した本件各減価償却資産が、①剛性のある物体から構成されている、②一定の相対運動をする機能を持っている、③それ自体が仕事をする、という機械の判定要件である三つを満たすものであり、法人税法施行令《減価償却資産の範囲》第13条第3号に規定する「機械及び装置」に該当する旨主張したが、次の理由により租税特別措置法第42条の6《中小企業者等が機械等を取得した場合等の特別償却又は法人税額の特別控除》第3項の適用できないとされた。

① 　請求人の主張する三つの要素は、機械及び装置の一般的な要素とはいえるものの、法人税法施行令第13条第3号に規定する「機械及び装置」というためには、複数のものが設備を形成して、その設備の一部としてそれぞれのものがその機能を果たしていなければならないが、本件各減価償却資産は、①検査、分析、判定、測定等を行うことにより、その工程が全て終了するものであること、②それ自体単体で個別に作動するものであり、他の機器と一体となって機能を発揮するものではないことなどの性質を有していることから、上記の要件を満たしているものということはできないので、同号に規定する「機械及び装置」には該当しない。

② 　本件各減価償却資産は、それ自体で固有の機能を果たし、独立して使用されるものであるので、法人税法施行令第13条第7号に規定する「器具及び備品」に該当するが、租税特別措置法第42条の6第3項の適用対象となる器具及び備品は、事務処理の能率化に資するものとして財務省令に定めるものに限定されているところ、本件各減価償却資産の機能からすれば、同項に規定する「器具及び備品」にも該当しない。

長崎地方裁判所平成28年5月10日判決（税務訴訟資料第266号（順号12852））

　中小企業者等が機械等を取得した場合の法人税額の特別控除を定める租税特別措置法42条の6第2項（本件規定）は、有効需要を喚起する総合経済対策の一環として中小企業の設備投資促進という目的から、担税力において同様の状況にあっても、政策的に一定の事業者に対してのみその選択に従い法人税額の特別控除を認めるものであ

— 397 —

る。このような設備投資を促進し有効需要を喚起するという目的を実現するためには、指定事業が明確であって、中小企業において、特定機械装置等の設備投資を判断する際、自らが営んでいる事業が本件規定の適用により特別控除の優遇措置を受けられる指定事業に当たるかを、自ら判定できることが重要である。また、租税負担の公平に配慮する必要があり、曖昧な用語を使用することによって、同一の事業種であるのに特別控除の有無に差異が生じることがないようにする必要がある。

長崎地方裁判所平成28年5月10日判決（税務訴訟資料第266号（順号12852））

　中小企業者等が機械等を取得した場合の法人税額の特別控除を定める租税特別措置法42条の6第2項（本件規定）は、中小企業の設備投資促進という目的から政策的に一定の事業者にのみ法人税の特別控除を認めるもので、適用対象となる指定事業が明確で、また、租税負担の公平に配慮する必要があり、租税特別措置法施行令27条の6第4項及び本件条項は、本件規定と併せて制定され、その定め方は、本件規定の適用対象となる指定事業を個別に列挙するもので、適用対象を明確にし、公平性に配慮したものということができる。本件通達は、本件規定の指定事業の範囲判定の基準として日本標準産業分類を挙げているところ、同分類は、事業所において社会的な分業として行われる財及びサービスの生産又は提供に係るすべての経済活動を分類するもので、他にこれに代わりうる普遍的で合理的な産業の分類基準は見当たらないから、指定事業の範囲の判定に当たり、同分類によることの合理性は否定できない。

　同分類は、広く利用され、一般に公開されているものであり、この分類に従えば、本件規定等において、指定事業とされた事業の範囲が明確で互いに重複ないし包摂しないことになるから、本件規定の趣旨目的、本件規定等の定め方と整合し、さらに税負担の公平性、相当性を考慮すると、日本標準産業分類の分類に従って本件条項の意味内容を解釈するのが相当というべきである。

国税不服審判所平成29年10月31日裁決　（裁決事例集No.109）

　請求人は、租税特別措置法（平成28年法律第15号による改正前のもの）第42条の6《中小企業者等が機械等を取得した場合の特別償却又は法人税額の特別控除》第1項に規定する「その製作の後事業の用に供されたことのないもの」とは、いわゆる新品と同義であり、その製作の後、製作者又は製作者から取得した者の下で固定資産として使用されたことのないものをいうとして、請求人が取得した機械装置は、製作された後請求人が取得するまでの間、その販売者の固定資産として使用されたことはなく、

— 398 —

棚卸資産として管理されていて資産価値が減少したとはいえず、本件販売者による1年間の保証の下、新品として取得したものであることから、本件機械装置は同項に規定する「その製作の後事業の用に供されたことのないもの」に該当する旨主張したが、同項に規定する「その製作の後事業の用に供されたことのないもの」とは、その製作者及び取得した販売者において使用されたことのない、いわゆる新品であるものをいい、それに該当するかどうかは販売者等における業種、業態、その資産の構成及び使用の状況に係る事実関係を総合的に勘案して判断することとなるところ、本件機械装置は、製作された後、本件販売者において1年以上にわたり展示場での展示及び実演に供され、部品交換もされていたのであり、これらの事情を総合的に勘案すると、本件販売者において使用されていたというべきであり、「その製作の後事業の用に供されたことのないもの」に該当しないとされた。

東京地方裁判所平成31年1月25日判決（税務訴訟資料第269号（順号13233））

国税不服審判所令和4年3月14日裁決（TAINS：F0-2-1063）

請求人は、●●●等採掘現場で使用している重ダンプトラックについて、法人税額の特別控除の対象となる「機械及び装置」に該当するとした申告したところ、原処分庁が、本件重ダンプトラックは「車両及び運搬具」に該当するから、法人税額の特別控除を適用することはできないとして処分した。これについて審判所は、使用されている本件重ダンプトラックは、単に●●●等を搭載して立坑まで運搬するだけではなく、当該●●●等を立坑へ安全かつ正確に投入するという作業を行っており、この二つの作業を行って初めてその役割を果たしているのであるから、この二つの作業は一体不可分のものであるということができ、この立坑への投入作業は本件重ダンプトラック以外の機械等は行っていないというのであるから、本件重ダンプトラックは、請求人の事業目的を果たすための一連の作業の一端を専属に担うという重要な役割を果たしているということができ、その主たる役務が●●●等の運搬であると断定することはできないこと等から、本件重ダンプトラックが「車両及び運搬具」に該当すると判断することはできないとした。

〈中小企業向け所得拡大促進税制（中小企業者等の給与等の支給額が増加した場合の法人税額の特別控除制度)〉

東京地方裁判所平成28年7月8日判決（税務訴訟資料第266号（順号12879））

原告は、租税特別措置法（措置法）42条の12の4第4項前段があえて「確定申告書等、修正申告書又は更正請求書」という文言を用い、各申告書を並列的かつ選択的に

— 399 —

規定していることからすると、同項後段は、同項前段の趣旨との整合性が取れるように解釈すべきであって、同項後段の「当該確定申告書等」とは、同項前段の「確定申告書等、修正申告書又は更正請求書」を意味すると解するのが合理的であるなどと主張したが、上記のような解釈は、各規定の文理に反するものといわざるを得なく、措置法42条の12の4第4項前段において、確定申告書等のほか、「修正申告書又は更正請求書」を規定しているのは、同項後段において当初申告要件が設けられていることを前提に、中間申告書及び確定申告書に記載された金額のうち、雇用者給与等支給増加額以外の事項について変動がある場合には、当該事項について変更した修正申告や更正の請求を行うことができることを規定したものであると解されるから、原告の主張は、採用することができないとされた。

東京地方裁判所平成31年1月25日判決（税務訴訟資料第269号（順号13233））

原告は、租税特別措置法42条の12の4第1項が規定する特別控除の適用があることを認識しつつ給与等の支給額を増加させたものの、申告の際に特別控除の計算の基礎となる数値を誤った納税者については、自ら本来の特別控除の額よりも少ない額についてのみその適用を受けるとの選択をしたわけではないから、本件特別控除の適用の必要性は減殺されておらず、本件特別控除の適用を踏まえて給与等の支給額を増加させた法人のうち、その申告の際に誤りがあった法人は、本来の特別控除の額を控除してもらえないことになるが、このような法人だけを他の法人と比べて不利益に取り扱うことは合理的でなく、申告の際に計算の誤りをした法人も給与等の支給額を増加させた点では他の法人と異なるところがないから、特別控除の額においても等しく取り扱われるべきであって、同条4項の規定を厳格に解釈すれば、租税公平主義を阻害する旨主張したが、同項は、同条1項の規定により控除される金額は、当該確定申告書等に添付された書類に記載された雇用者給与等支給増加額を基礎として計算した金額に限る旨を定めているのであり、この規定の文言及び文理を前提とすると、納税者は、自らが提出した確定申告書等に添付した書類に雇用者給与等支給増加額を記載することによって、同条4項の規定による控除の範囲を自ら決定することが求められていることになるから、少なくとも国との関係においては、納税者は、当該記載によって当該記載に係る金額についてのみ同項の規定による控除の適用を受ける旨の選択をしたことを示したものと取り扱われることになるとされた。

参考資料

参考資料

付録

[付録 1]

令和 5 年度（2023年度）

経済産業関係 税制改正について

（令和 4 年12月）（抜粋）

[付録 2]

令和 4 年度（2022年度）

経済産業関係 税制改正について

（令和 3 年12月）（抜粋）

[付録 3]

令和 3 年度（2021年度）

経済産業関係 税制改正について

（令和 2 年12月）（抜粋）

[付録 4]

令和 2 年度（2020年度）

中小企業・小規模事業者関係 税制改正について

（令和元年12月）（抜粋）

参考資料

[付録1]

令和5年度（2023年度）

経済産業関係 税制改正について（令和4年12月）（抜粋）

令和5年度（2023年度）
経済産業関係 税制改正について

令和4年12月
経済産業省

（1－3）オープンイノベーション促進税制の拡充 (法人税、法人住民税、事業税)

拡充

- **M&Aは、スタートアップが自社だけでは実現不可能な、大きく・早く成長できる重要な出口戦略。**
- このため、オープンイノベーション促進税制について、**M&A時の発行済株式の取得に対しても所得控除25%**を講じる拡充を行うことで、スタートアップの成長に資するM&Aを後押しする。

※赤字部分、赤枠内が拡充部分

株式取得額の25%を所得控除
（M&A時は発行済株式も対象）

資金などの経営資源
革新的な技術・ビジネスモデル

出資法人：事業会社
（国内事業会社又はその国内CVC）

出資先：スタートアップ
（設立10年未満の国内外非上場企業）
売上高研究開発費比率10%以上かつ赤字企業の場合設立15年未満の企業も対象、発行済株式を取得する場合(50%超の取得時)は海外スタートアップを除く

5年以内に
成長投資・事業成長の要件
を満たさなかった場合等は、
所得控除分を一括取り戻し

※成長要件の詳細は次頁

	現行制度	拡充部分
対象株式	新規発行株式	発行済株式 （50%超の取得時）
所得控除 上限額 (取得額換算)	25億円/件＊ （100億円/件）	50億円/件 （200億円/件）
	年間125億円/社まで （年間500億円/社まで）	
株式取得 下限額	大企業1億円/件 中小企業1千万円/件	5億円/件

＊：2023年4月1日以降は所得控除上限12.5億円/件、取得額換算50億円/件

— 404 —

参考資料

（2-2）研究開発税制の拡充及び延長 (所得税、法人税)　　拡充・延長

- 研究開発投資を通じたイノベーションは、社会課題を成長のエンジンへと転換するために不可欠。しかしながら、**日本の研究開発投資の伸び率は他の主要国に比して低い。また、スタートアップとのオープンイノベーションや博士号取得者などの高度研究人材の活用も欧米に比して十分に進んでいない状況。**

- そのため、民間の研究開発投資の維持・拡大を促し、**メリハリの効いたインセンティブをより多くの企業に働かせるため、一般型を見直す（①②）** とともに、**スタートアップとの共同研究や高度研究人材の活用を促進するため、オープンイノベーション型の見直し（③④）** を行う。さらに、**デジタル化への対応やより質の高い試験研究を後押し**する観点から、**試験研究費の範囲を見直す（⑤⑥）**。

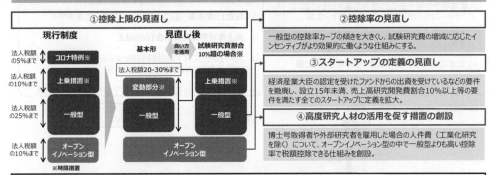

（2-2）一般型のインセンティブ強化 ①控除上限の見直し②控除率の見直し

- 研究開発投資の維持・拡大に対するインセンティブを強化するため、**試験研究費の増減割合に応じて控除上限が変動する制度を導入**するとともに、**控除率の傾きを見直す**(コロナ特例については期限通り廃止)。

- また、**時限措置（控除率の上限引上げ、控除上限・控除率の上乗せ措置）**について、**適用期限を３年間延長**。

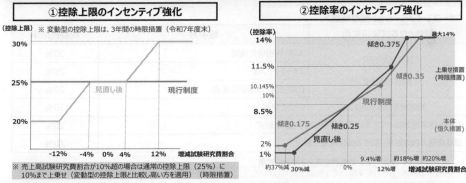

【時限措置の延長】
(1)控除率の上限について、一般型10%→14%とする特例について、**適用期限を令和7年度末まで3年間延長**
(2)売上高試験研究費割合10%超の場合の控除上限・控除率の上乗せ措置について、**適用期限を令和7年度末まで3年間延長**

【参考】増減試験研究費割合
　　増減試験研究費の額（試験研究費の額から比較試験研究費(※)の額を減算した金額）の比較試験研究費に対する割合。
　　　※前３年以内に開始した各事業年度の試験研究費の額を平均した額。

— 405 —

参考資料

（2-2） ③研究開発型スタートアップの範囲の拡大

- 企業が革新的な新製品・新サービスを生み出すため、スタートアップの技術の取り込みが必要。また、スタートアップの事業成長の観点でも、他の企業との共同研究等の活用は非常に重要。
- 国内の企業とスタートアップとのオープンイノベーションを加速させるため、オープンイノベーション型において、共同研究等の対象となる研究開発型スタートアップの定義を見直し。

現行制度（約200社）
① 産業競争力強化法により経済産業大臣が認定したベンチャーファンドから出資を受けたベンチャー企業
② 研究開発法人・大学発ベンチャー企業で一定の要件を満たすもの
　A）認定国立大学ファンド又は研究開発法人が出資
　B）役員が研究開発法人・大学等の職を有している等

見直し後（2,000社超）
※以下を満たすスタートアップに、経済産業省の証明書を交付
① 設立15年未満（設立10年以上の場合は営業赤字）
② 売上高研究開発費割合10％以上
③ スタートアップに対する投資を目的とする投資事業有限責任組合の出資先又は研究開発法人の出資先
④ 未上場の株式会社かつ他の会社の子会社ではないもの　等

〈証明書発行の手続きイメージ〉

（2-2） ④高度研究人材の活用

- 質の高い研究開発を促進し、革新的なイノベーションを生み出す観点から、研究開発税制におけるオープンイノベーション型の類型の一つとして、「博士号取得者」及び「外部研究者」を雇用した場合に係る人件費（工業化研究を除く）の試験研究を行う者の人件費に占める割合を対前年度比で3％以上増加する場合、これらの人件費の20％を税額控除できる制度を新たに創設。

※なお、オープンイノベーション型とは、大学やスタートアップ等と共同研究等を行う場合に、一般型よりも高い控除率が適用される制度。（控除率：一般型1～14％、オープンイノベーション型20～30％）

＜オープンイノベーション型の類型＞

対象となる試験研究費	相手方	税額控除率
共同試験研究・委託試験研究	大学・特別研究機関	30％
	スタートアップ等	25％
	民間企業、技術研究組合	20％
知的財産権の使用料	中小企業者	20％
希少疾病用医薬品・特定用途医薬品等に関する試験研究		20％
高度研究人材の活用に関する試験研究（創設）		**20％**

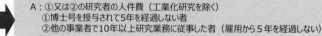

以下の（1）及び（2）の要件を満たす場合に適用
（1）次のA÷Bが対前年度比で3％以上増加していること
　A：①又は②の研究者の人件費（工業化研究を除く）
　　①博士号を授与されて5年を経過しない者
　　②他の事業者で10年以上研究業務に従事した者（雇用から5年を経過しない）
　B：試験研究を行う者の人件費
（2）研究内容が社内外に広く公募されたもの等であること

参考資料

（2－2）試験研究費の範囲の見直し ⑤サービス開発 ⑥デザインの設計・試作

● サービス開発においては、**新たなサービス開発を促すため、既存データを活用する場合も一定の要件の下で税制の対象に追加**。
● デザインの設計・試作においては、**税制で後押しする研究開発の質を高めていく観点から、考案されたデザインに基づく「設計・試作」のうち、性能向上を目的としないものは、税制の対象外**となるよう見直す。

サービス開発

現行制度　　　　　　　　　　　　　　　　　　　　　　　　　**見直し後**

新たな「**サービス開発**」のために、以下の**すべて**を行う場合が対象。

データ収集	・センサー等を活用して、自動的に大量のデータを**収集**
データ分析	・専門家が、**AI**等の情報解析技術によって**データを分析**
サービス設計	・データの分析によって得られた**一定の法則性**を利用した**新たなサービスを設計**
サービス適用	・当該**サービスの再現性**を確かめる

→ **既存データ（企業が既に保有しているビッグデータ）を活用して行う「サービス開発」**を対象に追加。

デザインの設計・試作

	現行制度			見直し後	
性能向上を目的としない開発業務	デザインの考案	×（対象外）	性能向上を目的としない開発業務	デザインの考案	×（対象外）
	考案されたデザインに基づく設計・試作	○（**対象**）		**考案されたデザインに基づく設計・試作**	**×（対象外）**

※性能向上を目的としているかは、例えば研究開発のプロジェクトなど、一連の開発業務の単位で判断。

（2－3）　DX（デジタルトランスフォーメーション）投資促進税制の見直し及び延長　〔延長〕
（所得税、法人税、法人住民税、事業税）

● 日本企業が、そのDX推進において課題となっている**デジタル人材の育成・確保**に取り組むとともに、成長性の高い海外市場の獲得を含めた売上上昇につながる「**攻め**」のデジタル投資に踏み切ることを後押しするため、要件を見直した上で、**適用期限を2年間延長**する。

改正概要　【適用期限：令和6年度末まで】

認定要件

デジタル（D）要件
① **データ連携**
（他の法人等が有するデータ又は事業者がセンサー等を利用して新たに取得するデータと内部データとを合わせて連携すること）
② **クラウド技術の活用**
③ 情報処理推進機構が審査する「**DX認定**」の取得（レガシー回避・サイバーセキュリティ等の確保、**デジタル人材の育成・確保**）

＆

企業変革（X）要件
① 全社レベルでの**売上上昇**が見込まれる
② **成長性の高い海外市場の獲得**を図ること
③ **全社の意思決定**に基づくもの（取締役会等の決議文書添付等）

税制措置の内容

対象設備	税額控除	特別償却
・ ソフトウェア ・ 繰延資産[*1]	3％	or 30％
・ 器具備品[*2] ・ 機械装置[*2]	5％[*3]	

*1 クラウドシステムへの移行に係る初期費用をいう
*2 ソフトウェア・繰延資産と連携して使用するものに限る
*3 グループ外の他法人ともデータ連携する場合

※ **投資額下限：国内の売上高比0.1％以上**

※ **投資額上限：300億円**
（300億円を上回る投資は300億円まで）

※ 税額控除上限：「カーボンニュートラル投資促進税制」と合わせて当期法人税額の20％まで

— 407 —

参考資料

（参考1）我が国のDXの取組状況

- DXの取組を始めている企業の割合について、2020年と2021年を見ると、28.9%から45.3%へと改善、検討中の企業を含めると74.1%となる等、多くの企業がDXに向けた取組を徐々に始めようとしており、デジタル技術を活用した経営改革（DX）の重要性は年々高まっている。
- 一方、世界に目を向けると、**特に、我が国企業における全社戦略に基づくDXへの取組は、米国に比べて大きく遅れている**（全社戦略に基づきDXに取り組む企業は、日本：45%、米国：約72%）。

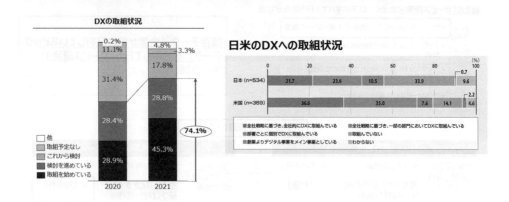

出所：「日本企業の経営課題2021」（日本能率協会）
出所：情報処理推進機構「DX白書2021」図表11-1

（参考2）日本企業のDXが進まない要因

- 企業が抱えるDX推進における課題・懸念事項を見ると、**社員の再教育や、推進体制構築といった人材関連の課題が上位を占めている**とともに、**資金・コストに関する課題**があると認識している事業者も多い。

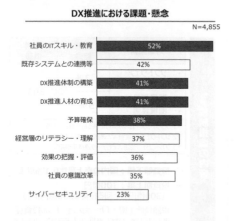

IoTやAI等のシステム・サービスを導入しない主な理由	2018年 (n=1,341) (%)
使いこなす人材がいないから	37.9
コストがかかるから	31.7
導入に必要な通信インフラ等が不十分だから	17.2
利活用や導入に関する法令などの整備が不十分だから	5.1

出所：「J.D.パワー2021年DX取組動向調査」（J.D. パワー ジャパン）、企業IT動向調査報告書2020（JUAS）

参考資料

３．中小企業・小規模事業者の設備投資・経営基盤の強化と地域経済を牽引する企業の成長促進

（３－０）中小企業の設備投資関連税制の新設・延長

● 「中小企業投資促進税制」、「中小企業経営強化税制」について、適用期限を**2年間延長**する。

● また、**赤字の事業者を含めた中小企業の前向きな投資や賃上げを後押しするため**、赤字企業にも効果がある**生産性向上や賃上げに資する中小企業の設備投資に関する固定資産税の特例措置**を新設する。

改正概要 【適用期限：令和６年度末まで】

設備の種類 （価額要件）	ソフトウェア （70万円以上）	機械装置 （160万円以上）	器具備品・工具 （30万円以上）	建物附属設備 （60万円以上）
支援措置 国税		【中小企業経営強化税制】　⇒延長（2年） 即時償却又は税額控除10％（※7％） 　生産性向上設備（A類型） 　生産性が年平均１％以上向上 　収益力強化設備（B類型） 　投資利益率５％以上のパッケージ投資 　デジタル化設備（C類型） 　遠隔操作、可視化、自動制御化のいずれかを可能にする設備 　経営資源集約化設備（D類型） 　修正ROA又は有形固定資産回転率が一定以上上昇する設備		
		【中小企業投資促進税制】　⇒延長（2年） 30％特別償却又は税額控除7％ ※ 30％特別償却のみ適用		
地方税		【生産性向上や賃上げに資する中小企業の設備投資に関する固定資産税の特例措置】⇒新設 計画中に賃上げ表明に関する記載なし：３年間、課税標準を１／２に軽減 計画中に賃上げ表明に関する記載あり：４又は5年間、課税標準を１／３に軽減		

※ を付した部分は、資本金3,000万円超１億円以下の法人の場合

－ 409 －

参考資料

（３−１）中小企業経営強化税制の延長 （所得税、法人税、法人住民税、事業税）

延長

● 中小企業経営強化税制は、中小企業の稼ぐ力を向上させる取組を支援するため、中小企業等経営強化法による認定を受けた計画に基づく設備投資について、即時償却及び税額控除（１０％※）のいずれかの適用を認める措置。
※資本金３,０００万円超の場合は７％

● 物価高や新型コロナ禍等の中、中小企業の生産性向上やDXに資する投資を後押しするため、**中小企業経営強化税制の適用期限を2年間延長する。**

改正概要 【適用期限：令和６年度末まで】 ※赤字は令和5年度改正による変更点

類型	要件	確認者	対象設備	その他要件
生産性向上設備 **（Ａ類型）**	**生産性が旧モデル比平均** **1%以上向上**する設備	工業会等	機械装置（160万円以上）	**・生産等設備**を構成するもの ※事務用器具備品・本店・寄宿舎等に係る建物付属設備、福利厚生施設に係るものは該当しません。 **・国内への投資**であること **・中古資産・貸付資産** **でないこと**等
収益力強化設備 **（Ｂ類型）**	**投資収益率が年平均5%以** **上**の投資計画に係る設備	経済 産業局	工具（30万円以上） （A類型の場合、測定工具又は検査工具に限る）	
デジタル化設備 **（Ｃ類型）**	**可視化、遠隔操作、自動制御** **化**のいずれかに該当する設備		器具備品（30万円以上） 建物附属設備（60万円以上）	
経営資源集約化設備 **（Ｄ類型）**	**修正ROAまたは有形固定資** **産回転率が一定割合以上**の 投資計画に係る設備		ソフトウェア （70万円以上） （A類型の場合、設備の稼働状況に係る情報収集機能及び分析・指示機能を有するものに限る）	

※１ 発電用の機械装置、建物附属設備については、発電量のうち、販売を行うことが見込まれる電気の量が占める割合が2分の1を超える発電設備等を除きます。
　　　また、発電設備等について税制措置を適用する場合は、経営力向上計画の認定申請時に報告書を提出する必要があります。
※２ 医療保健業を行う事業者が取得又は製作をする器具備品（医療機器に限る）、建物附属設備を除きます。
※３ ソフトウェアについては、複写して販売するための原本、開発研究用のもの、サーバー用ＯＳのうち一定のものなどを除きます。
※４ コインランドリー業又は暗号資産マイニング業（主要な事業であるものを除く。）の用に供する資産でその管理のおおむね全部を他の者に委託するものを除きます。

（３−２）中小企業投資促進税制の延長 （所得税、法人税、法人住民税、事業税）

延長

● 中小企業投資促進税制は、中小企業における生産性向上等を図るため、**一定の設備投資を行った場合に、税額控除（７％※）又は特別償却（30%）の適用**を認める措置。
※税額控除は資本金３,０００万円以下の中小企業者等に限る

● 物価高・新型コロナ禍等の中、設備投資に取り組む中小企業を支援するため、**適用期限を2年間延長する。**

改正概要 【適用期限：令和６年度末まで】 ※赤字は令和5年度改正による変更点

対象者	・中小企業者等（資本金額1億円以下の法人、農業協同組合、商店街振興組合等） ・従業員数1,000人以下の個人事業主
対象業種	製造業、建設業、農業、林業、漁業、水産養殖業、鉱業、卸売業、道路貨物運送業、倉庫業、港湾運送業、ガス業、小売業、料理店業その他の飲食店業（料亭、バー、キャバレー、ナイトクラブその他これらに類する事業については生活衛生同業組合の組合員が行うものに限る。）、一般旅客自動車運送業、海洋運輸業及び沿海運輸業、内航船舶貸渡業、旅行業、こん包業、郵便業、通信業、損害保険代理業及びサービス業（映画業以外の娯楽業を除く）、不動産業、物品賃貸業 　※性風俗関連特殊営業に該当するものは除く
対象設備	・機械及び装置【1台160万円以上】 ・測定工具及び検査工具【1台120万円以上、1台30万円以上かつ複数合計120万円以上】 ・一定のソフトウェア【一のソフトウェアが70万円以上、複数合計70万円以上】 　※複写して販売するための原本、開発研究用のもの、サーバー用OSのうち一定のものなどは除く ・貨物自動車（車両総重量3.5トン以上） ・内航船舶（取得価格の75%が対象）
措置内容	個人事業主 資本金３,０００万円以下の中小企業　　　　30%特別償却　又は　7%税額控除 資本金３,０００万円超の中小企業　　　　30%特別償却

※①中古品、②貸付の用に供する設備、③匿名組合契約等の目的である事業の用に供する設備、④コインランドリー業（主要な事業であるものを除く。）の用に供する機械装置でその管理のおおむね全部を他の者に委託するものは対象外
※総トン数500トン以上の内航船舶については、船舶の環境への負荷の状況等に係る国土交通省への届出が必要

参考資料

（3－3）生産性向上や賃上げに資する中小企業の設備投資に関する固定資産税の特例措置の新設 〔新設〕
（固定資産税）

● 赤字企業を含めた中小企業の前向きな投資や賃上げを後押しするため、赤字黒字を問わず設備投資に伴う負担を軽減する固定資産税の特例措置を新設。

改正概要 【適用期限：令和6年度末まで】

<全体のスキーム>

国
（基本方針の策定）

協議 ↑↓ 同意

市町村
（導入促進基本計画の策定）

申請 ↑↓ 認定

中小企業
（先端設備等導入計画の策定）

特例措置の対象企業	市町村から先端設備等導入計画の認定を受け、かつ、資本金1億円以下等の税制上の要件を満たす中小企業
計画認定要件	3～5年の計画期間における労働生産性が年平均3％以上向上する等、基本方針や市町村の導入促進基本計画に沿ったものであること

	設備の種類	最低価額要件	投資利益率要件
対象設備等	①機械及び装置	１６０万円以上	投資利益率が年率5％以上の投資計画に記載された設備（認定経営革新等支援機関が確認）
	②測定工具及び検査工具	３０万円以上	
	③器具備品	３０万円以上	
	④建物附属設備	６０万円以上	

特例措置	固定資産税（通常、評価額の1.4％） ・計画中に賃上げ表明※に関する記載なし：3年間、課税標準を1／2に軽減 ・計画中に賃上げ表明※に関する記載あり：以下の期間、課税標準を1／3に軽減 ①令和6年3月末までに設備取得：5年間 ②令和7年3月末までに設備取得：4年間 ※雇用者全体の給与が1.5％以上増加することを従業員に表明するもの。
適用期限	2年間（令和7年3月31日までに取得したもの）

（3－4）外形標準課税のあり方 （事業税）
〔その他〕

● 与党税制改正大綱において、今後の外形標準課税の適用対象法人のあり方については、地域経済・企業経営への影響も踏まえながら引き続き慎重に検討を行う」ことが明記された。

令和5年度与党税制改正大綱

第一 令和5年度税制改正の基本的考え方等
（3）外形標準課税のあり方

　法人事業税の外形標準課税は、平成16年度に資本金1億円超の大法人を対象に導入され、平成27、28年度税制改正において、より広く負担を分かち合い、企業の稼ぐ力を高める法人税改革の一環として、所得割の税率引下げとあわせて、段階的に拡大されてきた。
　外形標準課税の対象法人数は、資本金1億円以下への減資を中心とした要因により、導入時に比べて約3分の2まで減少している。また、持株会社化・分社化の際に、外形標準課税の対象範囲が実質的に縮小する事例も生じている。こうした事例の中には、損失処理等に充てるためではなく、財務会計上、単に資本金を資本剰余金へ項目間で振り替える減資を行っている事例も存在する。また、子会社の資本金を1億円以下に設定しつつ、親会社の信用力を背景に大規模な事業活動を行っている企業グループの事例もある。
　こうした減資や組織再編による対象法人数の減少や対象範囲の縮小は、上記の法人税改革の趣旨や、地方税収の安定化・税負担の公平性といった制度導入の趣旨を損なうおそれがあり、外形標準課税の対象から外れている実質的に大規模な法人を対象に、制度的な見直しを検討する。
　その上で、今後の外形標準課税の適用対象法人のあり方については、地域経済・企業経営への影響も踏まえながら引き続き慎重に検討を行う。

参考資料

(3-5) 中小企業者等の法人税率の特例の延長 (法人税、法人住民税) 〔延長〕

- **中小企業者等の法人税率**は、年800万円以下の所得金額について19%に軽減（本則）。
- 租税特別措置において、更に15%まで軽減されており、この適用期限を**2年間延長**する。

改正概要 【適用期限：令和6年度末まで】

○中小企業者等の法人税率は、年８００万円以下の所得金額について１９％に軽減されている（本則）。
○当該税率を、令和5年3月31日までの時限的な措置として、更に１５％に軽減（租税特別措置）。

対象		本則税率	租特税率
大法人 （資本金1億円超の法人）	所得区分なし	23.2%	ー
中小法人 （資本金1億円以下の法人）	年８００万円超の所得金額	23.2%	ー
	年８００万円以下の所得金額	19%	15%

(3-6) 中小企業技術基盤強化税制の拡充及び延長 (所得税、法人税、法人住民税) 〔拡充・延長〕

- **中小企業の積極的な研究開発を促進**する観点から、**増減試験研究費割合に応じた控除率・控除上限の上乗せ措置を一部見直し**た上で、時限措置の3年間の延長を行う（コロナ特例については期限通りに廃止）。
- また、**スタートアップとの共同研究や高度人材等の活用を促進**するため、**オープンイノベーション型の見直し**や、**デジタル化への対応やより質の高い試験研究を後押し**する観点から、**試験研究費の範囲を見直す**。

改正概要 【適用期限（時限措置）：令和7年度末まで】

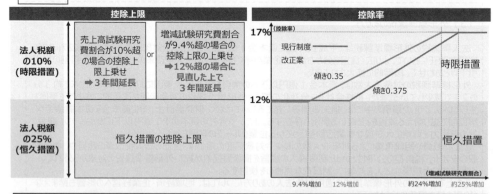

その他の見直し
オープンイノベーション型におけるスタートアップの定義の見直し・高度・外部研究人材の活用を促す措置の創設、試験研究費の範囲の見直し（サービス開発の対象の拡大、性能向上を目的としないデザインの設計・試作は対象外）

参考資料

（3-7）中小企業防災・減災投資促進税制の拡充及び延長 (所得税、法人税)　〈拡充・延長〉

- 近年、全国各地で自然災害が頻発しており、**中小企業が自然災害等への事前の備えを行うことは重要**。
- 事業継続力強化計画を策定し、自然災害に備える中小企業の防災・減災設備投資を後押しするため、**耐震設備を対象設備として追加した上で、適用期限を2年間延長**する。

改正概要　【適用期限：令和6年度末まで】

○特別償却率を18%（令和7年4月以降に取得等をする場合は16%）とした上で、適用期限を2年間延長する。
○昨今の激化する自然災害への事前対策を強化するため、対象に耐震装置を追加する。

適用対象者：令和7年3月31日までに「（連携）事業継続力強化計画」の認定を受けた中小企業者
適用期間　：事業継続力強化計画の認定を受けた日から同日以後1年を経過する日までに、当該計画に記載された対象設備を取得等して事業の用に供すること。
支援措置　：特別償却18%（令和7年4月1日以降に取得等をする場合は16%）
対象設備　：以下の通り

減価償却資産の種類 （取得価額要件）	対象となるものの用途又は細目
機械及び装置 （100万円以上）	自家発電設備、浄水装置、揚水ポンプ、排水ポンプ、耐震・制震・免震装置等 （これらと同等に、自然災害の発生が事業活動に与える影響の軽減に資する機能を有するものを含む。）
器具及び備品 （30万円以上）	自然災害等の発生が事業活動に与える影響の軽減に資する機能を有する全ての設備 感染症対策のために取得等をするサーモグラフィ
建物附属設備 （60万円以上）	自家発電設備、キュービクル式高圧受電設備、変圧器、配電設備、電力供給自動制御システム、照明設備、無停電電源装置、貯水タンク、浄水装置、排水ポンプ、揚水ポンプ、格納式避難設備、止水板、耐震・制震・免震装置、架台（対象設備をかさ上げするために取得等するものに限る）、防水シャッター等 （これらと同等に、自然災害の発生が事業活動に与える影響の軽減に資する機能を有するものを含む。）

（参考）近年の災害の発生状況及び中小企業における防災・減災設備のニーズ

- 自然災害は**全国どこでも起こりうるもの**であり、近年は**災害が頻発・激甚化**する傾向が顕著。
- 中小企業がベースを支えるサプライチェーンの強靱化のためにも、重要設備（データサーバーや生産設備等）の耐震対策は重要。**効果・ニーズの高い耐震装置を本税制の対象設備に追加する。**

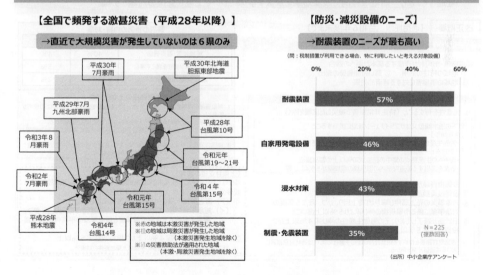

参考資料

（3－8）インボイス制度導入に伴う、中小・小規模事業者等の負担軽減・影響最小化に係る所要の措置

その他
（消費税、地方消費税）

● 中小・小規模事業者の負担軽減や影響最小化のために、以下の措置を講じる。
  （1）これまで免税事業者であった者がインボイス発行事業者になった場合の納税額を売上税額の2割に軽減する3年間の負担軽減措置
  （2）基準期間における課税売上高が1億円以下又は特定期間における課税売上高が5,000万円以下の事業者の行う課税仕入れに係る支払い対価の額が1万円未満の取引につき、帳簿のみで仕入税額控除を可能とする6年間の事務負担軽減策
  （3）1万円未満の値引きや返品等の返還インボイスについて交付義務を免除

● 加えて、与党税制改正大綱において「改めて政府内の関係府省庁で連携して必要な体制を構築し、予算による支援措置や負担軽減措置を丁寧に周知する」「事業者が抱える問題意識や課題を、業界や地域ごとに丁寧に把握しながらきめ細かく対処していく」「令和5年3月31日の登録申請の期限について柔軟な対応を行う。その上で、令和5年10月のインボイス制度移行後においても弾力的な対応に努めるとともに、新たな課題が生じた場合には、必要に応じて柔軟に対応策を講じていく」ことが明記された。

令和5年度与党税制改正大綱

第一 令和5年度税制改正の基本的考え方等
5．円滑・適正な納税のための環境整備
（1）適格請求書等保存方式の円滑な実施について
（略）
以上のような取組みに加え、円滑な制度移行のために、更に次のような新たな税制上の措置を講ずる。
①インボイス発行事業者となる免税事業者の負担軽減
これまで免税事業者であった者がインボイス発行事業者になった場合の納税額を売上税額の2割に軽減する3年間の負担軽減措置を講ずることにより、納税額の激変緩和を図る。この措置により、簡易課税制度の適用を受ける場合に比べ、更に事務負担が軽減される。
②事業者の事務負担軽減
インボイス制度の定着までの実務に配慮し、一定規模以下の事業者の行う少額の取引につき、帳簿のみで仕入税額控除を可能とする6年間の事務負担軽減策を講ずる。加えて、振込手数料相当額を値引きとして処理する場合等の事務負担を軽減する観点から、少額の返還インボイスについて交付義務を免除する。
これらの取組みを着実に進めつつ、制度への移行に当たり混乱が生じないよう万全の準備を進める観点から、改めて政府内の関係府省庁で連携して必要な体制を構築し、予算による支援措置や負担軽減措置を丁寧に周知する。こうした取組みも含め、引き続き、事業者が抱える問題意識や課題を、業界や地域ごとに丁寧に把握しながらきめ細かく対処していく。加えて、令和5年3月31日の登録申請の期限について柔軟な対応を行う。その上で、令和5年10月のインボイス制度移行後においても弾力的な対応に努めるとともに、新たな課題が生じた場合には、必要に応じて柔軟に対応策を講じていく。

（3－9）地域未来投資促進税制の拡充及び延長（所得税、法人税、法人住民税、事業税）

拡充・延長

● 地域経済がエネルギー価格や原材料費の高騰等の厳しい経済状況に直面する中、引き続き、高い付加価値を生み出す設備投資を促進する観点から、適用期限を2年間延長する。

● 地域の「稼ぐ力」を強化すべく、特に高い付加価値（3億円以上）を創出し、地域内企業との取引や雇用を通じて、より一層地域経済に波及効果を及ぼす事業について上乗せ支援の対象とする。

改正概要　【適用期限：令和6年度末まで】

地域経済牽引事業計画（都道府県の承認）

都道府県・市町村が作成する基本計画への適合
① 地域の特性の活用　② 高い付加価値の創出
③ 地域の事業者に対する経済的効果

課税の特例措置（国の確認）

① 先進性を有すること（特定非常災害で被災した区域を除く）

以下の通常類型又はサプライチェーン類型に該当すること
【通常類型】
・労働生産性の伸び率が4％以上又は投資収益率が5％以上
【サプライチェーン類型】
・海外への生産拠点の集中の程度が50％以上の製品製造
・事業を実施する都道府県内の取引額の増加率が5％以上　等

② 設備投資額が2,000万円以上
③ 設備投資額が前年度減価償却費の20％以上（※）
④ 対象事業の売上高伸び率がゼロを上回り、かつ、過去5年度の対象事業に係る市場規模の伸び率よりも5％以上高いこと
⑤ 旧計画が終了しており、その労働生産性の伸び率4％以上かつ投資収益率5％以上

※ 連結財務諸表を作成する親会社及び連結子会社については連結財務諸表における減価償却費を用いる。

課税の特例の内容・対象

対象設備	特別償却	税額控除
機械装置・器具備品	40％	4％
上乗せ要件を満たす場合	50％	5％
建物・附属設備・構築物	20％	2％

税制適用の主な注意点

1．対象資産の取得価額の合計額のうち、本税制措置の対象となる金額は80億円が限度となる。
2．税額控除は、その事業年度の法人税額等の20％相当額が限度となる。
3．対象資産を貸付用に供する場合や中古の対象資産の取得は、本税制措置の対象とならない。
4．地域経済牽引事業計画の承認後であっても、主務大臣の確認前に対象設備を取得等した場合には、本税制措置の対象とならない。

〈上乗せ支援の要件〉
現行の上乗せ要件⑥（ア）に新たな上乗せ要件⑥（イ）を追加し、支援対象を拡充
要件⑥（（ア）または（イ））と要件⑦を満たすこと
⑥（ア）直近事業年度の付加価値額増加率が8％以上
　（イ）対象事業において創出される付加価値額が3億円以上、かつ、事業を実施する企業の前年度と前々年度の平均付加価値額が50億円以上
⑦ 労働生産性の伸び率4％以上かつ投資収益率5％以上
※ サプライチェーン類型・災害特例の事業は上乗せ要件の対象外。

（参考）地域経済を巡る状況

- 地域未来投資促進税制の適用を受けるため、主務大臣による課税特例の確認を受けた事業は、2022年12月時点で**全国で累計2,866件**となっており、本税制措置の**利活用ニーズは大きい**。
- **エネルギー価格や原材料費の高騰**等を背景に厳しい経済状況が継続。**本税制措置により、地域経済を牽引する企業の成長促進のための設備投資の後押しが必要**。

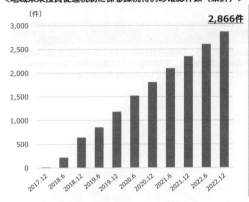

＜地域未来投資促進税制に係る課税特例の確認件数（累計）＞

出典：主務大臣による課税特例の確認実績に基づき経済産業省作成。

＜設備投資を巡る国内各地域の声＞

【設備投資全般に関する声】

- 半導体不足や中国のロックダウンの影響で受注環境の不透明性が高い中、物流費やエネルギー価格の高騰が収益を圧迫しており、不急の設備更新案件はなるべく先送りする扱いとしている（広島[自動車関連]）。
- 欧州経済の不透明感が強まる中、原材料価格や人件費の高騰による収益環境の悪化を受け、不急の維持・更新投資を延期した（京都[電子部品・デバイス]）。
- 原材料価格の上昇を背景に、機械設備の更新費用が当初の見通しから大幅に上振れているため、投資計画の見直しを余儀なくされている（松山[輸送用機械]）。

出典：日本銀行「地域経済報告（さくらレポート）」2022年7月・2022年10月版より抜粋。

（5－2）地域経済・中小企業支援関連

参考資料

（5−2）地域経済・中小企業支援関連

＜新設・延長・拡充＞

● 独立行政法人中小企業基盤整備機構法に掲げる業務に関する文書における印紙税の非課税措置
（印紙税）

機構法改正に伴い助成業務の範囲が拡充されたことを踏まえ、経営革新を行う一定の事業者等に対して行う一定の助成業務に関する文書については、印紙税を課さないこととする。

＜検討事項＞

● 小規模企業等に係る税制のあり方の検討 （所得税、個人住民税）

働き方の多様化を踏まえ、個人事業主、同族会社、給与所得者の課税のバランスや勤労性所得に対する課税のあり方等にも配慮しつつ、個人と法人成り企業に対する課税のバランスを図るための外国の制度も参考に、正規の簿記による青色申告の普及を含め、記帳水準の向上を図りながら、引き続き、給与所得控除などの「所得の種類に応じた控除」と「人的控除」のあり方を全体として見直すことを含め、所得税・法人税を通じて総合的に検討する。

参考資料

[付録2]
令和4年度（2022年度）
経済産業関係 税制改正について（令和3年12月）（抜粋）

令和4年度（2022年度）

経済産業関係　税制改正について

令和3年12月

経済産業省

（1-1）賃上げ税制抜本強化の背景

- 2013年度から2019年度にかけて、政策効果も相まって雇用者数が増加したことも寄与し、**総雇用者報酬は37兆円と大きく増加した**。他方で、1人当たりの実質賃金は、他の先進国と比較しても十分に伸びておらず、今後は、**1人当たりの実質賃金を伸ばしていく**ことが重要。
- いわゆる賃上げ税制については、2013年度からの5年間は、賃上げだけではなく雇用増でも適用可能な制度であった。また、足下ではコロナ禍における雇用対策を目的に、新卒等の新規雇用者のみを対象とした制度となっていた。これを見直し、**1人ひとりの賃上げ促進に寄与する税制へと抜本的に強化**する。
- また、春闘賃上げ率は2012年以前は、1.6％～1.7％台と低迷していたところ、**2013年より急上昇し、2％台を維持**。しかし、**直近は1.7％台まで低下しており、反転上昇させることが重要**。

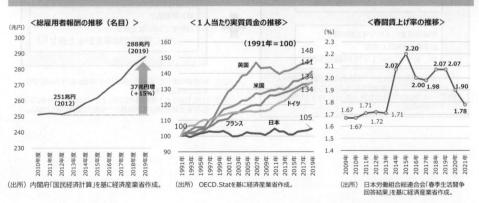

― 417 ―

参考資料

（1-1）民間企業の賃上げに向けた政府全体の取組

- 民間企業の賃上げに向けては、**「成長と分配の好循環」の実現が重要**であり、政府としては、先に決定した財政支出55.7兆円規模の経済対策や、賃上げ税制の抜本強化に加え、
  ①赤字でも賃上げする中小企業について補助金の補助率を引き上げる特別枠の設定、
  ②下請Gメン倍増による下請取引の適正化、
  ③「パートナーシップ構築宣言」の拡大など中小企業が原材料費や労務費の上昇分を適切に転嫁できるよう、施策パッケージの策定と産業界への働きかけの実施、
  などの環境整備に全力で取り組む。
- なお、**税制を活用できる黒字中小法人（資本金1億円以下）は100万者を超え、その企業で働く従業員数は1,600万人を超える**との試算もあり、中小企業向け税制の強化にも一定の効果が期待される。

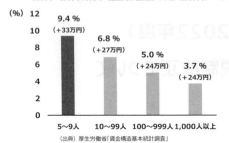
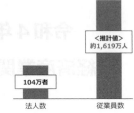

（1-1）大企業※向け賃上げ促進税制 （所得税・法人税・事業税）　※主に資本金1億円超　【見直し・延長】

- **成長と分配の好循環の実現**に向けて、**企業が得た利益を従業員に還元するよう賃上げを促進することが重要**であり、このために必要な措置を大胆に講じる。

【改正概要】　【適用期限：令和5年度末まで】

- 継続雇用者の給与（給与等支給総額）が前年度比3％以上増加した場合に、雇用者全体の賃上げ額（給与増加額）の15％を税額控除。また、前年度比4％以上増加した場合には、25％の税額控除。
- さらに、人的投資の要件を満たした場合には税額控除率が5％上乗せとなり、最大30％の税額控除。

【賃上げ要件】

継続雇用者※1の給与等支給総額が
前年度比4％以上増加
⇒ 給与増加額の25％税額控除※2

or

継続雇用者※1の給与等支給総額が
前年度比3％以上増加
⇒ 給与増加額の15％税額控除※2

ただし、資本金10億円以上かつ常時使用従業員数1,000人以上の企業については、従業員や取引先などのマルチステークホルダーへの配慮についての方針（賃上げに関するものも含む）の公表が必要

【上乗せ要件：人的投資】

教育訓練費が
前年度比20％以上増加
⇒ さらに税額控除率を5％上乗せ※2

※1 継続雇用者とは、当期及び前期の全期間の各月分の給与等の支給がある雇用者。
※2 控除上限は法人税額等の20％。また、税額控除の対象となる給与等支給総額は雇用保険の一般被保険者に限られない。

— 418 —

参考資料

（1－1）中小企業向け賃上げ促進税制 (所得税・法人税・法人住民税)　　見直し・延長

- 「成長と分配の好循環」に向けて、**中小企業全体として雇用を確保**しつつ、**積極的な賃上げや人材投資を促す**ことが必要。
- **一人一人の賃上げや雇用の確保**により給与総額を増加させる中小企業を支援。特に、**より大幅な賃上げや人的投資**を行う企業については、**大胆な税額控除**を適用。

改正概要　【適用期限：令和5年度末まで】

✓ 雇用者全体の給与（給与等支給総額）が前年度比**1.5%以上**増加した場合に、その増加額の**15%**を税額控除。また、前年度比**2.5%以上**増加した場合には、**30%の税額控除**。
✓ さらに、人的投資の要件を満たした場合には税額控除率が10%上乗せとなり、**最大40%の税額控除**。

【賃上げ要件】

雇用者全体の給与（給与等支給総額）が
前年度比2.5%以上
⇒ 給与増加額の**30%税額控除**※

or

雇用者全体の給与（給与等支給総額）が
前年度比1.5%以上
⇒ 給与増加額の**15%税額控除**※

【上乗せ要件：人的投資】

教育訓練費が
前年度比10%以上増加
⇒ さらに税額控除率を**10%上乗せ**※

※ 控除上限は法人税額等の20%。また、税額控除の対象となる給与等支給総額は雇用保険の一般被保険者に限られない。

（参考）租税特別措置の不適用措置の見直しについて

- 本措置は、収益が拡大しているにもかかわらず賃上げにも投資にも特に消極的な大企業に対し、研究開発税制などの一部の租税特別措置の税額控除の適用を停止する措置。

現行制度

■適用対象：**資本金1億円超の大企業**

■措置内容：以下**3つの要件「全て」**に該当する場合、その法人には一部の租税特別措置の税額控除を適用しない。
① **所得金額**が前年度の所得金額を上回ること
② 継続雇用者給与等支給総額が、**前年度以下**であること
③ **国内設備投資額**が、当期の減価償却費の総額の3割以下に留まること

今回の改正部分

左の②の要件について、

**資本金10億円以上かつ
従業員数1,000人以上の企業**で、
前年度に黒字の企業については、

「継続雇用者給与等支給総額が、前年度から1%（R4年度は0.5%）以上増加していないこと」に見直し

対象となる租税特別措置

研究開発税制、地域未来投資促進税制、5G導入促進税制、
デジタルトランスフォーメーション投資促進税制、カーボンニュートラル投資促進税制

参考資料

（1-3）5G導入促進税制の見直し・延長 （所得税・法人税・法人住民税・事業税）

- 5Gは、人手不足をはじめとする地域の社会課題の解決に資する重要インフラ。自動走行・自動配送、救急搬送の高度化、防災・減災、農業や工場等のスマート化など、用途は多岐にわたる。
- 過去2年で「超低遅延（リアルタイム）」「多数同時接続」という5Gの特徴を最大限発揮するための新技術（基幹通信に係る新技術、通信全体での5G機能の最大発揮という趣旨で「スタンドアロン化」という。）の社会実装が可能に。

5Gの特徴

○ **超高速・大容量：現行4Gの10倍**
　➢ 4G以上の高速大容量通信によって、4K/8Kを始めとする大容量コンテンツも高速に伝送

○ **超低遅延（リアルタイム）：現行4Gの1/10**
　➢ 4Gでは安全性の観点から実現が難しいとされていた、自動運転や救急搬送の高度化も可能

○ **多数同時接続：現行4Gの40倍**
　➢ 膨大な数のセンサーや端末が必要なスマート工場なども可能

（吹き出し）過去2年で、これらの特徴を最大限発揮する新たな技術の社会実装が可能に。

高品質5Gインフラの全国整備

| 農家が農業を高度化する
自動農場管理 | 事業主が工場へ導入
スマートファクトリ | 建設現場で導入
建機遠隔制御 | 自治体等が導入
河川等の監視 | 医療の現場で導入
救急搬送の高度化 |

（1-3）5G導入促進税制の見直し・延長 （所得税・法人税・法人住民税・事業税） 　見直し・延長

- 「デジタル田園都市国家構想」の実現に向け、特に地方での基地局整備を加速化すべく制度を見直した上で、適用期限を3年間延長し、税額控除率を階段状にすることで、今後3年間での集中的な整備を促進する。

改正概要 【適用期限：令和6年度末まで】

全国・ローカル5G導入事業者
　↓ 提出
5Gシステム導入計画（主務大臣の認定）
事業者（全国・ローカル5G導入事業者）が提出する以下の基準を満たす計画を認定
＜認定の基準＞
　①安全性・信頼性、②供給安定性、③オープン性
　↓ 設備導入
計画認定に基づく設備等の導入

対象設備の投資について、課税の特例（税額控除等）

＜課税の特例の内容＞　控除額は当期法人税額の20％を上限

対象事業者	税額控除		特別償却
全国5G 導入事業者	条件不利地域 ※1	令和4年度：15% 令和5年度：9% 令和6年度：3%	30%
	その他地域	令和4年度：9% 令和5年度：5% 令和6年度：3%	
ローカル5G 導入事業者		令和4年度：15% 令和5年度：9% 令和6年度：3%	30%

＜対象設備＞
○ 全国5Gシステム ※2,3　　○ ローカル5Gシステム ※4
■ 基地局の無線設備　　　　　■ 基地局の無線設備
　（屋外に設置する親局・子局）　■ 交換設備
　　　　　　　　　　　　　　　■ 伝送路設備（光ファイバを用いたもの）
　　　　　　　　　　　　　　　■ 通信モジュール

※1　別途定める過疎地域等の条件不利地域を指す
※2　マルチベンダー化・SA（スタンドアロン）化したものに限る
※3　その他地域については、多素子アンテナ又はミリ波対応のものに限る（令和5年度末まで）
※4　先進的なデジタル化の取り組みに利用されるものに限る

参考資料

(2-1) 交際費課税の特例措置の延長 (法人税・法人住民税・事業税) 〔延長〕

- 法人が支出した交際費等は原則として損金に算入できないこととされているが、特例として、**中小法人については定額控除限度額（800万円）までの交際費等を全額損金算入**することが可能。
- 販売促進手段が限られている中小法人にとって、交際費等は事業活動に不可欠な経費であること等を踏まえ、本制度の**適用期限を2年間延長**する。

改正概要 【適用期限：令和5年度末まで】

「交際費等」とは、交際費、接待費、機密費その他の費用。
得意先、仕入先その他事業に関係のある者等に対する、接待、供応、慰安、贈答その他これらに類する行為のための支出。
※1人当たり5,000円以下の飲食費は、交際費等の範囲から除外されている。

【参考】中小法人については、上記特例措置（※1）と交際費等のうち接待飲食費の50%までを損金に算入することができる措置（大法人も適用可能※2）との選択適用が可能。
※1 平成25年度税制改正で、定額控除限度額の引上げ（600→800万円）、損金算入割合の拡充（90→100%）が行われた。
※2 平成26年度創設。令和2年度税制改正で、資本金の額等が100億円超の大法人については適用外となった。

(2-2) 少額減価償却資産の特例措置の延長 (所得税・法人税・個人住民税・法人住民税・事業税) 〔延長〕

- 中小企業者等が**30万円未満の減価償却資産を取得**した場合、**合計300万円までを限度**に、**即時償却（全額損金算入）**することが可能。
- ①償却資産の管理などの事務負担の軽減、②事務処理能力・事務効率の向上を図るため、本制度の**適用期限を2年間延長**する。

改正概要 【適用期限：令和5年度末まで】

○適用対象資産から、貸付け（主要な事業として行われるものを除く。）の用に供した資産を除く

	取得価額	償却方法	
中小企業者等のみ	30万円未満	全額損金算入 （即時償却）	← 合計300万円まで
全ての企業	20万円未満	3年間で均等償却※1 （残存価額なし）	本則※2
	10万円未満	全額損金算入 （即時償却）	

※1 10万円以上20万円未満の減価償却資産は、3年間で毎年1／3ずつ損金算入することが可能。
※2 本則についても、適用対象資産から貸付け（主要な事業として行われるものを除く。）の用に供した資産が除かれる。

参考資料

[付録3]

令和3年度（2021年度）

経済産業関係 税制改正について（令和2年12月）（抜粋）

令和3年度（2021年度）
経済産業関係 税制改正について

令和2年12月
経済産業省

（1-1）カーボンニュートラルに向けた投資促進税制の創設 （所得税・法人税・法人住民税・事業税）　新設

- 2050年カーボンニュートラルの実現には、**民間企業による脱炭素化投資の加速が不可欠**。

- このため、**産業競争力強化法に新たな計画認定制度を創設**。計画認定制度に基づき、**①大きな脱炭素化効果を持つ製品の生産設備、②生産工程等の脱炭素化と付加価値向上を両立する設備**の導入に対して、**最大10％の税額控除又は50％の特別償却を新たに措置**※する。

※措置対象となる投資額は、500億円まで。控除税額は、後述のDX投資促進税制と合計で法人税額の20％まで。

制度概要　【適用期限：令和5年度末まで】

	①大きな脱炭素化効果を持つ製品の生産設備導入	②生産工程等の脱炭素化と付加価値向上を両立する設備導入
対象	○温室効果ガス削減効果が大きく、新たな需要の拡大に寄与することが見込まれる製品の生産に専ら使用される設備 ※対象設備は、機械装置。 ＜措置内容＞ 税額控除10％又は特別償却50％ ＜製品イメージ＞ 【化合物パワー半導体】　【燃料電池】	○事業所等の炭素生産性（付加価値額／エネルギー起源CO2排出量）を相当程度向上させる計画に必要となる設備（※） ※対象設備は、機械装置、器具備品、建物附属設備、構築物。導入により事業所の炭素生産性が1％以上向上。 ＜炭素生産性の相当程度の向上と措置内容＞ 3年以内に10％以上向上：税額控除10％又は特別償却50％ 3年以内に 7％以上向上：税額控除 5％又は特別償却50％ ＜計画イメージ＞ 【外部電力からの調達】　【エネルギー管理設備】 一部再エネへ切替え　新規導入 【生産工程】 生産ライン①生産設備　生産ライン②生産設備　生産ライン③生産設備刷新

— 422 —

参考資料

（参考１）カーボンニュートラル実現の１つのイメージ

- 電力部門は、全てCO2ゼロ
  - ➤ 再エネ　　… 限界までの大量導入
        コスト低減、蓄電池活用、系統整備
  - ➤ 水素　　　… 供給量の拡大、コスト低減
  - ➤ 石炭・ガス … CO2回収・再利用でゼロ
  - ➤ 原子力　　… 安全性向上、再稼働、次世代炉
- 電力部門以外は、「省エネ」、「電化」、「水素化」、「CO2回収」
  - ➤ 産業　　　… 生産プロセスの省エネ化、水素活用
  - ➤ 運輸　　　… 電動化、バイオ燃料、水素燃料
  - ➤ 業務・家庭 … 電化、蓄電池、水素

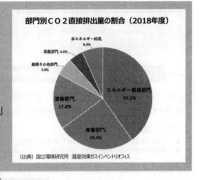

部門別CO２直接排出量の割合（2018年度）
（出典）国立環境研究所 温室効果ガスインベントリオフィス

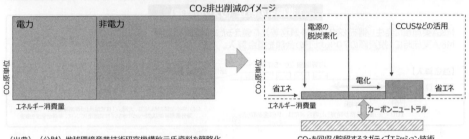

CO₂排出削減のイメージ

（出典）（公財）地球環境産業技術研究機構秋元氏資料を簡略化

（参考２）各国の脱炭素化に向けた取組状況

- 各国とも、**官民合わせて大規模な投資を実施予定**。

EU 7月欧州委で合意	●10年で官民で120兆円（1兆€）の**「グリーンディール」** 投資計画。 うち、**7年間のEU予算**で、**総事業費70兆円**（2,775億€）を**「グリーンリカバリー」**に。 **復興基金**で、総事業費35兆円（3,223億€）を**グリーン分野**に投入。 ※復興基金全体では、半分が補助金、残り半分が融資。3年間で大半を執行見込み。
ドイツ 6月3日発表	●**6兆円**（500億€）の景気刺激策のうち、 水素関連技術に1.1兆円（70億€）、充電インフラに0.3兆円（25億€）
フランス 9月3日発表	●**2年間で**、クリーンエネルギーやインフラ等のエコロジー対策に、 **総事業費：3.6兆円**（300億€）。
韓国 7月16日発表	●**5年間で**、再エネ拡大、EV普及、スマート都市等のグリーン分野に、 **政府支出：3.8兆円**（42.7兆ウォン）（総事業費は7兆円（73.4兆ウォン）） （雇用創出：65.9万人）
米国 バイデン候補公約	●**4年間で**、EV普及、建築のグリーン化、エネルギー技術開発等の脱炭素分野に **約200兆円**（2兆＄）投資を公約。
英国 11月18日発表	●**2030年までに**、 **政府支出：1.7兆円**（120億£） **誘発される民間投資：5.8兆円**（420億£） （雇用創出：25万人、CO2削減効果：累積1.8億トン（2023年～2032年）） ●**10分野に投資**（洋上風力、水素、原子力、EV、公共交通、航空・海上交通、建築物、CCUS、自然保護、ファイナンス・イノベーション）。

参考資料

（２－１）中小企業の経営資源の集約化に資する税制の創設　　　　　　　　　新設

● **経営資源の集約化によって生産性向上等を目指す計画の認定を受けた中小企業**が、計画に基づくM&Aを実施した場合に、**①設備投資減税　②雇用確保を促す税制　③準備金の積立**を認める措置を創設する。

①M&Aの効果を高める設備投資減税

投資額の**10%を税額控除**又は**全額即時償却**。

※資本金3000万円超の中小企業者等の税額控除率は7%

（参考）具体的な取組例
● 自社と取得した技術を組み合わせた新製品を製造する設備投資
● 原材料の仕入れ・製品販売に係る共通システムの導入

②雇用確保を促す税制

M&Aに伴って行われる労働移転等によって、給与等支給総額を対前年比で2.5%以上引き上げた場合、**給与等支給総額の増加額の25%を税額控除**。

（1.5%以上の引上げは15%の税額控除）

（参考）具体的な取組例
● 取得した販路で更なる販売促進を行うために必要な要員の確保

③準備金の積立（リスクの軽減）

M&A実施後に発生し得るリスク（簿外債務等）に備えるため、据置期間付（5年間）の準備金を措置。
M&A実施時に、**投資額の70%以下の金額を損金算入**。

【益金算入】　　　　　　　　　　均等取崩 20×5年間　　　据置期間後に取り崩し

【損金算入】積立　　据置期間※
　　　　　　100　　（5年間）

　　　　　　　　※簿外債務が発覚した場合等には、準備金を取り崩し。

（注）中小企業のM&Aには、大別して「株式譲渡」と「事業譲渡」のケースがあるが、簿外債務等のリスクをヘッジできない「株式譲渡」について、準備金制度を措置。

[付録4]

令和2年度（2020年度）

中小企業・小規模事業者関係 税制改正について（令和元年12月）（抜粋）

令和2年度（2020年度）
中小企業・小規模事業者関係 税制改正について

令和元年12月
中小企業庁

オープンイノベーション促進税制の創設 （法人税、法人住民税、事業税）　　【新設】

- アベノミクスの成果により増加してきた現預金等を活用して、イノベーションの担い手となるスタートアップへの新たな資金の供給を促進し成長に繋げていくため、国内の事業会社やCVC(コーポレートベンチャーキャピタル)から、創業10年未満・未上場の**ベンチャー企業に対する1億円以上の出資**について、**25%の所得控除**を講ずる。

改正概要　【適用期限：令和3年度末まで】

<出資を行う企業要件>
①**国内事業会社**
又は
②**国内事業会社によるCVC**(注1)
(※)事業会社又はその子会社が運営し、持分の過半数以上を所有するファンド等

<行為要件>
①**1件当たり1億円以上の大規模出資**
　中小企業からの出資は1,000万円以上
　(※)海外ベンチャー企業への出資は5億円以上
②株主間の株式売買ではなく、**ベンチャー企業に新たに資金が供給される出資**
　(※)発行済株式の取得は対象外
③一定の控除上限
④**一定期間(5年間)の株式保有**(注2)

<出資を受けるベンチャー企業要件>
①**新規性・成長性のある設立後10年未満の未上場ベンチャー企業**
　(※)新設企業は対象外
②出資を行う企業又は**他の企業のグループに属さないベンチャー企業**

- 事業者は、経済産業省に対し、1年間の出資案件に関して、「各出資が事業会社、ベンチャー企業双方の事業革新に有効であり、制度を濫用するものでないこと」を決算期にまとめて報告。（事前認定は行わない）

(注1) CVCとは、事業会社によるベンチャーキャピタルのことを指す。
(注2) 5年間以内に株式を譲渡した場合や配当の支払いを受けた場合等には、控除額を益金算入。

参考資料

（参考）中小企業におけるベンチャー出資を通じたオープンイノベーションの重要性

- 中小企業において、自社の経営資源の不足を外部リソースで補う取組は、技術やノウハウ面等において、一定の効果を発揮。**中小企業にとっても革新的な技術を有するベンチャー企業とのオープンイノベーションは重要。**
- 他方、ベンチャー企業との製品の共同開発においては最低1千万円程度、共同事業の立ち上げには最低数千万円～1億円が必要とされており、オープンイノベーション促進のためには、**一定規模以上の出資を通じたオープンイノベーションを促進していくことも重要。**

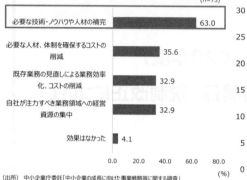

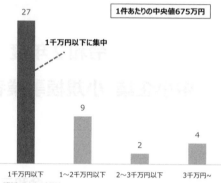

（出所）中小企業庁委託「中小企業の成長に向けた事業戦略等に関する調査」
（2016年11月、（株）野村総合研究所）
（注）1.新事業展開に成功した企業のみ集計している。
2.複数回答のため、合計は必ずしも100％にはならない。

（資料）日本商工会議所
「創業・第二創業の活性化に向けた新規設立企業における資金調達に関する調査」

— 426 —

〔索　　　引〕

〔い〕

一括貸倒引当金……………………39, 50
一括償却資産………………………312
一括評価金銭債権……………………39
飲食費…………………………………112
インボイス制度……………………356

〔う〕

売掛債権等……………………………50

〔お〕

オープンイノベーション促進税制…………282

〔か〕

外形標準課税対象法人……………377
貸倒実績率……………………………53
貸倒引当金……………………………39
課税事業者…………………………325
簡易課税……………………………338
完全支配関係…………………………3
還付所得事業年度…………………122

〔き〕

基準期間……………………………325
基準期間における課税売上高……326
教育訓練費…………………………223

〔く〕

繰越税額控除限度超過額…………236

〔け〕

経営資源活用共同化推進事業者…285
経営力向上計画……………199, 274

〔こ〕

経営力向上設備等…………………207
欠損金額………………………………67
欠損金の繰越期間……………………67
欠損金の控除限度額…………………67
欠損事業年度………………………121
欠損等法人……………………………79
欠損等法人に係る一定の事由………81

交際費等……………………………107
控除対象還付法人税額……………383
控除前所得金額………………………68
控除未済欠損金額……………………68
国内雇用者…………………………217
国内設備投資額……………………242
固定資産税（償却資産）……315, 387
個別貸倒引当金……………………39, 41
個別評価金銭債権……………………39
雇用者給与等支給額………219, 387
雇用者給与等支給増加割合………217

〔さ〕

サービス開発………………………136
災害減免法…………………………121
災害損失金額…………………………72
災害損失欠損金額…………………125
災害損失特別勘定の繰入限度額……75
災害損失の額…………………………73
債権者異議手続………………………29

〔し〕

事業継続力強化計画………………266
事業者免税点制度…………………325
事業承継等事前調査………274, 275

— 427 —

索　引

〔し〕

事業適応繰延資産……………………251
試験研究費の額………………………136
試験研究費割合………………………144
資本金等の額………………………32,385
資本金の額……………………………32
社内飲食費……………………………113
需要開拓商品生産設備………………253
少額減価償却資産……………………309
少額特例………………………………371
使用可能期間…………………………312
常時使用する従業員の数……………6
譲渡等損失額…………………………82
承認地域経済牽引事業………………242
承認地域経済牽引事業計画…………242
承認地域経済牽引事業者……………242
消費税等の経理方式…………………311
情報技術事業適応設備………………250
新型コロナ税特法……………………5
新設法人………………………………333

〔せ〕

税額控除可能額………………………233
生産工程効率化等設備等……………253
製品の製造等…………………………136
接待飲食費……………………………112
先端設備等……………………………389

〔そ〕

増減試験研究費割合…………………143

〔た〕

大規模法人……………………………8
大通算法人……………………………22

〔ち〕

地方活力向上地域等特定業務施設整備計画…188
中小企業者……………………………6
中小企業者の判定フローチャート…………11
中小企業等経営強化法………………199,274
中小通算法人…………………………22
中小法人………………………………2
中小法人の判定フローチャート……………4
調整前法人税額超過額………………………233

〔つ〕

通算親法人……………………………22
通算加入適用除外事業者……………26
通算子法人……………………………22
通算適用除外事業者…………………25
通算法人………………………………22

〔て〕

適格請求書等保存方式…………………356
適用除外事業者………………………9

〔と〕

同一者支配関係…………………………79
当期償却費総額…………………………242
特定株式………………………………288
特定機械装置等…………………………173
特定期間………………………………331
特定期間における課税売上高………………332
特定業務施設…………………………190
特定経営力向上設備等…………………203
特定高度情報通信技術活用システム…………247
特定事業継続力強化設備等………………268

— 428 —

索　引

特定資産‥‥‥‥‥‥‥‥‥‥‥‥‥82

特定支配関係‥‥‥‥‥‥‥‥‥‥‥79

特定税額控除制度‥‥‥‥‥‥‥‥‥240

特定建物等の規模要件‥‥‥‥‥‥‥189

特定地域経済牽引事業施設等‥‥‥‥242

特定中小企業者等‥‥‥‥‥‥‥‥‥267

特定同族会社‥‥‥‥‥‥‥‥‥‥‥97

特定非常災害‥‥‥‥‥‥‥‥‥‥‥256

特別試験研究費の額‥‥‥‥‥‥‥‥147

特別新事業開拓事業者‥‥‥‥‥‥‥288

〔に〕

認定エネルギー利用環境負荷低減事業適応
　計画‥‥‥‥‥‥‥‥‥‥‥‥‥‥253

認定事業適応事業者‥‥‥‥‥‥249, 253

認定先端設備等導入計画‥‥‥‥‥‥387

認定導入計画‥‥‥‥‥‥‥‥‥‥‥246

認定導入事業者‥‥‥‥‥‥‥‥‥‥246

〔ひ〕

比較教育訓練費‥‥‥‥‥‥‥‥‥‥223

比較雇用者給与等支給額‥‥‥‥‥‥219

被災区域等内供用資産‥‥‥‥‥‥‥259

被災資産‥‥‥‥‥‥‥‥‥‥‥‥‥75

被災代替資産‥‥‥‥‥‥‥‥‥‥‥258

被支配会社‥‥‥‥‥‥‥‥‥‥‥‥97

評価損資産‥‥‥‥‥‥‥‥‥‥‥‥80

〔へ〕

平均売上金額‥‥‥‥‥‥‥‥‥‥‥144

〔ほ〕

法定繰入率‥‥‥‥‥‥‥‥‥‥‥‥55

〔み〕

みなし仕入率‥‥‥‥‥‥‥‥‥‥‥342

みなし大企業‥‥‥‥‥‥‥‥‥‥‥7

〔め〕

免税事業者‥‥‥‥‥‥‥‥‥‥‥‥325

〔り〕

利益積立金額‥‥‥‥‥‥‥‥‥‥‥33

留保金課税‥‥‥‥‥‥‥‥‥‥‥‥96

〔れ〕

連携事業継続力強化計画‥‥‥‥‥‥266

【監修者略歴】

中村　慈美（なかむら　よしみ）

　平成10年国税庁退官。同年税理士登録。曙橋税法研究会会長。平成17年中央大学専門職大学院国際会計研究科特任教授（〜20年）。平成20年全国事業再生・事業承継ネットワーク代表幹事。平成22年一橋大学法科大学院非常勤講師。平成27年文京学院大学大学院経営学研究科特任教授。

　主な著書　令和4年11月「図解　グループ法人課税」、令和4年10月「図解　組織再編税制」（いずれも大蔵財務協会）他。

【編著者略歴】

安部　健一（あべ　けんいち）

　平成3年税理士登録。平成16年開業。曙橋税法研究会副会長兼世話人。平成24年中央大学大学院戦略経営研究科兼任講師（〜30年）。平成30年一橋大学法科大学院非常勤講師。平成25年経営革新等支援機関登録。

　主な著書　令和3年7月「法人税重要計算ハンドブック（令和3年度版）」（共著・中央経済社）、令和元年10月「貸倒損失をめぐる税務処理　専門家からのアドバイス30選」（共著・大蔵財務協会）他。

石橋　もと子（いしばし　もとこ）

　令和2年税理士登録。同年租税資料館奨励賞受賞。

　主な著書　令和3年7月「法人税重要計算ハンドブック（令和3年度版）」（共著・中央経済社）、「企業経営者・経理担当者が知っておきたい 最新の税務・実務のポイント（共著・大蔵財務協会「週刊税のしるべ」連載）

大場　智（おおば　さとる）

　平成14年東京都庁入庁。主税局資産税部固定資産評価課、港都税事務所法人事業税課等に従事した後退職。平成25年税理士登録。曙橋税法研究会副代表世話人。平成27年資産評価システム研究センター特任講師。平成30年経営革新等支援機関登録。

　主な著書　「詳解　会社税務事例」（共著・第一法規）、令和3年12月「償却資産実務と調査の基本」（大蔵財務協会）他。

奥村　佳代（おくむら　かよ）

　令和5年税理士登録。

　主な著書　令和3年7月「法人税重要計算ハンドブック（令和3年度版）」（共著・中央経済社）

黒川　洋介（くろかわ　ようすけ）

　平成17年より大原簿記学校税理士講座にて法人税法科専任講師として従事。平成28年より税理士法人勤務。令和3年税理士登録。

　主な著書　「企業経営者・経理担当者が知っておきたい 最新の税務・実務のポイント」（共著・大蔵財務協会「週刊税のしるべ」連載）

毛塚　衛（けづか　まもる）

　平成29年弁護士登録、同年開業。横浜馬車道法律事務所代表弁護士。

　第46回日税研究賞入選。

　主な著書　「企業経営者・経理担当者が知っておきたい 最新の税務・実務のポイント」（共著・大蔵財務協会「週刊税のしるべ」連載）

後藤田　翔（ごとうだ　しょう）

　平成29年税理士登録。令和3年文京学院大学経営学部非常勤講師。令和2年経営革新等支援機関登録。

　主な著書　令和3年7月「法人税重要計算ハンドブック（令和3年度版）」（共著・中央経済社）。

小松　誠志（こまつ　まさし）

　平成19年税理士登録。平成24年文京学院大学大学院経営学研究科非常勤講師（現客員教授）。平成27年一橋大学法科大学院非常勤講師。平成30年青山学院大学会計専門職大学院非常勤講師。

　主な著書　令和3年6月「事例検討 法人税の視点からみた事業承継・M&Aの実務ポイント」（大蔵財務協会）、平成24年12月「中小企業をめぐる法人税務」（大蔵財務協会）他。

島田　哲宏（しまだ　てつひろ）

　平成18年税理士登録。平成22年開業。曙橋税法研究会代表世話人。令和２年文京学院大学経営学部非常勤講師。令和４年一橋大学法科大学院非常勤講師。平成25年経営革新等支援機関登録。

　主な著書　令和３年７月「法人税重要計算ハンドブック（令和３年度版）」（共著・中央経済社）、令和元年９月「農業法人の会計と税務（改訂版)」（大蔵財務協会）他。

泉水　和明（せんすい　かずあき）

　平成19年より大原簿記学校税理士講座にて財務諸表論専任講師として従事。平成23年より税理士法人勤務。令和３年税理士登録。

　主な著書　「企業経営者・経理担当者が知っておきたい 最新の税務・実務のポイント（共著・大蔵財務協会「週刊税のしるべ」連載）

中村　慈美（なかむら　よしみ）

原田　文香（はらだ　ふみか）

　平成16年税理士登録。平成22年開業。広尾なみき法律会計事務所代表税理士。曙橋税法研究会世話人。全国事業再生・事業承継税理士ネットワーク（TNR）幹事。平成25年経営革新等支援機関登録。

　主な著書　平成30年２月「同族会社のための税務」（共著・大蔵財務協会）、平成29年３月「事業再生税務必携」（共著・大蔵財務協会）他。

樋口　翔太（ひぐち　しょうた）

　令和２年税理士登録。

　主な著書　令和５年２月「資本に関係する取引等に係る税制　実務要点解説」（大蔵財務協会）、令和４年２月「企業の保険をめぐる税務（６訂版）」（共著・大蔵財務協会）他。

船倉　正（ふなくら　ただし）

　平成11年税理士登録。平成19年税理士法人設立。平成24年全国事業再生・事業承継税理士ネットワーク（TNR）会計監事。平成25年経営革新等支援機関登録。平成30年広島県事業引継ぎ支援センター登録民間支援機関（マッチングコーディネーター）登録。

　主な著書　令和３年７月「法人税重要計算ハンドブック（令和３年度版）」（共著・中央経済社）、平成29年３月「事業再生税務必携」（共著・大蔵財務協会）他。

松木　由里子（まつき　ゆりこ）

　令和 3 年税理士登録。

　主な著書　「企業経営者・経理担当者が知っておきたい 最新の税務・実務のポイント」（共著・大蔵財務協会「週刊税のしるべ」連載）

山岡　美葉（やまおか　みは）

　平成30年税理士登録、同年開業。平成30年経営革新等支援機関登録。

　主な著書　令和 3 年10月「地方税Q&A（令和 3 年版)」（共著・大蔵財務協会）、令和 3 年 7 月「法人税重要計算ハンドブック（令和 3 年度版)」（共著・中央経済社）他。

山岸　健一（やまぎし　けんいち）

　平成17年税理士登録。クローバー税理士法人代表社員。平成25年経営革新等支援機関登録（クローバー税理士法人）。

　主な著書　令和 2 年 6 月「法人税重要計算ハンドブック（令和 2 年度版)」（共著・中央経済社）、平成30年 2 月「同族会社のための税務」（共著・大蔵財務協会）他。

若林　亜貴子（わかばやし　あきこ）

　令和 3 年税理士登録

　主な著書　「企業経営者・経理担当者が知っておきたい 最新の税務・実務のポイント」（共著・大蔵財務協会「週刊税のしるべ」連載)

（監修者）

なかむらよしみ
中 村 慈 美

（編著者）

曙橋税法研究会

令和 5 年版

図 解　　中小企業税制

令和 5 年 9 月13日　　初版印刷
令和 5 年10月 6 日　　初版発行

不　許
複　製

監修者　中　村　慈　美

一般財団法人　大蔵財務協会 理事長
発行者　木　村　幸　俊

発行所　　一般財団法人　大 蔵 財 務 協 会

〔郵便番号　130-8585〕
東 京 都 墨 田 区 東 駒 形 1 丁 目 14 番 1 号
（販　売　部）TEL03（3829）4141・FAX03（3829）4001
（出版編集部）TEL03（3829）4142・FAX03（3829）4005
https://www.zaikyo.or.jp

乱丁、落丁の場合は、お取替えいたします。　　　　　　　印刷・恵友社
ISBN978-4-7547-3138-0